普通高等教育"十一五"国家级规划教材

数字经济高质量人才培养系列·大数据管理

网络营销

（第2版）

何建民　陈夏雨　魏少波　刘业政　主　编

电子工业出版社

Publishing House of Electronics Industry

北京·BEIJING

内 容 简 介

本教材为普通高等教育"十一五"国家级规划教材。本教材以网络营销活动过程为主线，主要内容包括网络营销及其战略规划、营销理论基础、网络市场调研、网络消费者及消费需求、网络品牌及产品策略、价格及网络定价策略、网络渠道及中介重构、网络交互式沟通及促销、在线客户关系管理、网络营销绩效管理等。

本次修订增加了利用大数据分析进行精准营销、社交媒体营销、图分析和可视化、用户画像等内容，并全面更新了相关案例。

本教材提供电子课件，登录华信教育资源网（www.hxedu.com.cn）注册后免费下载。

本教材可作为高等学校管理类、经济类和信息类电子商务及相关专业的教材，也可供对网络营销感兴趣的人员参考使用。

图书在版编目（CIP）数据

网络营销 / 何建民等主编. —2 版. —北京：电子工业出版社，2024.2

ISBN 978-7-121-47355-5

Ⅰ. ①网… Ⅱ. ①何… Ⅲ. ①网络营销－高等学校－教材 Ⅳ. ①F713.36

中国国家版本馆 CIP 数据核字（2024）第 043428 号

责任编辑：冉　哲
印　　刷：保定市中画美凯印刷有限公司
装　　订：保定市中画美凯印刷有限公司
出版发行：电子工业出版社
　　　　　北京市海淀区万寿路 173 信箱　　　邮编：100036
开　　本：787×1 092　　1/16　　印张：16.5　　字数：433 千字
版　　次：2010 年 3 月第 1 版
　　　　　2024 年 2 月第 2 版
印　　次：2025 年 1 月第 2 次印刷
定　　价：58.00 元

凡所购买电子工业出版社图书有缺损问题，请向购买书店调换。若书店售缺，请与本社发行部联系，联系及邮购电话：（010）88254888，88258888。

质量投诉请发邮件至 zlts@phei.com.cn，盗版侵权举报请发邮件至 dbqq@phei.com.cn。

本书咨询联系方式：ran@phei.com.cn。

第2版前言

本教材为普通高等教育"十一五"国家级规划教材。随着物联网、云计算、大数据等新技术的不断发展，无处不在的网络、计算及服务已成为现代信息技术的典型特征，新的网络营销模式和营销方法也在不断地涌现。党的二十大报告指出，要"加快发展数字经济，促进数字经济和实体经济深度融合，打造具有国际竞争力的数字产业集群"。鉴于此，我们在坚持第1版教材特色的基础上，对全书进行了修订。具体修订内容说明如下。

（1）对整体结构做了较大调整，新增了"营销理论基础"一章作为第2章，删除了第1版的第10章，其他章节内容也做了更新。

第1章为网络营销及其战略规划。删除和更新了部分内容，将原来网络营销基本理论相关内容修改后放入第2章。

第2章为营销理论基础。本章为新增内容，主要阐述营销资源组合、网络"软"营销理论、关系营销、整合营销沟通和社区品牌营销等。

第3章为网络市场调研。在更新部分内容的同时新增了网络营销研究方法与技术相关内容。

第4章为网络消费者及消费需求。将第1版中对应章的前两节合并为4.1节，在4.2节中增加了网络消费者的购买决策模型相关内容。

第5章为网络品牌及产品策略。更新了网络品牌的特征内容。

第6章为价格及网络定价策略。更新了免费价格策略内容，新增了价格策略实践内容。

第7章为网络渠道及中介重构。新增了网络营销渠道策略和网络渠道的价值体验内容。

第8章为网络交互式沟通及促销。新增了社会化营销内容，并对网络广告及广告投放内容进行了更新。

第9章为在线客户关系管理。对客户关系及其管理的内容进行了扩充，同时对客户关系管理系统部分内容进行了更新。

第10章为网络营销绩效管理。对网络营销绩效评价工具和方法进行了补充，增加了百度搜索引擎、Google分析工具、微博/微信绩效分析等内容。

（2）更新了全部案例。近年来，基于互联网、无线网络平台等的网络营销新模式和新业态不断涌现，物联网、云计算、大数据分析、个性化营销、在线社交网络、移动商务等新技术和新应用层出不穷。国务院印发的《关于积极推进"互联网+"行动的指导意见》中指出，到2025年，网络化、智能化、服务化、协同化的"互联网+"产业生态体系基本完善，"互联网+"新经济形态初步形成，"互联网+"成为经济社会创新发展的重要驱动力量。为此，本次修订增加了利用大数据分析进行精准营销、社交媒体营销、图分析和可视化、用户画像等内容，增加了星巴克、江小白、三只松鼠、元宇宙社交平台PlaNFT、盒马鲜生等案例，以体现网络营销未来的发展方向，引导读者进行更深入的思考。

（3）全面更新了相关数据，并对相关内容进行了完善。对第 1 版中的案例数据、统计数据均进行了更新，使之与现实尽可能一致，并结合读者提出的意见和建议，对存在的问题进行了修改。

本教材第 2 版由合肥工业大学的何建民、陈夏雨、魏少波、刘业政共同担任主编。本次修订分工如下：第 1 章，刘业政；第 2、3、9 章，陈夏雨；第 4、7、8、10 章，何建民；第 5、6 章，魏少波。何建民、陈夏雨负责策划全书和拟定大纲，何建民负责全书的统稿工作。

在此次修订过程中，编者参考了大量国内外相关的优秀研究成果，谨向相关作者诚挚致谢！修订中所引入的编者自己的研究成果受到了国家自然科学基金项目（72271072，72071190，71801069）的资助，编者对此表示衷心感谢；在新版的出版过程中，电子工业出版社及编辑冉哲女士给予了极大的帮助，在此一并致谢。

网络营销是一门理论与实践紧密结合、面向互联网全新应用的综合性课程，涉及不同的学科和领域，书中难免有疏漏或不妥之处，恳请广大读者不吝赐教，以便及时更正。

编者

合肥工业大学

目　　录

第1章　网络营销及其战略规划 1

1.1　网络营销的基本概念 1

1.2　网络营销的进展 4

1.3　网络营销的战略规划 8

1.3.1　企业家价值取向与企业创造价值 8

1.3.2　战略分析 10

1.3.3　战略设计 12

1.3.4　战略执行 13

1.3.5　战略评估 14

1.4　案例：星巴克的网络营销——为顾客提供"第四空间" 15

习题1 17

第2章　营销理论基础 19

2.1　营销资源组合 19

2.1.1　XP营销组合 19

2.1.2　4X营销组合 24

2.1.3　网络营销7C资源 29

2.1.4　网络营销新模式 29

2.2　网络"软"营销理论 31

2.3　关系营销 31

2.4　整合营销沟通 32

2.5　社区品牌营销 34

2.6　案例：C2C网络购物环境下卖家特定机制和一般制度机制对"平台信任—

卖家信任—购买意愿"的作用机制 35

习题2 36

第3章　网络市场调研 38

3.1　网络市场 38

3.1.1　网络市场的概念 38

3.1.2　网络市场的特征 38

3.2　网络市场调研的开展 39

3.2.1　网络市场调研概述 40

3.2.2 网络市场调研过程 44

3.2.3 网络市场调研内容 46

3.2.4 网络市场调研策略 49

3.2.5 网络市场调研方法 51

3.2.6 常用的网络市场调研工具 55

3.3 网上抽样技术 56

3.3.1 样本和抽样的基本概念 56

3.3.2 抽样方法 57

3.3.3 网上抽样方法 58

3.3.4 网络营销研究方法与技术 58

3.4 案例：高梵网络营销市场调研案例分析 60

习题 3 64

第 4 章 网络消费者及消费需求 66

4.1 网络消费者及其购买过程 66

4.1.1 网络消费者 66

4.1.2 网络消费需求 67

4.1.3 网络消费者的生命周期 69

4.1.4 网络消费者的动机及购买过程 70

4.2 网络消费者的购买决策模型与行为 73

4.2.1 网络消费者的购买决策模型 73

4.2.2 网络消费者的购买决策行为 76

4.2.3 网络渠道选择行为 77

4.2.4 网络消费者信息搜索行为 79

4.2.5 网络消费者购买行为 83

4.3 网络市场消费引导及实施 85

4.3.1 网络市场消费引导的概念 85

4.3.2 网络市场消费引导的方法 85

4.3.3 网络市场消费引导的技术 87

4.4 案例：江小白——基于 AISAS 模型的互联网白酒案例分析 91

习题 4 93

第 5 章 网络品牌及产品策略 95

5.1 基本概念 95

5.1.1 网络品牌 95

5.1.2 产品及服务 100

5.1.3 产品策略设计 105

5.2 网络品牌策略 107

5.2.1 网络品牌定位与策划 107

    5.2.2 网络品牌创建与塑造 108

    5.2.3 网络品牌危机与公关 109

  5.3 产品及服务策略 111

    5.3.1 产品策略 111

    5.3.2 新产品开发策略 112

    5.3.3 个性化服务策略 115

  5.4 案例：三只松鼠的品牌"谋划"之道 118

  习题 5 120

第 6 章 价格及网络定价策略 122

  6.1 价格的概念 122

    6.1.1 价格的内涵及特点 122

    6.1.2 网上定价基础及特点 124

  6.2 网上定价策略 126

    6.2.1 静态定价策略 127

    6.2.2 动态定价策略 130

    6.2.3 网站价 133

  6.3 免费价格策略 133

    6.3.1 免费价格的概念 133

    6.3.2 免费产品的特征 134

    6.3.3 免费价格的形式 135

    6.3.4 免费价格的实施策略 136

    6.3.5 常用的免费方法 137

  6.4 价格策略实践 138

    6.4.1 整合利用线下和线上资源，建立 O2O 模式 138

    6.4.2 跨平台无缝运作采购、批发和零售业务 138

    6.4.3 对接实体和网络经济，建立跨业态合作联盟 138

    6.4.4 自媒体网络口碑传播，建立产品营销新渠道 139

  6.5 案例：元宇宙社交平台 PlaNFT——多种网络交易机制的综合应用 139

  习题 6 140

第 7 章 网络渠道及中介重构 142

  7.1 网络渠道概述 142

    7.1.1 渠道的概念 142

    7.1.2 互联网对渠道的影响 142

    7.1.3 网络渠道及网络渠道的建设 146

  7.2 渠道的中介及其重构 151

    7.2.1 中介的类型及功能 151

    7.2.2 网络中间商的类型及业务 153

       7.2.3 中介重构与去中介 ………………………………………………… 156

  7.3 网络营销渠道策略 ………………………………………………………… 157

       7.3.1 以个体或家庭为最终对象的网络营销渠道策略 …………………… 157

       7.3.2 以商家或企业为最终对象的网络营销渠道策略 …………………… 158

       7.3.3 线上和线下相结合的网络营销渠道策略 ………………………… 159

  7.4 网络渠道的价值体验 …………………………………………………… 159

  7.5 案例："新新向荣"的盒马鲜生——新零售、新营销 …………………… 163

  习题 7 …………………………………………………………………………… 168

第 8 章　网络交互式沟通及促销 …………………………………………… 170

  8.1 基本概念 ………………………………………………………………… 170

       8.1.1 信息沟通与促销 …………………………………………………… 170

       8.1.2 交互式营销沟通 …………………………………………………… 172

       8.1.3 营销沟通的变迁 …………………………………………………… 174

       8.1.4 营销沟通的内容 …………………………………………………… 176

       8.1.5 整合营销沟通 ……………………………………………………… 177

  8.2 网络交互式营销沟通 …………………………………………………… 178

       8.2.1 营销沟通模型 ……………………………………………………… 178

       8.2.2 营销沟通手段 ……………………………………………………… 180

       8.2.3 营销沟通方法 ……………………………………………………… 181

  8.3 网络促销及沟通方式 …………………………………………………… 184

       8.3.1 网络促销活动 ……………………………………………………… 184

       8.3.2 企业网站营销 ……………………………………………………… 186

       8.3.3 搜索引擎营销 ……………………………………………………… 187

       8.3.4 电子邮件沟通 ……………………………………………………… 188

       8.3.5 即时通信工具沟通 ………………………………………………… 191

       8.3.6 电子口碑营销 ……………………………………………………… 191

  8.4 网络广告及广告投放 …………………………………………………… 192

       8.4.1 网络广告决策 ……………………………………………………… 192

       8.4.2 网络广告类型 ……………………………………………………… 194

       8.4.3 网络广告特点 ……………………………………………………… 194

       8.4.4 网络广告计费方式 ………………………………………………… 195

       8.4.5 网络广告投放 ……………………………………………………… 196

  8.5 社会化营销 ……………………………………………………………… 197

       8.5.1 社会化营销的概念 ………………………………………………… 197

       8.5.2 社会化营销的形式 ………………………………………………… 198

  8.6 案例：洪陵羊绒的新媒体营销 ………………………………………… 200

  习题 8 …………………………………………………………………………… 201

第 9 章　在线客户关系管理 203

　9.1　基本概念 203

　　9.1.1　客户关系及其管理 203

　　9.1.2　客户关系管理系统概述 212

　9.2　客户关系管理 212

　　9.2.1　客户生命周期 213

　　9.2.2　识别与区分不同的客户群 215

　　9.2.3　按上网目的划分客户类型 217

　　9.2.4　在线与客户交互式沟通 218

　　9.2.5　创造令客户满意的价值 219

　　9.2.6　争取、转变与维系客户 221

　9.3　客户关系管理系统 223

　　9.3.1　CRM 系统结构模型 224

　　9.3.2　CRM 系统及其功能 224

　9.4　案例：真心公司的在线客户关系管理 227

　习题 9 228

第 10 章　网络营销绩效管理 230

　10.1　营销管理信息的监测与控制 230

　　10.1.1　营销管理数据的收集 230

　　10.1.2　网络营销效果的比较 231

　　10.1.3　网络营销效果的测评 232

　10.2　网络营销绩效评价 237

　　10.2.1　网络营销绩效评价的目的及意义 237

　　10.2.2　网络营销绩效评价指标体系 238

　　10.2.3　网络营销绩效评价工具和方法 242

　10.3　案例：东方钢铁网络营销绩效评价 246

　习题 10 248

参考文献 249

第1章 网络营销及其战略规划

1.1 网络营销的基本概念

掌握网络营销的概念、特点和功能，对帮助企业了解网络营销对传统营销的冲击与影响具有重要作用，使企业能够更好地整合网络与传统营销资源并服务于企业的营销战略。

1. 网络营销的概念

营销是企业或个人利用信息传播工具、手段和方法，为满足市场需要和消费者需求，有组织地规划与实施选择价值、创造价值、彰显价值、传递价值、交换价值和传播价值的一系列经济活动和过程。网络营销指的是在互联网和信息技术应用背景下的营销，也称为互联网营销，其核心是与客户建立或维持积极的、长期的关系，由此使企业对自己的产品或服务获得比竞争对手更多的收益，从而创造竞争优势。网络营销活动是一个过程，一般可以将该过程分为以下7个阶段。

① 界定市场机会。洞悉市场需要和消费者需求，辨识和捕捉市场商机，以确定目标市场。

② 制定营销战略。选择和锁定细分的目标市场，进行产品定位，为所选择的市场配置资源和能力。

③ 设计客户体验。让客户感知价值，即彰显产品或服务的易用性、可靠性、安全性，并为客户提供定制化、个性化、规模化的服务。

④ 构思客户界面。设计客户价值体验过程，包括场景、内容、社群、定制、沟通、链接、商务等。

⑤ 设计营销计划。设计原创的营销解决方案，从营销活动的内容组织、表现形式、使用手段或方法上彰显解决方案的新颖性、个性化和交互性的特点。

⑥ 分析客户信息。利用营销大数据，分析并挖掘客户的消费偏好、行为习惯及它们的关联关系，从数据中发现蕴藏的新价值，以支持企业的营销决策。

⑦ 评估营销计划。建立网络营销绩效评价指标体系，评估网络营销计划执行的效果。

2. 网络营销的特点

网络营销通过营造一个虚拟的市场环境，让贸易双方没有时空障碍，从而增加贸易机会，降低交易成本，改善服务质量，提高营销活动效率。相对于传统市场营销，网络营销的特点如下。

（1）普遍存在（Ubiquity）和全球可达（Global Reach）

互联网是普遍存在的，普遍存在又被称为泛在。互联网的互联性决定了网络营销的跨国性，它的开放性决定了网络营销的全球性。网络营销在一种无国界的、开放的全球范围内去寻找目标客户、供应商和合作伙伴。网络营销为更大范围的成交带来了可能性，因而能使企业卖得更多；同时网络营销也提供了更广泛的价格和质量的可比性，使客户有了更多的选择，可以买到价格更便宜的商品，而这种可比性使市场竞争更加激烈。

（2）即时

即时体现在以下 3 个方面。

① 即时信息，企业资料能够得到及时更新，如商品价格。不仅可以让消费者在短时间内迅速定位所需信息，而且有多媒体的支持，可以更好地展示商品。

② 即时购买，网络营销允许消费者在任何时间进行购物或处理事务，为消费者提供全天候服务，即每天 24 小时、每周 7 天不间断服务。

③ 即时配送，在数字化产品的情况下，网络营销可实现即时配送；而非数字化产品也可实现快捷配送。

（3）交互

在网站上，企业可以展示商品目录，连接资料库，提供有关商品信息的查询服务，并通过网络社区、电子邮件、QQ、Facebook 等工具与客户实现双向互动交流。更重要的是，消费者是交易活动的主体之一，消费者可以主动在网上用自己的方式向企业提出个性化需求。

（4）信息丰富

互联网可以借助各种媒体形式，如文本、音频、视频、图片、动画等，向市场表达企业、品牌、商品和服务的各种信息。

（5）标准化

互联网能够在全球范围内实现信息共享，得益于统一的标准。这些标准包括 TCP（Transfer Control Protocol，传输控制协议）、Internet 协议（Internet Protocol，IP）、HTML（Hypertext Markup Language，超文本链接标记语言）、XML（Extensible Markup Language，可扩展标记语言）等一系列协议和标准。

（6）个性化与定制

网络营销的交互和即时特点，使得营销主体能够及时地表达自己的意愿和想法，让根据个人偏好定制产品或服务成为可能。

（7）人性化

在互联网环境下，营销可以是一对一的、消费者主导的、非强迫性的、循序渐进式的一种人性化的交易模式（所谓的"拉"式）。该模式避免了企业"填鸭式"营销沟通的干扰（所谓的"推"式），能够使企业通过提供有价值的信息和交互式沟通，与消费者建立并维持长期且良好的关系。

（8）整合性

整合性体现在资源整合和过程整合两方面。一方面，在网络营销过程中，可对多种资源、多种营销手段和营销方法、有形资产和无形资产的交叉运作与交叉延伸进行整合；另一方面，由于互联网兼具渠道、促销、电子交易、互动服务与分析及提供市场信息等多种功能，所以企业借助互联网可将网络营销活动的整个过程融为一个整体，提高企业经营效率与效益。

（9）经济性

通过互联网进行信息交换，代替以前的实物交换，不仅可以降低印刷与邮递成本、无店面销售、免交租金、节约水电与人工成本，还可以减少因往返交换多次带来的损耗。

（10）技术性

网络营销是建立在互联网及信息技术应用基础上的，企业实施网络营销必须有一定的技术投入和技术支持，只有改变传统的组织形态，强化信息管理部门的职能，引进懂管理、懂商务与计算机技术的复合型人才，才能使企业在市场上具备竞争优势。

3．网络营销的功能

网络营销是企业整体营销战略的一个组成部分，是指为实现企业总体经营目标所进行的、以互联网为基本手段来营造网上经营环境的各种活动。网络营销的核心思想是"营造网上经营环境"。所谓"网上经营环境"，是指企业内部和外部与开展网上经营活动相关的环境，包括网站本身、用户、网络营销服务商、合作伙伴、供应商、销售商、相关行业的网络环境等。网络营销的开展就是与这些环境建立关系以达到提升企业竞争力这一目的，因此，网络营销应该具有以下几项重要功能。

（1）网络品牌创建及其价值扩展与延伸

美国广告专家莱利·莱特曾说："未来的营销是品牌的战争。"拥有市场比拥有工厂更重要。拥有市场的唯一办法，就是拥有占市场主导地位的品牌。网络不但为品牌带来了新的生机和活力，而且推动并促进了品牌的拓展和扩散。网络营销最重要的任务之一就是通过一系列措施在互联网上建立并推广企业的品牌，以扩展和延伸品牌价值。知名的传统企业品牌可以在互联网上进行扩展和延伸。一般企业可以通过互联网快速创建网络品牌并树立形象，实现公众对企业的认知与认可，提升企业的整体形象。从一定程度上来说，网络品牌的价值甚至高于通过网络获得的直接收益。实践证明：互联网不但拥有品牌、承认品牌，而且对重塑品牌形象、提升品牌的核心竞争力、打造品牌资产具有其他媒体不可替代的效果和作用。

对于电子商务企业来说，其网络品牌建设是以企业网站建设为基础的，因此，企业网址推广是其网络营销最基本的职能之一，更为迫切和重要。企业网站所有功能的发挥都要以一定的访问量为基础，所以企业网址推广是电子商务企业网络营销的核心工作。

（2）各种信息搜索、收集、发布和传播

信息搜索是网络营销竞技能力的一种反映。在网络营销过程中，企业可以利用多种搜索方法，主动地、积极地获取有用信息和商机，例如价格比较、对手的竞争态势、商业情报等，以帮助企业进行经营决策。随着信息搜索功能向集群化、智能化的方向发展，以及向定向邮件搜索技术延伸，网络搜索的商业价值得到了进一步扩展和发挥，寻找网络营销目标将成为一件易事。

信息收集。企业可以在互联网上收集来自内部和外部的各种资料，这是企业获得一手资料和二手资料的重要渠道。企业利用企业网站和网络社区可以与营销对象进行交互式沟通，听取他们的声音，了解他们对产品或服务的需求和意见，在网上收集支持其营销决策的国家、行业的相关法律法规和政策，以及与竞争对手相关的信息。

信息发布和传播既是营销的重要方法，也是网络营销的一种基本职能。无论哪种营销方式，都是将一定的信息发布，并通过合适的方法传递给目标人群，包括客户、潜在客户、媒体、合作伙伴、竞争者等。网络营销因其特有的信息发布环境可以在任何时间以信息最佳的表现形式把信息发布到全球任何一个地点。更重要的是，网络营销中的信息发布可以是双向互动的。信息发布的工具主要有网站、电子邮件、网络社区、微博、短视频平台等。

（3）开拓销售渠道

一个具备网上交易功能的企业网站本身就是一个网上交易场所，网上销售是企业销售渠道在网上的延伸，网上销售渠道建设也不限于网站本身，包括建立在综合电子商务平台上的网上商店、与其他电子商务网站不同形式的合作等。同时，网络所具有的传播、扩散能力打破了传统经济时代的经济壁垒、地区封锁、人为屏障、交通阻隔、信息封闭等，对销售渠道的开拓有重要的促进作用。

（4）网上市场调研

在激烈的市场竞争条件下，主动地了解商情、研究趋势、分析消费者心理、窥探竞争对手的动态是确定竞争战略的基础和前提。通过在线调研表或电子邮件等方式，可以完成网上市场调研，获得充分的市场信息。相对于传统市场调研，网上市场调研具有高效率、低成本的特点，因此，网上市场调研成为网络营销的主要职能之一。

（5）客户关系管理

客户关系管理源于以客户为中心的管理思想，是一种旨在改善企业与客户之间关系的新型管理模式，是网络营销取得成效的必要条件，是企业重要的战略资源。在传统的经济模式下，由于认识不足或自身条件的局限，企业在管理客户资源方面存在着较为严重的缺陷。针对上述情况，在网络营销中，通过客户关系管理，集客户资源管理、销售管理、市场管理、服务管理、决策管理于一体，将原本疏于管理、各自为战的销售、市场、售前和售后服务与业务统筹协调起来。这样既可以跟踪订单，帮助企业有序地监控订单的执行过程，规范销售行为，了解新老客户的需求，提高客户资源的整体价值，又可以消除销售隔阂，帮助企业调整营销策略。利用互联网提供方便、快捷的在线客户服务，如从形式简单的 FAQ（Frequently Asked Questions，常见问题解答）到邮件列表，以及聊天工具、社交媒体、信息跟踪与定制等各种即时信息服务，提高服务质量，提升客户满意度和客户忠诚度，并通过收集、整理、分析客户反馈信息，全面提升企业的核心竞争能力。

党的二十大报告指出，要加快建设网络强国、数字中国。开展网络营销的意义在于利用网络和数字化技术，促进销售，提升企业的竞争力，使企业经营的整体效益最大化。

1.2 网络营销的进展

在习近平新时代中国特色社会主义思想特别是习近平总书记关于网络强国的重要思想指引下，网络营销也处于不断创新和变化中，下面重点介绍其内容构成、表现形式和手段方法。

1. 内容构成

（1）网上市场调研

网上市场调研是指企业利用互联网的交互式信息沟通渠道来实施调研活动。它主要通过互联网收集市场调研中需要的各种资料。在市场调研中，企业要特别关注消费者的需求、购买动机和购买行为等消费者方面的信息，以及产品信息和竞争对手同类产品的信息。只有了解市场调研的结果，企业才能提出解决问题的建议，作为营销决策的依据。

（2）网络消费者分析

确定和找到适当的消费群体或目标市场是企业营销成功的前提。网上用户作为一个特殊的消费群体在购买需求动机、购买心理动机、购买行为方式、购买过程等方面与传统市场上的消费群体有着明显的区别。因此，有效的网络营销活动必须深入了解网上用户的购买需求动机、购买心理动机和购买行为方式等，找到正确的消费市场。例如，研究网上虚拟社区，了解虚拟社区消费者聚集的原因、消费者的特征和消费者的偏好习惯，以及虚拟社区的需求因素、虚拟社区的文化等。同时，网络消费者分析有助于企业与客户建立深层次关系，有利于锁住客户和扩大市场。

（3）网络营销策略制定

不同的企业在市场中处于不同的地位，在采取网络营销实现企业营销目标时，企业必须制定与企业相适应的网络营销策略。虽然网络营销是非常有效的营销方式，但是企业在实施网络营销策略时是需要投入的，并且存在一定的风险。在制定网络营销策略时，企业应该考虑交易成本、交易机会、产品市场份额和对企业知名度的影响等，例如，网络营销系统模式的制定、网络营销组织的创新等。

（4）网上产品和服务策略

企业的营销活动是从确定向目标市场提供产品和服务开始的，产品是市场营销组合中最重要的因素之一。网络营销不但充分利用网络作为信息沟通的有效渠道，在网上展示产品的性能、特点、品质、使用说明等，而且可以针对消费者的个性化需求，开展一对一的营销服务。另外，网络可以成为一些无形产品（软件和远程服务）的载体，改变传统产品的营销策略特别是渠道的选择。作为网上产品和服务策略，必须结合网络特点重新考虑产品的设计、开发、包装和品牌的宣传策略。

（5）网上价格营销策略

适当的价格策略，是企业赢利和竞争的重要手段。网络固有的全球性、信息公开和低交易成本等特点使消费者充分了解产品和价格，它的最终结果是使价格变化不定、存在差异的产品的最终价格水平趋于一致，这会对实行差别化定价策略的公司产生重要影响。由于消费者对价格的敏感性，网络带来产品和营销的低成本及天然的扩张性，所以网上市场的价格策略大多采取低价、折扣或免费的方式。因此，在制定网上价格营销策略时，企业必须考虑季节变动、市场供需状况、竞争产品价格、互联网对企业定价的影响和互联网本身独特的免费思想，甚至消费者直接参与的议价、拍卖等各种方式的因素。

（6）网上渠道选择

营销渠道是指产品从生产者转移到消费者或使用者所经过的途径。传统营销渠道的一般形式是"生产者—批发商—零售商—消费者"。互联网将企业和消费者直接连接在一起，使渠道更加简单和多功能化。选择的渠道可以是直销，也可以是中介的多层次的网上营销渠道。最大限度地降低渠道中的营销费用并提高效率，是销售成功的关键因素之一。传统的渠道——展销会和零售展场，在一段时间内仍会发挥作用，如中国进出口商品交易会、中国（上海）国际技术进出口交易会等。网上渠道选择的关键在于如何通过网络来整合传统的销售渠道，如何相互结合以达到提高效率和竞争力的目的。

（7）网上促销与网络广告

促销是企业为了激发消费者的购买欲望、扩大产品销售范围而进行的一项宣传工作。促销一般包括人员推销、广告、营业推广和公共关系等。传统广告基于印象的联想劝诱机制，通过反复的感官冲击，使受众留下印象。网络广告的沟通方式不是传统促销中"推"的形式，而是"拉"的形式；不是传统的"强势"营销，而是"软"营销。网络广告使广告由"印象型"向"信息型"转变，消费者做出购买决定的机制也发生了变化，网络广告主要基于信息的理性说服机制，通过提供海量信息、信息展现、信息比较，甚至利用智能化软件，促使消费者做出购买决定。同时，网络广告是一种即时交互式广告，它的营销效果是可以测试的，它在一定程度上克服了传统广告效果测试的困难。

（8）网络营销管理与控制

网络营销作为在互联网上开展的一项新的营销活动，面临着许多传统营销活动无法碰到的新问题，如网络信息内容的管理、消费者隐私保护、产品质量保证和售后服务、消费者信息和交易信息的管理与挖掘、信息安全与保护问题等。这些问题对网络营销效果的顺利达到、企业经营目标的顺利实现、企业的品牌效应、网站的知名度等都会产生很大的影响，因此，企业必须重视并进行有效控制。

2．表现形式

（1）搜索引擎营销

搜索引擎营销（Search Engine Marketing，SEM）是指根据网民使用搜索引擎的方式，利用网民检索信息的机会，尽可能地将营销信息传递给目标用户的营销模式。搜索引擎营销的基本思想是帮助用户找到信息，并通过点击搜索结果进入网站或网页，进一步了解所需要的信息。搜索引擎的方法一般有搜索引擎优化（Search Engine Optimization，SEO）、关键词广告（Keyword Advertising）和竞价排名。

（2）社交媒体营销

社交媒体营销，也被称为社会化媒体营销，是指利用社会化网络、在线社区、博客、百科或者其他互联网协作平台和媒体来传播或发布资讯，从而形成营销、销售、公共关系处理和客户关系服务维护及开拓的一种方式。一般社交媒体营销工具包括论坛、微博、微信、博客、SNS（Social Network Site，社交网站）社区，自媒体平台等，其主要特点是网站的大多数内容由用户自愿提供，而用户与站点不存在直接的雇佣关系。

（3）内容营销

内容营销是一种战略性营销策略，即向现有或潜在的消费者传递有价值的内容，或是与他们建立某种情感联系，吸引他们主动关注、分享，引导他们产生购买行为，从而为企业带来利润的营销方式。企业营销的内容具有多样化，可以是文字、图片、视频、音频等。企业以多样化的内容为中心，借助多种表现形式将其发布在多个平台，最大限度地吸引消费者。

（4）电子邮件营销

电子邮件是互联网最常用、最基本的服务之一。它可以被当作一种交流工具，与企业营销活动密不可分。电子邮件营销是指通过电子邮件的方式向用户发送产品或服务信息及其他促销信息以达到营销目的的活动。与传统的直邮（Direct Mail，DM）方式相比，电子邮件营销具有明显的优势，如将信息提供给愿意接受的用户、可与用户建立更为密切的在线关系、低成本、方便快捷、易于调试跟踪和评价、具有高反馈率等。

（5）影响者营销

社交媒体中的影响者是因其在特定主题上的知识和专长而享有盛誉的人。他们在自己偏爱的社交媒体渠道上定期发布有关特定主题的帖子，并吸引了大量关注其观点的人。影响者可以创造趋势并鼓励其追随者购买他们促销的产品。影响者营销之所以如此有效，是因为内容的提供者是与消费者一样的"普通人"，他们不像名人那样让人感觉遥不可及，并且他们在社交媒体上发布真实的内容。

（6）网络口碑营销

口碑是人与人之间对某种产品或服务非正式的口头交流，它既可以是正面的也可以是负面的，但与广告、公关、促销等商业目的明显的传播性质不同，口碑传播是非商业性的。网络口碑营销是将口碑营销与网络营销有机结合起来，使消费者和网民通过网络渠道分享对品牌、产品或服务的相关讨论及多媒体信息内容，从而促使产品销量增加或树立品牌形象的一种营销方式。

（7）网络视频营销

网络视频营销是建立在互联网及其技术基础之上的，企业或组织机构为了达到营销效果和目的而借助网络视频（包括视频直播）发布企业或组织机构的信息，展示产品内容和活动，推广自身品牌、产品和服务的营销活动和方式。网络视频营销的表现形式有网络直播营销、网络短视频营销、网络视频短剧营销、微电影营销等。

3. 手段方法

（1）利用大数据分析进行精准营销

无论是传统企业还是新型企业，对大数据营销的需求都有增无减，大数据营销已成为企业发展过程中必不可少的策略。随着科技的不断驱动，线上与线下资源整合将成为大数据营销的发展趋势。运用互联网技术，将大数据与各种媒介资源相互融合，使企业资源得到更全面的整合利用，实现精准营销，增强营销效果。

（2）移动终端将是网络营销的主要阵地

随着移动终端的流量日益超过 PC 端的流量，移动终端距离消费场景更近，越来越多的企业开始把移动终端策略纳入数字营销的各方面。许多企业意识到实施移动媒体策略的必要性，于是开始思考移动终端用户的消费模式及其与社交媒体推送内容进行互动的方式。

（3）内容营销的重要性更加凸显

以前，企业在做网络营销的时候，为了实现精准营销，往往会将关注点放在搜索引擎点击付费和搜索引擎优化上，但是现在仅靠这些方法已经无法满足企业的宣传需求。在互联网时代，企业必须借助高质量的内容吸引并打动消费者，因此企业应加大对移动内容的投入力度，包括在移动设备上制作易于阅读的短小内容、了解目标消费者对移动设备的使用习惯，并将更多的精力放在制作可供消费者通过移动设备轻松消费的视频和可视化内容上。

（4）网络广告理念和模式推陈出新

以往的网络广告一般都是用具有诱导性或刺激性的字眼来吸引用户的眼球，从而诱导用户点击广告。虽然这种方式可能会带来很高的用户点击率，但是其精准性和用户转化率都不高。随着技术的不断进步，网络广告开始朝着原生广告、程序化购买广告等新模式发展。社交媒体和工具类 App（Application，应用程序）推出了与场景相融合的原生广告。原生广告不同于传统的推销性质广告，它更加关注用户的需求，用一些吸引人的内容直击用户内心，使用户产生需求。与传统的网络广告相比，程序化购买广告更受青睐。广告主通过需求方平台能轻松找到目标人群，有针对性地投放广告，从而充分利用广告资源。

（5）社交媒体营销更受重视

随着社交媒体的发展，用户、企业主的信息发布和获取成本都大大降低，这为社交媒体营销提供了更多的可能性。社交媒体因其信任度高、口碑效应、多级传播、门槛低等特点成为新媒体中最活跃且最有发展潜力的领域之一，社交媒体营销也因此成为企业最青睐的营销模式之一。

（6）搜索引擎优化、内容营销和社交媒体互通

搜索引擎优化、内容营销和社交媒体原本是不同领域的营销方式，都具有一定的独立性。但是在网络营销方式越来越多样化的当下，它们之间的界限已变得越来越模糊，彼此独立又相互依赖。内容营销被称为"新型 SEO"，是搜索结果可见性的首要营销因素，而社交媒体则是内容营销的必要传播工具，可见三者之间的联系十分紧密，互相影响。

1.3　网络营销的战略规划

波特认为，互联网被认为是提升企业运营效益的强有力工具，但它只能改善企业的运营效益，不能形成竞争优势；相反，互联网的性质使企业保持运营优势更加困难。因此，若企业无法获得运营优势，则唯一的办法只能是通过独特的竞争方式形成网络营销优势，即建立独特的网络营销战略定位，以获得更高的经济价值。同时，对网络营销进行战略规划，将为中国经济转型提供有力支撑。

1.3.1　企业家价值取向与企业创造价值

1. 价值及其承载物

价值是指能够满足人们在物质上、精神上和规制上的需要，可通过天然禀赋、人工创造和交换交易等多种形式获得，拥有某些功能和效用，可使用、可赋能和可增值的所有物载。满足人们需求的价值承载物的形式如下。

① 物质层满足人们的价值需求，可以是有形的物质、产品、商品等。
② 精神层满足人们的价值需求，可以是无形的电影、游戏和软件等。
③ 规制层满足人们的价值需求，可以是制定的标准、规范和规程等。

2. 企业家选择价值，企业创造和实现价值

企业家精神是指企业家整合和利用资源，生产商品、寻找商机并创造新商业模式的特殊品格、风范和才能。企业价值观是指企业家为企业选择和确定的组织性质、目标、使命和愿景，所形成的企业的经营信念、价值取向及其商业逻辑，并为全体员工共同接受和持续遵守。

企业家的世界观、价值观和人生观决定其价值取向和精神追求，从而决定选择价值。企业创造价值承载物，并彰显价值特征和特性，传递价值让消费者体验。企业家的胸怀和境界引领企业的走向和发展高度。同时，企业在创造价值的过程中也会产生平台交换价值和品牌传播价值，这是在企业发展过程中形成的无形资产。

企业家的价值选择对一家企业的发展是非常重要的，一些成功的企业往往拥有一名优秀的企业家，而一名优秀的企业家一般需要具有全局观、未来观和全球观。

① 全局观就是生态观，就是让企业内部的生态处于一个各方都满意的状态，让客户满意，让员工满意，让合作伙伴满意，让政府满意，甚至让竞争对手因为与你竞争而尊敬你。

② 未来观要求企业家必须站在未来的角度思考问题。站在 10 年以后看今天，企业必须用创新去解决人类未来所要面对的所有问题，引领社会进入新时代。企业解决的问题越大，其市值就越大，就越容易赢得人们的尊重。

③ 全球观要求企业家站在全球的角度看问题，站在全球的角度看中国，企业家必须拥有全球视野，有全球化意识，这样企业才会有更美好的未来。

3. 企业实现价值逻辑

（1）企业创造价值

企业创造价值主要从以下几个方面来体现和实现。

① 为消费者创造何种独特价值（功效、品质、品位、信仰等）？

回答内容：消费者买本公司产品，而不买其他公司产品的价值偏好及其选择理由。

② 为合作伙伴创造了何种价值（利润、收益、实惠、友联等）？

回答内容：合作伙伴选择与本公司合作，而不与其他公司合作的产业逻辑及其选择理由。

③ 为员工创造了何种价值（薪酬、福利、待遇、养老等）？

回答内容：员工愿意受雇于本公司，而不选择到其他公司工作的用工逻辑及其理由。

④ 为投资人创造何种收益回报（稳定的高额利润和投资回报）？

回答内容：投资人选择投资本公司及业务，而不投资其他公司的投资逻辑和选择理由。

⑤ 为社会创造何种利益和福祉（利益、福祉、责任和担当等）？

回答内容：公司为社会创造了什么价值，为人类社会所贡献的利益、福祉、责任和担当。

（2）企业的目标和使命

企业的目标和使命是企业在规划长期发展的目标、任务和预期效果时，兼顾应履行的社会责任和所承担的社会义务。

① 利润最大化（企业追求自身利润的发展）。

② 收益最大化（企业兼顾社会效益的发展）。

③ 福祉最大化（企业造福人类社会的发展）。

1.3.2 战略分析

网络营销战略就是企业利用互联网或其他通信网络开展业务活动的规划与执行，其流程分为 4 个阶段，即分析、设计、执行、评估。

1．SWOT 分析

战略分析就是评估自身和周围环境，明确任务，分析其可行性。我们已经知道，任何一家企业都是由行业价值链上的一个或多个战略业务单元组成的。每家企业都有其优势（Strengths）、劣势（Weaknesses），也始终存在着机会（Opportunities）、威胁（Threats），即 SWOT。SWOT 分析是一种从不同角度，如营销、内部管理、伙伴关系、社会环境等，分析企业的优势与劣势、机会与风险的战略分析工具。图 1-1 所示内容列举了部分与 SWOT 分析相关的网络营销战略问题。

优势 产品品牌声誉如何 营销渠道是否强大 对供应商或分销商的谈价能力如何 是否具有宽广的市场覆盖面 员工素质如何 是否具有很强的目标意识 企业文化支持企业目标吗	劣势 企业信誉是否受到损害 产品线是否过时 研发能力是否变弱 公司内部协调是不是很难 组织结构是否庞杂 企业是不是出现了财务危机 企业定价能力是不是很弱
机会 新市场 新服务 新渠道 供应商议价能力变弱 成本降低	威胁 新进入者 新产品 对手应变能力更强了 渠道冲突 客户选择能力增强了

图 1-1　与 SWOT 分析相关的网络营销战略问题（部分）

企业要实施网络营销战略，就要重点分析网络营销的引入是加强了优势还是削弱了优势，是缩小了劣势还是放大了劣势，是增加了机会或威胁还是减少了机会或威胁。通过系统评估，并结合企业的经营战略决定是否实施网络营销战略。

实施网络营销战略可能还影响与合作伙伴之间的关系。实施网络营销战略是加强了双方的合作还是削弱了双方的合作，是为合作伙伴带来了机会还是为合作伙伴带来了风险，是加强了合作伙伴的优势还是削弱了合作伙伴的优势，合作伙伴的变化会不会对企业产生不利影响。

实施网络营销战略还要分析网络营销战略对消费者的影响。有多少消费者的业务会通过网络实现呢？实施网络营销战略为消费者带来了什么独特价值？企业能从这个价值上赢利吗？消费者认可这个价值吗？

另外，由于网络营销是一项技术性很强的战略，且发展历史短，所以存在一些特殊内容的分析，例如竞争对手会不会实施网络营销战略、技术风险和安全隐患如何、投入的成本有多大、信息基础环境是否已准备好。

2．网络营销战略定位

当企业决定实施网络营销战略时，战略定位是其战略分析的核心任务，方法与一般的企业战略分析相似，主要任务有确定目标、价值体现、价值链、取舍、配称等。

（1）网络营销战略目标

互联网能够帮助企业做很多事情。与营销相关的战略目标主要有借助信息平台构建个性化产品定制，建立一个在线品牌，探索新的、有效的营销渠道，发现、发展利基市场，开发CRM生态系统以完善营销服务，聚焦于e时代的市场等。企业可根据电子商务战略分析的结果选择某种网络营销战略目标。

（2）网络营销战略价值体现

实施网络营销战略不仅能为企业或其投资者带来好处，还能为消费者创造价值。不同的网络营销战略会有不同的价值体现，如产品的个性化与定制、降低产品搜索成本、交易的便捷性、良好的配送服务等。实际上，明确了网络营销战略目标也就决定了网络营销战略的价值体现。

（3）网络营销战略配称

企业根据所确定的网络营销战略目标及网络营销战略价值体现，确定网络营销活动的取舍，并将确定的网络营销活动与企业的其他活动整合、集成，配置成一个符合企业战略和电子商务战略，并为企业创造价值的价值链，其中可能会涉及企业业务流程重组。

3. 网络营销战略实施策略

（1）是"先入"还是"跟进"

所谓"先入"是指企业在行业内首次实施网络营销战略，"跟进"则是指企业在行业网络营销已经比较成熟时再实施网络营销战略。先入和跟进的企业都有成功或失败的经历。如果企业能够建立独特的其他竞争者难以模仿的网络营销战略，则先入者可以保持某些先入优势，如树立了品牌形象，为消费者创造了新的选择机会，形成了稳定的消费群体，锁定了战略伙伴。但先入者也存在一定的风险，如互联网应用软件的开发技术相对不成熟，且软硬件基础设施的投入成本很高；缺乏网络营销实践经验，难以把握市场规律；过早地进入了一个可能还没有准备好的市场；可能被跟进者超越（跟进者可能吸取了先入者的经验和教训，应用更好的软硬件技术）。

（2）是区域化还是全球化

很多时候，企业实施网络营销战略是为了拓展业务空间，甚至是为了推广全球化营销战略。但在拓展业务范围，甚至以此来推广全球化营销战略时，企业必须考虑全球化营销战略可能存在的风险。

① 文化环境风险。进入一个陌生的环境会存在很多风险，其中文化差异就是风险之一。文化差异主要包括语言、习惯、风俗等多个方面，它直接对人们的消费行为产生影响。如果在推广全球化营销战略时没有完成本地化任务，那么对实施网络营销战略的企业来说可能是致命的。很多企业因为没有理解当地的文化，所以对当地消费者的消费偏好缺乏足够的认识，最终导致失败或撤离该市场。另外，网站语言也是一个重要问题，全球有上百种语言，即使是广泛使用的英语，在不同的国家也存在差异，因此如何解决网站的多语言支持问题是企业必须要考虑的。

② 市场环境风险。不同地区的市场环境存在很大差异，主要包括法律法规、财税政策等。跨国经营还面临着通关、结算、结汇等问题。因此企业若想借助互联网实现跨国经营，除了能正确地处理关税、汇兑、信用等风险，还要认真研究并准确把握不同地区的法律法规及相关的市场政策。

③ 作业风险。全球化营销战略在拓展市场空间的同时，还延伸了企业的供应链，因此订单履行与配送成为跨国经营的一种风险。支付也是风险之一，不同的国家，支付习惯不相同，美国人习惯使用信用卡，而欧洲人习惯使用借记卡等。更重要的是，经营风险来自双方交易的认证，特别是对 B2C（Business to Consumer，企业对消费者）和 C2C（Consumer to Consumer，消费者对消费者）的应用，风险会更大。

（3）是独立经营还是依托原有组织经营

企业可以重新建立一家独立公司开展网络营销业务，也可以把网络营销业务作为企业的一个子单元。如果企业现有机制对网络营销战略存在制约，无法进行结构重组，而网络营销战略也不需要依赖组织现有的经营，则建立一家独立的互联网公司可能会更好。若实施独立的网络营销战略会引起剧烈的渠道冲突、部门利益冲突，则应当把网络营销业务作为一个子单元，并且在促销、定价、企业信息、内容管理等方面采取一致性行动。而在品牌战略上，则取决于现有品牌的影响，如果现有品牌很强势，则无须重新建立在线品牌，反之可以考虑重新建立一个新的在线品牌。

1.3.3 战略设计

网络营销战略设计指的是根据企业的网络营销战略，制订网络营销战略的实施计划。它的主要任务是制订一份完整的网络营销计划书，描述营销方案项目及其各项具体任务。

网络营销计划书指的是一个用以确定企业网络营销目标，并粗略地描述企业如何实现该目标的计划文档，它以论证项目的可行性为主要目标。

表 1-1 列举了典型网络营销计划书包含的主要内容。网络营销计划书对企业筹集资金、招聘高级管理人才、说服战略伙伴具有重要的意义和作用，这也是其主要用途。网络营销计划书应明确企业的营销目标，预见困难，制定相关措施，以保障项目按预定的轨道进行。

表 1-1　典型网络营销计划书包含的主要内容

项　目	描　述
组织描述	组织的性质、构成、使命、目标
项目描述	① 行业网络营销现状与趋势。 ② 企业的内部经营环境、外部经营环境，进行 SWOT 分析。 ③ 企业的电子商务目标、战略及绩效考核指标
项目方案	① 市场研究：判断组织与多变的市场机遇之间的一致性，完成营销机遇分析、供求分析、细分市场分析。 ② 细分市场和目标市场选择：市场规模、潜在客户；潜在对手、竞争的优势、劣势及前景。设计市场细分策略、目标市场策略和差异化策略。 ③ 定位：进行产品选择与价值体现，设计产品定位策略。 ④ 赢利模式：描述电子商务模式创造的收入来源。 ⑤ 技术方案（需要应用什么技术，如何获取这些技术，是直接购买、自主开发、外包还是其他方式）。 ⑥ 设计网络营销组合策略：产品与服务策略、品牌与价值策略、定价及评估策略、分销与供应链管理策略、多渠道沟通策略、广告及促销策略、客户关系管理策略、信息收集策略等。 ⑦ 线下的传统营销战略与网络营销战略的整合

项　　目	描　　述
项目进度	分阶段项目任务，项目管理，责任人
组织机构及人力资源	实施项目的组织机构、领导、技术负责人、管理团队
投资规模及筹资方案	预测收益，估计为达到目标所需的成本，以及需要的资金额度，以确定筹资方案
财务分析与绩效评估	对包括成本、赢利模式、赢利能力、经济和社会效益、回收期估算等指标进行分析，以确定适当的绩效考核指标
项目风险分析及对策	经营风险（渠道冲突、伙伴关系、客户关系等）、政策风险（法律、法规、隐私等）、技术风险（安全）等

1.3.4　战略执行

战略执行为执行战略设计阶段同意的项目而制订详细的、短期的计划并加以实现。战略分析确定了组织是否实施网络营销战略，回答了"做不做"的问题，战略设计根据战略定位确定"做什么"，而战略执行详细描述"怎么做"。

企业实施某项战略有其流程，即分析、设计、执行、评估，而具体到战略执行阶段，也有一个微观层面的流程，它与战略规划的流程相似，只不过它是针对具体任务或项目而言的，因此常被称为项目管理。

1．启动阶段

启动阶段的工作是定义一个项目或项目阶段的各项工作与活动，决策一个项目或项目阶段的启动与否，或决策是否将一个项目或项目阶段继续进行下去等。

2．计划阶段

拟订、编制和修订一个项目及其阶段工作目标、任务、工作计划方案、资源供应计划、成本预算、计划应急措施等工作，需要制订详细的进度表，并有明确的进度标志。

3．执行阶段

在执行阶段，项目需要配置企业的各种资源，以使项目适合组织发展并实现其目标。这些资源包括人力、资金、技术和知识、软硬件基础设施、管理等。

（1）建立一个 Web 团队

Web 团队人员包括团队负责人、执行成员、技术专家，定义各参与人的责任和角色。一个强有力的团队是项目成功的关键，强有力不仅是指技术上的，更多的还是指管理上的。团队的负责人必须有一定的资源调配和流程整合的权利，以确保电子商务战略的实施。

（2）软件、硬件环境建设

硬件环境包括网络、服务器配置、安全措施；软件开发任务包括网站、接口和应用软件等；需要考虑的问题如下。

① 软件由谁来开发，可选项包括自主开发、合作开发、外包开发、直接购买软件或软件使用许可权。

② 网站托管方式，是选择自己管理还是选择托管。

③ 硬件策略，它既与网站托管方式有关，又与企业电子商务战略的规模有关。

（3）业务流程重组

删除冗余的业务内容，修改不适应互联网环境的业务内容，将它们与因实施网络营销战略而新增的业务进行集成并优化。

4．控制阶段

在控制阶段，企业制定性能指标、执行标准，监督和测量项目工作的实际情况，分析差异和问题，采取纠偏措施等工作。

5．移交与运行阶段

移交与运行阶段是收尾阶段。企业要制订一个项目或项目阶段的移交与接收条件，并完成项目或项目阶段成果的移交，包括项目实施过程中所形成的文档，从而使项目顺利结束。移交与运行阶段的工作还包括用户培训、系统切换等。系统切换是指将原有业务流程所依赖的环境切换到新系统中来，使网络营销系统正式运行。一般来说，系统切换应该有一个过程，不能一蹴而就，有些流程可能在相当一段时间内还需要保留，如传统支付与电子支付并行。

1.3.5　战略评估

网络营销战略的结果是否朝着企业预期的目标方向前进，是否偏离了网络营销战略定位，原先的网络营销战略定位是否符合电子商务领域的变化，是否需要进一步完善和改进，这些都是战略评估要回答的问题。评估的常用指标包括财务、效果和系统性能。

1．收入及赢利增长率

评价网络营销战略对企业的赢利能力及价值体现的影响，并分析其原因。例如企业产品的销量是否增加了，增加了多少，什么原因使销量增加（市场扩大、取得了定价优势等）；企业的利润是否增加了，增加了多少。常将企业实施网络营销战略的投入成本与收益的比值作为重要评价指标，这种方法被称为 ROI（Return On Investment，投资回报率）方法。

2．成本降低程度

评价网络营销战略对企业投入成本、费用等的影响，并分析其原因。例如生产成本是否降低了，在哪些方面降低了（采购价格、生产流程、供应过程产生的费用等）；管理费用和营销费用是否降低了，在哪些方面降低了，是否消除或减少了不合理的费用（库存减少、办公费用、渠道费用等）。

3．效率提高程度

评价网络营销战略对生产效率、管理效率等的影响，并分析其原因。例如生产效率是否因供应链的完善和流程优化得到了提高、订单履行效率是否得到提高等。

4．关系满意程度

评价网络营销战略对企业与客户、供应商、分销商、零售商、合作伙伴之间关系的影响，并分析其原因。例如客户满意度是否得到提高、忠诚客户比例是否有所上升、供应商的满意度有没有得到提高、分销商的满意度如何等。

5．网站性能评价

网站性能评价主要评价网站性能是否达到了预期效果。网站性能评价有许多指标体系，Whitworth 等人提出了系统性能网络模型（Web of System Performance，缩写为 WOSP），如图 1-2 所示，他们将性能指标分成 4 对，即边界、内部结构、效应器、接收器。

① 边界。边界性能反映了用户对系统的访问控制能力，有益用户都能访问系统，而有害用户都应被拒绝。评价指标具有可扩展性和安全性。可扩展性体现了系统对用户的接受能力，安全性体现了系统对用户的防范能力。

② 内部结构。内部结构性能反映了系统对内部变化和外部变化的应变能力。评价指标具有灵活性和可靠性。灵活性体现了系统对外部变化的适应能力，即系统可以在不同的环境下运行；可靠性体现了系统内部结构的相对稳定性，即使系统的某部分出现问题，整个系统也能保证正常运行。

③ 效应器。效应器性能反映了系统的运行性能，期望具有最好的功能，同时拥有最佳运行性能。评价指标具有功能性和可用性。功能性是指系统的事务处理能力，也就是系统是否具有足够的功能；可用性是指实现这些功能时占用最小系统资源的能力，如访问速度快、操作方便，从而保证系统的运行性能。

④ 接收器。接收器性能反映了系统对内容交换的控制能力，它既能保障正常内容的交换，又能保护隐私内容。评价指标具有连通性和隐私性。连通性体现了系统与其他系统的通信能力，而隐私性体现了系统控制私密信息传播的能力。

图 1-2 所示内容中指标间的距离反映了两个指标的一致性程度，距离越大，说明两者的一致性越差，如连通性和隐私性就是一对相互制约的指标。中心点是系统性能的平衡点，如果出现向右偏离中心的情况，则说明系统侧重于可扩展性、连通性和灵活性，是一个高风险的系统，反之则是一个低风险的系统。

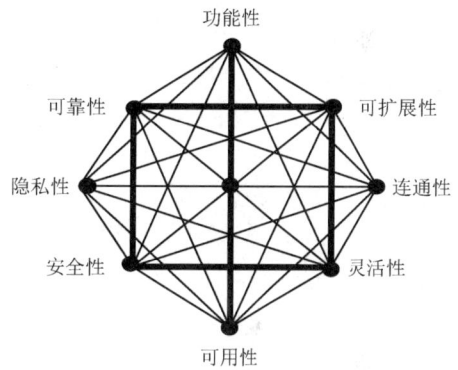

图 1-2　系统性能网络模型

1.4　案例：星巴克的网络营销——为顾客提供"第四空间"

星巴克，小资咖啡的"代言人"，如今是一家藏在传统行业外表下的科技公司。

很多人喜欢它的科技时尚感：免费 Wi-Fi、手机支付、社交网络，星巴克是一个信息时代的"弄潮儿"。星巴克在互联网初兴之时就展开了秘密布局，待到山花烂漫时，它早已掌握了用户的消费习惯，当之无愧地成为社交媒体上最受欢迎的"传统品牌"之一。如今，星巴克网页、手机、社交媒体、网络营销、Starbucks Card 和电子商务、Wi-Fi、星巴克数字网络、新兴的店内消费技术等统一作为数字业务战略，被认为与卖出咖啡一样重要。

1．星巴克的诞生：从一家小作坊开始

星巴克咖啡是 1971 年 4 月由 J. Baldwin、G. Bowker、Z. Sieg 三人共同出资成立的，它原

先仅仅是一家位于美国西雅图派克市场的销售咖啡豆、茶叶及香料的小型零售店。1987 年，霍华德·舒尔茨筹资购买了星巴克，并将其改名为星巴克公司。从这时候开始，星巴克才逐渐从西雅图的小咖啡烘焙兼零售商逐渐发展为目前最大的国际性咖啡连锁店之一，成为世界领先的特种咖啡的零售商、烘焙商和星巴克品牌拥有者。星巴克旗下的零售产品包括 30 多款全球顶级咖啡豆、手工制作的浓缩咖啡和多款咖啡冷热饮料、新鲜美味的各式糕点，以及丰富多样的咖啡机、咖啡杯等商品。

至今，星巴克在全球的门店数量已超过 32000 家，其中中国更是以 6000 多家门店成为最大的国际性市场之一。

2. 星巴克的发展：打造你的"第三空间"

最早提出"第三空间"这个概念的是美国社会学家雷·奥登伯格，他将"第三空间"定义为独立于住所和办公室之外的社会空间。"第三空间"不受功利关系限制，例如城市中心的闹市区、酒吧、咖啡店、图书馆、城市公园等公共空间。作为家庭生活和工作环境之间的缓冲地带，"第三空间"一直在都市人的生活中扮演着重要角色。

在美国，人们每天例行的人际交往活动逐渐丧失。星巴克探查出这种趋势，在繁忙的都市生活中把咖啡店装点成生活的"绿洲"，让附近的民众有休憩的小天地、静思的环境和交际的场所，为人们打造了一个除家和工作场所之外的"第三空间"。

从 1971 年到 21 世纪初，星巴克打造的"第三空间"一度改变了美国人在家煮咖啡的生活习惯，不仅为人们之间面对面沟通和交往提供了契机，也为星巴克带来了巨大的成功。经过 20 多年的发展，星巴克从当初位于美国西雅图的一家咖啡烘焙小作坊成为在世界各地拥有上万家连锁店的全球知名公司。

"第三空间"的活力和发展离不开大众消费，但是这种消费因互联网产业的冲击而面临着萎缩。在互联网时代，星巴克"第三空间"遭遇冲击，"宅经济"崛起，并逐渐销蚀着人们"出门寻找快乐"的激情。同时，随着越来越多的咖啡馆兴起，人们对星巴克打造的"第三空间"的需求日益接近饱和，顾客品味咖啡的热情也正在消失。2007 年，星巴克的股价暴跌了 42%，使其成为纳斯达克证券交易所表现最糟糕的公司之一。面对内忧外患，转型成为星巴克的主要出路。

3. 星巴克的转型：从"第三空间"到"第四空间"

为应对同质化的激烈竞争，星巴克着力提倡"第四空间"，它把实体零售与数字渠道融合。星巴克的创始人霍华德·舒尔茨曾说："我们不但要在星巴克门店的这四堵墙以内有所作为，而且必须在移动平台和社交媒体上有所作为。在向顾客传递星巴克体验时，不仅仅是在我们星巴克的物理空间里面，我们希望将它延展到社会化媒体和数字的空间，包括移动平台上。"在我国，"第四空间"是指通过以手机 App、新浪微博和微信为主的各类与消费者连接的社交媒体平台，在已经成型的"第三空间"的基础上力求通过无缝的 O2O（Online to Offline，线上到线下）实现线上体验和线下体验融合，为企业和消费者提供 360 度全方位交流渠道，走出星巴克发展的新路径。

通过建立"第四空间"，星巴克可以随时随地掌握当地目标顾客的口味及目标顾客对品牌的反馈，而它的社交媒体计划也不局限于品牌与顾客之间的交流，还希望通过社交媒体为顾客提供一个平台，让顾客之间进行交流。数字化帮助星巴克及其店员述说星巴克的故事，建立品牌，并与顾客联系在一起。

星巴克在移动支付和个性化营销方面持续发力，逐渐转型为一家"科技公司"。在美国，起初星巴克的移动支付方式是使用星巴克手机 App 生成的二维码或绑定已有的星享卡，随时在星巴克门店的收银处以扫描二维码的形式进行支付。直至 2012 年，星巴克才与移动支付应用 Square 进行合作。手机上装有 Square 应用的顾客在进入星巴克门店时，GPS 技术感应顾客的手机并自动提醒门店该顾客已进入，这时顾客的姓名和照片会显示在收银台的屏幕上。而在结账时，顾客只需要告诉店员自己的名字，星巴克的系统就会匹配顾客的照片，从而完成支付，甚至不需要顾客掏出手机。星巴克分别在 2016 年和 2017 年与中国的两大移动支付方——微信、支付宝达成合作，顾客在消费后，只需要在前台扫描支付宝或微信的付款二维码或向店员提供付款码，就可以完成支付。

2018 年，星巴克以 App 为基础全面推出线上业务。星巴克通过线上线下的打通，实现顾客数据化，可以为不同顾客提供不同的产品，可根据顾客的历史消费习惯进行产品预测，实现了顾客的个性化营销和订单预测，从而影响供应链的有效管理。算法准不准确，很大程度上取决于数据的质量。2018 年，星巴克移动 App 有 1700 万名活跃用户，这为星巴克带来了海量数据。星巴克的算法把顾客买咖啡的数据（何时、何地买了哪种咖啡）与其他数据相联系，例如天气和节假日，为顾客提出适时适地的建议。星巴克的转型为企业带来了巨大的收入增长。近日，星巴克公布了截至 2023 年 10 月 1 日的 2023 财年第四季度和全年财报。在中国市场，2023 财年第四季度营收达到了 8.406 亿美元，同比增长 15%；新增门店数量为 326 家。2023 财年全年营收达到 30 亿美元，同比增长 11%。全渠道业务表现强劲，门店、快速取餐、专送服务、电商及其他渠道均实现增长。高度数字化的运营和垂直整合，加上丰富的产品创新，进一步推动了门店交易量和客单价的提升。

4. 明天的星巴克，依然在路上

星巴克之所以受到全球消费者的青睐，原因在于它不仅仅提供咖啡和面包，还营造了一种生活方式。来到数字时代，它符合潮流甚至开创性地"升级"这一理念。在数字化大背景下，星巴克紧跟时代潮流，从原本以体验为主的"第三空间"转变成以互联网平台为主的"第四空间"，逐渐完善数字化方面的布局，愈加提升顾客的消费体验，走出一条不同于他人的转型之路。当然，星巴克在这条道路上也并非无往不利，需要它拥有智慧和热情去迎接一切困难和挑战。

习题 1

1. 假如你是一家有一定品牌知名度的企业的一名执行官，你将如何利用互联网拓展企业的传统品牌价值？请给出你的构想和具体方法。

2. 品牌知名度是不是你选择使用搜索引擎注册这一营销方法要考虑的重要因素？使用搜索引擎还需要考虑哪些因素？

3. 如果三只松鼠请你帮忙设计一个网络营销组合方法，你认为怎么做比较有效？

4. 网络直播开启了网络购物新模式，消费者足不出户在家里就能全方位地看到心仪的产品。近年来，不少地区利用电商直播平台销售农产品，推动本地特色农产品走出去，以帮助农民增收致富。思考：如何提高农产品的直播销量？分析农产品电商直播发展所存在的问题。

5. 在电子商务环境下中介如何改变战略以适应新的环境？列举几家成功的电子商务中介企业。

6. 渠道冲突是实施电子商务战略时必须面对的问题，你有哪些好的建议可以解决渠道冲突问题？

7. 从"己所不欲，勿施于人"的角度分析弹出广告与广告拦截问题。

8. 你认为企业维持客户忠诚的根本措施是什么？

9. 使用 SWOT 分析方法，分析星巴克从"第三空间"转型为"第四空间"的原因。

10. 为什么星巴克在 2016 年和 2017 年才接入微信和支付宝？星巴克的转型对其他传统行业数字化变革有何启示？

第2章 营销理论基础

2.1 营销资源组合

消费者的消费观念、客观市场环境及科学技术是现有市场营销理论形成和发展的基础。自2019年《中华人民共和国电子商务法》实施以来,电子商务已经成为数字经济中发展规模最大、覆盖范围最广、创业创新最为活跃的重要组成部分,在服务构建新发展格局中发挥了积极作用。网络强大的通信能力及其交互性和电子商务系统便利的商品交易环境,改变了原有市场营销理论的根基。在网络环境和电子商务中,信息的传播由单向的传播模式发展为一种双向的交互式的信息需求和传播模式,即在信息源积极地向消费者展现自己的产品或服务等信息时,消费者也积极地向信息源索要自己所需要的信息;市场的性质也发生了深刻的变化,生产者和消费者直接在网络上进行商品交易,形成了直接的商品流通循环,从而避开传统商业流通环节的某些限制,一部分原有的以商业作为主要运作模式的市场机制将被基于网络的网络营销模式所取代,市场将趋于多样化、个性化,并实现彻底的市场细分,其结果使得商业的部分作用逐步淡化;消费者可以直接参与企业营销的过程,市场的不确定因素减少,生产者更容易掌握市场对产品的实际需求;由于具有巨大的信息处理能力,消费者有了更大的挑选商品的余地。

由于以上这些变化,传统营销理论虽然不能完全胜任对网络营销的指导,但是网络营销仍然属于市场营销理论的范畴,它在强化传统市场营销理论的同时,具有一些不同于传统市场营销的新理论。

2.1.1 XP 营销组合

以经济学为母体的营销学从当初关注农产品分销问题发展至今,已有一百多的历史,20世纪中后期,经济持续繁荣与市场经济全球的胜利让营销学成为一门学科。市场营销组合概念于1953年首次由美国市场营销协会(American Marketing Association,AMA)主席尼尔•博登提出,随后由杰罗姆•麦卡锡等学者对其进行完善和细化,形成了从4P到11P的框架体系。

1. 4P 营销组合

在传统市场营销策略中,由于技术手段和物质基础的限制,产品的价格、产品宣传和销售的渠道、商家或厂家所处的地理位置及企业促销策略等,成为企业经营、市场分析和营销策略的关键性内容。美国密歇根州立大学教授麦卡锡将这些内容归纳为市场营销策略中的 4P,即产品(Product)、价格(Price)、渠道(Place)和促销(Promotion)。

4P 营销理论产生于 20 世纪 60 年代的美国,它是随着营销组合理论的提出而出现的。1953年,博登在美国市场营销协会的就职演说中提出了"市场营销组合"(Marketing Mix)这一术语,是指市场需求或多或少地在某种程度上会受到"营销变量"或"营销要素"的影响。为了寻求一定的市场反应,企业对这些要素进行有效组合,从而满足市场需求,获得最大利润。实际上,市场营销组合有几十个要素(博登提出的市场营销组合原本就包括 12 个要素),麦卡锡于 1960 年在《基础营销》（Basic Marketing）一书中将这些要素概括为 4 类：产品、价格、渠道和促销，即 4P。1967 年，菲利普·科特勒在其畅销书《营销管理：分析、规划与控制》中进一步确认了以 4P 为核心的营销组合方法。4P 的提出奠定了管理营销的基础理论框架，该理论以单个企业作为分析单位，认为影响企业营销活动效果的因素有两种：一种是企业不能够控制的，如政治、法律、经济、人文、地理等环境因素，这些因素被称为不可控因素，这也是企业所面临的外部环境；另一种是企业可以控制的，如生产、定价、分销、促销等营销因素，这些因素被称为可控因素。企业营销活动的实质是一个利用内部可控因素适应外部环境的过程，即通过对产品、价格、分销、促销的计划和实施，对外部不可控因素做出积极的动态的反应，从而促成交易的实现并满足个人与组织的目标，如图 2-1 所示。用科特勒的话说就是"如果公司生产出适当的产品，定出适当的价格，利用适当的分销渠道，并辅之以适当的促销活动，该公司就会获得成功。"所以，市场营销活动的核心是制定并实施有效的市场营销组合。

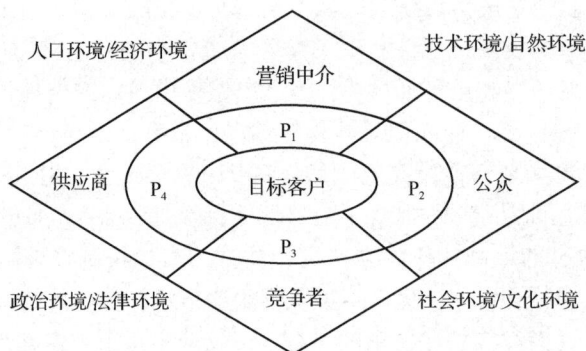

图 2-1　4P 理论

（1）产品策略

注重产品的开发，要求产品有独特的卖点，把产品的功能诉求放在第一位。

产品策略是市场营销战略的核心，其他策略如价格策略、渠道策略、促销策略等都要围绕产品策略展开。产品策略主要目的是为目标市场开发合适的产品或产品组合。

产品是可以满足人们某种需求的东西，它不仅包含有形的实体，还包括一些无形的、蕴含在产品中的其他因素。现代市场营销理论认为产品的整体包括核心产品、有形产品和附加产品。核心产品是消费者在购买产品时真正追求的利益；外观、包装等则是核心产品得以实现的有形部分；附加产品则是指购买和使用产品能够为消费者带来地位感等附加价值。一个好的产品是核心产品、有形产品、附加产品的完美组合和统一。

例如，某品牌牛奶是一种国产的、高品质的、大众消费者都能够买得起用得起的液态奶产品；相对于整个行业市场而言，它是有益于人体健康，并具有养颜和保健功能的最佳奶品，非常适合消费者长期饮用。因此，在为该品牌产品制定策略时，应先重点了解产品的核心性质。名牌的创立、保护和发展，归根结底取决于消费者对产品质量的信赖和好评，没有一流的质量就不可能赢得消费者的"货币选票"，也就不可能获得利润。在实行产品策略时，企业保证将产品质量放在了至高无上的位置，认为产品的质量是在工序中形成的，而不是在检查中形成的，更不能在消费者饮用并出现问题后再予以补偿。对于该品牌的液态奶，企业不仅要注意成品的检验，还要花大力气注重原料奶供应及加工工序中的预防，将质量问题严格控制在产品成型之前。

在产品策略中，不仅要考虑以有形产品体现出来的核心产品，还要注意附着在有形产品上的附加利益。液态奶属于低值易耗品，即单位价值较小，一次性消费，不断重复购买。对于这类产品，消费者的购买属于"寻求变化的购买行为"，即品牌之间虽然有差异，但是消费者不会耗费太多的时间和精力去比较和选择，其参与程度低。在这样的产品特征下，虽然消费者在购买时会经常改变品牌，但是在选择时不会经常改变产品的品种，并且在购买产品时往往无法评价奶的品质，只有饮用之后才会有所感觉。据此情况，在保证该品牌产品品质的同时，还要进一步加强其外在包装设计，力求在第一时间吸引消费者的眼球，紧紧围绕品牌的形象进行定位，例如，不同规格的液态奶包装的统一设计、绿色标志的应用等。整个产品的包装既要自然、时尚、绿色，又要不失生活气息，使消费者深刻感受到产品的纯正、健康及生活的美好。

（2）价格策略

根据不同的市场定位，制定不同的价格策略，产品的定价依据是企业的品牌战略，注重品牌的含金量。

从经济学的角度来看，行业内产品的价格是在供需关系的双向作用力达到均衡时形成的。但作为行业内的个体企业，却总是希望通过合适的价格策略来开拓市场，打击竞争对手，同时尽可能多地获取消费者的剩余价值，使企业的利润最大化。

在对产品进行定价时，企业必须考虑的因素包括产品成本、竞争者价格、替代品价格和消费者感受的产品价值。在此基础上，企业最终确定的产品定价要介于两个极端（一端为低到没有利润的价格，另一端为高到无人问津的价格）之间。对应这样的定价方法，企业可依次制定价格策略，常见的产品价格决策策略主要有以下 3 种。

高价定价策略：产品定价比其成本高出许多。在新产品刚刚上市，类似产品还没有出现之前，为在短时间内获得最大利润，企业通常采取这一定价策略。

低价定价策略：它与高价定价策略相反，为了让消费者迅速地接受新产品，尽快地提高产品销售量，占领更大的市场份额，企业有意将产品的价格定得很低。采取低价定价策略不但可以以较快的速度占领市场，而且可以有效地阻止其他企业进入这一产品生产领域。

适宜定价策略：适宜定价策略是使产品的价格介于上述两种方法确定的产品价格之间的策略，它使产品价格处于一种比较合理的水平上。

在产品定价时，企业要着眼于长期发展，精心构造规范化的价格体系，设立严格的价格级别及其适用范围，明确各部门能为不同类别客户提供的价格底线，同时制定市场零售指导价，尽量统一价格，缩小地区终端零售价格的差距，保护好企业的品牌形象。这样做既能维护市场现有销售区产品价格的稳定，也为新开拓市场的价格管理做好了准备，有助于企业品牌形象的提升和渠道的管理。

（3）渠道策略

企业并不直接面对消费者，而是注重经销商的培育和销售网络的建立，企业与消费者的联系是通过分销商来进行的。

市场营销渠道是指促使产品或服务顺利地被使用或被消费的一整套相互依存的组织。市场营销渠道大体可以分为直销渠道和分销渠道。

从两种渠道的特点来看，直销渠道能减少流通的中间环节，使企业直接面对市场，对销售情况有第一手把握。直销渠道能保持企业对市场的控制力并使企业赢得更多利润；而分销渠道可以让企业充分利用经销商的现有资源，弥补企业直销时铺面有限的劣势，有助于产品迅速占领市场。在实际渠道选择方面，企业可以根据产品的特点、不同地区消费者的特点及企业品牌在消费者中的认同度，选择不同的渠道策略。

（4）促销策略

促销是指利用各种媒介向市场传递有关产品和服务的信息，以激发需求，引起消费者的购买欲望和购买行为的各种活动。在品牌经营过程中，只有隐藏的资源被充分发掘并结合外部条件加以整合，向世人传播，才能产生强大的品牌销售力。主要的促销形式有广告、销售促进、宣传推广和人员推销。

随着产品在市场上面临的竞争越来越激烈，促销策略的作用越来越受到企业的普遍重视。整合营销之父舒尔茨曾提道："在现今同质化的市场中，唯有传播能够创造出差异化的品牌竞争优势。这种传播，以消费者的欲求为轴心，从产品概念的开发到产品包装设计及公关、广告、促销等营销推广工具的综合运用，始终围绕这个轴心转。所以，在目前激烈竞争的市场态势中，企业只有采用多种传播方式，对目标消费者接触产品和企业的每个点都进行精心构思的有效传播，才能让自己的品牌最终取胜于市场。"

2．5P 营销组合

塔腾和所罗门根据互联网社会化媒体的特点，在 4P 营销组合的基础上，提出了第 5 个 P，即消费者参与（Participation）。他们认为，网络营销的实质是社会化媒体营销（Social Media Marketing），是通过社会化媒体技术、渠道和软件来创造、沟通、传递和交换，从而为组织的利益相关者带来价值的产品或服务的活动。这种社会化媒体营销与传统营销组合、传统数字营销组合的主要差异是企业与消费者的相对地位与沟通方式。在传统营销和传统数字营销中，企业处于强势地位，营销是从企业立场出发来决策实施的。例如，利用屏幕弹出广告、电子邮件广告等干扰消费者注意力的"中断−打扰型"营销，它本质上属于传统 4P 营销。在这种营销模式中，企业对消费者的信息传递基本上是单向的，消费者处于被动接收状态，所以消费者对营销活动的参与程度并不高。在社会化媒体环境下，由于网络社区的信息开放性，消费者的专业知识增加，消费者之间的在线讨论、合作、分享更加便利，消费者与品牌进行互动和沟通的能力大大提高，消费者对于企业的产品或服务拥有了更大的建议权和提前介入能力，同时消费者作为意见领袖或中心人对周围人的影响也在扩大。如果说在传统营销组合下商业的目的就是创造消费者，那么在社会化媒体营销组合下商业的目的就是创造能够创造其他消费者的消费者。

互联网作为社会化媒体具有分享、参与的本质特征，5P 营销组合虽然突出了消费者在新媒体环境下的地位，但是尚未从互联网发展的新阶段来系统地思考新的营销组合。

3．6P 营销组合

4P 营销组合主要考虑的是企业内部可以控制的因素，但是在市场经济条件下，企业的发展往往有赖于外部环境，例如竞争者和宏观政策的变化等。因此，在 20 世纪 80 年代中期，科特勒提出，应在 4P 的基础上增加 2P：公共关系（Public Relationship）和政治权力（Political Power），他认为两者可以作为企业开展营销活动的可控因素，为企业创造良好的国际市场营销环境。同时他还发明了一个新的词语"大市场营销"（Mega Marketing），用来表示这种新的营销视角和战略思想。大市场营销概念的要点是：当代营销者需要借助政治力量和公共关系技巧去排除产品通往目标市场的各种障碍，取得有关方面的支持与合作，实现企业的营销目标。与 4P 相比，6P 具有时代性，强调的是国际化、全球化。了解政治、经济政策的规定和变动，也是企业在营销过程中应该重视的问题。积极与政府配合，了解国家政策，企业可以根据现状做出较快的决策。

6P 营销组合提出的假设前提和内涵如下。

① 继续从企业立场考虑营销活动。

② 企业营销活动不仅有直接消费者（或直接使用者），还有间接消费者（政府、工会和任何可以阻碍企业进入某一市场以获利的利益相关者）。

③ 要提升营销效果，不仅要重视针对直接消费者的策略（4P），还要关注针对间接消费者的策略（政治权力和公共关系）。

④ 政治权力策略。

⑤ 公共关系策略，是指运用大众沟通技术，如议题设定（Agenda Setting）、议题管理（Issue Management），影响公众对企业、品牌、产品或服务的看法，在公众心目中树立良好形象，最终提升营销效果。

⑥ 6P 营销策略同样需要组合使用，协调一致，综合发挥作用。

4. 11P 营销组合

虽然 6P 营销组合已经关注到外部环境中的利益相关者对营销活动效果的影响，但是整体上仍是战术层面的考虑，属于营销职能部门的工作。所以，企业需要从战略层面考虑营销活动在时间（中长期）、空间（更大的地理区域）、人（外部消费者和内部员工）等方面的因素管理。为此，1991 年，科特勒又在原来的 6P 营销组合基础上，增加了对战略层面的考虑。新增加的 5P 包括以下内容。

① 探查（Probing），即市场营销调研（Marketing Research），用科学的方法系统地收集、记录、整理与分析有关市场、消费者、对手等方面的情报信息，提出解决建议，确保营销活动顺利地开展。

② 划分（Partitioning），即市场细分（Market Segmentation）。根据消费者需求的差异，运用系统的方法把整体市场划分为若干个群体，群内相似，群外异质。

③ 优先（Prioritizing），即选择目标市场。在市场细分的基础上，企业根据资源约束情况，选择优先进入的市场或优先满足的消费者群体。

④ 定位（Positioning），即市场定位。根据自身的市场竞争地位，结合消费者需求特点，确定本企业和产品在市场中的独特位置。

⑤ 人（People），即重视人的作用。人包括外部的消费者和内部的员工，外部营销（External Marketing）的责任是满足消费者需求，让其在购买过程中感到满意；内部营销（Internal Marketing）的责任是满足员工需求，让其在工作中感到满意。

11P 营销组合提出的假设前提和内涵如下。

① 继续站在企业立场考察营销问题，但开始关注消费者需求与市场竞争。

② 企业不仅要考虑战术层面的营销活动，还要关注战略层面的营销规划与管理。

③ 企业不仅有外部消费者，还有内部消费者。营销活动只有兼顾两类消费者的满意度，才能提升营销效果。

④ 11P 营销策略要组合使用，协调一致，综合提升营销效果。

为此，营销人员首先要做好调研、市场细分、选择目标市场和市场定位，并且重视人的作用，然后使用产品、价格、渠道和促销 4 种营销策略，同时具备灵活运用公共关系和政治权力的技能。

5. 服务营销 7P 组合

20 世纪 80 年代初，服务营销领域的学者借鉴了 4P 营销组合思想，结合服务行业的特点，提出了服务营销 7P 组合。也就是在原有 4P 营销组合的基础上增加了 3P，主要内容如下。

① 人（People 或 Participant），是指参与服务的员工和消费者。

② 有形展示（Physical Evidence），是指服务环境，以及服务生产和与消费者沟通过程中的有形物质、展示环境等。

③ 过程（Process），是指活动流程、服务程序，以及与消费者互动沟通机制等。

服务营销 7P 组合的前提和内涵如下。

① 继续站在服务企业的立场看待营销活动。

② 正视服务与实体产品的差异，相比实体产品，服务具有无形性、易逝性、不可分离性、依附性等特征，所以营销效果与消费者满意直接相关。

③ 服务质量（Service Quality）是衡量营销效果的重要指标。

④ 服务质量的测量需要从可靠性、可感知性、应对性、保证性和移情性 5 个方面考虑。

⑤ 上述 5 个方面，均离不开 7P 因素的影响。因此，服务营销组合 7P 同样需要协同发挥作用。

2.1.2　4X 营销组合

传统营销的 XP 是站在企业自身立场考察营销互动和绩效提升的。随着时代发展和营销实践活动的深入，需要从消费者或者企业与消费者互动的视角审视营销。因此，XP 营销组合开始向 4X 营销组合演进。

1. 4C 营销组合

以 4P 营销理论为典型代表的传统营销理论的经济学基础是厂商理论，即利润最大化，所以 4P 营销理论的基本出发点是企业利润，而没有把消费者需求放到与企业利润同等重要的位置。该理论指导的营销决策是一条单向的链。而网络互动的特性使得消费者能够真正参与到整个营销过程中，不仅增强了消费者参与的主动性，而且加强了选择的主动性，在满足个性化消费需求的驱动之下，企业必须严格执行以消费者需求为出发点，以满足消费者需求为归宿点的现代市场营销思想，否则，消费者会选择其他企业的产品。所以，网络营销首先要求把消费者整合到整个营销过程中来，然后从他们的需求出发开始整个营销过程。这就要求企业同时考虑消费者需求和企业利润。

据此，以罗伯特·劳特朋（R. H. Lauterborn）教授为首的一批营销学者从消费者需求的角度出发研究市场营销理论，提出了 4C 营销组合，即整合营销（Integrated Marketing）理论，其要点如下。

① 先不急于制定产品（Product）策略，先研究消费者（Consumer）的利益，以消费者的需求和欲望为中心，卖消费者想购买的产品。例如，戴尔公司的客户可以通过互联网在公司设

计的主页上进行选择和组合计算机，公司的生产部门则根据客户的需要组织生产，因此公司可以实现零库存生产。特别是在计算机部件价格急剧下降的年代，零库存不但可以降低库存成本，还可以避免因高价进货带来的损失。戴尔公司在 1995 年还处于亏损的状态，但在 1996 年它通过互联网销售计算机，使业绩得到大幅增长。

② 暂时把价格（Price）策略放到一边，而研究消费者为满足其需求所愿付出的成本（Cost），并依据该成本来组织生产和销售。例如，美国的通用汽车公司允许客户在互联网上通过公司的有关导引系统自己设计和组装满足自己需要的汽车，客户首先确定可以接受的价格标准，然后系统以价格的限定显示满足要求式样的汽车，客户还可以进行适当的修改，公司最终生产的产品恰好能满足客户对汽车价格和性能的要求。

③ 忘掉渠道（Place）策略，着重考虑怎样给消费者提供便利（Convenience）。例如，法国钢铁制造商犹齐诺-洛林公司采用了电子邮件和遍及世界范围的订货系统，使钢材加工时间从 15 天缩短到 24 小时。该公司通过内部网与汽车制造商建立联系，从而能在对方提出需求后及时把钢材送到对方的生产线上。

④ 抛开促销（Promotion）策略，着重加强与消费者的沟通（Communication）。例如，美国雅虎（Yahoo）公司开发了能在互联网上对信息分类检索的工具，工具具有很强的交互性，用户可以将自己认为重要的分类信息提供给雅虎公司，而雅虎公司马上将该分类信息加入产品中供其他用户使用。

整合营销过程如图 2-2 所示。

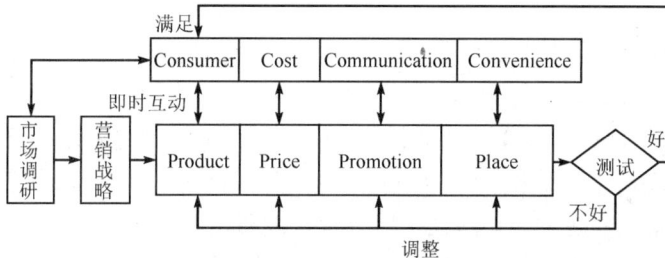

图 2-2　整合营销过程

4P 研究的是能影响消费者的营销工具。从消费者角度来看，企业关于 4P 的每个决策都应该为消费者带来价值（4C），否则，即使这个决策能达到利润最大化的目的也没有任何用处，因为消费者在有很多选择余地的情况下，不会选择对自己没有价值或价值很小的商品。如果企业不是从利润最大化出发而是从 4P 对应的 4C 出发，在此前提下寻找能实现企业效益最大化的营销决策，则可能同时达到利润最大化和满足消费者需求这两个目标。因此，网络营销的理论模式应该是这样的：营销过程的起点是消费者的需求，营销决策（4P）是在满足 4C 要求的前提下的企业效益最大化，最终目标是满足消费者需求和企业效益最大化。由于个性化需求的良好满足，消费者对企业的产品和服务产生偏好，并逐步建立起对企业产品的忠诚意识；同时，由于这种满足是针对差异性很强的个性化需求，因此其他企业的进入壁垒变得很高，也就是说，即使其他生产者生产类似产品，也不能同样程度地满足该消费者的个性化需求。这样，企业和消费者之间的关系就变得非常紧密，甚至牢不可破，形成了"一对一"的营销关系。上述这个理论框架被称为网络整合营销理论，它始终体现了以消费者为出发点及企业和消费者不断交互的特点，它的决策过程是一个双向的链。

2. 新 4C 营销组合

唐兴通提出了互联网社群时代的新 4C 营销组合，主要内容如下。

① 场景（Context）。捕捉或创造合适的场景，此类场景能够高度吸引公众的注意力。

② 社群（Community）。针对互联网社区特定的群体，此类群体是企业潜在的或实际的消费者群。

③ 内容（Content）。制造有传播力的内容或话题，例如，从分享、协同、给予答案的角度来向消费者传递信息，力争将浏览者转变成购买者，让购买者成为回头客或狂热的追随者、倡导者。

④ 连接（Connection）。结合社群的网络结构进行人与人的连接，以快速实现信息的扩散与传播，最终获得有效的商业传播及价值。

从新 4C 营销组合出发，移动互联营销需要做好这几方面：创造或选择充满魅力的场景，从个体思维转向社群思维，设计有传播力的内容，实现人与人之间的连接。在实际应用中，人与人之间的连接要注意找到目标客户群的中心节点，利用圈子和圈子之间的连接抓住连接者，引爆流行，同时，做好微观层面的连接、口碑传播机制和动力的设计。

3. 4R 营销组合

4C 营销理论注重以消费者需求为导向，与市场导向的 4P 营销理论相比，4C 营销理论有了很大的进步和发展。但从企业的营销实践和市场发展的趋势来看，4C 营销理论依然存在以下不足之处。

① 4C 营销理论注重消费者导向，而市场经济要求的是竞争导向，企业营销也已经转向了市场竞争导向阶段。

② 随着 4C 营销理论融入营销策略和行为中，虽然企业营销会推动社会营销的发展和进步，但它会在新的层次上同一化，不同企业并不能形成营销个性或营销特色，也难以形成营销优势，所以要保证企业消费者份额的稳定性、积累性和发展性。

③ 4C 营销理论以消费者需求为导向，但消费者需求有个合理性问题——只看到满足消费者需求的一面，企业必然会付出更大的成本，久而久之会影响企业的发展。所以，从长远来看企业经营要遵循双赢的原则，这是 4C 营销理论需要进一步解决的问题。

④ 4C 营销理论仍然没有体现既赢得客户又长期地拥有客户的关系营销思想，没有解决满足消费者需求的操作性问题，如提供集成解决方案、快速反应等。

⑤ 4C 营销理论总体上虽然是 4P 营销理论的转化和发展，但是被动适应消费者需求的色彩较浓。根据市场的发展，需要从更高层次以更有效的方式在企业与消费者之间建立有别于传统的新型的主动性关系。

针对 4C 营销理论的不足，舒尔茨教授基于新时期不断成熟且竞争日趋激烈的市场形势，着眼于企业与消费者的互动双赢，以市场竞争为导向，提出了更高层次的新营销理论框架——4R 营销新理论，主要包括以下内容。

① 关联（Relevance）。建立、保持和发展企业与消费者之间的互助、互求、互需关联关系，以获取消费者忠诚，缔造合作者"利益命运共同体"。

② 关系（Relationship）。企业与消费者建立长期关系，从一次性交易转向强调建立长期友好合作关系；从着眼于短期利益转向重视长期利益；从消费者被动适应企业单一销售转向消费

者主动参与到生产过程中来；从相互的利益冲突转向共同和谐发展；从管理营销组合转向管理企业与消费者的互动关系。

③ 反应（Reaction）。建立快速反应机制，及时响应客户，降低抱怨，减少流失。

④ 回报（Reward）。任何交易与合作关系的巩固和发展，都是经济利益问题。因此，一定的合理回报既是正确处理营销活动中各种矛盾的出发点，也是营销的落脚点。

4R 营销组合的前提和内涵如下。

① 站在企业与消费者互动的立场看待营销活动。

② 企业与消费者在营销中处于平等地位，双方能够对等或基本对等地交流。

③ 对消费者的需求及时做出响应是互动质量的保证。

④ 双方在营销活动中必须注意两个准则：一是在建立长期关系的基础上进行互动、交流和交易；二是保持互惠互利。

⑤ 4R 营销新理论的各个方面，处于营销活动的不同维度，彼此之间相互影响，共同支持企业短期营销效果和长期生存发展。

4. 4E 营销组合

4E 营销组合由《销售与市场》专栏作家、营销理论研究学者傅明武提出，它是在当下网络营销氛围当中被提炼出来的，它面向的是电商市场。其核心思想是企业通过体验，与客户共商共建电商平台渠道，共同创造价值。

4E 营销组合的主要内涵如下。

① 体验（Experience）。在互联网时代，时空限制消失，使得面对面取悦每位消费者成为可能，商品竞争即由以往的品牌形象之争迅速升格为切身体验的比拼。为此，企业要采用高科技手段和方法，创造和提升客户的价值体验辨识度，直击其消费痛点，使客户满意、舒适和便利，并提高参与度。

② 花费（Expense）。客户为获得价值体验而付出的钱财、时间、精力、体力和风险等所有的花费与成本。

③ 电铺（E-shop）。在传统营销时代，渠道=经销商+终端；在网络营销时代，销售渠道=物流+店铺。何谓电铺？电铺是实体店铺和虚拟店铺的电子化业态，包括入驻的实体店、电商平台、网店微店、移动终端等商品与服务销售形式。

④ 展现（Exhibition）。在信息技术时代，企业需要有效地整合网络、媒体、终端和户外等资源来制定传播策略。通过文字、图像、音频、视频等方式来调动客户的情绪，引起他们的关注。同时，通过互动来提高收视率、收听率、到达率、点击率和有效滞留。

5. 4D 组合

赵占波根据移动互联时代消费者主权回归趋势，在 4P、4C 推演的基础上，提出了 4D，如图 2-3 所示，具体内容如下。

① 需求（Demand）。从产品（Product）本位策略到消费者（Consumer）本位策略，再到聚焦消费者需求（Demand）的策略转变，以"我了解消费者"为核心竞争力，要求企业关注营销各环节的需求，优化营销价值链，利用互联网工具掌握和预测消费者需求，利用社交媒体平台获取和创造消费者需求。

② 动态（Dynamic）。从企业单向促销（Promotion），到以消费者为中心的沟通（Communication），

再到基于互联网的动态（Dynamic）多点沟通的转变，具体表现为线上线下闭环、多渠道整合传播、病毒式口碑传播等。

③ 传递（Deliver）。从建立多级渠道（Place）"推"给消费者的分销，到考虑消费者便利（Convenience），再到消费者积极传达产品信息的价值传递（Deliver）的转变，例如，O2O 的线上营销与线下消费结合，实现客流、商品流、信息流、资金流、物流的便利对接。在营销活动中，企业要优先考虑将产品的各项价值更加便利地传递给消费者，而非只考虑自身生产、销售的方便。

④ 数据（Data）。从关注产品价格（Price），到考虑消费者成本（Cost），再到聚集消费者交易数据（Data）的转变。企业可以通过互联网技术搜集消费者大数据，追踪并为其画像，分析消费痕迹，为营销提供科学决策支持。

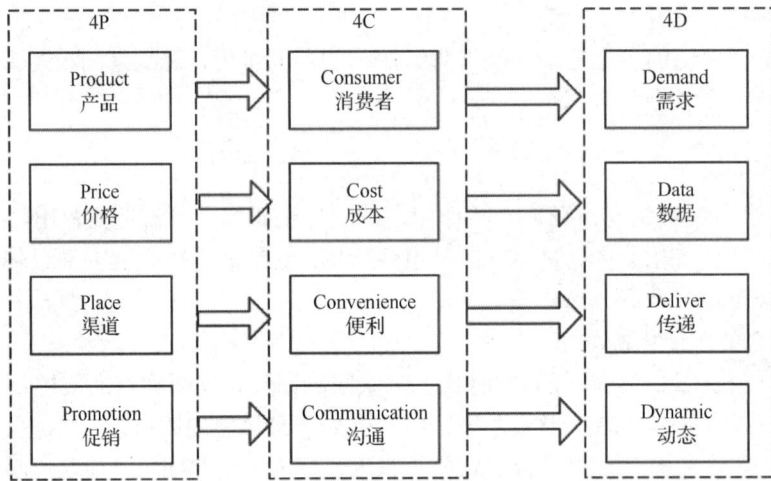

图 2-3 4P、4C 到 4D 的演化

由上可以看出，4D 组合充分考虑了互联网的互动性和大数据特征，以及消费者中心主义的发展趋势，对于指导传统企业的网络营销转型具有一定的指导意义。未来可以从互联网生态特征出发进一步完善模型。

6. 4I 组合

张志千等人提出网络整合营销的 4I 原则，具体内容如下。

① 趣味（Interesting）原则。互联网媒体具有部分娱乐属性，通过它们进行传播，营销也必须是娱乐化、趣味性的。制造一些趣味、娱乐的信息，将营销传播巧妙地包裹在趣味情节当中，是吸引消费者的有效方式。

② 利益（Interests）原则。为目标消费者提供有效信息，让其获益，同时企业自身也能获取利益。

③ 互动（Interaction）原则。告别传统的单向灌输式营销，充分挖掘网络的交互性，充分地利用网络的特性与消费者交流，让网络营销的功能发挥到极致。

④ 个性（Individuality）原则。个性有两种：一是企业要想脱颖而出，就要有足够的特色；二是做到个性化营销，让消费者心里产生"焦点关注"的满足感。

由上可以看出，4I 原则主要从互联网传播及效果角度展开思考，抓住了娱乐、互动、个性的属性特征，以及利益的营销初衷。未来可以考虑与销售有更紧密的结合。

2.1.3 网络营销7C资源

网络营销的7C在营销中是至关重要的，7C与7P最大的不同之处是视角的改变——由内部视角转变为外部视角。7C是在4C的基础上增加了3C。

① 计算机与品类管理（Computing and Category Management）。

- 在正确的时间、正确的地点向正确的消费者提供大小和数量正确的商品。
- 供货商和零售商之间的计算机联网大大提高了供应链效率。
- 最小化库存和快速反应：高效的消费者反应。
- 供货商与零售商的合作是更好地满足消费者和减少库存成本的关键。
- 高效的物流信息系统——消费者关心与服务。

② 消费者特许（Consumer Franchise）。

- 形象、信用和品牌——质量、合作交流及消费者关心与服务的长期投资。
- 安全措施，包括预防欺诈和解决争议。
- 安全购物图标。

③ 消费者关心与服务（Consumer Care and Service）。

- 以具有竞争力的价格创建商品分类。
- 在消费者方便的时间内进行快速而可靠的投递。
- 提供有效帮助及退货和退款措施。
- 对于实体零售商来说，销售人员至关重要。
- 对于网上零售商来说，应该通过电话咨询、公告栏和聊天室等模块提高网上购物的互动性。
- 强调消费者所关心的问题，尤其是支付安全问题。

2.1.4 网络营销新模式

1. SoLoMo模式

杜尔于2011年提出移动互联营销SoLoMo模式，其主要内容如下。

① 社交的（Social）。广义的社交属性不仅是指用户之间进行语言或情感的交流过程，还包括各种相关的互动形式，如分享资料、赠送礼品、游戏娱乐等。用户在这种社交过程中实现个性的彰显和自我实现，从而形成了一种很强的平台依赖。正是这种归属和依赖的存在，使得社交平台有了很大的进化和发展空间。

② 本地的（Local）。移动互联网生态与传统互联网生态最大的不同之处是每个个体节点不再是固定在各自物理空间的静态节点，而是移动的动态节点。这种从静到动的本质性变化，使得移动互联网用户产生了新的、更加广泛的应用需求。虚网和实网融合是科技进步与人类社会进化的必然趋势；大数据技术、社交媒体平台等应用使得网络中的个体更加透明，而物联网、云计算等技术连接起来的人类社会也变得更加数字化。因此，从这种融合的趋势出发，LBS正是连接虚拟社会与现实社会两个神经元的桥梁和纽带。

③ 移动的（Mobile）。移动化网络和技术意味着可以为用户提供前所未有的服务支持和体验。移动互联网不同于桌面互联网，更不是桌面互联网的替代，它是一种新的"生命体"的存在形式。

从 SoLoMo 模式出发，需要建立企业与用户的交互思维，加强核心业务，建立生态文明，布局未来，推动企业全面的流程再造。

由上可以看出，SoLoMo 模式实际上是从宏观层面考虑移动互联网 3 个关键特征而设计的营销模式，具有较强的方向性，但需要与战术层面的营销策略相结合。

2. "时空关"营销模型

贾建民于 2014 年在"智慧营销师资研讨会"上，首次提出大数据"时空关"（Time-Space-Connections）营销模型（见图 2-4）。他认为，随着社会和商业运作逐渐网络化，企业必须采用更加智慧的营销方法和策略来应对新挑战，特别是要善于利用大数据来洞察顾客行为，进行精准营销，提升营销效率。"时空关"营销模型具体内容如下。

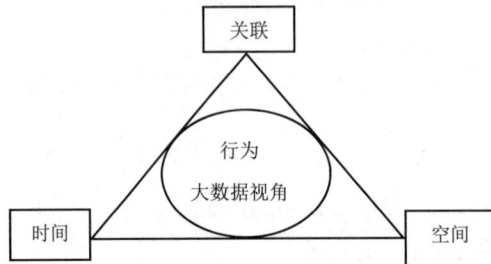

图 2-4 "时空关"营销模型

① 时间（Time），利用来自移动终端和 GPS 等的随时间变化的动态数据。
② 空间（Space），利用来自互联网、物联网等与地域分布相关的空间数据。
③ 关联（Connections），利用社会网络、社交媒体中的关系数据。

"时空关"结合的大数据能够反映人类行为，包括地域文化特征、动态演变规律及社会网络特征。企业可以通过"时空关"洞察商业机会，包括天时（发现和创造营销时机）、地利（基于位置的服务与营销）、人和（顾客关系与商业联盟）。营销，就是在合适的时间、合适的地点，找到与产品或服务关联的合适顾客。大数据营销，即通过大数据、社交媒体及移动网络等新兴渠道获取顾客信息，从"时空关"整合的角度来分析顾客行为、洞察顾客需求、掌控渠道发展、寻找社会联系、强化顾客关系，从而提升企业的管理绩效和市场竞争力。

3. SMART 营销组合

2012 年，IBM 公司基于互联网、大数据等新媒体环境，分别提出了战略层面和战术层面的 SMART 营销组合。

① 战略层面上的 SMART 营销组合包括社会（Sociality）、移动（Mobility）、分析（Analytics）、关系（Relationship）和技术（Technology），即在国家、城市、社会等层面，利用宏观的社会化、移动化大数据及分析方法来挖掘数据背后的关系网络与社群特点，据此利用相关精准营销技术实现营销目标。

② 战术层面上的 SMART 营销组合包括系统（Systematic）、可测（Measurable）、可达（Accessible）、互惠（Reciprocal）和准时（Timing），即在企业层面，为了迎接已经到来的 SoLoMo 时代，企业需要搭建与移动互联、大数据相匹配的系统，以便支撑与用户便利接触、互利互惠、准时交付、及时响应的互动机制，最终得到可以测量的营销绩效。例如，通过社交媒体和移动网络两大新渠道收集用户信息，利用数据挖掘技术和社会网络技术分析用户行为、洞察用户需

求、寻找社会联系、强化用户关系，从而实现有目标的、个性化的精准营销和实时营销，提高市场推广的准确率和成功率，这就是所谓的"智慧营销"。

2.2 网络"软"营销理论

"软"营销（Soft Marketing）是网络营销中有关消费者心理学的另一个理论基础，它是针对工业经济时代的以大规模生产为主要特征的"强势营销"提出的新理论。该理论强调企业在进行市场营销时，必须尊重消费者的感受和体验，让其舒服地主动接受企业的营销活动。该理论基础产生的根本原因是源自网络本身的特点和消费者个性化需求的回归。

传统营销中最能体现强势营销特征的两种促销手段是：传统广告和人员推销。这两种营销模式企图以一种信息灌输的方式在消费者心中留下深刻印象，而不管消费者是否需要和喜欢（或憎恶）它的产品和服务。

在网上，信息交流是自由、平等、开放和交互的，网络用户强调相互尊重和沟通，比较注重个人体验和隐私保护。若企业采取强势营销策略，无论是有直接商业利润目的的推销行为还是没有直接商业目标的主动服务，都会遭到唾弃并可能遭到报复。例如，美国 AOL 公司曾经对其用户强行发送 E-mail 广告，结果遭到用户的一致反对，许多用户约定同时给 AOL 公司服务器发送 E-mail 进行报复，使得 AOL 的 E-mail 邮件服务器处于瘫痪状态，最后 AOL 公司不得不道歉以平息众怒。因此，网络营销必须遵循一定的规则，这就是"网络礼仪"（Netiquette），它是网上一切行为都必须遵守的规则。

网络"软"营销特征主要体现在它从消费者的体验和需求出发，遵守并灵活运用网络礼仪，采取拉式策略，吸引消费者关注企业的网站或信息，从而获得一种微妙的营销效果。个性化消费需求的回归使消费者在心理上要求自己成为主动方，而网络的互动特性又使消费者成为主动方真正有了可能。消费者不欢迎不请自来的广告，但他们会在某种个性化需求的驱动下自己到网上寻找相关的信息、广告，一旦企业发现这种特定需求的用户，就要应用各种技术"跟踪"用户，使其成为企业的真正客户。因此"软"营销和强势营销的一个根本区别是："软"营销的主动方是消费者，而强势营销的主动方是企业。

2.3 关系营销

关系营销（Relationship Marketing）是 1990 年以来受到重视的营销理论，它主要包括两个基本点：第一，在宏观上认识到市场营销会对范围很广的一系列领域产生影响，包括消费者市场、劳动力市场、供应市场、内部市场、相关者市场及影响者市场（政府、金融市场）；第二，在微观上认识到企业与消费者的关系不断变化，市场营销的核心应从过去简单的一次性交易关系转变到注重保持长期的关系上来。企业是社会经济大系统中的一个子系统，企业的营销目标受到众多外在因素的影响，企业的营销活动是一个与消费者、竞争者、供应商、分销商、政府机构和社会组织发生相互作用的过程，正确理解这些个人与组织的关系是企业营销的核心，也是企业成败的关键。关系营销的本质特征可以概括为以下几个方面。

① 双向沟通。在关系营销中，沟通应该是双向的而非单向的。只有实行广泛的信息交流和共享，才能使企业赢得各个利益相关者的支持与合作。

② 合作。关系一般有两种状态：对立与合作。只有合作才能实现协同，因此合作是双赢的基础。

③ 双赢。关系营销旨在通过合作增加关系各方的利益，而不是通过损害其中一方或多方的利益来增加其他各方的利益。

④ 控制。关系营销要求建立专门的部门，了解消费者、分销商、供应商及营销系统中其他参与者的态度，由此了解关系的动态变化，及时采取应对措施。

关系营销的核心是维护与客户的关系，为客户提供高度满意的产品和服务，通过加强与客户的联系，提供有效的客户服务，保持与客户的长期关系，并在此基础上开展营销活动，实现企业营销目标的目的。实施关系营销并不是以损害企业利益为代价的，而是一种双赢策略。研究表明，争取一个新客户的营销费用是老客户费用的 5 倍，因此维护与客户的关系并建立客户的忠诚度，可为企业带来长远利益。

互联网作为一种超越时空的、低成本的双向沟通渠道，为企业与客户建立长期关系提供了有效保障。利用互联网，企业可以随时、直接接收满足全球各地客户个性化需求的订单，并利用柔性化生产技术在短时间内最大限度地满足客户需求，为客户在消费产品和服务时创造更多价值。与此同时，企业可通过互联网实现对生产过程、交易过程及售后服务的全程质量控制；企业也可从客户的需求中了解市场、细分市场、锁定市场，最大限度地降低营销费用，提高对市场的反应速度。

2.4 整合营销沟通

整合营销沟通又称为整合营销传播（Integrated Marketing Communications），是美国唐·舒尔茨在 20 世纪 90 年代开创并提出的理论，是指企业为策划、实施和监督营销传播而进行的跨部门合作，协调企业内所有营销传播工具、渠道和资源，并将其整合成一个无缝的计划，以最低的成本对消费者和其他终端用户施加最大的影响。整合营销沟通的目标是吸引客户，维持客户，扩大客户群，最终为企业带来效益。它依赖计划、协调和整合组织的所有沟通工作来实现，其核心思想是以通过企业与消费者的沟通满足消费者需要的价值为取向，确定企业统一的促销策略，协调使用各种不同的传播手段，发挥不同传播工具的优势，从而使企业实现促销宣传的低成本化，以高强冲击力形成促销高潮。以统一优化的信息向消费者和大众传递企业的品牌理念。通过清楚、明确的渠道分工和合作而产生协同合作效应，品牌的营销策略可以达到1+1>2 的效果。同时，整合营销沟通以消费者的视角作为出发点，改变传统市场营销中从企业自身角度出发的策略。

1. 整合营销沟通的特点

① 传播资讯的统一性，即企业用一个声音说话，消费者从各种媒体所获得的信息都是统一的、一致的。

② 互动性，即企业与消费者之间展开富有意义的交流，企业能够迅速、准确、个性化地获得消费者的反馈信息。

③ 目标营销，即企业的一切营销活动都应围绕企业目标来进行，以实现全程营销。

2. 整合营销沟通的内涵

整合营销沟通区别于传统营销传播的关键是整个活动的中心由生产商向消费者的转移。严格地说，它改变的不仅仅是传播活动，而是整个营销活动。整合营销沟通以4C策略理论为基础和前提，把消费者的需求放到首位，企业利润和产品定价应符合消费者的意愿，产品的分销应考虑消费者的便利性，促销形式应使企业和消费者真诚、有效地进行双向沟通。在整个传播活动中，整合营销沟通的内涵具体表现为以下4个方面。

（1）以消费者资料库为运作基础

消费者资料库是整合营销沟通活动的起点，也是关系营销中双向交流的保证。现代技术的发展使测量消费者行为成为可能，它具有比态度测量更高的准确性。从资料库的信息中，可以充分掌握消费者、潜在消费者使用产品的历史，了解他们的价值观、生活方式、消费习惯、接触讯息的时间和方式等，分析并预测他们的需求，由此确定传播的目标、渠道、讯息等，真正做到针对不同的消费群体采取相应的策略。

（2）整合各种传播手段塑造一致性"心像"

整合各种传播手段塑造一致性"心像"是由消费者处理信息的方式决定的。由于每天需要接收和处理大量信息，消费者形成了"浅尝"式的信息处理法。他们依赖认知，把搜集的信息限制在最小的范围内，并由此做判断与决定。对于消费者来说，无论正确与否，他们认知到的就是事实，这就要求生产者提供的产品或服务的信息必须清晰、一致且易于理解，从而在消费者心中形成一致性的形象。

要做到这一点，企业必须充分认识消费者对于产品或服务信息的各种接触渠道。它们既包括广告、公关、促销、人员销售、产品包装、在货架上的位置、售后服务等经过计划的接触渠道，也包括新闻报道、相关机构的评价、消费者口碑及办公环境等未纳入计划甚至无法控制的接触渠道。理想的整合营销沟通是把消费者的接触渠道尽可能地纳入计划之中，同时把这些接触渠道传递的信息整合起来。这种整合，不是信息的简单叠加，而是发挥不同渠道的优势，使信息传播形成合力，从而形成鲜明的品牌个性。

（3）以关系营销为目的

整合营销沟通的核心是使消费者对品牌产生信任，并且维系这种信任，使其长久存在于消费者心中。然而，不能单单靠产品本身建立这种信任，许多产品实质上是相同的，只有与消费者建立和谐、共鸣、对话、沟通的关系，才能脱颖而出。尽管营销并没有改变其根本目的——销售，但达到目的的途径却因以消费者为中心的营销理论发生了改变。如果说以往只要通过大量的广告、公关、活动等就可以形成产品的差异化，那么今天的生产商远没有那么幸运。由于产品、价格乃至销售通路的相似，以及消费者对大众传媒的排斥，生产商只有与消费者建立长期良好的关系，才能形成品牌的差异化，而整合营销沟通正是实现关系营销的有力武器。

（4）以循环为本质

以消费者为中心的营销观念决定了企业不能以满足消费者一次性需求为最终目的，随着消费者的变化调整自己的生产经营与销售，才是未来企业的生存发展之道。消费者资料库是整个关系营销及整合营销沟通的基础与起点，因而不断更新、完善的资料库成为一种必需。现代计算机技术及多种接触控制实现了生产商与消费者之间的双向沟通，由此可以掌握消费者态度与行为的变化情况，雀巢公司等一些企业以俱乐部的形式在消费者与生产商之间建立了直接联系；一些航空公司、宾馆、大型零售商也建立了消费者资料库，形成固定联系；更有一些企业利用新兴的互联网技术设置虚拟社区，为消费者的信息反馈提供空间，从中了解消费者对产品的满意程度，汲取有价值的信息，为企业的进一步发展寻找新的机会点。

2.5　社区品牌营销

网络社区营销是网络营销的主要营销手段之一，社区就是把具有共同兴趣的访问者集中到一个虚拟空间，达到成员相互沟通的目的，从而实现商品的营销效果。品牌营销是依靠消费者对品牌的认同和支持为品牌带来附加价值的市场营销手段。社区品牌营销是一种将社区营销和品牌营销相结合、注重社区与品牌互动的营销策略，通过与社区建立联系和互动，提高品牌的可信度、可靠性和亲和力，从而提高消费者对品牌的认知度和好感度，进而增强品牌的竞争力，提高品牌的市场占有率。

虚拟品牌社区的出现与发展凸显了品牌社区的影响力，不仅在企业竞争市场内日益显著，也使得生产者与消费者之间的联系更为密切。虚拟品牌社区与现实的社区类似，是存在于网络虚拟世界的、具有一定特质的区域。网络社区突破了地域和时空的限制，将具有共同爱好、兴趣、年龄段的人群聚集在一起，形成一个个特征明显的社区。这成为营销界的目标受众，满足了企业精准营销的需要，减少了传统营销中企业搜索目标消费者的成本。在网络社区中，人们更及时、自由地表达对产品或服务的需求，这些真实有效的市场调研信息聚集而成的信息流能帮助企业大大提高营销效率，加快新产品的开发周期，从而更好地满足目标消费者的需求。一个人的购物体验可以同时在几百个好友的登录网页上出现，随后的长尾效应将呈几何裂变的速度蔓延，这样的传播模式已不是传统的口碑传播能够实现的，它跨越了时间和空间的限制，加快了传播速度，并扩大了传播人群。

社区品牌营销能够通过社区凝聚效应迅速扩大市场规模。首先，社区的凝聚效应使社区群体的价值取向逐渐一致，容易形成集群式的客户忠诚，并通过群体内的口碑效应扩大销售市场。其次，社区品牌营销传播的知识更加丰富，沟通更加深入，传播的知识更加通俗易懂。社区是消费者的主要集散地，表现出相对统一的认知习惯与消费习惯，因此口碑宣传的影响力十分明显，口碑宣传大大降低了广告宣传成本，并直接建立社区宣传窗口。在社区品牌营销中，其中一种具体表现形式为体验式营销。在社区体验式营销中，消费者通过视觉、听觉、触觉等可以对品牌形成感性认知；通过交互体验，可以促进品牌互动；通过活动的及时反馈和及时传播，提高消费者与品牌之间的信任度，保证信息数据的准确性，提高消费者的体验价值。品牌社区重要的营销方式是让消费者主动参与，陈述故事，这些故事有可能是消费者一次新的消费经历，或消费者与品牌的渊源关系。通常，消费者会在社区内分享这些故事，抒发自己的心情或寻求认同感。企业在这一过程中扮演的角色是信息媒介的提供者，而消费者是信息的生产者、传播者和使用者。

2.6 案例：C2C 网络购物环境下卖家特定机制和一般制度机制对"平台信任—卖家信任—购买意愿"的作用机制

2015 年合肥工业大学管理学院陈夏雨副教授在 *International Journal of Electronic Commerce* 上发表了一篇有关在线购物平台的论文，该论文基于信号转移理论，探索一般制度机制和卖家特定机制如何影响"平台信任（Trust in Platform，TP）—卖家信任（Trust in Seller，TS）—购买意愿（Purchase Intention，PI）"之间的关系，以下是摘录的主要研究内容。

1. 研究背景

面对买卖双方的时空分离，消费者对 C2C 网络购物环境下的信任需求更为突出。由于促成交易的双方包括平台和卖家，所以可以认为信任由平台信任和卖家信任两种类型构成。因此，有必要了解这两类信任如何影响消费者的购买行为。已有研究表明，买家对 C2C 平台的信任可以转化为对平台上卖家的信任，进而促进购买意向。Delgado-Má-rquez 等学者提出信任转移过程受到委托人期望的调节。Van der Heijden 等也表明当信任达到一定的评价水平时，信任不再触发人们的在线购买意愿。

现有研究在很大程度上假设制度情境是在线购买情境中的一个重要调节因素。Gefen 和 Pavlou 提出制度背景会调节信任对个体行为意向的影响。Fang 等人进一步证明了电子商务制度机制的感知有效性（Perceived Effectiveness of E-commerce Institutional Mechanisms，PEEIM）调节满意度、信任和再购买意愿之间的关系。

PEEIM 只捕获了对电子商务制度机制（独立平台和卖家）的一般看法，这使得研究人员呼吁对 PEEIM 进行进一步的实证探索。而卖家的具体机制包括网站设计和客户服务（网站质量），它可以缓解不确定性，减少网上买家和卖家之间的心理距离。这意味着买家的信任转移过程不是独立于卖家特定机制的。仅仅把一般制度机制作为调节因素是不充分的，还应该考虑特定的卖家机制。因此，更全面地了解电子商务制度机制和卖家特定机制的调节作用至关重要，因为这两种机制可以提供适当的条件，减轻风险和不确定性环境对在线交易活动的负面影响。然而，以往的研究忽略了一般制度机制和卖家特定机制在 C2C 网络环境中的作用。信号理论表明，消费者倾向于依赖一些信息线索来评估产品（或公司）的质量，尤其在面临涉及质量决策困难的情况和信息不对称的环境下。在此基础上，该论文利用信号理论来探讨制度背景和卖家网站机制如何调节"平台信任—卖家信任—购买意愿"之间的关系。

2. 研究过程及结果

论文首先根据信任转移理论、信号理论及前人研究，建立了 PEEIM 和 PWQS（Perceived Website Quality of the Seller，感知卖家的网站质量）对 TP-TS-PI（平台信任—卖家信任—购买意愿）之间关系的调节作用研究模型。研究模型如图 2-5 所示。在此基础上，通过在中国一些热门的社交网站和虚拟社区中发放该研究问卷链接来收集数据。

研究发现：① 平台信任对卖家信任有正向影响，卖家信任对购买意愿有正向影响。

该研究证实了 PWQS 正向调节平台信任与卖家信任之间的关系，这意味着平台信任仅在高 PWQS 条件下才成为卖家信任的重要来源，而在低 PWQS 条件下则不是。

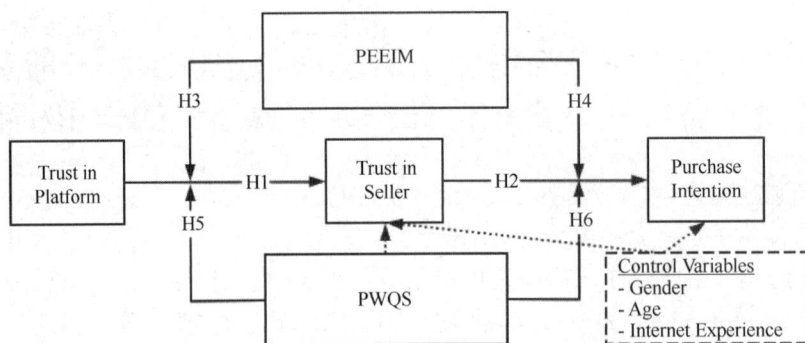

图 2-5　研究模型

② PEEIM 负向调节平台信任和卖家信任之间的关系。

一种可能的解释是：一旦买家访问了一个特定的在线卖家的网站，他们可以利用对网站的直接经验，包括他们对卖家网站质量的直接印象，对卖家的交易环境做出判断。这种直接使用网站的经验将削弱制度机制的效果。事实上，如果买家可以直接体验卖家的网站，那么感知到的制度机制的保障作用会变得不那么重要。

③ PWQS 对卖家信任与购买意愿之间的关系具有负向调节作用。

这种调节效应表明，如果买家认为卖家网站质量水平很高，那么提高买家对卖家的信任并不是特别重要。当 PWQS 较高时，卖家信任对购买意愿的影响并不显著。

④ PEEIM 正向调节卖家信任与购买意愿之间的关系。

一种可能的解释是：有效的制度机制可以为买家提供明确的监管保证，从而使买家相信交易环境风险较小。在这种情况下，买家不用担心交易过程中或交易后出现的问题。当这些有效的制度机制提供了可执行的、方便的、可获得的、具有成本效益的资源时，信任卖家的买家更愿意与卖家形成购买意向。

3. 营销启示

该研究也为 C2C 平台的卖家提供了如下启示。

① C2C 平台可以进行在线调研，评估买家的 PEEIM，平台应根据不同的 PEEIM 水平，有策略地建立买家信任：对于那些认为电子商务制度机制相对无效的买家来说，平台需要付出更多的努力来建立买家对平台的信任。此外，平台应该更加注重客户服务，在售前、售中和售后的每个阶段为买家提供专业水平的服务。

② 卖家还应根据不同的 PWQS 水平，战略性地建立买家信任。当买家认为卖家的网站质量相对较低时，要重视建立买家对卖家的信任；当买家认为卖家的网站质量相对较高时，卖家可以节省维护信任的成本。

习题 2

1. 分析 4P 与 4C 的对立统一关系，并通过互联网了解营销策略组合的新进展。

2. 浅析一下 XP 营销组合与 4X 营销组合的区别，通过它们之间的区别总结营销策略组合的演变思想。

3. "软"营销理论的核心思想是什么?

4. 整合营销沟通的核心思想是什么?并浅析整合营销沟通与互联网之间的关系。

5. 如果奇瑞汽车请你设计一个网络营销组合方法,你认为如何做比较有效?

6. 根据 CNNIC(China Internet Network Information Center,中国互联网络信息中心)最新互联网调查相关数据,分析我国互联网人口结构对企业开展电子商务和网络营销的影响。

7. 随着生活水平的提高,人们对旅游的需求也越来越高,如果你是黄山风景区的一名管理者,你会不会考虑为游客提供一些定制服务呢?如果你是一家旅行社的经理,你会不会这么做呢?上网调研目前的主流旅游网站提供了哪些业务,进行简单对比,并分析我国旅游电子商务发展存在的问题。

第3章 网络市场调研

3.1 网络市场

《中国互联网发展报告（2023）》显示，2022 年以来，我国互联网行业深入贯彻党的二十大精神，坚决落实党中央、国务院重要决策部署，我国网络基础设施建设全球领先，数字技术创新能力持续提升……数字中国建设取得显著成效。随着互联网的发展，出现了一种新兴的市场——网络市场。与实体市场相比，网络市场中的信息传播、沟通、交易方式都发生了显著的变化。

3.1.1 网络市场的概念

传统意义上的市场是指商品买卖交易的场所，是把货物的买主和卖主正式组织在一起进行交易的地方。网络市场是由生产者、中间商、消费者等市场主体汇聚在互联网上形成的商业沟通及其交易的虚拟市场空间。网络市场与实体市场在本质上是相同的，只是表现形式有所不同。网络市场与实体市场一样，由以下几个部分组成。

① 主体：包括供应商、企业、中间商、销售商和消费者等。

② 产品：包括信息、商品和服务等。

③ 过程：包括供应、生产、营销、分销、竞争和消费等。

从经济学的角度来看，市场是交易实现的场所和环境。市场是将有交换意愿的货物的买主和卖主组织在一起，以帮助他们达成交易的地方。

从营销学的角度来看，市场是指那些为满足自身需要，具有某种购买欲望或需求，并且能够通过交换得到满足的消费者。网络市场特指网上消费者，它是市场的一部分。网络市场和实体市场共同构成消费市场。消费者既可以在虚拟市场（Online）消费，也可以在实体市场（Offline）消费，以体验"线上-线下"O2O 价值。

网络市场与实体市场的差异：在网络市场中，市场要素至少有一部分是虚拟的、数字化的或是在线的。例如，数字化主体通过网站或 E-mail 开展市场活动，传统销售商销售数字化产品，在传统商铺里销售传统商品时通过网络发布产品信息等。而从市场营销的角度来看，市场是指那些对某种特定供应品有购买需求和能力的购买者。

3.1.2 网络市场的特征

互联网已经成为销售商品或提供服务的重要渠道，网络市场是 21 世纪最有发展潜力的新兴市场之一，从市场运作的机制来看，网络市场具有如下基本特征。

1. 无店铺的经营方式

网络市场中的虚拟商店不需要店面、装潢、摆放货品等。例如，1995 年 10 月 18 日"第一安全网络银行"（Security First Network Bank）在美国诞生，这家银行没有建筑物，没有地址，只有网址，营业厅就是网站页面，所有的交易都通过互联网进行；员工只有 10 人，一年后这家银行的存款金额达到 1400 万美元。

2．无存货的经营形式

网络市场中的虚拟商店可以在接到客户订单后，向供应商订货，无须将商品陈列出来，可以在网站上通过文字、图片等形式列出商品菜单以供客户选择。这样一来，店家不会因为存货而增加成本，商品的售价比一般商店商品的售价要低，有利于提升网络商店和"电子空间市场"的魅力和竞争力。

3．低成本的竞争策略

网络市场中的虚拟商店，其成本主要涉及网站建设或租用成本、软硬件费用、网络使用费，以及以后的维持费用，这通常比普通商店的日常成本低得多，因为普通商店需要支付昂贵的店铺租金、装潢费用、水费、电费、营业税及人事管理费用等。思科系统公司在其网站中建立了一套专用的电子商务订货系统，销售商与客户能够通过此系统直接向思科系统公司订货。该电子商务订货系统不仅能够提高订货的准确率，避免来回修改订单的麻烦，还缩短了出货时间，降低了销售成本。据统计，电子商务订货系统的成功应用使思科系统公司每年在内部管理上节省了数亿美元的费用。

4．无时间限制的全天候经营

基于互联网的虚拟商店（例如，淘宝网）一天 24 小时、一年 365 天持续营业。新的商业模式对于平时工作繁忙、无暇购物的消费者来说，更便利且具有很大的吸引力。

5．无区域范围限制的经营

互联网创造了一个即时全球社区，它部分消除了空间距离和区域界限的障碍。例如，浙江省海宁皮革城将男式皮大衣、女式皮大衣、皮夹克等 17 种商品的式样和价格信息发布到互联网上，很快威斯菲尔德公司等十多家海外客商就发来电子邮件和传真，表达了订货意向。仅半年时间，海宁皮革城通过网上交易吸引了来自美国、意大利、日本、丹麦等 30 多个国家和地区的 5600 多位客户，仅雪豹集团就实现了外贸供货额 1 亿多元。

6．精简化的营销环节

网上营销使企业在市场中快人一步，迅速传递信息。消费者可以自行通过网络查询信息，消费者所需资讯可及时更新，卖家和买家可快速交换信息。借助互联网的高度互动功能，可以鼓励并吸引消费者参与产品设计，让他们自行下单选择颜色、装运方式等，满足消费者的个性化需求。

3.2　网络市场调研的开展

习近平总书记一贯高度重视调查研究工作，注重调查研究方法的时代性、科学性、系统性。他强调，"在运用我们党在长期实践中积累的有效方法的同时，要适应新形势新情况特别是当今社会信息网络化的特点，进一步拓展调研渠道、丰富调研手段、创新调研方式，学习、掌握和运用现代科学技术的调研方法"，"逐步把现代信息技术引入调研领域，提高调研的效率和科学性"。网络市场调研已经发展成为一种重要的市场调研方式，与传统市场调研相比，网络市场调研既有优势也有不足。下面详细介绍网络市场调研的过程、内容、策略、方法和工具。

3.2.1 网络市场调研概述

1. 网络市场调研的概念

市场调研是指以科学的方法，系统且有目的地收集、整理、分析和研究所有与市场有关的信息，特别是有关消费者需求、购买动机和购买行为等方面的市场信息，从而提出解决问题的建议，以作为营销决策的基础。

网络市场调研是指借助互联网等计算机网络来完成市场调研的全部或部分工作，如调研设计、资料收集、分析及报告写作和分发。网络市场调研既可以解决传统市场中的问题（例如，消费者对手机品牌的选择），也可以针对网络市场中的问题（例如，网站的受欢迎程度、网站弹出广告的效果）进行调研。

在市场调研过程中使用网络的情形如下。

① 使用网络调研问卷设计软件来设计调研问卷。

② 利用网络收集资料。一方面，可以通过问卷调研等方式收集第一手资料（网络市场直接调研）；另一方面，可以利用互联网搜索并收集第二手资料（网络市场间接调研）。另外，企业还可以借助在线跟踪技术发现潜在客户。

③ 在中心处理点分析数据并使用计算机网络输出资料分析结果。

④ 通过网络（例如，E-mail）分发调研报告。

其中，利用网络收集资料是现阶段市场调研最重要的内容之一。

随着互联网的迅速普及，网络市场调研已呈现不同于传统市场调研的独特优势与价值，越来越受到人们的青睐。它不但比传统市场调研更快、成本更低，而且有利于拓展传统的调研方法，发展新的调研方法。与传统市场调研相比，网络市场调研在以下几方面表现出明显的不同。

（1）调研者、调研对象的角色发生变化

在传统市场调研中，不管采用什么方法，最后都要通过调研者对调研对象进行访问。传统市场调研所注重的是对调研者本身的训练和培养，如基本素质、沟通技巧、专业训练等。而网络市场调研所使用的是电子问卷，只要网站中的内容能使上网者感兴趣，上网者就能主动参与网络市场调研。

（2）调研样本及选择方式的变化

传统市场调研可以有多种随机选择样本的方法，这能够保证市场调研具有一定的精确度。传统市场调研的总体一般是明确的，具体的可根据不同的调研项目采取简单随机抽样法、等距抽样法、分层抽样法、整群抽样法和多阶段抽样法等。网络市场调研面对的是隐藏在显示器后面的各种上网者，他们构成了网络市场调研的总体，由于没有了传统意义上的调研对象，上述抽样方法就需要做出相应的调整和改变。虽然网络市场调研选择样本的方式不同于传统市场调研选择样本的方式，整体代表性也有一定的差距，但是网络市场调研最终会演变成对潜在客户的调研，对于特定产品而言，网络市场调研的样本仍然具有较高的代表性。这样，网络市场调研就具有了与传统市场调研同样的意义和作用。

（3）调研方法改变

传统市场调研的具体实施方法有许多类别，从调研的手段来看，有询问法、观察法、实验法，其中询问法可以分为个别访谈法、深层访谈法、电话调研、邮寄调研等。网络市场调研以网络为主要调研媒介，调研手段与方法受到一定限制，目前主要采用询问法，而观察法和实验法应用较少。

（4）调研区域的变化

由于传统市场调研需要大量的人力、财力和时间，因此传统市场调研的范围一般局限在一座城市或一个地区。而在网络市场调研中，只需要调研者在网络上发布电子调研问卷即可，网络技术有助于这种无区域调研的实施。

（5）调研问卷的形式更为复杂、形象

传统市场调研中使用的纸质问卷一般比较简单，而网络市场调研可以设计更复杂和多样化的多媒体调研问卷，以满足网络时代对市场调研的更高要求。

2．网络市场调研的分类

（1）定性调研和定量调研

网络市场调研需要使用新技术、新手段和新方法获得新的数据，从研究的角度来看可从两个维度进行划分，如表3-1所示。

表3-1　定性调研和定量调研

	要求客户接触	不要求客户接触
定性调研 （人机综合分析）	调研记录分析 在线讨论组，深入访谈	搜索记录分析 路径或导航，关键字搜索，程序引导
定量调研 （软件数据分析）	统计指标分析 电子邮件，弹出式广告	相关个性分析 点击行为，广告行为，购物行为

其中，搜索记录分析包括未得到满足的用户需求、品牌界定、促销的有效性、发现消费者语言特点、网络服务和网站反馈及预测。

（2）定性调研和定量调研组合

对于纯粹的探索性问题，可以不用十分精确，只做定性调研；纯粹描述轮廓的研究要进行定量调研；而评估性研究不仅要做出定性的评价，还要分析原因，这就需要定量调研与定性调研相结合。此外，对策性问题往往原因比较复杂，在分析原因时也需要将两种方法结合起来。

在前期，调研者对目标市场已经比较了解，在对影响程度大小做进一步判定时，要先做定量调研（确定百分比），后做定性调研（深度访谈、座谈会等）。通过定量调研，如果发现有些问题不能解释，就要做定性调研。

3．网络市场调研的优势

与传统市场调研相比，网络市场调研具有以下几方面的优势。

（1）便捷性和经济性

对于调研者和调研对象来说，网络市场调研的便捷性是非常明显的。调研者在其站点上发布调研问卷，在整个调研过程中，调研者还可以对问卷进行及时修改和补充，而调研对象只要能上网就可以快速、方便地反馈意见。同时，对于反馈的数据，调研者也可以快速、便捷地进行整理和分析。调研反馈的数据可以直接形成数据库，这种方便性和快捷性大大地降低了市场调研人力、物力的耗费。

（2）互动性和充分性

网络的最大好处之一是具有互动性。网络市场调研的互动性不仅表现在调研对象可以对产品发表意见，还表现在调研对象可以及时就问卷的相关问题提出自己的看法，减少因问卷设计不合理而导致调研结论出现偏差等问题。同时，调研对象还可以自由地、充分地在网上提出自己的建议。

（3）及时性和共享性

网络的传输速度快，一方面，加快了调研信息传递给用户的速度；另一方面，也加快了从用户到调研者的信息传递速度，这就保证了市场调研的及时性。网络市场调研是开放的，网民都可以参加投票、查看结果，保证了网络信息的及时性和共享性。

（4）无时空和地域的限制

网络市场调研可以 24 小时全天候进行，这与受地域和时空制约的传统市场调研有很大区别。澳大利亚某家市场调研公司在 1999 年 8 月和 9 月对包括中国在内的 7 个国家的网络用户开展了一次调研活动，对中国网络用户的在线调研活动是与 10 家访问率较高的 ISP（互联网服务提供商）和在线网络广告站点联合进行的，这种市场调研活动通过传统的方式来进行是很难完成的。

（5）可检验性和可控制性

在利用互联网收集信息时，调研者可以对采集信息的质量实施系统的检验和控制。网络市场调研问卷可以附加全面、规范的指标解释，从而有利于消除因对指标理解不清楚或调研者解释口径不一而造成的偏差。问卷的复核检验可通过问卷页面嵌入脚本，或者通过后台程序设定检验条件和控制措施，以监控问卷的填写完成情况。如果调研对象遗漏了问卷上的一些内容，程序就会拒绝提交调研问卷或验证后重发给调研对象要求补填。

（6）调研结果的可靠性和客观性

由于企业站点的访问者一般都对企业的产品有一定兴趣，对他们进行调研，网络市场调研的针对性更强，他们自愿参与调研，回答问题相对认真，因此问卷填写可靠性高，问卷能真实反映他们的消费心态和市场的发展趋势。网络市场调研可以避免传统市场调研中因人为错误（调研者缺乏技巧、诱导回答问卷问题等）导致调研结论出现偏差的情况，因为调研对象是在完全独立思考的环境下接受调研的，所以能最大限度地保证调研结果的客观性。

4．网络市场调研的不足

（1）网络市场调研对象覆盖范围有限

网络市场调研对象的覆盖范围是指网络市场调研对象占调研目标总体的比率，其中目标总体是调研所涉及的总体对象，网络市场调研对象一般指的是网民。2023 年 8 月，CNNIC 发布的第 52 次《中国互联网络发展状况统计报告》显示，截至 2023 年 6 月，我国网民规模达10.79 亿人，互联网普及率达 76.4%，中国网络市场调研对象的覆盖范围仍存在局限性，需要覆盖范围广的市场调研可能不适合在互联网上进行。

（2）网络市场调研对象代表性有限

我国互联网普及率的城乡差距、地区差距较大，截至 2021 年，城镇地区互联网普及率为 79.5%，农村地区互联网普及率为 57.6%。网民的年龄结构（见图 3-1）、职业结构（见图 3-2）也存在很大差异，难以真正代表所有群体。当调研对象的范围需求广泛，区域结构、年龄结构、职业结构等需求均衡时，通过网络市场调研所获得的数据可能存在偏差，这说明并非所有的市场调研都适合通过互联网开展。

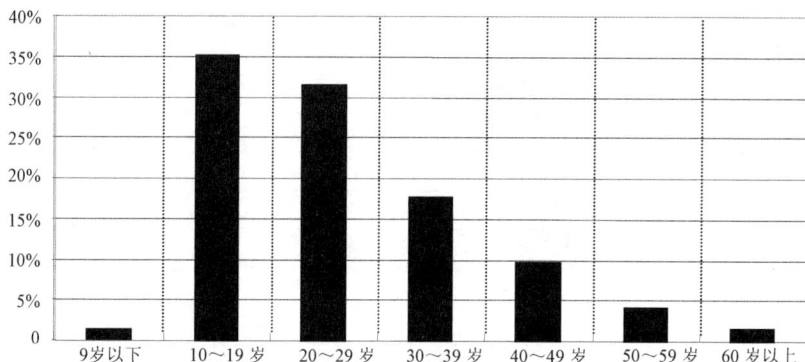

图 3-1　网民的年龄结构

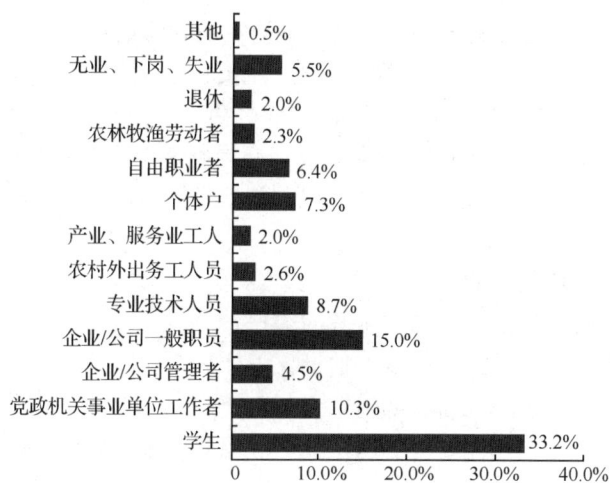

图 3-2　网民的职业结构

（3）网络市场调研对象较难控制

网络市场调研一般采用网上发布问卷的方式进行，由于网络的虚拟性，调研者很难控制调研对象（网上填写问卷的网民），如网民反复填写问卷造成样本重复，同样不能控制调研对象以外的网民填写问卷等，这些都有可能造成调研结果不准确。

（4）调研样本的数量难以保证

足够的访问量是一个网站进行在线调研的必要条件之一。样本回复率低，样本数量难以保证是网络市场调研最大的局限性之一。如果没有足够的样本数量，调研结果就不能反映总体的实际状况，也就没有实际价值。

3.2.2　网络市场调研过程

网络市场调研与传统市场调研一样，应遵循一定的方法和步骤，以保证调研过程的质量。网络市场调研一般包括以下几个步骤。

1．明确问题并确定调研目标

明确问题并确定调研目标对于网络市场调研来说非常重要，这将决定未来营销调研的方向。调研主管人员在接受调研任务时应先思考以下 7 个方面的问题，如表 3-2 所示。

表 3-2　调研主管人员应该思考的典型问题

问题的定义	问题举例
症状	是什么变化引起了你的关注
决策者所处的境况	这些变化如何影响你的目标？你依据什么做出决定？采取必要行动的时间安排是什么
信息	你掌握的关于这些变化的相关背景信息有哪些
可能存在的原因	你认为发生这些变化的原因是什么
可能的解决方法	你有权利对这些变化做哪些事情
预期的结果	如果你在自己的权限范围之内做这些事情，最可能的结果是什么
假设的可行性	你为什么相信你的行动结果会解决问题

思考并评估以上 7 个方面的问题可以帮助调研者明确营销管理问题。营销方案的第一步是描述营销管理的问题所在，也被称为问题描述，主要包括 4 个方面：所涉及的公司、部门或领导；问题症状或市场机会迹象；可能导致问题或机会产生的原因；需要使用的调研信息。

如果营销管理问题有了完整的定义，调研者就必须确定调研目标，这些目标被定义为向营销经理提供相关的、正确的、客观的信息，可以弥补信息缺口，帮助营销经理解决营销管理问题。一些可以确定的调研目标如下。

① 谁有可能在网上使用你的产品或服务？

② 谁是最有可能买你提供的产品或服务的客户？

③ 你所在的这个行业，谁经常上网？他们在干什么？

④ 你的客户对你的竞争者的印象如何？

⑤ 在日常运作中，公司可能要受哪些法律、法规的约束？如何规避？

2．确定调研设计方案

虽然所有的调研计划都是不同的，但是其中存在着许多共性，我们可以按照收集、分析数据的方法和流程归纳出 3 种调研设计方案，即探索性调研、描述性调研和因果性调研。调研者主要根据调研目标选择比较适合的设计方案。一般来说，调研有 3 个目标：一是建立假设；二是测量兴趣变化的情况（品牌忠诚度等）；三是检验假设，假设指出了两个或多个变量之间的关系（广告和品牌忠诚度等）。同时，我们要注意调研设计方案的选择还取决于对问题和调研目标的了解程度。若掌握的情况较少，则使用探索性调研。只有在对问题有全面的了解并需要寻找问题或调研目标所涉及的各变量之间的因果关系时，才会使用因果性调研。

探索性调研是指在没有特定结构且非正式方法下收集数据，利用互联网收集和分析二手资料是进行探索性调研最常用的方法之一。就非结构化而言，探索性调研没有一系列正式的目标、抽样方案和调研问卷。当调研者不太了解问题时，通常会进行探索性调研。探索性调研经常在项目的开始阶段进行，因为探索性调研的目标是获得关于某一主题的额外信息或可能产生的假设并检验，因此它是非正式的。探索性调研既是系统化的，又是十分灵活的，它允许调研者调研任何一个他们希望了解的信息源，将调研进行至任何他们认为必要的程度，从而对调研问题有很好的认识。探索性调研主要用于获取背景资料、定义术语、阐明问题和假设、确定调研的优先顺序。实施探索性调研的常用方法有二手资料分析、经验调研、案例分析、焦点小组访谈和投影技术。

描述性调研是对谁（Who）、什么（What）、哪里（Where）、何时（When）和如何（How）这些问题的答案的描述。如果已经对相关概念、术语等有所了解，并且调研目标是描述和测定相关现象，例如想知道的问题是我们有多少顾客，他们会买什么品牌的产品及其购买数量，他们能记住哪些广告，他们对公司及竞争对手的态度等，则适合进行描述性调研。通常这些问题的答案可以通过二手资料或调研获得。

有时，调研目标是确定两个或两个以上的变量之间的因果关系。因果关系指的是"如果 x，那么 y"类型的关系，例如"如果我们在广告上的投入增加，那么销售额就会上升"。因果关系通过实验来确定，是一类特殊的研究。实验法是指在控制其他外生变量所造成的影响的同时，操纵某一个自变量以观察它对另一个因变量的影响。自变量是指调研者能够对其有所控制，并希望加以操纵的变量，如广告支出、广告诉求点的类型（幽默、权威）、价格。因变量是指调研者很少能对它有所控制，或者不能直接控制，但又对它有强烈兴趣的变量，如销售额、广告点击率。我们不能使用改变自变量的方法来改变因变量，例如营销经理能比较容易地改变广告支出水平，却不能轻易改变销售额；设计人员能比较容易地改变在线广告的显示方式，却不能轻易改变广告点击率。但是营销人员总是试图通过操纵自变量来改变因变量。外生变量是指那些对因变量有影响，但不是自变量的变量，例如销售额的变化可能会受到宏观经济环境的影响。

3．制订调研计划

网络市场调研的第三步是制订最为有效的信息搜索或收集计划。一般来说，要确定资料来源、调研方法、调研手段、抽样方案和联系方法。

① 资料来源。确定收集的是二手资料，还是一手资料。

② 调研方法。网络市场调研常用的方法有专题讨论法、问卷调研法和实验法。

* 专题讨论法借用新闻组、邮件列表讨论组和网上论坛（也称为 BBS、电子公告牌）的形式进行。
* 问卷调研法可以使用电子邮件发送（主动）、在网站上刊登（被动）等形式进行调研。
* 实验法则是选择多个可比的主体组，分别赋予不同的实验方案，控制外部变量，并检查观察到的差异是否具有统计上的显著性。该方法与传统市场调研所采用的原理是一致的，只是手段和内容有差别。例如，2000 年 6 月，拉拉手网站和中央电视台信息部等联合推出"中国首届网上购物测试"活动，结果发现在配送等环节存在明显的地区差异。

③ 调研手段。主要采用在线问卷、在线访谈、软件系统等调研支持工具和方法。

* 在线问卷的特点是制作简单、分发迅速、回收方便，但是要注意问卷的设计水平。
* 交互式计算机辅助电话访谈系统利用一种软件程序在计算机辅助电话访谈系统上设计问卷结构，并在网上传输。Internet 服务器直接与数据库连接，对收集的调研对象的答案直接进行存储。

- 网络调研软件系统是专门为网络调研设计的问卷链接及传输软件。它包括整体问卷设计、网络服务器、数据库和数据传输程序。
④ 抽样方案。要确定抽样单位、样本规模和抽样程序。
⑤ 联系方法。采取网上交流的方式，如 E-mail 传输问卷、参加网上论坛等。

4. 收集信息

网络通信技术的突飞猛进使得资料收集方法得到迅速发展。互联网没有时空和地域的限制，因此网络市场调研可以在全国甚至全球进行。同时，收集信息的方法也很简单，直接在网上提交或下载调研表即可。这与传统市场调研收集资料的方式有很大区别。常用的资料收集方法包括利用搜索引擎、利用企业网站或合作网站、利用网络数据库检索、借助专业网络市场研究公司等。例如，某公司想了解各国对某一国际品牌的看法，只需要在一些全球性广告站点发布广告，把链接指向公司的调研表就可以了，不需要像传统市场调研那样在各国找不同的代理分别实施调研计划。

互联网和信息技术的广泛应用，使利用互联网收集资料的手段和方法不断地推陈出新。移动互联网已成为人们日常工作和生活必备且不可缺少的基础设施和环境，跨时空、无疆界使调研活动可随时展开。如今，收集调研数据的方法很多，直接提交或下载调研表已经得到普及，利用大数据追踪用户或利用网络爬虫软件收集资料成为新的调研方法。

5. 分析信息

收集信息后要做的是分析信息，这一步非常关键。答案不在信息中，而在调研者的头脑中。调研者如何从大数据中提炼出与调研目标相关的有价值的信息，直接影响最终调研结果的质量。要学会使用一些数据分析工具和技术，如交叉列表分析技术、概括技术、综合指标分析技术和动态分析技术等。目前，国际上较为通用的分析软件有 SPSS、SAS、SmartPLS、AMOS等。网上信息的一大特征是即时呈现，而且很多竞争者会从一些知名商业网站上看到同样的信息，因此信息分析能力相当重要，它能使企业在动态变化中捕捉到商机。

6. 撰写调研报告

调研报告的撰写是整个调研活动的最后一步。报告不是数据和资料的简单堆砌，调研者不能把大量的数字和复杂的统计技术扔到管理人员面前，否则，就失去了调研的价值。正确的做法是把与市场营销关键决策有关的主要调研结果报告找出来，并用调研报告应具备的正规结构来写作。

作为对填表者的一种激励或犒赏，网络市场调研应尽可能地把调研报告的全部结果反馈给填表者或广大读者。如果限定为填表者，那么只需要分配给填表者一个进入密码即可。对一些"举手之劳"式的简单调研，可以采取实时互动的形式公布统计结果，这样效果更佳。

3.2.3 网络市场调研内容

网络市场调研是网络营销前期工作中的一个重要环节，通过调研可以获得竞争对手的资料，摸清目标市场和营销环境，为企业经营者细分市场（Market Segmentation）、识别消费需求（Requirement Identification）、确定营销目标等提供相对准确的决策依据，具体内容如下。

1．市场环境调研

市场环境调研包括政治法律环境调研、经济环境调研、科技环境调研和社会环境调研等。

政治法律环境调研是指对政府的方针、政策、法令、条例，以及国外有关法规与政局变化、政府人事变动、战争、罢工、暴乱等可能影响本企业的诸因素进行调研。

经济环境调研是指对国民总收入增长和国民收入分配的地区、社会格局、储蓄与投资变化、私人消费构成、政府消费结构等宏观经济指标进行调研。

科技环境调研是指对国内外新技术、新工艺、新材料的发展速度、变化趋势、应用和推广等情况进行调研。

社会环境调研是指了解社会的文化、风气、时尚、爱好、习俗、宗教等。

2．市场需求调研

市场需求调研包括市场需求容量调研、消费者和消费行为调研。

（1）市场需求容量调研

市场需求容量调研主要了解现有人口和潜在人口的变化、收入水平、生活水平、购买力投向等相关情况，具体调研内容如下。

① 现有市场对产品的需求量和销售量。人们的需求似乎是无止境的，但会受到家庭收入和购买力的限制。如果企业不假思索地生产某种看似走俏的产品，而不考虑现有市场的容量，就会造成这种产品在目前市场上的过饱和现象，继而导致产品积压和资金回流不畅。例如，网上很多鲜花商店在情人节向广大消费者提供优惠促销服务。

② 研究国内外市场的变化动态及未来发展趋势，便于企业制定长期发展规划。雅虎是体现最佳网络营销观念的实例之一，即在满足消费者需求的基础上实现企业目标。雅虎在初创时期被命名为"Jerry 带你入万维网"。如今，雅虎从一个中枢（Hub）发展为一个目的地、媒介实体和在线商家。通过不断研究国内外网络发展的趋势，雅虎创造了一个"生活化的媒介"。经过不懈的努力和创新，雅虎成为价值 6 亿美元的大型公司。在我国本土企业中，也不乏这种研究市场变化动态、把握最新需求前沿的案例。例如，化妆品品牌在进行网络市场调研时，需要询问消费者的问题可能包括：最近 3 个月购买本品牌产品的频率；最近 3 个月购买本品牌的金额；如果不使用本品牌，您会使用哪个品牌的同类产品；在使用本品牌的同时，您还经常使用哪些品牌的同类产品。

（2）消费者和消费行为调研

消费者和消费行为调研是指了解购买本企业产品或服务的团体或个人的情况，如民族、年龄、性别、文化、职业、地区等，调研各阶层消费者的购买欲望、购买动机、习惯爱好、购买习惯、购买时间、购买地点、购买数量、品牌偏好等情况，以及消费者对本企业产品和其他企业提供的同类产品的欢迎程度。具体调研内容如下。

① 消费者的家庭、所在地区、经济、文化教育等发展情况对消费者需求产生的影响。网络营销为消费者提供了虚拟市场，在线消费者在网络中也具有了在现实生活中的任何买卖行为。美国的亚马逊（Amazon）网上书店无疑是网络营销的一大亮点：平均每天卖出 60000 本书，全球顾客超过 600 万人。2003 年 6～8 月，《哈利·波特与凤凰令》的销售异常火爆，在

全球售出 140 多万册，世界上 175 个国家的读者购买了这本小说。亚马逊不但在此书销售期间新增了 25 万个客户账户，而且当时再次提高年度收入的预期，预计 2003 年全年销售额在 49 亿美元～51 亿美元之间。亚马逊将目标客户群精准定位为儿童这一庞大的读者群，许多中产阶级家庭、知识分子家庭甚至一些并不富有的家庭都愿意为孩子购买这本科幻味十足又耐人寻味的儿童读物。

② 不同地区和不同民族的消费者，他们的生活习惯和方式有所不同。众所周知，不同地域的人们的生活习惯和生活方式有所区别。企业在进行网络市场调研时，务必了解当地人的生活风俗和习惯。

③ 具体分析谁是购买商品的决定者、使用者、参与者及他们之间的相互关系。例如，一个家庭在购买沃尔沃汽车的过程中，父亲可能是购买的决定者，而夫妻二人甚至孩子都有可能成为汽车的使用者，汽车销售人员的意见也可能成为这个家庭购车时的重要参考意见。

④ 消费者的购买方式和态度。了解消费者喜欢在何时、何地购买商品及他们的购买方式，例如，有的人在购物时习惯使用信用卡支付，有的人却习惯使用现金支付等；掌握消费者对某种产品的使用次数、每次购买的单位数量及对该产品的态度。这些都是网络市场调研的重要内容。

3．营销因素调研

① 产品研究（Product Research）。

对于企业来说，了解产品的市场需求和反应十分重要。例如，戴尔公司是以网络营销著称的，它非常注重研究产品的设计和包装，通过电子邮件充分了解消费者的需求，根据第一手需求，确定戴尔计算机的营销路线及售后服务细则。

② 价格研究（Price Research）。

企业一定要了解自己产品的价格是否被广大消费者所接受，在现代社会，大多数人只会为那些货真价实或物美价廉的商品掏腰包。

③ 渠道研究（Placing Research）。

它主要调研现有的销售渠道是否合理，是否有必要扩大或缩小现有的销售渠道。互联网的一大优势就是减少中间环节，让利给消费者。

④ 促销研究（Promotion Research）。

企业需要研究如何运用促销手段刺激消费，创造需求，吸引消费者竞相购买的方法。具体体现是企业的促销策略是否合理、效果如何、是否被广大消费者所接受等。例如，某饮料企业在对地区代理商进行网络市场调研时，提出下列问题：本产品的价格在同类产品中所处的价格水平；本产品今年的新包装对销售量是否有促进作用；本产品今年的新代言广告推出后产品销售量是否有所提高，提高了多少。

4．市场供给调研

市场供给调研主要调研产品或服务供给总量、供给变化趋势、市场占有率；消费者对本企业产品或服务的质量、性能、价格、交货期、服务及包装的意识、评价和要求；本企业产品或服务的市场寿命，消费者对本企业产品或服务更新的态度，现有产品或服务能继续多长时间，有无新产品或服务来代替；生产资源、技术水平、生产布局与结构；该产品或服务在当地的发展趋势；合作伙伴和竞争对手的状况，即他们的产品或服务的质量、数量、成本、价格、交货期、技术水平、潜在能力等。

5．市场行情调研

市场行情调研主要调研整个行业市场、地区市场、企业市场的销售状况和销售能力；商品供给的充足程度、市场空隙、库存状况；市场竞争程度，竞争对手的策略、手段和实力；有关企业同类产品的生产、经营、成本、价格、利润的比较；有关地区、企业产品的差别、供求关系及发展趋势；整个市场价格水平的现状和趋势，比较适合消费者接受的价格与定价策略；新产品定价及价格变动幅度等。

3.2.4 网络市场调研策略

1．识别网站访问者并获取访问者信息

在传统市场调研中，调研者对调研对象的分布情况往往有一定的预期和控制，如样本的所在区域、职业、民族、年龄分布等。网络市场调研则不同，它没有空间和地域的限制，一切都是不确定的，调研者无法准确预期谁是网站访问者，也无法确定调研对象的具体情况，即使想确定在网上购买企业产品的消费者的身份、职业、性别、年龄等信息也是很难的。因此，网络市场调研的关键是如何识别网站访问者并获取访问者信息。

电子邮件和来客登记簿是互联网上企业与消费者交流的重要工具和手段。电子邮件可以附有 HTML 表单，网站访问者可在表单界面上点击相关主题并填写附有收件人电子邮件地址的有关信息，然后发给企业。来客登记簿是让网站访问者填写并发给企业的表单。通过电子邮件和来客登记簿，不但所有消费者都可以了解企业的情况，而且调研者可以获得相关的市场信息。例如，在确定网站访问者的邮政编码后，可以知道网站访问者所在的国家、地区、省市等地域分布范围，对网站访问者的回复信息进行分类统计，进一步对市场进行细分等。

2．提供物质奖励，建立情感纽带

用有价值的信息和免费使用软件来吸引网站访问者，给予网站访问者奖品或免费商品，向网站访问者提供物质奖励，激励消费者访问网站，吸引网站访问者注册个人信息，认真处理并回复网站访问者的意见和问题，在赢得对方的信赖后，他们可能很愿意告诉调研者自己的详细情况。在网站访问者按要求回复了调研问卷后，调研者应尽量告知对方最终的调研结果，并根据实际情况，给网站访问者一定的奖品或一定的折扣优惠等。

3．科学设计调研问卷

一个成功的调研问卷应具备两个功能：一是能将所调研的问题明确地传达给网站访问者；二是设法取得网站访问者的配合，使对方给予真实、准确的回复。调研问卷的设计应遵循以下原则。

① 目的性原则。询问的问题应与调研主题密切相关，重点突出。

② 可接受性原则。网站访问者回复哪一项、是否回复，有自己的自由，故问卷要容易为网站访问者所接受。无论在哪个国家，当访问涉及个人问题时，如个人收入、家庭生活中比较敏感的问题等，网站访问者一般都不愿意回复或拒绝回复。因此，关于个人隐私的问题不应出现在调研问卷中，以免引起网站访问者的反感。

③ 简明性原则。询问内容要简明扼要，使网站访问者易读、易懂，而且回复内容也要简短、省时。因此，调研问卷的设计应多采用二项选择法、顺位法、对比法等技巧，对调研问卷中问题答案的选项应为网站访问者提供相应的信息，以方便网站访问者回答。

④ 匹配性原则。要使网站访问者的回复便于检查、数据处理、统计和分析，以提高网络市场调研工作的效率。

4．充分发挥网络市场调研的技术优势

（1）调整调研问卷内容组合以吸引网站访问者，检查问卷完成情况

与传统市场调研相比，网络市场调研的最大优势之一是可以随时调整、修改调研问卷中的内容，可以实现不同调研内容的组合，如产品的性能、款式、价格及网络订购的程序，如何付款，如何配送产品等。调研者应通过各种因素组合的测试，分析判断何种因素组合对网站访问者是比较重要和关键的，进而调整调研问卷的内容，使调研问卷对网站访问者更具吸引力，并通过软件自动检查网站访问者是否完成调研问卷。

（2）跟踪并监控消费者的在线行为

企业的营销调研人员可以利用一些软件程序来监控消费者的在线行为，了解并掌握消费者主要浏览哪类企业或哪类产品的主页，挑选和购买了哪种产品等，进而经过统计分析，对消费的地域分布、产品偏好、购买时间及行业内产品竞争态势做出初步的判断和估计。

（3）通过产品的网上竞卖情况掌握市场信息

对于企业推出的新产品，可以通过网上竞卖，了解消费者的倾向和心理，掌握市场趋势，从而制定相应的市场营销策略。例如，1999 年 7 月 1 日，长城集团与网易公司联手，在网易网站上推出金长城 MTV-3800 奔腾三代家用计算机新品，面向全国进行为期 10 天的网上竞卖活动。金长城 MTV-3800 奔腾三代家用计算机新品沿袭了长城集团"三电一体化"的设计理念，在计算机、电器、电信等方面都进行了创新和完善。然而，对一个新产品来说，价格定位、产品宣传及先期购买者的热情对产品迅速进入成长期既是至关重要的因素，也是市场营销调研人员调研的重要内容。

长城集团与网易公司在网上竞卖的具体做法：竞卖总数为 100 台，底价仅为 3800 元，有效竞标价格在 3000～15000 元之间，低于或高于此范围的竞价均属无效；竞卖活动持续 10 天，消费者在 10 天内均可登录网易站点参与竞价；在有效竞价范围内，当天竞价最高的前 10 名为中标者，经确认后，统一按照当天第 10 名的竞标价格成交。竞卖活动期间，网易公司每隔 5 分钟公布一次最新竞价排行榜，并随时通报竞标进展状况。

5．与传统市场调研相结合

网络市场调研具有一定的优越性，但它不是万能的，调研结果有时会出现较大的误差，网络市场调研也不能满足所有市场调研的要求，应根据调研的目的和要求，采取网上调研与网下调研相结合的调研方式。例如，企业的营销调研人员可以在各种传播媒体——报纸、电视或杂志上刊登相关的调研问卷，并公告企业的电子邮箱和网址，让消费者通过电子邮件回答所要调研的问题，以收集市场信息。

3.2.5　网络市场调研方法

1．直接调研的方法

网络市场直接调研是指为当前特定的目的在互联网上收集一手资料或原始信息的过程。目前，常用的直接调研的方法有 3 种：观察法、焦点小组访谈、在线问卷法。调研过程中具体应采用哪一种方法，要根据实际调研目的和需要而定。

（1）观察法

观察法是调研者凭借自己的观察能力，而不是通过与受访者的直接交流来获取信息的调研方法。由于我们的记忆会出现偏差，所以在观察时要采用一些记录方式。在传统环境下，调研者一般采用手工记录、录音机、录像机等记录方式，而在网络环境下，一般采用计算机软件自动记录的方式来记录用户的网络访问情况，或者在聊天室观察用户的聊天行为，都是网络环境下通过观察法收集信息的实例。

通过访问日志记录来分析消费者的网络行为

对于互联网用户行为的研究，一般有两种方法：一种是基于使用者的观察视角，采用的是对使用者进行问卷调研和访谈的方法；另一种是基于网站的观察视角，采用的是对用户访问日志（Log）进行分析的方法。

网站服务器可以自动记录用户在本网站的访问情况，通过对网站日志的分析，能够得出用户上网的时间和次数、用户访问网站频道的基本情况等。特别是对用户在网站中访问路径的分析，以及用户对某些特定情况的反应，将有助于调研者理解某个特定网站使用者的行为，进而对改进网站信息组织与服务提供帮助。

还有一些专业调研公司（美国的 comScore 公司、中国的艾瑞公司等）招募了大量志愿者，并在他们的家庭计算机上安装了能自动记录和上传该用户网络使用情况的客户端软件。这些公司通过对网站日志的分析，能够得出一个国家或地区的网民的网络使用情况，如经常使用的网站、比较感兴趣的网络应用和服务、网络购物情况等。

（2）焦点小组访谈

焦点小组访谈是指由一名组织者邀请一些人自然地、无拘束地讨论某些问题。之所以称为焦点小组，是因为组织者将保持对某一个问题展开讨论，并防止人们转移话题。焦点小组访谈的目的是发现和归纳一些在常规调研中不能获得的意见、感受和经验。在线焦点小组访谈是指参与者或客户在网络上进行交流，它不同于焦点小组访谈的面对面接触形式。尽管一些专家认为在线焦点小组访谈不能与焦点小组访谈相提并论，但是对在线焦点小组的调研结果表明，在线焦点小组访谈确实存在很多优点，关于在线焦点小组访谈的调研结果如表 3-3 所示。

表 3-3　关于在线焦点小组访谈的调研结果

问　　题	回　　答
在线焦点小组访谈能代替焦点小组访谈吗	只要在线环境与调研目标相符合，它就能代替焦点小组访谈
在什么情况下在线焦点小组访谈最适用	受访者出席率不高，受访者的地理位置比较分散，B2B（Business to Business，企业对企业）情况下
缺点是什么	不能观察肢体语言，不能展示产品模型，不能进行口味测试

问　　　题	回　　　答
能通过电子邮件招募参加者吗	可以，如果他们有经常使用的有效的电子邮箱
招募参加者时使用什么激励方法	若出席，将会有现金酬劳
计划有多少人参加在线焦点小组	一般是15~20人
持续多长时间	通常是90分钟
如何维护在线焦点小组访谈的环境	如果使用的是商业聊天室，就可以使用密码来维护访谈的环境
客户可以观看在线焦点小组讨论吗	可以，有些系统支持客户通过自己的计算机观看在线焦点小组讨论，而且客户可以单独与主持人交流
在线焦点小组主持人是否需要具备特殊的技能	除了具备基本的焦点小组主持人技能，还要做好准备工作，防止出现混乱，要照顾到所有的参与者，要有良好的打字技能并且熟悉聊天室内常用的术语
在线焦点小组访谈的参加者更坦诚吗	因为他们是匿名的，所以会更加开诚布公。同时，他们倾向于独立回答问题，不浏览他人的回答，所以每个人的答案都是独特的

（3）在线问卷法

在线问卷法，即请求浏览网站的用户参与企业的各种调研。具体做法是：①在网站上放置问卷；②向相关的讨论组发送调研邀请，并在邀请内放置链接，指向放在自己网站上的问卷；③通过电子邮件直接向企业的潜在用户发送调研问卷。

在线问卷法需要注意的问题：①在线问卷不能过于复杂，否则，调研对象会产生厌烦情绪，从而影响调研问卷所收集数据的质量；②可采取一定的激励措施，如提供免费礼品、抽奖送礼等。

网络调研问卷设计中的"应该"和"不应该"

用一个有趣的问题开始问卷。在网络市场调研中，有很大比例的受访者连一个问题都没有回答就放弃了问卷，通常用一个问题来表达问卷的主题比较好。

不要用一些敏感性的统计问题来开始问卷。即使调研者只想调研某个收入水平、某个种族或某个宗教信仰的受访者，把这类问题置于问卷的开头会使某些目标受访者回避问题。

要对复杂的调研任务进行说明。实际上，有些人认为应该对各项任务加以说明，因为受访者当中可能包括第一次填写网络调研问卷的人。调研说明越贴近调研任务越好，不要期望人们用以前的经验明白网络市场调研。

调研问卷中不要有多余的东西。在网速很快的情况下，声音、动画和其他"酷"元素出现在问卷中可能比较合理，但当受访者的网速很慢时，这些东西会令人难以忍受。

让受访者知道他们在问卷的第几部分。在受访者开始回答问题之前让他们知道调研需要花费多少时间是有益的。

问卷中不要有不必要的问题。问题过多会使受访者中途放弃接受调研。

将类似的问题放在同一个页面上。问卷的未完成率被认为与问卷的页数和问卷的总长度有关。每页只有一道题会使受访者感到厌烦。另外，当受访者不得不翻阅长页时，他们会感到不舒服，尽量在这两个极端之间寻找平衡。

不要在问卷中出现太多的"开放式问题"。虽然很多受访者会为"开放式问题"写很长的答案，但"开放式问题"太多会使调研时间太长，会提高问卷的未完成率。

让受访者组织他们自己的"开放式问题"的答案。整理"开放式问题"的答案会花费调研者大量的时间，在受访者回答后将其答案进行分类可以大大减少调研者的工作时间。

不要让调研过于简单。调研者不能无休止地占用受访者的时间，但也不能重复问题，这样会使受访者一目十行，对调研漫不经心。例如，使用下拉框（Drop-Down Box）代替单选按钮（Radio Buttons），可以让受访者在对系列问题进行评分时使用级数更高的量表。

不要把默认（Default）回答放入下拉框。作为替代，使用"点击这里回答"的方式。若包含了默认回答，则很可能导致测量误差。

列出联系人信息，这样受访者在遇到问题时可以求助，有助于鼓励受访者完成调研。

（4）内容分析法

内容分析法观察文本信息和图片信息，目的是分析网络用户交流的内容。利用这样的技术，调研者分析各种文本信息的内容，观察广告的作用。调研者利用内容分析法进行市场调研，以此来了解消费者的沟通环境和促销方式等。

社交媒体上无数的沟通信息为市场调研创造了诸多机遇。对社交媒体上的内容进行分析，可以使调研者了解到很多信息。

① 消费者的特征，如小红书用户的特征。

② 客户偏好，如公司网站或竞争对手网站的浏览量、推特（Twitter）上的信息种类。

③ 品牌形象，如产品评价和排名网站、谷歌（Google）网站上的论坛信息等。

Solve Media 公司网站上有一个品牌标签（Brand Tags）板块。成千上万的企业通过这个板块来了解自己品牌的形象，厂商把这个网站称为"全球第一品牌形象网站"。消费者首先需要在该网站上注册，然后用自己的词语去描述任何品牌。企业由此可以了解自己品牌的形象及消费者对自己品牌的感知。

2. 间接调研的方法

网络市场间接调研就是网上资料的收集。资料的来源有很多，如政府出版物、公共图书馆、大学图书馆、贸易协会、市场调研公司、广告代理公司、媒体、专业团体、企业情报室等。其中，许多单位和机构都在互联网上建立了自己的网站，调研者可以通过访问对方的网站来获得各种各样的信息。再加上众多搜索引擎（Search Engine）、综合型 ICP（互联网内容提供商）和专业型 ICP 网站，使得在互联网上收集资料非常方便。

一般来说，在互联网上收集资料，信息来源有以下几种。

① 政府机构。本国政府在国外的官方办事机构（商务处等）。

通过政府机构，调研者可以系统地收集各国的市场信息，如中国国际贸易促进委员会及各地分会掌握着大量关于国外销售和投资方面的信息。

其他国家政府的有关部门。许多国家的政府为了帮助发展中国家对其出口，专门设立了"促进进口办公室"，负责提供的信息包括统计资料，销售机会，进口要求和程序，当地营销技巧和商业习俗，经营某个产品系列的进口商、批发商、代理商等中间机构的名单，某一类产品的求购者名单及求购数量。

官方信息机构。例如，国家信息中心、中国国际经济交流中心、中国银行信息中心、新华社新闻信息中心、国家统计局等。

② 国际组织。许多国际组织都定期或不定期发布大量市场信息。例如，国际贸易中心（International Trade Centre，ITC）、联合国（United Nations）、联合国粮食及农业组织（Food and Agriculture Organization of the United Nations，FAO）、经济合作与发展组织（Organization for

Economic Co-operation and Development，OECD）、联合国贸易和发展会议（United Nations Conference on Trade and Development，UNCTAD）、联合国经济及社会理事会（United Nations Economic and Social Council）、国际货币基金组织（International Monetary Fund，IMF）。

③ 行业协会。它是指专门提供引导、规划行业发展指导的非营利机构。许多国家都有行业协会，行业协会定期收集、整理甚至出版一些有关本行业的产销信息资料。行业协会经常发表和保存详细的有关行业销售情况、经营特点、增长模式及其类似的信息资料。此外，他们也开展本行业中各种有关因素的专门调研。

④ 专门的调研机构。它是指各国的咨询公司、市场调研公司。这些专门从事调研和咨询的机构经验丰富，收集的资料很有价值，但一般收费较高。

⑤ 联合服务公司。它是一种收费的信息源，由许多公司联合协作，定期收发对营销活动有用的资料，并采用订购的方式向客户出售信息。它们在联合的基础上定期提供 4 种基本信息资料：经批发商流通的产品信息、经零售商流通的产品信息、消费大众对营销组合各因素反馈的信息、有关消费者态度和生活方式的信息。

⑥ 其他大众传播媒介。电视、广播、报纸、广告、期刊、书籍、论文和专利文献等类似的传播媒介，不仅含有技术情报，还含有丰富的经济信息，这些信息对预测市场、开发新产品，以及进行海外投资具有重要的参考价值，而且有些传媒公司也在自己的网站上发布这些信息。

⑦ 商会。商会通常能为调研者提供的信息包括成员的名单、当地商业状况和贸易条例的信息、有关成员的资信及贸易习惯等内容。大的商会通常拥有对会员开放的商业图书馆，非会员也可以阅览。

⑧ 银行。银行，尤其是一家国际性银行的分行，一般能提供的信息和服务包括世界上大多数国家的经济趋势、政策、前景、重要产业及外贸发展等方面的信息；国外某公司的有关商业资信状况的报告，各国有关信贷期限、支付方式、外汇汇率等方面的最新情报；介绍外商并帮助安排访问。世界银行及其所属的国际开发协会（International Development Association，IDA）和国际金融公司（International Finance Corporation，IFC）每年都会公布许多重要的经济信息和金融信息。另外，一些区域性银行，如亚洲银行、欧洲复兴开发银行等也能为调研者提供丰富的贸易和经济信息。

⑨ 消费者组织。许多国家都有以保护消费者利益为宗旨的消费者组织，这些组织的众多任务之一就是监督和评估各企业的产品及与产品有关的其他营销情况，并向公众报告评估结果，这些信息对调研者来说具有很大的参考价值。

⑩ 竞争者。调研竞争者的一个重要信息来源是竞争者的网站或竞争企业本身发布的信息。调研者可以通过直接或间接的方式从这个来源获取竞争者产品目录、价格单、产品说明书、经销商名单和年度财务报告等。

虽然互联网上有海量的资料，但是要找到自己需要的且有价值的信息，并不是一件轻松的事情。调研者需要熟悉搜索引擎的使用方法，并掌握专题型网络信息资源的分布情况。网上查找资料主要有 5 种方法：利用搜索引擎；访问相关的网站，如各种专题型网站或综合型网站；利用相关的网上数据库；客户端数据收集法；服务器端数据收集法。

① 利用搜索引擎。搜索引擎使用自动索引软件来发现、收集并标引网页，建立数据库，以 Web 形式为用户提供一个检索界面，供用户用关键词、词组或短语等检索项查询与提问匹配的记录，这是互联网上最突出的应用之一。

② 访问相关的网站。如果知道某个专题的信息主要集中在哪些网站，就可以直接访问那

些网站，并获得所需资料。

③ 利用相关的网上数据库。网上数据库有付费和免费两种。近些年，我国的网上数据库有了较大发展，如万方数据库、中经网统计数据库及人地系统主题数据库等。

④ 客户端数据收集法。直接在用户的个人计算机上收集他们网上冲浪的信息。其中一种方法是当用户访问某网站时，在用户的硬盘驱动器上添加一个小型数据文件，即网络跟踪器文件。对于网络营销和其他网络活动来说，网络跟踪器文件是很有帮助的。一些网络跟踪器文件跟踪用户的网上冲浪行为，并帮助营销人员向用户发送合适的促销信息和网页。

⑤ 服务器端数据收集法。网站分析工具通过使用网站日志软件来分析和记录访问网页的用户数、访问本公司网站以前用户所在的网站位置，以及用户在站点上购买的产品，并生成报告。这些都是服务器端数据收集法的基本要素。例如，Expedia 公司要求用户先在网站上进行注册，这样公司就能追踪到访问者的购票情况、网站浏览模式及访问网站的频率。Expedia 公司通过这些信息为用户提供个性化的产品和服务（例如，票价比较）。例如，淘宝网先利用过滤软件追踪用户订购的商品，再通过数据库中显示的用户购物倾向对用户进行购物推荐，这些数据有助于淘宝网改进网络营销策略和促销广告，建立有效的网站。

3.2.6 常用的网络市场调研工具

1. 电子邮件

电子邮件既是网民最青睐的交流方式之一，也是企业与用户之间的信息沟通桥梁，而且电子邮件的沟通成本很低。在用户许可的情况下，企业可以通过电子邮件向用户发送产品的相关信息，邮寄调研问卷，获得用户的反馈意见。

2. 搜索引擎

搜索引擎是指根据一定的策略，运用特定的计算机程序收集互联网上的信息，在对信息进行组织和处理后，为用户提供检索服务的系统。例如，谷歌 Adwords 关键字、点击量估算工具，百度指数和百度统计等。从使用者的角度来看，搜索引擎为用户提供一个包含搜索框的页面，用户在搜索框输入词语，通过浏览器提交给搜索引擎后，搜索引擎就会返回与用户输入的内容相关的信息列表。常用的搜索引擎包括百度、谷歌、雅虎、搜狗、搜搜、Live Search 等。另外，还有一些专门针对特定行业的搜索引擎，如搜旅网、搜比就是专门的旅游搜索引擎。在网上收集资料的过程中，善于利用搜索引擎非常重要。

3. 在线问卷

在线问卷是目前最常用的网络市场调研工具之一。企业可以通过电子邮件将问卷邮寄给调研对象，也可以在自己的网站或合作网站上发布调研问卷，还可以委托专业的调研公司进行在线问卷调研。

4. 在线跟踪

在线跟踪是基于软件对互联网用户进行的"全景"式调研。较为知名的在线跟踪有法国 NetValue 公司对网民网上行为的调研，NetValue 公司调研的主要特点是先通过"计算机辅助电话调研"获得互联网用户的基本人口资料，再从抽出的样本中招募自愿受试者，让用户下载软件到自己的计算机中，以记录用户所有的网上行为，包括用户访问的网站、收发电子邮件等。

国内艾瑞网的 iUserTracker 也是这样一类监测用户行为的客户端软件。

5. 网络社区

网络社区是一种社会性活动空间，是网络社会生态环境的核心内容。网络社区与品牌社区结合成为虚拟品牌社区，是当今企业网络营销的重要工具和方法。网络社区已经成为互联网生态环境的核心力量。越来越多的消费者正在转向网络社区收集产品购买信息，寻求购买建议，并通过 BBS、在线评论等方式表达对企业产品或服务的使用体验与要求。另外，在网络社区中用户的活跃性强、参与度高，用户容易按兴趣爱好分类聚合，从而形成一个个具有相同兴趣的群体，也就是一个个自然形成的细分市场。采用适当的技术和人工数据监测系统，对用户信息采取全面监测，第一时间听取用户的真实声音，识别目标兴趣群体，可以为企业的产品研发与市场推广提供有参考价值的决策依据。

6. 云调研服务

云调研服务是一种社会性公用调研服务空间和形式。它可以帮助调研者完成策划、组织和实施调研任务，还可以实时监控问卷回收进度，并可视化展示答题结果，对每条答题结果提供在线查错与标记，支持不同格式的原始数据一键导出等，如 ePanal 云调研。

3.3 网上抽样技术

与传统市场调研不同，在网络市场调研过程中调研者很少与调研对象有直接接触，网络市场调研很难获取调研对象的相关信息。如何保证样本代表性是互联网调研抽样的一大挑战，幸运的是，大部分问题仍能通过概率抽样方法和非概率抽样方法解释。

3.3.1 样本和抽样的基本概念

① 总体。总体是指由调研计划的目的所规定的研究对象全体。

② 抽样。抽样是根据一定的规则和程序，从调研总体中抽取一部分样本的过程。

③ 样本。样本是指能代表总体情况的总体的子集。

④ 抽样单元。抽样单元是调研中最基本的调研对象之一。

⑤ 抽样误差。抽样误差是指调研中使用样本所产生的误差。产生抽样误差的因素有两个：抽样的方法和样本的大小。

⑥ 抽样框架。抽样框架是抽样总体的可操作性定义。在编制抽样框架时常见的问题有：遗漏部分样本单位；缺乏个体样本单位信息；同一样本单位重复出现；抽样框架中包括部分非样本总体成员。

⑦ 抽样框架误差。抽样框架总是包含抽样框架误差，这种误差取决于它反映总体的每个个体的准确程度。

例如，某个网站需要在线调研网站访问者的满意度，计划未来 3 个月内在网站上进行问卷调研。从放置问卷开始，每间隔 100 个网站访问者，自动弹出问卷并邀请网站访问者填写。该调研中的总体可以被定义为网站的全体用户；抽样框架是"3 个月内"的网站访问者，但由于网站的全体用户并不一定会在这"3 个月内"访问该网站，所以抽样框架会存在一定误差；此次调研依据的抽样规则是等间距抽样（每间隔 100 个网站访问者），由于这样得到的样本不能完全代表总体（某个网站访问者可能会被抽到两次甚至两次以上），所以抽样会存在误差。

3.3.2 抽样方法

基本的样本设计可分为两种：概率抽样和非概率抽样。概率样本设计采取随机的办法，排除调研者主观因素的干扰，使样本总体中的每个成员都有一个事先确定好的抽中概率。非概率样本设计事先并不确定每个样本单位被抽中的概率，这种样本设计往往无法排除调研者偏好对抽样的影响，也无法估算样本估计值的抽样误差。

1. 概率抽样方法

简单随机抽样：简单随机抽样是最基本的概率抽样方法之一。该抽样方法保证每个抽样单位都有相同的非零抽中概率，若总体为 N，样本量为 n，则每个抽样单位的抽中概率 $p = n/N$。调研者一般利用随机数表、随机数字拨号或其他一些随机选择程序保证总体中的每个成员都有被选为样本的相等机会。

系统抽样：系统抽样是先随机抽取第一个样本单位，再每隔 k 个单位抽取一个样本。调研者一般利用总体成员名录，先选定一个随机起点作为第一个样本，再每相隔一个恒定的间隔选出其他的样本。

整群抽样：整群抽样又被称为聚类抽样，是先将总体中各单位归并成若干个互不交叉、互不重复的集合（称为群），再以群为抽样单位抽取样本的一种抽样方式。总体被分为群，调研者随机选择一个或几个群进行普查，也可以随机选择较多的群，再从每个群中选取样本。当高度相似的群能很容易被区分时，这种方法很适用。

分层抽样：分层抽样先将总体按某些重要特征分为数个层，各层之间既不能有重复也不能有遗漏，再用简单随机抽样或系统抽样的方法从每层中抽取一定数量的样本。

以上介绍的简单随机抽样、系统抽样、整群抽样都特别强调总体服从正态分布，如果认为总体在一个或多个分类因素（诸如收入或产品所有者）上具有偏态分布，就应采取分层抽样。

2. 非概率抽样方法

方便抽样：选择容易接触的个体作为调研对象。例如，调研者在闹市区（步行街或商业街）拦截潜在受访者。若总体中的成员很少或不出现在某个地区，则会出现误差。

判断抽样：根据调研者的判断，选择"有代表性"或"典型性"的样本单位。调研者根据自己的判断或某些专业人士的意见来识别谁该成为样本，由于受到主观因素的影响，所以总体中某些成员被选中的概率会比另一些成员小。

配额抽样：配额抽样为各类将要被调研的个体确立一个具体配额。调研者确定配额特征，如人口统计学特征或产品使用因素，并利用它们为每类应答者确定配额。配额的大小由调研者认为的总体中每类应答者的相应数量确定。配额抽样常被用来确保方便抽样能从不同受访者中抽取被要求的比例。

推荐抽样：推荐抽样又被称为滚雪球抽样，即先抽取少量的样本，再然后通过滚雪球的方式扩大。调研者要求应答者提供其他有资格的应答者的名单。总体成员中那些不为人所知、人们不喜欢或看法与别人不一致的应答者被选中的概率很小。

3.3.3　网上抽样方法

互联网调研抽样仍然面临很大的挑战，但大部分问题能够通过概率抽样方法和非概率抽样方法解释。关键是理解网上抽样方法如何工作，并用网上抽样方法的基本概念来解释抽样过程，下面介绍 4 种网上抽样方法。

1．随机网上拦截抽样

随机网上拦截抽样依赖对网站访问者的随机选择，即从一天中的某个时刻或从网站访问者人流中随机选择。如果调研的总体被定义为网站访问者，那么这种以时间为抽样框架的调研采用的方法是简单随机抽样。如果抽样程序是随机开始的，并整合了等间距抽样系统，那么采用的方法是系统抽样。如果抽样程序将网站访问者总体分层处理，那么采用的方法是分层简单随机抽样，但前提是正确使用随机抽样步骤。如果总体不是网站访问者，那么这种抽样方法就类似于购物中心拦截抽样（便利抽样）。

2．邀请网上抽样

邀请网上抽样是指邀请潜在网站访问者填写置于特定网站上的问卷，例如零售连锁店用它们的收据通知客户去网上填写问卷。调研者必须与希望接受调研的潜在应答者建立关系。如果零售连锁店采用系统抽样，就会产生概率抽样的结果。同样，如果电子邮件目录能够真正代表总体，抽样过程也是随机的，就是概率抽样。如果在选择过程中忽略了某些总体成员或某些具有代表性的总体成员，就变成了非概率抽样。典型的邀请网上抽样的网站代表有问卷星。

3．网络固定样本组抽样

网络固定样本组抽样是指消费者或其他受访者被营销调研公司根据特定的网络调研目标抽作代表性样本的抽样过程。越来越多的样本组调研公司开始提供这种方便快捷的服务。在典型情况下，样本组调研公司拥有数千名个体，这些个体代表着一个广大区域的情况，调研者可以规定诸如地理区域、收入、教育、家庭背景等抽样标准。样本组调研公司使用他们的样本数据库，利用电子邮件通知那些符合调研要求的个体。虽然网络固定样本组抽样属于非概率抽样，但是在调研行业中的使用很广泛，其最大优势之一是回复率极高，并且最终的抽样结果能够准确地代表目标总体。

4．其他网上抽样方法

样本设计者可能随时创造出其他可行的、简便的抽样方法。为了识别潜在的抽样方法，我们只需要分析潜在受访者是如何被选定的。例如，一些受访者可能被要求推荐他们的朋友参加调研（推荐抽样），或者在顾客网络购物之后向他们发放问卷（普查）。不管采用哪种方法，只要利用基本抽样方法的知识去认真分析，就能分辨出彩用的是概率抽样还是非概率抽样。

3.3.4　网络营销研究方法与技术

1．用户画像

用户画像（Buyer Persona）是用来勾画用户（用户背景、用户特征、性格标签、行为场景等）、联系用户需求与产品设计的工具，旨在通过海量用户行为数据炼银挖金，尽可能全面细致地抽出一个用户的信息全貌，从而解决如何把数据转换为商业价值的问题。用户画像具有动态性和时空局部性。动态性是指数据的来源具有很强的动态性，是实时变化的，要求设计合理、有效的动态更新机制，以精准地刻画用户。时空局部性是由动态性决定的，在时间和空间上不可能一成不变，所以用户画像不适用于所有领域。

用户画像的应用领域包括 3 个方面：①搜索引擎。通过采集用户的注册信息、访问日志及查询信息，构建用户画像。②推荐系统。以淘宝网为例，通过用户画像的数据来源，可以根据其不同特点和类别向用户推荐，包括猜你喜欢、新品推荐、关联推荐、他人购买或浏览商品。③其他业务定制与优化。例如，目前比较受欢迎的个性化阅读根据用户的实际行为进行反馈调整，从而根据用户的兴趣变化动态更新内容。

2．图分析和可视化

图的作用是表示两种事物之间的连接，揭示数据中关系的结构和本质。关系是理解事物"为什么"及"如何做到"的基础，因此图分析具有巨大价值潜力。图的应用是一种独特而宝贵的资源，它可以将商业中的数据串成线，形成深刻认识，以此指导行动。

图分析和可视化最有价值的应用之一是探索大数据集中的社区结构，它通过把单独的节点组织成社区，可以从更高层面上看出什么是相关的。目前，对社区结构进行图分析和可视化的关键技术有 NodeXL 和 Gephi。

社交媒体话题与情感的图分析和可视化及交互式探索能够让企业更好地把握客户社区脉搏，识别围绕产品的讨论和商业行动中值得注意的讨论，根据 NodeXL 和 Gephi 的不同功能来尝试不同的布局和算法，一旦发现可能有价值的现象并且知道寻找什么，就可以设计有针对性的图分析和可视化。

3．眼动追踪技术

随着眼动追踪设备硬件和软件的普及，眼动追踪技术被广泛应用于网站可用性研究、网页设计研究等方面，越来越多的用户体验专家在用户体验活动中使用眼动追踪技术。眼动追踪技术可以监测到用户在某个时间内注视着哪里、注视多久及眼球运动的轨迹，有助于在关于用户体验的研究中理解整个用户体验，甚至包括用户无法描述的体验。

对于电子商务网站来说，在电子商务网站和移动设备的用户界面上，由于主要互动途径是视觉元素，所以基于用户在界面上的视觉行为特征的研究成了强有力的工具，它可以帮助研究人员了解和优化用户体验。眼动追踪技术能够帮助调研者揭示在线购买和销售的过程，对于电子商务网站来说它是独特且强大的研究工具。

对于社交媒体来说，眼动追踪技术可以用来了解用户与社交媒体进行互动的方式，并为网页设计的改善提供独特视角，还可以用于设计媒体平台，帮助创建并完善网页设计，保持用户的关注度，稳定用户的回访率。例如，LinkedIn（领英）的页面和其他社交网站的页面相似，但是它添加了几个可以吸引用户注意的独有特征，其页面的主要区域是几个图片链接，每个图片都带有标题。此外，右侧边框内还有一系列和用户相关的链接，由于这些要素的位置编排合理且内容相关度高，所以它们受到的关注比较多。

4．网络流量的全息测量

网络流量的全息测量是指围绕用户跨域访问的自治网络管理和安全问题，重点解决"如何在竞争中形成有序的平衡转台，最大限度地利用资源，同时保障每个用户公平使用资源的权利"这个关键问题。抽样与数据流方法是高速网络流量测量技术的重要组成部分，被广泛应用于跨网络管理、网络安全等领域。在网络流量的全息测量中，常用的随机抽样方法包括简单随机抽样和随机增量抽样。高速网络流量测量技术主要从以下几个方面进行评估。

① 实时性。反映高速网络流量测量技术在线快速处理网络数据流的能力。

② 准确性。反映高速网络流量测量技术估计网络数据流的能力。

③ 可扩展性。反映高速网络流量测量技术处理大量网络数据流的能力。

④ 存储复杂性。反映高速网络流量测量技术准确估计网络数据流所需存储空间。

⑤ 计算复杂性。反映高速网络流量测量技术准确估计网络数据流所需处理开销，如内存访问、CPU。

5. 互联网常见的分析工具

（1）百度分析工具

百度分析工具，如百度司南、百度指数等，是指百度公司推出的多种不同的营销调研工具。大部分工具分为免费版和付费版，为个人和有专业需求的公司提供了平台，可在网页上即搜即用。百度司南是百度首款大数据商业决策工具，它通过将传统市场调研领域沉淀下来的方法论与大数据海量、真实、迅速、低成本的优势相结合，帮助企业以比较高的效率获取关于消费者与市场洞察的有价值的信息，让商业决策更高效、更简单。百度指数是以百度海量网民行为数据为基础的数据分享平台，它可以研究关键词搜索趋势，洞察网民需求变化，监测媒体舆情趋势，定位数字消费者特征。

（2）新浪大数据

新浪微博的数据引申出很多数据产品，统称为新浪大数据，包括微报告、微定制、微舆情等。例如，新浪微舆情以中文互联网大数据及新浪微博的官方数据为基础，专注于互联网舆情、商情监测及社会化大数据场景化应用，具有良好的数据来源。追溯新浪微舆情的发展历程，发现它在 2013 年就开始与多个政府机构展开合作。新浪微舆情作为新浪微博旗下的社会化大数据应用平台，是新浪微博在政务舆情监测领域的独家合作方，在为党政机关、人民团体、公共事业、国有媒体、国有企业提供政务舆情监测与分析服务上具有先天优势。

（3）腾讯大数据

腾讯大数据，是指微信公众平台和朋友圈的广告数据。目前，腾讯在移动端无与伦比的流量优势和领先的大数据分析能力，直观地展现了腾讯生态体系的全场景覆盖能力。朋友圈广告作为腾讯社交广告中的重要分支，最早出现在人们的视野中是从宝马、可口可乐的品牌广告开始的，高起点、大投入、上档次的广告产品定位一直都是中小广告主难以触摸的"天花板"，而随着朋友圈本地推广广告的出现，小成本、大覆盖、超精准的产品特点似乎是专为本地商户而生的。

3.4 案例：高梵网络营销市场调研案例分析

高梵是由吴昆明于 2004 年创建的服饰品牌，是一家集羽绒服设计、研发、生产、线下专柜及网络 B2C 销售于一体的现代化新型企业。吴昆明曾说："若想在竞争激烈的环境中生存和发展，只有消费者愿意为你提供的价值买单，才能可持续发展。"事实上，在消费者越来越理智的情况下，高梵的"长红"是因为市场调研让他们懂得了市场需求及自身定位。高梵的案例可以让我们了解网络调研的过程、方法和重要作用。

1．网络营销市场调研的总体思路

（1）明确调研任务

高梵本着"机能主义"的品牌理念，在服装界提出"1+1双重设计"模式，倡导"一件服装，两个设计师"的设计理念，服装设计师从物性出发，满足服装的时尚度需求；生活设计师从人性出发，满足服装的舒适度需求。作为传统电商，高梵用强劲的实力来打造品牌调性和产品，从 2020 年年初开拓直播新渠道，再到单日销售额破亿元，高梵的亿元之路仅用了 7 个月。高梵的成功与对市场的深入洞察密不可分。实际上，高梵成立后发展迅速，但仍有不足，高梵审时度势，决定通过互联网进行网络营销市场调研，并在此基础上开辟新市场。高梵确定了网络营销市场调研的三大任务：掌握价格信息；掌握关税、贸易政策及国际贸易数据；掌握贸易对象信息。

① 价格信息。它包括生产商报价、批发商报价、零售商报价、进口商报价。

② 关税、贸易政策及国际贸易数据。它包括关税、进口配额、许可证等相关政策，进出口贸易数据，市场容量数据。

③ 贸易对象信息。它是指潜在客户的详细信息，包括贸易对象的历史、规模、实力、经营范围和品种、联系方法等。

（2）制定信息收集途径

① 价格。主要有两种：一是生产商报价，包括厂商站点、生产商协会站点、讨论组和 TradeLead（贸易导引，有两种方式：按国家分别检索、常用站点每周例行检索）的报价；二是销售商报价，包括销售商站点的报价、羽绒服类专卖机构的报价和商务谈判的报价。

② 关税、贸易政策和数据。收集这类信息的途径主要有检索大型数据库，向已经建立联系的各国进口商发送电子邮件，在相关政府机构站点和新闻机构站点进行查询。

③ 贸易对象的详细信息。企业可以从目录型搜索引擎、数量型搜索引擎、地域型搜索引擎、黄页、专业的管理机构、行业协会站点、各国羽绒服类专卖机构站点收集关于贸易对象的详细信息。

2．网络营销市场调研的实施步骤

（1）收集价格信息

价格信息的收集至关重要，它是制定价格策略和营销策略的关键。通过对价格信息的分析，调研者可以确定世界上各种羽绒服的质量与价格之间的比例关系，可以摸清世界各国羽绒服的总体消费水平，可以确定国际羽绒服的贸易价格，其中最主要的作用之一是为高梵羽绒服的出口定位。收集价格信息可以从生产商报价和销售商报价两个方面入手。

① 生产商报价

由于高梵是生产企业，所以来自其他生产商的价格的可比性很强，参考价值很高。特别是世界知名羽绒服生产商的报价，更具有参考价值，因为世界知名羽绒服生产商在国际贸易中的占比很大，所以其价格能左右世界羽绒服市场的价格走向。收集生产商的报价可以从以下几个方面入手。

ⅰ）搜索厂商站点

这种方法的关键是如何查找厂商的互联网站点，找到了厂商站点，也就找到了报价。有的站点提供最新的集装箱海运的运价信息，这也有很高的参考价值。搜寻厂商站点常用的方法是利用搜索引擎，即利用关键字进行数据检索。一般来说，商业性的检索都需要利用搜索引擎的高级功能。在检索之前应仔细阅读关于检索的说明，真正掌握检索的规律。另外，任何一个搜索引擎都有局限性，只有把多个搜索引擎结合起来使用，才能达到事半功倍的效果。

ⅱ）利用生产商协会站点

这类站点可以通过搜索引擎查询到。通常，生产商协会的网站上列出了该生产商协会所有会员单位的名称及联系方式，但没有列出这些会员单位的网站。主要原因是这类协会的网站建立时，大部分的协会会员还没有建立自己的网站。此时，向这些机构发出请求帮助的电子邮件，一般都会得到满意的结果。

ⅲ）利用讨论组

讨论组中的报价大都是生产商的直接报价。从事国际贸易的企业一般是加入专业讨论组中的 Import-Export（进出口）组，在这个组中，调研者可以发现大量关于进出口贸易的信息，可以输入关键字进行查询，找到所需要产品的报价。在讨论组中发布信息的生产商一般规模较小、知名度较低，它们往往借助专业的 Import-Export 组来宣传它们的产品，并希望以低价来打动进口商。这里的报价对于中国的出口企业具有特别的参考意义。

② 销售商报价

销售商包括进口商和批发商。他们报出的价格都是国内价格，一般都含有进口关税，对于生产商来说，可比性不是很强，但是他们所提供的十几种甚至几十种产品都来自不同的国家，所以他们的报价的参考价值很高。厂商可以据此确定每种产品的档次，确定不同档次产品的价格水平。另外，还可以对不同国家的关税水平有一个大概了解。收集销售商的报价可以从以下几个方面入手。

ⅰ）销售商站点的报价

找到销售商的站点，也就找到了他们的报价。也可利用各种搜索引擎输入关键词来查找销售商站点。

ⅱ）羽绒服类专卖机构的报价

某些国家或地区每年都要进口大量羽绒服来满足需求，所以专卖机构中的羽绒服种类多达上百种，其报价的参考价值很高。

ⅲ）商务谈判的报价

商品的最终价格往往要通过商务谈判才能确定，商务谈判比较复杂，耗费的时间和金钱比较多，但它却是现阶段最重要的商业定价方法之一，最能体现供需双方的信息。然而，商务谈判中的报价很难获得，有的企业甚至视其为高度商业机密。高梵在实践中发现，在各种博览会、交易会的信息公告及经济类媒体的报道中可以获得有用的信息。

对于从生产商、销售商及商务谈判得到的价格信息，应该加以整理、分析，这样才能确定它们之间的相互关系，得出完整的价格体系。

（2）收集关税及相关政策信息

关税及相关政策信息在国际营销活动中占有举足轻重的地位。进口关税的高低影响着产品最终的销售价格，决定了进口产品的竞争力；有关进口配额和许可证的相关政策关系到向某个国家出口的难易程度；海关提供的进出口贸易数据能够说明某个国家每年的进口量，即进口市场空间的大小；人均消费量及其他相关数据则说明了某个国家总的市场容量。要从 200 多个国家和地区中选择重点销售地区，确定重点突破的目标，就必须依靠这些信息。收集这些信息的方法有以下几种。

① 检索大型数据库

互联网中包含大量的数据库，其中大型数据库有数百个，与国际贸易有关的数据库至少有几十个，其中有的收费，有的免费。收费的数据库的商业价值较高，一般来说，想要的信息都能从中查到；免费的数据库通常都是某些大学的相关专业建立的，其使用价值也比较高。

世界百科信息库是世界上最大的数据库检索系统之一，它包括了全球大多数商用数据库资源。另外，它提供了一套专门的信息检索技术，有专用的命令，初次使用者需要认真学习才能掌握。该网站的大多数服务是收费的，但是网站提供了一个免费的扫描程序，它可以帮助网站访问者得到扫描结果，若要得到具体的内容则需要付费。

2021 年上半年，我国羽绒服行业出口总额为 11.49 亿美元，同比上涨 25.49%。出口量排名前五的国家和地区依次为欧洲、美国、越南、中国香港、中国台湾，据此可以确定欧洲是高梵羽绒服重要的潜在市场。

② 向已建立联系的各国进口商发送电子邮件

这是一种非常实用、高效且一举两得的方法，它不但考察了进口商的业务水平，确认其身份，而且可以收集到直接、有效的信息。企业拟定一份商业公函，发一封电子邮件给进口商，其中详细列出询问的内容，请求对方在最短的时间内给予答复。但是，进行这种询问的前提是，双方已经彼此了解，建立了相互信任的关系。如果没有这种关系，国外的进口商一般是不愿回复的，因为这种方式有恶意收集信息之嫌。

③ 在相关政府机构站点进行查询

随着互联网的高速发展，很多政府机构已经建立了独立的网站。用户可以针对不同的问题去访问不同机构的站点，许多问题都可以得到非常详尽的解答。对于没有查到的内容，用户还可以发送电子邮件请求相关的职能部门或咨询部门给予答复。高梵发出去的此类邮件，基本上都得到了较为详尽的回复。

④ 在新闻机构站点进行查询

世界上各大新闻机构的站点都是宝贵的信息库，特别是国际上知名的新闻机构（BBC、CNN、Reuter 等），它们每天 10 万字以上的新闻是掌握实时新闻和最新信息的捷径，有的站点还提供过去一年或两年的信息，并且支持关键词检索。另外，一些关键的贸易数据、关税或人均消费量在某些新闻稿中也可以查到，这对掌握信息非常重要。

（3）收集各国进口商的详细信息

收集各国进口商的信息，是网络营销的一个重要环节，其目的是建立一个潜在客户的数据库，从中选出真正的合作伙伴和代理商。需要收集的具体信息包括进口商的历史、规模、实力、经营的范围和品种、联系方法（电话、传真、电子邮件等）。对于已经建立网站的进口商，只要掌握其网址就可以掌握这些信息；对于没有建立网站的进口商，可以先得到其联系方法，建立联系后再询问。具体方法有以下几种。

① 利用雅虎等目录型搜索引擎

雅虎的优势在于其分类目录，把信息按主题建立分类索引，按字母顺序列出了 14 个大类，可以按照类别分级向下查询。雅虎共汇集了 30 万个左右的分类 URL，信息充沛、准确率高。

② 利用数量型搜索引擎

一般数量型搜索引擎都支持关键词检索。对于支持布尔逻辑搜索的引擎，还可以把词义相近的词语组合起来进行一次性查询，从而得到比较全面的结果。

③ 利用地域型搜索引擎

互联网上的 URL 浩如烟海，各大搜索引擎所能收列的毕竟是少数。这就要求检索者学会利用各种地域型的、规模较小的搜索引擎。例如，每个国家都有几个甚至十几个比较知名的搜索引擎，利用它们可以搜索到当地的大部分 URL。这对于收集某个国家的信息很有帮助。这些地域型 URL 也可以通过类似雅虎的目录型搜索引擎按国家、互联网、服务（例如，German/Internet/Search）一级一级地向下找。

④ 通过黄页等商业工具

比较知名的搜索引擎都提供商业黄页服务。一般来说，这些商业黄页服务不是自成一体的，都链接着某一个专业的商业搜索引擎。目前，世界上比较知名的商业搜索引擎主要有 BigBook、BigYellow、SwitchBoard、WorldPages。

⑤ 通过专业的管理机构及行业协会

这是一种高效、快捷的查询手段，不但命中率高，而且信息的利用价值相当高。作为网络营销检索的重要手段，这种方法应该得到高度重视。高梵在收集美国生产商及进口商的信息时，这种方法就收到了奇效。

⑥ 通过羽绒服的目标客户

寒冷地区的国家和地区是羽绒服的主要市场。2021 年中国羽绒行业市场报告显示，中国作为最大的羽绒及制品出口市场之一，对欧洲的出口额占中国羽绒行业出口总额的 30.2%。欧洲国家的羽绒服类专卖机构每年都要向全世界招标进口羽绒服，进口量非常大，所以生产商应该定期访问羽绒服类专卖机构站点，以获得最新的招标信息。

有的羽绒服类专卖机构并不直接进口羽绒服，而是通过一些中介公司进口羽绒服。一些中介公司是经过羽绒服类管理机构签发许可证的专业公司，其积极性比专卖机构高得多。一般来说，中介公司很愿意向你介绍该国的有关贸易情报，这也是一个重要的信息来源。

3. 网络营销调研过程评价

高梵收集了以上 3 个方面的企业竞争情报，对世界上羽绒服的贸易状况有了基本了解，掌握了世界羽绒服交易的价格走势，认清了高梵羽绒服所处的档次水平，也联系了上百家进口商和经销商，基本上掌握了国际羽绒服市场的情况，圆满地完成了网络营销市场调研工作。这个工作为以后的网上谈判、选择代理商等网络营销工作打下了良好基础。

习题 3

1. 简述网络市场的基本概念及其特征。
2. 简述网络市场调研的概念，并说明网络市场调研与传统市场调研之间的差异。
3. 与传统市场调研相比，网络市场调研存在哪些优势与不足？
4. 网络市场调研的内容主要包括哪些方面？
5. 简述网络市场调研的过程。

6. 网络市场调研的策略有哪些？

7. 网络市场调研的方法有哪些？

8. 常用的网络市场调研工具有哪些？

9. 通过网络搜索目前可以提供在线问卷调研服务的网站，请注册并利用这些网站进行问卷的设计、发布和回收，比较这些网站在线问卷调研服务的优点和缺点。

10. 以你所熟悉的某个产品为例，设计一份在线调研问卷，利用网络发布问卷，进行网络调研，回收你所发出的问卷并进行简单的统计、分析和整理，形成调研报告。

第4章 网络消费者及消费需求

4.1 网络消费者及其购买过程

消费者行为及购买行为一直是营销领域研究的热点问题,网络营销领域也不例外。网民既是网络营销的主要消费群体,也是推动网络营销发展的关键力量,要做好网络营销工作,就必须对网络消费者的行为特征进行分析,以便采取相应的策略和方法,促使客户购买产品。

4.1.1 网络消费者

网络消费者是指利用互联网和信息技术工具进行购物的消费者。网络消费者会使用搜索引擎或导航工具查询并浏览商品信息、与商家在线砍价、购买商品、支付货款等。

1. 网络消费者的特点

网络消费者的特点主要体现在以下4个方面。

（1）注重自我

由于目前网络消费者多以年轻、高学历用户为主,他们拥有不同于其他用户群体的思想和喜好,有自己独立的见解和想法,比较相信自己的判断能力,所以他们的具体需求越来越独特,个性化越来越明显。从事网络营销的企业应努力满足消费者的独特需求,尊重用户的意见和建议,而不是根据大众化的标准来寻找大批消费者。

（2）头脑冷静,擅长理性分析

以大城市、高学历的年轻人为主的网络消费者,不会轻易受舆论的影响,对各种产品宣传有较强的分析判断能力,所以从事网络营销的企业应该加强信息的组织和管理,加强企业自身文化的建设,以诚待人。

（3）喜好新鲜事物,有强烈的求知欲

这些网络消费者爱好广泛,无论是对新闻、股票市场还是网上娱乐都表现出浓厚的兴趣,对未知的领域保持着永不疲倦的好奇心。

（4）好胜,但缺乏耐心

因为网络消费者大多是年轻人,所以他们比较缺乏耐心,他们在搜索信息时,比较注重搜索所花费的时间,如果连接、传输的速度比较慢,他们就会马上离开这个站点。

对于企业网络营销的决策和实施过程来说,网络消费者的这些特点是十分重要的。营销商要想吸引顾客,保持持续的竞争力,就必须对本地区、本国及全世界网络消费者的情况进行分析,了解他们的特点,制定相应的对策。

2．网络消费者的类型

（1）简单型

简单型网络消费者需要的是方便、直接的网上购物。他们每月只花费少量的时间上网，但他们的网上交易量却占了一半。零售商必须为这个类型的网络消费者提供真正的便利，让他们觉得在某个网站上购买商品会节约更多的时间。

（2）冲浪型

冲浪型网络消费者约占网民总人数的 8%，但他们在网上花费的时间却占了 32%，并且他们访问的网页数量是其他网民的 4 倍。这类消费者对经常更新、具有创新设计特征的网站很感兴趣。

（3）接入型

接入型网络消费者是刚接触网络的新手，约占网民总人数的 36%，他们喜欢网上聊天和发送免费问候卡，但不购物。拥有知名、传统品牌的公司应对这个消费群体给予足够的重视，因为网络新手更愿意相信生活中他们熟悉的品牌。

（4）议价型

议价型网络消费者约占网民人数的 8%，他们趋向于购买便宜的商品，知名的易趣（eBay）网站一半以上的消费者属于议价型网络消费者，他们喜欢讨价还价，且在交易中有强烈的获胜愿望。

（5）定期型和运动型

定期型和运动型网络消费者通常容易被网站的内容所吸引。定期型网络消费者常常访问新闻和商务网站，而运动型网络消费者则喜欢访问运动和娱乐网站。

4.1.2　网络消费需求

电子商务环境下，消费者的消费观念、消费方式和消费地位发生了显著变化。随着互联网商业的发展，消费者的主权地位提高得到；网络营销系统庞大的信息处理能力，为消费者挑选商品提供了前所未有的选择空间，使消费者的购买行为更加理性化。

在网络市场环境中，消费需求特点呈现以下八大变化。

1．消费者的消费个性回归

工业化时代，由于工业化和标准化生产方式的发展，消费者的个性被淹没于大量低成本、单一化的产品洪流之中。随着信息化时代的到来，我们身处一个计算机网络交织的世界，消费品市场越来越丰富、多样化、全球化。消费者开始制定自己的消费准则，个性化消费成为消费的主流。

2．消费需求差异明显

网络消费者来自世界各地，有着不同的国别、民族、信仰和生活习惯，因而会产生明显的需求差异性。不同的网络消费者因其所处的时代、环境不同，也会产生不同的需求；不同的网络消费者，即便在同一个需求层次上，他们的需求也会有所不同。所以，从事网络营销的企业要想取得成功，就必须在整个生产过程中（从产品的构思、设计、制造，到产品的包装、运输、销售）认真考虑消费者需求的差异性，并根据不同消费者的需求采取相应的措施和方法。

3. 消费主动性意愿增强

在社会化分工日益细化和专业化的趋势下，消费者对消费风险的担忧随着选择的增多而增加。在许多大额或高档的消费中，消费者往往会主动通过各种渠道获取与商品有关的信息，并进行分析和比较。或许这种分析、比较不是很充分和合理，但是消费者能从中得到心理平衡，以减轻风险担忧或购买后的后悔程度，提高对产品的信任程度，增强心理上的满足感。消费主动性意愿增强源于现代社会不确定性的增加及人类需求心理稳定和平衡的欲望，以及网络信息获取成本的降低。

4. 消费者直接参与生产和流通的全过程

传统的商业流通渠道由生产者、商业机构和消费者构成，其中商业机构起着重要的作用，生产者不能直接了解市场，消费者也不能直接向生产者表达自己的消费需求。而在网络环境中，消费者能直接参与生产和流通的全过程，与生产者直接进行沟通，减少了市场的不确定性。

5. 追求消费过程的方便和享受

网络购物一般较为方便、快捷，能使消费者获得一些新奇的体验和乐趣，尤其是购买那些体验性较强的商品，如旅游产品、影视音乐、书籍等。现在，人们对现实消费过程产生了两种追求：一种是部分工作压力较大、紧张程度高的消费者以方便性购买为目标，他们追求的是时间和劳动成本的尽量节省；另一种是部分消费者希望通过消费来寻找生活的乐趣。这两种消费心理将会在较长的时间内并存。

6. 消费者选择商品更理性化

网络营销系统巨大的信息处理能力，为消费者挑选商品提供了前所未有的选择空间，消费者利用在网上得到的信息对商品进行反复比较，以决定是否购买。企事业单位的采购人员可利用预先设计好的计算程序，迅速比较进货价格、运输费用、优惠、折扣、时间效率等综合指标，最终选择有利的进货渠道和途径。

7. 价格仍是影响消费心理的重要因素

从消费者的角度来说，价格不是决定消费者购买的唯一因素，却是消费者购买商品时肯定要考虑的因素。网上购物具有生命力，是因为网上销售的商品的价格普遍低廉。尽管经营者都倾向于以各种差别化策略来降低消费者对价格的敏感度，避免恶性竞争，但是价格始终会对消费者的心理产生重要影响。在网络环境下，消费者可以很方便地联合起来向厂商讨价还价，产品定价有可能逐步由企业定价转变为由消费者引导定价。

8. 网络消费仍然具有层次性

在网络消费的开始阶段，消费者偏重于精神产品的消费；到了网络消费的成熟阶段，消费者在完全掌握了网络消费的规律和操作，并对网络购物有了一定的信任感后，才会从侧重于精神消费品的购买转向对日用消费品的购买。

4.1.3 网络消费者的生命周期

1. 网络消费者的生命周期包含的阶段

网络消费者的生命周期分为 5 个阶段，依次为展望群体、潜在消费者、单一购买消费者、重复购买消费者、忠实消费者。

（1）展望群体

这指的是还在观望阶段，并未向品牌透露一定的个人信息，也没有实际购买行为，仅仅是有购买意向的消费者。

（2）潜在消费者

相对于展望群体，潜在消费者对品牌表现出更为明显的兴趣和购买意向，并会主动与品牌进行互动，对产品进行咨询和了解，例如访问官网、向客服咨询，或者留下一定的个人信息，如进行会员注册等。但此时的消费者仍尚未与品牌产生实际交易。

（3）单一购买消费者

这指的是发起第一笔交易的消费者群体。

（4）重复购买消费者

这指的是在第一笔交易后，持续完成了多次交易的消费者，也就是我们经常说的回头客。

（5）忠实消费者

这指的是在重复购买的基础上，还能够在一定的时间和周期内完成一定数量交易的消费者群体，例如，在护肤产品用完后不断回购，呈现较为稳定的消费频率。但在这个阶段，衡量消费者忠诚度与品牌的性质大有关联。

2. 网络消费者家庭的生命周期

家庭作为社会生活的基本单位，具有相当的稳定性、持久性和连续性。家庭作为一个群体承担着组织家庭成员分工合作、生产、消费、养育子女、赡养老人等各项重要功能。网络消费者的家庭状况，因为年龄、婚姻状况、子女状况的不同，可以划分为不同的生命周期，在生命周期的不同阶段，网络消费者的行为呈现不同的主流特性。

（1）单身期

单身期的青年男女的收入大多并不高，目前我国大多数单身青年无经济负担，还保持着与父母共同生活的习惯，因为与父母生活在一起，所以消费需求简单。他们的收入一部分用于自己的穿着、娱乐、交往、发展等方面，一部分用于储蓄。

（2）新婚期

调查显示，在年轻人的结婚费用中，耐用消费品支出排首位，酒席支出排第二位，穿着支出排第三位，床上用品支出排第四位。在我国，年轻人的结婚费用较高已成为普遍关注的社会问题。

（3）生育期

这个阶段的家庭特征：年轻的夫妇由于有了孩子，所以家庭开支增多了，购买频率高，购买心理随孩子的成长而发生变化，重视儿童食品、玩具、服装和教育费用的开支。这一时期的消费表现为对家庭和社会的责任感。

（4）满员期

夫妇已到中年，孩子已到少年或青年。家庭收入达到高峰，家庭支出开始趋于稳定。医疗支出减少，日用品、穿着、文化娱乐的费用增多，家庭有了储蓄。

（5）离巢期

夫妇已到老年，子女相继成家。购买活动开始更多地倾向于满足自己需要的商品，例如，营养保健用品、高档家电的支出增多，而娱乐费、交通费减少。家庭的收入因退休而减少，一部分用于自己的重点消费，另一部分用于子女。

（6）鳏寡期

在这一阶段，人一般已到老年，夫妻之间可能有一方先离世。家庭收入明显减少。老年人渴望健康长寿，其消费支出大部分用于食品和医疗保健方面，穿、用部分的比重逐渐下降，尤其是娱乐费、交通费及耐用家电支出减少。在进行购买决策时更缜密、更稳健。有调查表明，老年男子在烟酒、洗理费等方面花费较多，老年女子在点心、水果和化妆品等方面花费较多。

3. 消费者储蓄生命周期假说

储蓄生命周期假说是弗兰科·莫迪利安尼等人提出的消费理论。他们认为理性的消费者会根据自己一生的劳动收入和财产收入安排人生消费，并期望一生中各个时期的消费能够平稳，使自己的总消费支出等于一生所得的劳动收入与财产收入之和。其人生消费规律是：工作时期储蓄，为退休后的消费准备资金，退休后则有积蓄应对生活消费。因此，在长期生活中平均消费倾向与边际消费倾向都相当平稳。

莫迪利安尼认为，理性的消费者要根据一生的收入来安排自己的消费与储蓄，使一生的收入与消费相等。一般来说，在青年阶段，家庭收入较低，但由于未来收入有望增加，所以在这一阶段消费者往往会把家庭收入的大部分用于消费，有时甚至举债消费，导致消费超过收入。进入中年阶段后，家庭收入会增加，但消费在收入中所占的比例会降低，收入大于消费，因为不仅要偿还青年阶段的负债，还要把一部分收入储蓄起来用于养老。退休以后，收入减少，消费又会超过收入。因此，在人的生命周期的不同阶段，收入和消费的关系，消费在收入中所占的比例是不断变化的。

西方经济学认为，个人的选择行为是宏观经济分析和制度选择的基础。我国改革开放以来，人们的收入水平明显提高，同时伴随着市场化取向的逐步深入，消费者的行为也发生了很大的变化，因此，养老制度安排本身也该顺应这种变化。从莫迪利安尼的储蓄生命周期假说来看，我国网络消费者行为变化的主要特征是个人具备了进行资源跨期分配的需求和追求整个生命周期平稳消费的能力。

4.1.4　网络消费者的动机及购买过程

与传统消费相比，网络消费具有方便、快捷、低价等优势，但也受到网络安全、隐私和欺诈等问题的困扰，与此相对应，网络消费者的动机也具有自身的特点。

所谓动机，是指推动人进行活动的内部源动力，即激励人们行为的原因。人们的消费行为都是由购买动机引起的。网络消费者的购买动机，是指在网络购买活动中，能使网络消费者产生购买行为的某些内在的动力。只有了解网络消费者的购买动机，才能预测网络消费者的购买行为，以便采取相应的促销措施。由于网络促销是一种不见面的销售，网络消费者的购买行为不能被直接观察到，所以对网络消费者的购买动机研究显得尤为重要。

1．需求动机

网络消费者的需求动机是指由需求而产生的购买动机。要研究网络消费者的购买行为，首先必须研究网络消费者的需求动机。美国的心理学家马斯洛把人的需求划分为5个层次，即生理的需求、安全的需求、社会的需求、尊重的需求和自我实现的需求。需求理论对网络消费需求层次的分析具有重要的指导作用。而网络技术的发展，使现实市场变成网络虚拟市场。但虚拟社会与现实社会有很大的差别，在虚拟社会中，人们希望满足以下3个方面的基本需求。

① 兴趣需求。人们出于好奇和能获得成功的满足感而对网络活动产生兴趣。
② 聚集需求。通过网络给相似经历的人提供一个聚集的机会。
③ 交流需求。网络消费者可聚集在一起互相交流买卖的信息和经验。

2．心理动机

心理动机是由人们的认识、感情、意志等心理过程而产生的购买动机。网络消费者购买行为的心理动机主要体现在理智动机、感情动机和惠顾动机3个方面。

（1）理智动机

理智动机具有客观性、周密性和控制性的特点。这种购买动机是网络消费者在反复比较各在线商场的商品后才产生的，因此，这种购买动机比较理智、客观且很少受外界氛围的影响。理智动机主要用于耐用消费品或价值较高的高档商品的购买。

（2）感情动机

感情动机是由人们的情绪和感情所产生的购买动机。这种动机可分为两种类型：一种是由于人们喜欢、满意、快乐、好奇而产生的购买动机，它具有冲动性、不稳定的特点；另一种是由于人们的道德感、美感、群体感而产生的购买动机，它具有稳定性和深刻性的特点。

（3）惠顾动机

惠顾动机是建立在理智经验和感情之上，因对特定的网站、广告、商品产生特殊的信任与偏好而重复地、习惯性地前往访问并购买的一种动机。由惠顾动机产生的购买行为，一般是指网络消费者在做出购买决策时心目中已确定了购买目标，并在购买时克服和排除其他同类产品的吸引和干扰，按原计划确定的购买目标实施购买行动。具有惠顾动机的网络消费者，往往是某个站点忠实的浏览者。

3．网络消费者的具体购买动机

网络消费者的具体购买动机主要包括方便型动机、低价型动机、表现型动机、好奇型动机及心理平衡型动机等。

（1）方便型动机

方便型动机是为了减少体力与心理上的支出而产生的消费动机。网上购物只需要消费者点击鼠标，在网上寻找并查看自己需要的产品，然后确认就可以完成购买过程，这样可以节省他们去商场购物的往返路途时间、寻找商品和挑选商品的时间、排队交款结账的时间；同时降低他们去商场购物所产生的体能消耗。由此可见，网络购物的便捷性体现在消费者能够轻松找到所需商品，完成购买过程，而且大多数网络购物提供送货上门服务，进一步减少了购物过程的烦琐，降低了消费者的劳动强度，从而满足消费者追求方便的动机。

（2）低价型动机

低价型动机是网络消费者追求商品低价格的一种消费动机。网上购物具有生命力，是因为网上销售的商品的价格普遍低廉。因为通过网络销售产品，可以减少经销商、代理商等中间环节，采用订单生产，减少库存，从而降低成本，所以往往同种商品，网上的价格比超市和商场的价格低廉，许多网络消费者就是冲这一点才进行网络购物的。因此，低价定位策略也是网络销售过程中十分有效的一种策略。

（3）表现型动机

表现型动机是指网络消费者通过购买商品来达到宣扬自我、夸耀自我的一种消费动机。这种消费动机因网络消费者的个性不同而出现较大的差异性，有些网络消费者的表现型动机十分微弱，有些网络消费者的表现型动机比较强烈。目前，网络用户多以年轻、高学历用户为主，这些年轻人处于少年向中年的过渡时期，少年的未成熟心理与中年人的成熟心理共存。体现自我意识是年轻人在消费中的心理需求，因此，他们更喜欢能够体现个性的商品，往往把所购商品与个人性格、理想、身份、职业、兴趣等联系在一起。年轻人喜欢追求标新立异，强调个性色彩，而不愿落入"大众化"，因此，"与众不同"的消费心理较"追求流行"更为强烈。网络上提供的产品包括很多新颖的产品，并且这些产品往往是在本地传统市场中暂时无法买到或不容易买到的产品，因此，网络购物能比较容易地满足他们展示自己个性和与众不同品位的需求。

（4）好奇型动机

好奇型动机是指寻找事物发生原因的一种消费动机。这种动机既是生活中的重要动机形式，也是网络消费者的具体购买动机中的重要组成部分。好奇是每个人都具有的一种心理。当人们对某些事物觉得新鲜、有趣、奇怪时，想了解它、理解它、尝试它的好奇之心就产生了。所以，促使网络消费者产生好奇之心并激发其购买欲望的商品，都是一些外观新奇、功能奇特或让网络消费者意想不到的商品。新上市的娱乐用具等一般都会激发网络消费者的好奇型动机。网络的诞生改变了人们的生活，网络构建了一个全球化的虚拟大市场。在这个市场中，先进和时尚的商品会以最快的速度与消费者见面。以年轻人为主体的网络消费者通过网络获得商品信息，这些信息很容易激发网络消费者的好奇心，而许多网络消费者为了追求时尚与形象，展现个性与发展自我，必然会很快接受新商品。

（5）心理平衡型动机

心理平衡型动机是指由于网络消费者本人存在某些方面的不足，要通过消费商品来弥补这些不足以取得心理平衡的消费动机。例如，环境信赖型消费者在周围的人们都购买了某种商品时，也会购买同样的商品以达到与周围环境的心理平衡。对于许多网络消费者来说，由于具有追求流行、时尚的心理，看见周围的人通过网络购买商品后发现自己似乎落伍了，从而进行模仿，也通过网络选择自己需要的商品，以此来融入信息化的社会。有些网络消费者为了改变自己的形象而通过网络购买商品，有些网络消费者因为自信心不足也通过网络购物来增强自信心，这些消费都源于网络消费者心理平衡的动机。

4.2　网络消费者的购买决策模型与行为

4.2.1　网络消费者的购买决策模型

1．BEST 消费者购买决策模型

① 外界刺激。网络消费者的购买行为都是由刺激引起的，刺激具体可分为外部刺激和内部刺激。

外部刺激是指由网络消费者自身以外的因素对网络消费者产生的刺激。外部可对网络消费者产生刺激的因素有许多，如产品的款式质量、价格、服务、广告，以及社会的政治经济情况、科技水平、地域特点、文化因素、家庭结构、居住条件、职业、收入、社会阶层、相关群体等。其中主要因素是产品本身的情况、广告、收入、相关群体等。

内部刺激是指由网络消费者自身内部的因素对网络消费者产生的刺激。内部可对网络消费者产生刺激的因素也有许多，如生理需求、心理需求、个性、态度、性格、气质、观点、习惯、情绪情感、感觉、知觉等。其中，主要因素是生理需求、心理需求、个性、习惯、感觉等。

② 搜集信息。网络消费者在产生了购买某产品或某服务的动机之后，开始着手了解和搜集各种有关信息，以更全面地了解目标产品或此服务。网络消费者在受到刺激之后，可能产生缺少某些东西的感觉，并因此产生消费需要。

③ 评估商品。在掌握了较为全面的信息后，网络消费者会根据这些信息来对比不同品牌的商品，对商品本身做出一个好与不好、有用与无用的评价。

④ 购买行为。它是指网络消费者在经过上述诸阶段后，做出相应购买决策的行为。购买决策包括购买原因决策、购买目标决策、购买方式决策、购买地点决策、购买时间决策、购买频率决策等。购买决策的方式有个人决策式、家庭决策式（可细分为夫君统治型、太太至上型、分而治之型、共同协商型）和社会协商式。影响网络消费者购买决策的因素有内部因素和外部因素两大类：内部因素有消费者的需要和动机、个人经验（具体表现为兴趣爱好、个性、自我形象、购买经验、风险经验）；外部因素有家庭、参与群体、消费指导者、文化（包括风俗、爱好、习惯、社会规范、社会价值观念）等。

2．传统营销环境中的购买模型

（1）AIDA 购买模型

路易斯提出的消费者 AIDA 购买模型是营销沟通过程的一种，消费者从接触外界营销信息到完成购买行为，根据其反应程度的不同，可划分为注意（Attention）、兴趣（Interest）、欲望（Desire）和行动（Action）4 个连续的阶段。

① 引起注意：通过广告、促销、人员推广等方式刺激消费者，打断其注意力，让消费者将精力、关注对象转移到公司广告、产品或者服务上。

② 产生兴趣：在吸引消费者注意力的基础上，让其对公司的广告、产品或服务产生兴趣。

③ 激发欲望：在调动起消费者的兴趣后，激发其积极情绪，让其产生强烈的拥有欲望。

④ 实现购买：将消费者的欲望转化为购买行为，最终形成交易。

（2）AIDMA 购买模型

在路易斯的 AIDA 购买模型基础上，爱德华·斯特朗考虑到广告的滞后效应和消费者决策的心理行为过程，增加了一个"形成记忆"（Memory）阶段，提出了 AIDMA 购买模型。该模型旨在描述受众从接收信息到产生行动之间的动态过程，用以指导企业营销传播实践。留下记忆通常表现为消费者对某商品已有很高的消费欲望时一般会货比三家，记忆中留下印象深刻的那一家，是其希望达成交易的一方。当消费者的经济能力小于消费欲望时，很多时候消费者会压制对某商品的消费欲望，此阶段，消费者仍属于被动购买者。AIDMA 购买模型注重营销效果的遍布效应、累积效应、共鸣效应，以"媒体"为核心、以"引起注意"为首要任务的传播策略，具有内容刺激性强、传播范围广、多次重复的特征。

3．网络营销环境中的购买模型

在大众媒体时代，AIDMA 购买模型能够较好地解释消费者从信息接收到行为实现的过程。但是在互联网的环境下，受众作为信息的接收者和发布者承担着双重角色，其购买模式也发生变化。因此，2005 年，日本电通广告集团提出了 AISAS 购买模型，用以描述互联网环境下的消费者购买决策过程。

① 引起注意（Attention）。这期间终端销售方通过广告、用户体验等形式让消费者了解其商品。如果商品无人问津，那么消费者就是不知情者。

② 产生兴趣（Interest）。当消费者愿意接受销售方通过演示或展示来讲解商品时，可以让消费者进一步了解商品，从而对商品感兴趣，到此阶段，消费者仍属被动了解者。

③ 进行搜索（Search）。如果消费者开始对该商品、终端公司产生兴趣，这表示消费者已经成为主动了解者，此时销售人员需积极获取消费者的信任，交易成功与否在很大程度上取决于销售方是否获取了消费者的信任，并激发了消费者的搜索欲望。

④ 购买行动（Action）。当消费者的经济能力足够负担商品并有强烈的消费欲望时，消费者才会采取购买行为，以采购其心仪的商品，此时消费者变为主动购买者。

⑤ 购后分享（Share）。它是指消费者根据他们是否满意购买的商品所采取的进一步行动。它包括一些在商品使用后可能产生的心理活动及消费者购买商品以后的典型行为。针对消费者的这些心理活动和行为，营销人员在消费者购买商品之后可采取相应措施来提高消费者的满意度，并增加未来的销售额。

AISAS 购买模型强调品牌商家与用户之间的关系互动，是双向转化漏斗，强调了消费者主动行为（搜索和分享）的重要性。

4．社会化营销环境中的购买模型

（1）SIPS 购买模型

2011 年，日本电通广告集团考虑到互联网社会化属性不断增强，在提出 AISAS 购买模型之后又提出了 SIPS 购买模型。

① 共鸣（Sympathize）。产品信息只有使消费者产生共鸣，消费者才会与企业进一步产生交流和互动。

② 认同（Identify）。消费者通过外界确认使自己产生共鸣的产品信息是否有价值，消除用户对产品的不信任感。

③ 参与（Participate）。它是指消费者通过一系列参与行动极有可能发生的购买行为。

④ 分享与扩散（Share & Spread）。良好的消费体验促使消费者自发进行社交化分享，产生二次推广。

该模型突出了受众获得信息后在社交媒体上的亲社会行为与结果。

（2）AISASCC 购买模型

日本电通广告集团提出的 AISAS 购买模型和 SIPS 购买模型都有其适用范围，虽然能够解释消费者在网络中的行为，指导企业借助互联网传播实践，但是有需要进一步澄清和拓展的空间。例如，消费者从集中注意力到做出购买行为再到分享行为，如何与社会化媒体上的其他顾客建立关系？如何与企业发生进一步的关系？结合在线社区发展的新特点，该集团由此提出 AISASCC 购买模型，指出在消费者完成购买和分享（AISAS）之后还会有进一步的行为。

① 人群聚类（Cluster），即与在线社区内其他持有相似评价或价值观的消费者产生相似性效应，物以类聚，人以群分，最终聚合成为兴趣相同或价值观相似的亚社区。这个阶段相当于 SIPS 购买模型中的共鸣和认同两个环节。当一位消费者的分享得到社区其他消费者的共鸣和认同时，他们之间的关系会更加亲近，形成相对紧密的亚社区。

② 建立承诺（Commitment）。消费者因购买企业的产品而认识其他消费者，形成在线社区共同体，企业就是这个共同体的纽带。换句话说，消费者社区会与企业建立一个类似组织承诺的关系，包括感情承诺（Affective Commitment），对企业的情感依赖、认同、忠诚、参与投入；持续承诺（Continuance Commitment），为了不失去在企业已有的投入所换来的待遇（会员等级、会员专享特权等）而继续留在该企业；规范承诺（Normative Commitment），由于社会影响形成的社会责任而留在企业。对于消费者来说，上述承诺的具体表现就是参与（Participate）企业活动，主动对企业的产品和服务做出分享与扩散（Share and Spread）。

5. 基于 AISASCC 购买模型的营销活动筹划

（1）基于 AISASCC 购买模型的企业品牌社区演化 CGMI 过程

AISASCC 购买模型描述了消费者购买行为过程，单个消费者从关注者、购买者到群体的认同者、共生者逐渐转变，推动着企业品牌社区从无到有、从混沌到成熟演化，其大体经历了 4 个时期，即 CGMI 过程。

① 混沌期（Chaos Period）。在此阶段，消费者只是关注者，彼此之间尚未建立联系，与企业之间也没有建立实质性关系。

② 成长期（Growth Period）。在此阶段，有一批消费者已经变成购买者，与企业、产品、服务及品牌建立交换关系，这批消费者构成了企业品牌社区的雏形，并吸引更多的关注者和购买者加入。

③ 成熟期（Mature Period）。在此阶段，消费者因为不同的产品、服务偏好及价值观，找到认同者，自发形成不同的在线亚社区，构成品牌在线生态社区。

④ 迭代期（Iteration Period）。在此阶段，消费者不满足于购买产品、分享体验等行为，愿意以共生者的角色，进一步帮助或参与企业的产品研发、品牌发展等。

（2）推动企业品牌社区演化的网络营销互动 DCCS 活动

了解企业品牌社区演化的 4 个阶段后，企业可以主动通过网络营销互动，促进消费者购买与分享行为，进而影响消费者与企业的关系，最终构建良性互动的企业品牌社区，实现消费者与企业的共生。从企业营销到消费者购物行为、消费者角色、企业品牌社区之间的关系逻辑图，反映了企业营销与品牌社区构建内在的关系。与消费者角色转换相匹配，企业的网络营销互动DCCS 活动可以分为以下 4 类。

① 引流（Drainage）：通过广告、新媒体推广等各种形式吸引消费者关注，促使其产生兴趣、展开搜索，变成企业产品、服务或品牌的关注者，从而推动企业品牌社区的创建。

② 转换（Conversion）：通过网络折扣、积分、奖励等促销活动促成交易，将消费者从关注者转换为购买者，促进企业品牌社区成长。

③ 圈化（Cyclization）：通过客户追踪、互联网大数据分析等方法，对在线消费者进行画像聚类，重点引导企业品牌的认同者，共同建立社区生态圈。有态度的内容、互动参与、共享互利等是这种社区生态圈得以维持的重要支撑。企业可以通过营销活动，提出共同的价值观，增强成员的认同感；建立社区组织机构，实现成员自治；设计社区活动增加成员的参与感。

④ 糯化（Sticking）：通过社区互动，邀请认同者参与创意策划、品牌传播、产品研发、渠道推广、资源共享等，将认同者转换为共生者，促进品牌社区迭代升级。

4.2.2 网络消费者的购买决策行为

根据网络消费者的购买决策过程和当前网络消费行为的发展情况，现阶段网络消费者主要面临 3 类重要的决策行为：网络渠道选择行为、网络消费者信息搜索行为、网络消费者购买行为。图 4-1 所示内容为网络消费者购买决策行为的过程和内容框架。

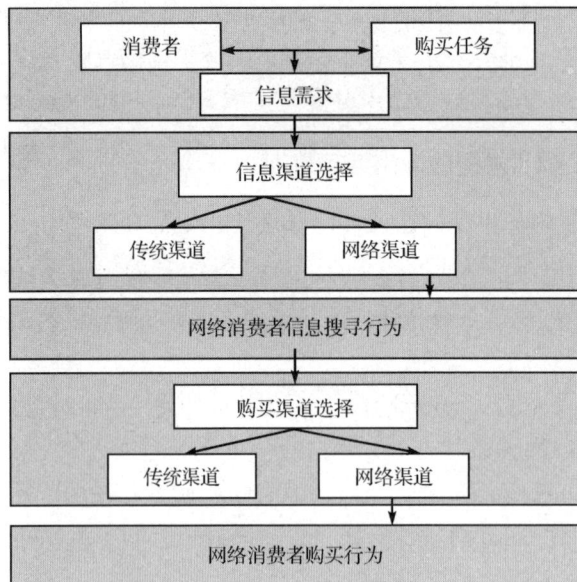

图 4-1　网络消费者购买决策行为的过程和内容框架

1．网络渠道选择行为综述

网络渠道选择行为是指消费者在购买决策过程中如何评价各种可用的渠道（信息渠道、购买渠道等，包括传统的和网络的）并从中做出选择。

一般来说，消费者为满足自身信息需求，需要从各种信息渠道（参考群体、报纸、电视、宣传册、网络等）中选择一种或多种以收集和获取信息。网络渠道选择行为重点关注的是消费者如何评价、选择使用网络渠道，也可以进一步细化到研究某个具体网站，依据的理论主要为技术接受模型。需要指出的是，在网络渠道选择行为研究中一般不特别区分网络到底是信息渠道还是购买渠道，而是把信息搜索作为购买决策的一个组成部分，即网络渠道选择行为包括图 4-1 中的信息渠道选择和购买渠道选择。

2. 网络消费者信息搜索行为综述

网络消费者信息搜索行为是指消费者为完成某个购买任务而付诸的、从网络市场中获取信息的行动。市场营销的本质是企业与消费者之间的信息传播和交换，如果没有信息交换，交易就是无本之源。在线购物的持续成功将取决于消费者在其购买决策中利用网络的程度，尤其是利用网络获取产品信息的程度，因为消费者的网络信息搜索行为能够提高其满意度并增强其在线购买的意向。

获取信息是消费者使用网络的首要目的，网络的快速发展，虽然为消费者提供了低成本、快捷、丰富的信息，但产生了如下许多问题。

① 信息质量下降。由于信息量快速增长并且未被加以管理和控制，所以信息提供商疲于维护资料，造成网络上的信息过时、不完整甚至不正确。

② 信息过载（Information Overload）。信息的快速扩散造成网络上充斥着海量而且可能重复的信息，使用者需要花费许多额外的精力去分析、判断和过滤所找到的资料。

③ 网络迷航（Disorientation）。互联网通过超链接的方式连接到不同的文件和页面，这种非线性的浏览方式常令使用者迷失在庞大的网络空间中，使用者不仅失去方向，还不知道目前的位置。

基于这些因素，网络消费者信息搜索行为已经成为网络消费者行为研究的重要课题之一。

3. 网络消费者购买行为综述

网络消费者购买行为指的是通过网络购买产品或服务的过程。网络已经成为产品信息的重要来源，但是还有一些因素阻碍着消费者的行为从信息搜索发展成为网上购买，而网络消费者的购买行为可能是在线销售商最为关心的问题。尽管网络销售增长率非常高，但是有证据表明很多有购买意向的消费者在搜索访问零售商的网站后，最终放弃了购买。Jupiter 的报告显示，大约有 72%的在线用户会每月研究一次产品，如此高水平的信息搜索活动理应转化成高水平的购买行为，但目前这种转化率还很低，仅为 2.8%～3.2%。研究网络消费者购买行为，发现影响网络消费者购买行为的因素及其作用机制，对于改进网站技术和营销策略具有重要意义。

4.2.3 网络渠道选择行为

网络渠道选择行为重点关注的是消费者如何评价、选择使用网络渠道，依据的理论主要为技术接受模型。

技术接受模型（Technology Acceptance Model，TAM）是 Davis 在运用理性行为理论研究用户对信息系统（Information System）接受程度时所提出的一个模型，Davis 的技术接受模型如图 4-2 所示。技术接受模型提出了两个主要的决定因素：感知的有用性（Perceived Usefulness），反映一个人认为使用一个具体的信息系统对他工作业绩提高的程度；感知的易用性（Perceived Ease of Use），反映一个人认为具体的信息系统的使用容易程度。技术接受模型认为系统使用是由使用意向决定的，使用意向是由某人的使用态度和感知的有用性共同决定的，使用态度是由感知的有用性和感知的易用性共同决定的，感知的有用性是由感知的易用性和外部变量共同决定的，感知的易用性是由外部变量决定的，而外部变量则在技术接受模型中的信念、态度、意向与不同个体的差异、环境约束、可控制的干扰因素之间建立了一种联系。但是该模型忽略了主观规范的影响，而第二版的技术接受模型（TAM2）还整合并加入了主观规范和认知手段过程（Cognitive Instrument Process）两个方面的因素。

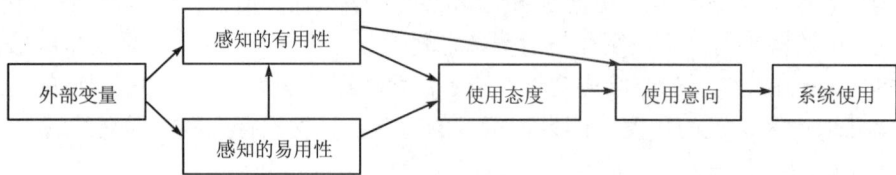

图 4-2　Davis 的技术接受模型

技术接受模型在网络消费者行为研究中的应用非常频繁，在电子商务环境中，一个网站越有用、越易用，就意味着消费者越容易对在线购买行为形成积极的态度。有人直接应用技术接受模型来研究在线购买行为，而大部分的研究则是在技术接受模型的基础上进行了改动（简化或扩展），还有学者拓展了 Davis 的技术接受模型，建立了电子商务网站采用模型（e-Com Adoption Model），除了包括感知的有用性和感知的易用性，还引入了感知的产品或服务风险性、感知的在线交易风险性、在线购买乐趣等维度。另外，还有一些研究对技术接受模型中的维度进行了具体化，如将有用性具体为"购买速度"和"方便"，而网站的易用性一般与网站导航、效率、一致性、相容性等属性有关。

技术接受模型是信息系统研究中一个相对成熟的研究领域，与之相关的理论模型较多，其中影响较大的模型有理性行为理论（Theory of Reasoned Action，TRA）、计划行为理论（Theory of Planned Behavior，TPB）、创新扩散理论（Innovation Diffusion Theory，IDT）、社会认知理论（Social Cognitive Theory）、动机理论（Motivational Model）、技术接受和计划行为理论组合模型、PC 使用模型等。结合网络消费者行为研究的最新进展，本节只介绍理性行为理论和计划行为理论。

1. 理性行为理论

理性行为理论是一个用于预测和解释个人行为的模型，该理论的基本前提是人是有理性的个体，并认为当人们有时间去思考他们所要执行的行为时，行为意向（Behavioral Intention）是检视其行为的最好方法。理性行为理论是一个被广泛使用的模型，它研究的是有意识行为意向的决定性因素，实质上可用于解释任何一种人类行为，对于不同领域的行为，它都能做出很好的预测和解释，是研究人类行为最基础的、最有影响力的理论之一。根据理性行为理论，一个人执行某项行为是由其行为意向决定的，行为意向又是由个人对所要执行的行为的态度（Attitude）和主观规范（Subjective Norm）共同决定的。理性行为理论模型如图 4-3 所示。

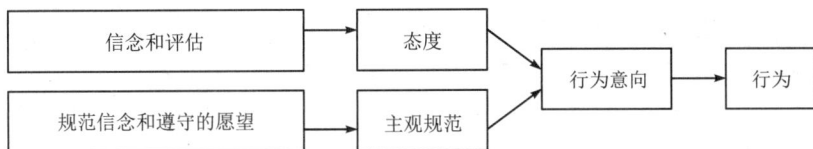

图 4-3　理性行为理论模型

从信息系统的角度来看，理性行为理论一个相当有用的方面就是它认为其他任何影响行为的因素都是通过影响态度和主观规范来间接影响行为的。所以，系统设计特征、用户特征（包括感知的形式和其他的个性特征）、任务特征、发展或执行过程的本质、政策的影响、组织结构等因素都属于这一类，Fishbein 和 Ajzen 将这一类因素定义为外部变量（External Variables），这样理性行为理论就综合考虑了影响用户行为的不受控制的环境因素和能够进行控制的因素。

2. 计划行为理论

计划行为理论是由理性行为理论延伸而来的。理性行为理论在"行为的发生是基于个人的意志力控制"的假设下，对个人的行为进行预测、解释，没有考虑行为意向发展为实际行为过程中的一些行为约束因素的影响。但在实际情况下，个人对行为的意志控制程度往往会受到时间、金钱、信息和能力等诸多因素的影响，因此理性行为理论对不完全由个人意志所能控制的行为，往往无法给予合理的解释。例如，一个有强烈在线购买意向的个体可能由于无法上网或不具备所需的网络技能而无法实施在线购买行为。Ajzen 便将理性行为理论加以延伸，提出了计划行为理论，期望其对行为的预测和解释更具适用性。计划行为理论模型如图 4-4 所示。

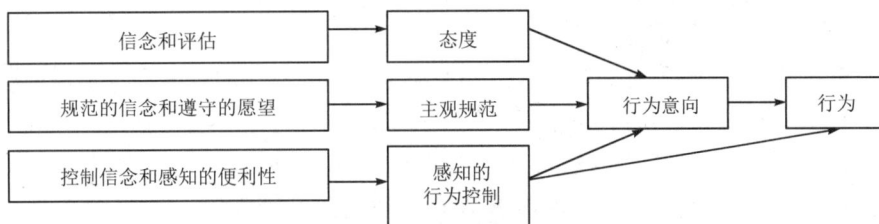

图 4-4　计划行为理论模型

计划行为理论与理性行为理论的不同之处是对行为意向的预测上。计划行为理论增加了第三个决定性因素——感知的行为控制（Perceived Behavioral Control）。感知的行为控制是指个人感知到完成某一行为容易或困难的程度，它反映个人对某个行为过去的经验和预期的阻碍。当个人认为自己所拥有的资源与机会越多时，预期的阻碍就越小，对行为的控制也就越强。感知的行为控制是由控制信念（Control Beliefs）和感知的便利性（Perceived Facilitation）共同决定的。控制信念是指个人对自己所拥有执行行为所需的资源、机会或阻碍多少的认知，感知的便利性是指这些资源、机会或阻碍对行为的影响程度。另外，计划行为理论模型中也包含了感知的行为控制和行为之间的直接联系。

4.2.4　网络消费者信息搜索行为

网络消费者信息搜索行为研究的内容主要包括三大组成部分：信息需求、信息搜索渠道选择、网络信息搜索行为。

① 信息需求。网络营销不仅需要理解消费者的需求，还要清楚他们需要哪些信息以满足

其需求。针对不同的需求和目标，需要不同类型的信息和交互。因此，首先要明确目标用户需要什么，然后决定能够为其提供什么，以匹配目标用户的需要。消费者在面临某个购买任务时，在一定的情境因素（可供利用的资源和存在的约束条件）影响下，消费者和任务对象相互作用形成消费者的需求认知，其中一个非常重要的维度就是信息需求认知，"我们相信将信息需求模型整合进广义信息搜索模型是必需的，因为信息需求是网络搜索的触发力量"。

② 信息搜索渠道选择。消费者为满足自身信息需求，需要利用一种或多种信息渠道收集信息，是否会选择网络或网站作为信息渠道之一取决于情境因素（网络条件等）和消费者对网络或网站信息渠道的评价。对于网络营销商来说，深入理解消费者的信息渠道策略及其影响因素，对于吸引消费者的注意力和提高访问量具有重要意义。

③ 网络信息搜索行为。如果选择了网络作为信息来源渠道之一，实际的网络信息搜索行为就会发生，而对于网络消费者信息搜索过程、影响因素、起止条件等方面的探讨，一直是网络信息搜索行为研究关注的重点。

1. 信息需求

（1）信息需求的含义

消费者行为学中一般认为需要是个体缺乏某种东西时的一种主观状态，是客观需求的反映，即对需要、需求做了主观与客观的区分。需求确认取决于现实状态（消费者的目前情况）和渴望状态（消费者想要进入的状态）之间的矛盾有多大，当这种矛盾到达或超过某个特定的界限时，就会产生需求。在信息需求（Information Need）研究中，目前还未见过主观与客观的区分，且也没有一个被广泛接受的定义。

Wilson 等从问题解决过程中的不确定性（Uncertainty）消除的角度探讨了信息搜索行为，认为不确定性是所有信息搜索行为的基石。当个体面临问题时，问题的解决、差异的消除、从非确定性到确定性的前进成了个人的目标，我们可以将因此而发生的信息行为看作一种目标导向的搜索行为，因此人类对于信息的需求是消除不确定性，这也符合信息的含义。Belkin 则从个人认知的角度阐述了用户信息需求的产生，认为人类在形成问题的初始阶段，其信息需求的产生源于用户认识到自己的知识异常状态（Anomalous States of Knowledge），用户一般不能解释这种异常状态需要的是什么，因此信息搜索的任务就是尝试描述、理解和解决用户的知识异常状态。这与一些学者所认为的"使用者使用信息系统进行检索时，对自己的问题有很明确的了解"不太一致。

以上的研究采用的都是"问题解决"或"功利主义者"（Utilitarian）的视角，基本上认为信息需求是完成任务所需信息与已有信息之差。然而，人们注意到信息搜索行为未必总是与"问题解决"联系在一起，如持续搜索（Ongoing Search，是指消费者所进行的信息搜索活动不依赖于已察觉到的或即将发生的购买问题）。另外，还有学者指出生理、认知、情感需求都可能导致信息搜索，如网上冲浪（Web Surfing）行为表明网络搜索过程本身还具有"快乐"的一面。

（2）信息需求的发展

一些学者认为信息需求源于问题情境（Problem Situation），因此依赖于问题情境，并且随着任务阶段的发展而不断发生变化。信息需求发展的特征如下。

① 信息需求是发展的。在信息搜索过程中，消费者会在已收集的信息的基础上不断扩充或调整原有的信息需求。

② 信息需求是多重的。消费者出于某个信息需求去收集信息，但是在此过程中接触的信息可能会激发其他的信息需求。

③ 信息需求是切线相连的。在一个搜索进程中新激发的信息需求的主题不太可能是随机的，虽然这些新需求可能与最初的需求不直接相关，但是一般存在密切联系。

④ 信息需求是相互嵌套的。一个信息需求可以分解为多个子需求，也可能会激发相关的次生需求，这两点同样适用于新激发的需求，这表明信息需求本质上是相互嵌套的。

⑤ 信息需求是多线程的（Threaded）。消费者可能同时有多重信息需求，为满足自己的信息需求，在信息搜索过程中，消费者可能会在这些需求之间来回切换。还有学者从认知结构方面探讨了信息需求的发展。

（3）信息需求的分类

根据信息需求的清晰程度分类，信息需求是由模糊向清晰发展的，可以划分为潜在状态、自觉状态、正式化状态、计算机语言化状态。

根据信息的作用形式分类，信息需求可以划分为新信息的需求、阐明已有信息的需求、证实已有信息的需求、阐明已有信念或价值观的需求、证实已有信念或价值观的需求。

根据信息需求的效用分类，信息需求可划分为功利性需求，如增加产品知识，降低不确定性，提升决策效用，提高决策效率；快乐性需求，如体验、情感和感官等主观感受；创新性需求，寻求新颖性、多样性和创造性；审美性需求，如艺术品和风景图片可以给人以审美感受或引发遐思；标志性需求，以上几种需求都是内在的，而标志性需求则与社交有关，信息搜索活动本身可能是一种社会交往，并且具有某种象征意义（可以通过一个人所选择的产品或信息类型来了解他）。

（4）信息需求的抽取与表示

研究信息需求的目的之一是更好地满足它，如何抽取和表示信息需求并将其应用到网站系统设计中是学者们非常关心的问题。一些学者以学术检索为背景提出了一种连接搜索策略和信息需求的方法，发展了一种基于 Kuhlthau 的信息搜索过程（Information Search Process，ISP）模型和 Taylor"焦点"（Focus）概念的诊断工具，图书馆管理员以此工具来评价和标注大学生的信息需求，并据此指定合适的联机搜索策略。也有学者认为用户的网上冲浪模式是由其信息需求指导的，为理解用户需求与操作行为之间的关系，提出了两种计算方法：基于信息线索（Information Scent）的网络用户操作流预测（Web User Flow by Information Scent，WUFIS）方法，将用户信息需求表示为加权关键词向量（Weighted Keyword Vector），将网站链接拓扑结构表示为一个邻接矩阵，将网站内容表示为 WTF.IDF 矩阵（词条-文档矩阵），然后通过计算各信息线索（链接文本等）与信息需求向量的相似性程度，标准化后作为用户选择各个链接的概率；基于信息线索的用户信息需求推断（Inferring User Need by Information Scent，IUNIS）方法，以用户访问过的页面文档及顺序作为输入，乘以 WTF.IDF 矩阵，得出的关键词及相应权重为用户需求，这种方法可以看成 WUFIS 的逆方法。

2. 网络信息搜索

网络信息搜索研究的内容从概念上可以划分为两个方面：起止条件，研究用户在什么情况下会开始或停止网络信息搜索活动；网络信息搜索过程，研究用户从信息搜索开始到终止之间的整个过程，包括网络交互过程。

（1）起止条件

信息需求是信息搜索行为的触发力量，但信息需求不一定会立即引发搜索行为，因为除了信息需求，还有很多其他因素，如满足需求的重要性，在不完全信息情况下采取行动可能招致的损失，信息源的可获得性及其使用成本等，都会对信息搜索行为产生影响，其结果可能是搜索行为被推迟甚至根本不会发生。信息需求与信息搜索之间存在 3 类阻碍因素：个人阻碍、人际阻碍、环境阻碍。

理解用户为何会停止信息搜索具有重要的理论和实践意义，相对于信息搜索的开始条件而言，停止条件的研究更为广泛和深入。已经得出的停止规则有一部分是建立在成本-收益模型的基础上的，认为消费者在信息搜索过程中，当其认为信息搜索的边际收益等于边际搜索成本时，就会停止搜索行为，而成本、收益度量方法有停止的预期损失（Expected Loss from Stopping）、信息的经济价值（Economic Value of Information）、额外信息的预期价值（Expected Value of Additional Information）等；还有一部分来自决策科学领域，如项目列表（Mental List）、总量阈值（Magnitude Threshold）、差异阈值（Difference Threshold）、问题表示稳定（Representational Stability）、单一指标（Single Criterion）等规则。

（2）网络信息搜索过程

网络信息搜索过程研究主要关注两个方面的问题：对用户的整个信息搜索过程建模及对用户的网络交互过程建模（浏览模式、搜索模式、导航模式等）。

信息搜索过程建模。信息搜索过程建模是学者们一直关注的问题，在已有模型中，Kuhlthau 的搜索过程模型是最为成熟的，该模型以信息检索为对象，将图书馆用户的信息搜索过程清晰划分为任务开始（Task Initiation）、主题选择（Topic Selection）、聚焦探究（Prefocus Exploration）、焦点形成（Focus Formulation）、信息收集（Information Collection）、呈现/搜索结束（Presentation/Search Closure）6 个阶段，不同阶段的用户具有不同的认知、情感状态和搜索活动。与 Kuhlthau 模型密切相关的另一个模型是 Ellis 模型，Ellis 模型定义了信息搜索行为的 8 种特征，这 8 种特征分别为开始（Starting）、串联（Chaining）、浏览（Browsing）、区分（Differentiating）、监视（Monitoring）、摘取（Extracting）、查核（Verifying）、结束（Ending）。Ellis 模型认为每个人的信息搜索行为特征各不相同，与个人所处时间点的信息需求环境有绝对的关系。Ellis 模型对 Kuhlthau 的某些阶段进行了具体化，例如，Ellis 模型的串联和监视特征可以看作对 Kuhlthau 模型信息收集阶段的细化。Ellis 模型不是以阶段来划分的，因为它认为不同的人会有不同的信息搜索行为顺序，或者同一个人在不同时间可能会有不同的顺序。另外，Marchionini 将电子环境下的信息搜索过程分成 8 个平行的子过程：识别并接收一个信息问题，定义并理解该问题，选择一个搜索系统，形成检索语句，执行搜索，检查结果，摘取信息，反思，迭代，停止。

网络交互过程建模。网络交互过程建模也开始受到重视，有人将 Ellis 模型的各种特征与用户信息搜索过程中网络交互操作行为结合起来，例如，用户的网络冲浪行为可能始于收藏夹中的某个起始页或网站（Starting），接着利用超文本链到相关的信息资源（Chaining），扫描所选择的网页（Browsing），将未来可能参考或访问的资源加入书签（Differentiating），订阅基于电子邮件的提醒服务以获得最新信息（Monitoring），搜索某个网站或资源以获得关于特定主题的全部信息（Extracting）等行为。Tauscher 则将 Web 浏览行为分成 7 种模式：第一次访问页面，重新访问页面，页面跟踪（Page Authoring，指使用重新载入来查看页面内容更新），星型访问（Hub-and-Spoke Visits，指由某个中心页面导航到目标页面），使用 Web 应用，遵照指导页（Guided Tour）的链接指示，深度优先搜索（依次由一个页面链接到下一个页面，并不总是返回起始页）。

3. 信息搜索的影响因素

有众多研究从不同的视角（人机交互、认知心理、社会认知、信息经济、寻路理论等）和不同的抽象层次探讨了影响消费者网络信息搜索的因素及其作用机制。

从人机交互视角来看，网络行为受到用户和系统两方面因素的影响。认知心理学则更多地将网络消费者看作一个信息处理者，认为消费者的个体特征（社会统计学变量、个性与生活方式、知识与能力）、所面临的任务（任务的复杂性、紧迫性、重要性）等都会影响网络信息搜索行为。还有一些学者认为情感是影响信息搜索行为的重要因素之一，从体验、信任、情感等方面来研究网络信息行为。消费者个体又是处于一定的环境（社会、工作、生活环境等）之中的，所以环境会对消费者的信息搜索行为产生较大影响。社会认知理论（Social Cognitive Theory）主张环境、个体和行为之间存在互动关系，除了关注影响个体行为的内部因素，还应充分考虑外部因素的作用，如文化、语言、社会观念、政策法规、可用的信息渠道或购买渠道等。信息经济学视角的网络信息搜索行为研究认为消费者感知的成本-收益会影响信息搜索量，并以此为基础研究了信息搜索的终止规则。由于网络环境具有一些空间特征，所以地理学中的寻路范式也被用来分析用户的网络导航行为，认为网络操作能力、网络知识和经验等将会对网络搜索过程中的网络导航产生影响。信息采集方法也被用来研究网络环境下用户如何利用信息线索（Information Scent，如文字或图片链接）来寻找定位信息斑块和决定斑块（网站或网页）之间的移动。为了完成信息采集任务，用户不仅要了解陈述性知识（链接的内容或浏览器按钮的功能）和过程性知识（怎样使用鼠标操作菜单项），还要在信息线索之间、斑块逗留和搜索新斑块之间做出评价和选择，因此个体因素（信息需求、知识和能力）、网站因素（链接标题、信息内容、信息组织）都会影响信息搜索结果。

综上所述，影响消费者网络信息搜索行为的因素可以归纳为以下 6 个方面。

① 任务因素，是指当前所面临的任务特征，如任务的复杂性、紧迫性、重要性。

② 情境因素，是指消费者为解决当前任务可供利用的资源条件和存在的约束，如可以投入的时间、精力，可提供帮助的参考群体等。

③ 个体因素，如人口统计变量、个性与生活方式、认知特征、知识与能力、情感与体验等。

④ 系统因素，如网站特征（信息内容、信息组织、导航设计、网站风格）、网络特征（速度、稳定性）。

⑤ 环境因素，如文化、语言、社会观念、政策法规、可用的信息渠道或购买渠道。

⑥ 搜索进程，信息搜索是一个连续动态的过程，在不同的搜索阶段，由于个人的信息知识、情绪状态等发生变化，用户可能呈现不同的行为特征。

4.2.5 网络消费者购买行为

网络购物在世界范围内的发展非常迅速，第 52 次《中国互联网络发展状况统计报告》显示，截至 2023 年 6 月，我国网络购物用户规模达 8.84 亿人。

研究网络购买行为一般应用技术接受模型，从网络购买态度、网络购买意图和实际网络购买行为3个方面展开，并具体分析影响网络购买行为的因素。网络购买行为研究框架如图4-5所示。

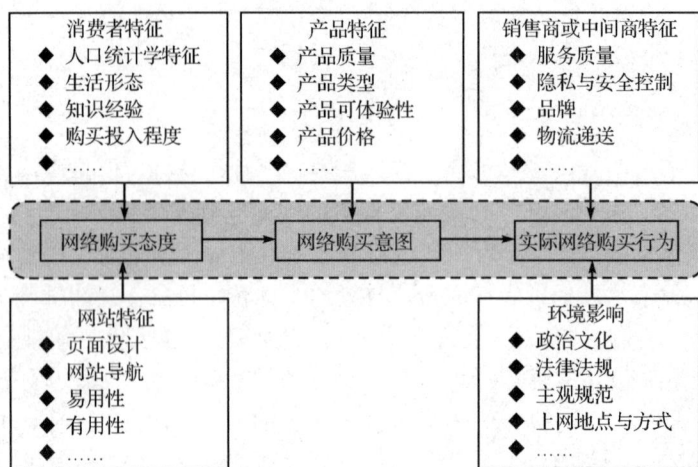

图4-5　网络购买行为研究框架

1. 网络购买行为的3个方面

（1）网络购买态度

网络购买态度是指消费者在进行网络购买决策时对网络购买后果所持的价值预期，这种预期可能是积极的，也可能是消极的。例如，网络购买的便利性和低价格对消费者的网络购买态度存在积极影响，但是网络购买的风险性会对消费者的网络购买态度产生消极影响。

网络购买态度可以分为消费者对网络购买渠道的态度和对具体网络商店的态度。消费者的风险感知、信任、可控性感知，以及网站的趣味性、价值增值等都会对消费者网络购买态度的形成产生影响。

（2）网络购买意图

网络购买意图度量的是消费者在多大程度上愿意尝试网络购买。购买意图与实际购买行为是正向关联的，即购买意图越强，实际购买行为发生的可能性越大，但二者并不是完全相关的。

网络购买意图一般由以下几个方面的用户行为来度量和反映：从在线商店购买、使用在线购买网站、推荐他人使用在线购买网站、在线使用信用卡或使用在线支付、在在线购买网站注册账户、向在线购买网站提供信息、对在线购买网站进行积极评价、使用网络收集信息等。

（3）实际网络购买行为

实际网络购买行为是指消费者通过网络购买产品或服务的过程。实际网络购买行为主要从3个方面来度量：是否在线购买过产品、在线购买的金额、在线购买的频率。测量的时间跨度可以是几个月、几年，甚至更长，例如你最近3个月是否在线购买过产品。

2. 影响网络购买行为的因素

影响网络购买行为的因素主要有5个方面：消费者特征、产品特征、销售商或中间商特征、网站特征、环境影响，如图4-5所示。

党的二十大报告指出，着力扩大内需，增强消费对经济发展的基础性作用和投资对优化供给结构的关键作用。研究消费者行为决策对促进经济发展具有现实意义。

4.3 网络市场消费引导及实施

国家接连出台政策扩大内需，鼓励新型消费，引领高质量发展，标志着中国消费市场进入消费升级、模式创新的快车道，中国消费市场将迎来新发展格局。在这一时机下，更需要研究消费者行为，同时，借助计算机强大的计算处理能力，通过多种方法和技术来影响消费者。市场消费引导包括宏观消费引导和微观消费引导。

4.3.1 网络市场消费引导的概念

网络市场消费引导是指政府、社团或企业根据某种需要，运用一定的手段和方法对影响网络消费活动的各种因素及消费活动的过程产生作用，从而使网络消费者改变原有消费意向，按照引导者的期望进行消费的一种活动。

而市场消费引导的内涵可以从两个方面来理解：一是消费引导，二是引导消费。二者虽然仅是字序不同，但是内涵存在较大差异，对现实厂商营销运作的指导意义也截然不同。

所谓消费引导，是指厂商根据消费者的现实需求，生产、销售产品，以满足消费者所需，即消费者引导厂商。根据"消费引导"理念，消费者占据主动地位，厂商处于被动地位，厂商的营销核心是提供产品来满足消费者的现实需求，认为营销就是满足需求的过程。

所谓引导消费，是指厂商生产、销售创新产品或消费者非高关心度商品，厂商必须想方设法引导消费、创造需求，将消费者脑海中未有的或潜在的需求转化为现实需求。根据"引导消费"理念，厂商占据主动地位，消费者处于被动地位，而营销是改变消费者观念的过程。例如，我们并不经常接触的高科技产品和一些嗜好品，大多时候都是厂商主动引导我们消费，从而激发消费需求的结果。

4.3.2 网络市场消费引导的方法

网络市场消费引导包括宏观消费引导和微观消费引导。宏观消费引导是针对整个社会消费而言的，它涉及消费活动主要的、全局的综合性问题，如宏观消费水平的引导和调节，宏观消费结构的引导和调节，以及如何引导整个社会消费方式的变革等。微观消费引导是针对居民家庭和个人消费而言的，它主要涉及居民消费观念、消费心理、消费行为，以及居民家庭消费结构的引导和调节等问题。

1. 宏观消费引导方法

（1）经济手段

国家财政、税收、价格等部门可以根据网络消费的发展目标，制定相应的财政、税收和价格政策，引导网络消费的发展。例如，美国 1998 年出台的《网络免税法》对自律较好的网络商给予两年免征新税的待遇，起到了一定的网络消费引导效果。

（2）行政手段

对于网络消费的管理，国家可以采用计划、组织、制度和政策等手段引导网络消费的发展。例如，制定各种相应的政策制度，对网络消费进行监督，积极受理网络消费投诉等。

（3）法律手段

政府立法管理是最有效的网络消费引导手段之一，它可以规范网络经营与消费行为。根据网络消费的特点，开展网络立法和宣传教育，加大执法力度和司法力度，营造良好的网络司法环境，整治网络消费中存在的各种问题，不断提升网络消费的层次。

2. 微观消费引导方法

（1）深度沟通

发布产品服务信息。世界上产品信息的储存量每时每刻都在以几何级速度倍增，但是消费者每天所能够接收的信息却非常有限，消费者的注意力成了极为稀缺的资源。可以这样假设，消费者所能主动了解的产品信息，尤其是新技术产品的信息接近于零，而厂商对自己生产、销售的产品的信息基本上完全了解，两者之间出现了严重的信息不对称，因此，营销的使命首先是通过各种传播途径告知消费者，并尽可能地丰富产品信息，吸引消费者。

增强与消费者的互动交流。利用及时通信和博客、社区等工具与消费者互动，提升客户对产品和企业的忠诚度。例如，在戴尔中文博客网站——戴尔直通车中，来自戴尔公司的管理层、工程技术部、客户关怀部，乃至销售团队的员工以网络博客写手的身份，向网友展示戴尔的产品和服务，讨论 IT 行业趋势，分享其工作与生活体验，聆听客户的反馈。

提升消费者在线交互体验。充分发挥多媒体技术的优势，增强人机交互性，提升用户体验。例如，"虚拟旅游体验"是将网络虚拟技术与实地旅游体验相结合的在线旅游体验。用户在旅游之前，可以通过网络平台对旅游线路进行模拟选择和体验，以便完善自助旅行线路，实现类似 3D 网络游戏体验的在线旅游过程。用户不仅可以在虚拟的线路上自由行走，随时驻足观赏风景，攀山涉水，还可以与在线同游的网友互相交流并相约同游，茶楼、饭馆、旅馆、商城等场景都是开放式的，用户可以在上面点菜、购物。一项针对美国的研究发现，45%的美国成年互联网用户使用了虚拟旅游的功能。

消费者教育。消费者教育是营销企业针对其目标顾客所进行的一种有目的、有计划、有组织地传授有关消费知识和技能，培养科学消费观念，提高消费者自身素质的系列活动。对于营销企业来说，消费者教育是一项十分重要的工作，随着科技的进步、新产品的不断涌现、产品更新率的不断加快，以及市场竞争的日趋激烈，消费者教育的重要性更突出地表现出来。消费者教育是现代营销的一种重要手段，消费者教育过程既是一个唤醒消费者的过程，也是一个为企业培养市场基础、争夺消费者的过程。

让消费者说出自己的体验和感受。由于互联网具有虚拟性、隐蔽性、发散性、渗透性和随意性等特点，越来越多的网民乐意通过 BBS 论坛、博客、新闻跟帖、在线评论等来表达观点，传播思想，分享自己的消费体验。这些观点、感受对于其他消费者的购买决策会产生重要影响。例如，互联网消费调研中心（ZDC）开展的一项针对消费者的网络购物行为调研结果表明，80%的消费者表示在网上购买产品前会先看看该产品的相关评论。因为网络购物看不到实物，只能通过图片和产品介绍来判断产品的好坏，而且不能一手交钱一手交货，即使使用第三方支付功能，如果对货品不满意，退货、换货也比较麻烦，再加上网络购物上当受骗的例子不在少数，因此消费者更愿意防患于未然，先看看商家的信誉和先前买家的评论再做打算。另外，从这些观点和感受中，企业也能发现消费者潜在的消费需求。

（2）顾客参与定制、设计

顾客的独特需求在一定程度上促进了生产技术的革新。当为顾客生产定制产品的成本与生产标准化产品的成本相差无几时,"大规模定制"便出现了。现在,那些能够展现顾客个性的产品大有市场,越来越多的顾客热衷于亲自动手配置自己想要的产品。以 Reflect（宝洁旗下的互动性网上商务美容公司）所取得的成功为例,这家公司提供了超过 30 万种化妆品的配置（甚至个性化套餐）供女士们选择,并且能够在 7 天内将定制的化妆品交付到顾客手中。又如,李维·斯特劳斯公司因通过向那些寻求现成的合身裤子的妇女销售其 Personal Pair 品牌牛仔裤,而成为推行"大规模定制"这一概念的先锋。因为李维·斯特劳斯公司经过调研发现,妇女在决定购买牛仔裤前,一般要试穿 20 条以上。Lands' End 服装公司推出了一种名为"Lands' End Custom"的服务,顾客在线输入其要求的牛仔裤规格,软件系统会根据这些信息先为顾客计算出体重范围和牛仔裤规格,再将这些尺寸、规格通过网络发给位于墨西哥的工厂,工厂配备了计算机控制的机器,根据订单裁剪面料,两三个星期后,顾客就可以收到厂家发出的牛仔裤。

将顾客引入产品开发流程需要花费大量的时间和金钱。值得庆幸的是,借助网络,企业可以以非常经济的手段即时获得顾客的反馈。例如,菲亚特汽车公司就借助其网站让顾客对其下一代 Punto 车型的需求进行评估,顾客可以对这款车型的风格、舒适度、性能、价格、安全特性等指标进行优先级排序。顾客可以指出这款车型令他们不满意的地方,并给出改进意见;顾客还可以选择车身风格、车轮样式,以及车头和车尾的样式,并在计算机屏幕上看到自己的"设计";最后,公司软件系统会提取顾客的最终反馈结果,并记录顾客的选择顺序。通过这种方式,菲亚特汽车公司 3 个月内就获得了超过 3000 份的反馈,内容涉及各个方面,包括在车内配备雨伞架,设计一款前排只有一张长椅的车型等。菲亚特汽车公司为这项调研仅花费了35000 美元,这在市场调研领域实在是一笔很小的数目。

（3）辅助消费者做出购买决策

在网络环境下,由于产品种类及其相关信息极为丰富,容易导致消费者认知过载,所以有不少网站推出了消费者购买决策辅助系统,支持从信息搜索、产品挑选、产品议价到产品购买的整个网络购买决策过程。亚马逊被誉为个性化推荐的领袖,该公司投入了大量的金钱和精力建成一套智能推荐系统,它会考虑消费者的历史浏览记录、过去的购买记录和其他消费者的相关记录,为消费者推荐比较合适的产品。而一些网站提供的智能旅游推荐系统可以为游客提供推荐行程。首先,游客需要向系统提供对行程的要求,包括开始和结束的时间、地点;其次,系统会基于行程要求,加上游客对不同类型景点的偏好、游客的游览历史和反馈,以及景点的平均评分,从景点库中选择切合用户要求的景点;最后,系统会为选择出来的景点安排一个节省交通时间的行程。

4.3.3 网络市场消费引导的技术

1. 多媒体技术

计算机交互式综合处理多媒体信息——文本、图形、图像和声音,使多种信息建立逻辑连接,集成为一个系统并具有交互性。简而言之,多媒体技术就是具有集成性、实时性和交互性的计算机综合处理声、文、图信息的技术。典型的多媒体应用包括以下几个方面。

（1）视频会议系统

多媒体技术的突破,广域网的成熟及台式操作系统的支持使视频会议系统成为多媒体技术应用的新热点。它是一种重要的多媒体通信系统,它将计算机的交互性、通信的分布性和电视的真实性融为一体。现在视频会议系统已经有了比较成熟的产品。

（2）虚拟现实

这是一项与多媒体技术密切相关的边缘技术，通过综合应用计算机图像处理、模拟与仿真、传感技术、显示系统等技术和设备，以模拟仿真的方式，为用户提供一个真实反映操作对象变化与相互作用的三维图像环境，从而构成虚拟世界，并通过特殊设备（头盔、数据手套等）为用户提供一个与该虚拟世界相互作用的三维交互式用户界面。

（3）超文本

超文本是随着多媒体计算机的发展而发展起来的文本处理技术，它将声、文、图结合在一起，提供了综合表达信息的强有力的手段，是多媒体应用的有效工具。目前超文本方式在互联网上得到了广泛应用。

2. Web 挖掘技术

Web 挖掘是数据挖掘在 Web 上的应用，它利用数据挖掘技术从与 Web 相关的资源和行为中抽取感兴趣的、有用的模式和隐含信息。Web 挖掘研究覆盖了多个研究领域，包括数据库技术、信息获取技术、统计学、人工智能中的机器学习和神经网络等，是一项综合技术。根据对 Web 数据感兴趣的不同程度，Web 挖掘一般可以分为 3 类：Web 内容挖掘（Web Content Mining）、Web 结构挖掘（Web Structure Mining）、Web 使用挖掘（Web Usage Mining）。

（1）Web 内容挖掘

Web 内容挖掘是指从 Web 内容、Web 数据、Web 文档中发现有用信息。Web 上的信息五花八门，例如政府信息服务、数字图书馆、电子商务数据，以及其他各种可以通过 Web 访问的数据库。Web 内容挖掘的对象包括文本、图像、音频、视频、多媒体和其他各种类型的数据。其中，针对无结构化文本进行的 Web 挖掘被归类到基于文本的知识发现领域，也被称为文本数据挖掘或文本挖掘，是 Web 挖掘中比较重要的技术领域。另外，Web 多媒体数据挖掘也是重要的研究内容。

（2）Web 结构挖掘

Web 结构挖掘的对象是 Web 本身的超链接，即对 Web 文档的结构进行挖掘。对于给定的 Web 文档集合，应该通过算法发现它们之间链接情况的有用信息，文档之间的超链接反映了文档之间的包含、引用或从属关系，引用文档对被引用文档的说明往往更客观、更概括、更准确。Web 结构挖掘在一定程度上得益于社会网络和引用分析的研究。把网页之间的关系分为 Incoming（传入的）和 Outgoing（传出的）的关系，运用引用分析方法找到同一个网站内部及不同网站之间的链接关系。在 Web 结构挖掘领域比较知名的算法是 HITS 算法和 PageRank 算法。它们的共同点是使用一定方法计算 Web 页面之间超链接的质量，从而得到页面的权重。Clever 和 Google 的搜索引擎就采用了该类算法。

（3）Web 使用挖掘

通过挖掘相关的 Web 日志记录，来发现用户访问 Web 页面的模式，通过分析日志记录中的规律，可以识别用户的忠实度、喜好、满意度，发现潜在用户，增强站点的服务竞争力。Web 使用记录数据除了包括服务器的日志记录，还包括代理服务器日志、浏览器端日志、注册信息、用户会话信息、交易信息、Cookie 中的信息、用户查询、鼠标点击流等一切用户与站点之间可能的交互记录。可见，Web 使用记录的数据量是非常巨大的，数据类型也相当丰富。网站可以利用 Web 使用挖掘实现以下目标。

① 个性挖掘。针对单个用户的使用记录对该用户进行建模，结合该用户基本信息分析其使用习惯、个人喜好，目的是在电子商务环境下为该用户提供与众不同的个性化服务。

② 系统改进。Web 服务（数据库、网络等）的性能、质量是衡量用户满意度的关键指标，Web 使用挖掘可以通过用户的拥塞记录发现站点的性能瓶颈，以提示站点管理者改进 Web 缓存策略、网络传输策略、流量负载平衡机制和数据的分布策略。此外，Web 使用挖掘还可以通过分析网络的非法入侵数据找到系统弱点，提高站点安全性，这在电子商务环境下尤为重要。

③ 站点修改。站点的结构和内容是吸引用户的关键。Web 使用挖掘通过挖掘用户的行为记录和反馈情况为站点设计者提供改进依据，如页面组织和链接推荐。

④ 智能商务。用户怎样使用 Web 站点的信息无疑是电子商务销售商关心的重点，用户一次访问的周期可分为被吸引、驻留、购买和离开 4 个步骤，Web 使用挖掘可以通过分析用户点击流等 Web 日志信息挖掘用户行为的动机，以帮助销售商合理安排销售策略。

⑤ Web 特征描述。根据用户对站点的访问情况，统计用户与页面上的交互情况，对用户访问情况进行特征描述。

3．个性化推荐技术

个性化推荐技术是提高电子商务网站消费者满意度的重要手段，其目的是通过分析消费者的浏览、购买等在线行为，构建网络消费者的兴趣偏好模型，进而推荐符合消费者兴趣的产品。个性化推荐技术是近年来电子商务领域最重要的革新之一，目前几乎所有大型的电子商务系统，如亚马逊、CDNow、奈飞（Netflix）等，都不同程度地使用了各种形式的推荐系统。

一个好的个性化推荐系统能够基于用户之前的偏好提供相关的精确的推荐，并且在偏好的收集过程中尽量减少用户的操作，推荐的结果必须能够实时计算，这样才能使用户在离开网站之前获得推荐的内容，并且及时地对推荐结果给出反馈。一个完整的推荐系统由 3 部分构成：行为记录模块、模型分析模块和推荐模块。行为记录模块负责记录能够体现用户偏好的行为，如购买、下载、评分等。这部分看起来简单，其实需要非常仔细地设计。例如，购买和评分这两种行为表达潜在的偏好程度就不尽相同，完善的行为记录需要综合多种不同的用户行为，处理不同行为的累加。模型分析模块的功能则实现了对用户行为记录的分析，采用不同算法建立起模型描述用户的偏好信息。最后，通过推荐模块，实时地从内容方面集中筛选目标用户可能感兴趣的内容并推荐给用户。因此，除了推荐系统本身，我们还需要一个可供推荐的内容集。例如，对于音乐推荐系统来说，一个音乐库就是这样的内容集。在推荐方法研究方面，目前主要利用基于内容的过滤方法、协同过滤方法及二者的结合来构建个性化推荐模型。基于内容的过滤（Content-Based Filtering，CBF）技术根据某个消费者的评分或购买记录，推荐与其历史项目或定制内容最为匹配的产品。协同过滤（Collaborative Filtering，CF）技术则首先找到与某个用户有相似兴趣的用户群，然后根据相似用户群的购买记录对该用户进行个性化推荐。在经典的 CF 算法下，对内容集本身需要提供的信息要求非常低，甚至只需要提供 ID 就可以；而对于 CBF 系统来说，由于需要对内容进行特征抽取和索引，所以需要提供更多的领域知识和内容属性，以音乐推荐为例，歌手、流派之类的属性和音频信息就成为必需的内容集信息。

在推荐所依据的数据源方面，用户注册或定制信息、Web 日志数据库和企业的营销数据库是现有个性化推荐技术所依赖的主要数据源。

① 基于用户注册或定制信息的个性化推荐。基于用户注册或定制信息的个性化推荐技术主要利用用户的个体特征（人口统计学特征、个性、兴趣偏好等）、定制信息、项目评价等静态信息构建用户的兴趣模型。例如，"我的雅虎"先让访问者描述自己的兴趣，包括新闻类别、网页的颜色、网页的布局等，再构建相应的个性化 Web 页面；卡内基·梅隆大学开发的 WebWatcher 系统不仅为用户提供了个性化信息定制，还提供了反馈机制，以验证用户模型的准确性，并借此对用户模型进行更新和完善。显然，注册和定制信息体现的只是消费者当前的兴趣偏好，无法反映兴趣偏好的动态变化。

② 基于 Web 日志数据库的个性化推荐。利用 Web 日志进行个性化推荐是指运用聚类分析、关联规则发现、序列模式发现等数据挖掘技术分析网站服务器上的 Web 日志数据，发现、抽取消费者的访问行为模式和兴趣。由于 Web 日志中包含大量的冗余和噪声信息，所以基于 Web 日志数据库的个性化推荐技术需要具有较强的数据分析能力和噪声适应能力，这增加了个性化推荐的难度。

③ 基于营销数据库的个性化推荐。营销数据库记录了消费者的购买记录及相应的产品信息，这些信息已经被不同程度地应用到电子商务网站的个性化推荐中。面向营销数据库的知识发现利用上述信息，通过 CF、CBF、决策树、关联规则等数据挖掘技术构建用户模型。

4. 决策支持系统

决策支持系统（Decision Support System，DSS）是 20 世纪 70 年代初期发展起来的面向用户的一种交互系统。传统的决策支持系统是由人机接口、数据库、模型库 3 个子系统及其之间的接口组成的，其主要目的是支持半结构化和非结构化的决策问题，以提高决策效能。智能决策支持系统（Intelligent DSS，IDSS）是专家系统与决策支持系统的集成体。它完成定性的知识推理、定量的模型计算、大量的数据处理，并形成有机整体。对于电子商务环境下的消费者购物决策来说，决策支持系统的目标是帮助消费者发现和澄清需求，在网络海量的信息环境下发现和比较信息，筛选符合客户需要的产品或提供建议。近年来决策支持系统的研究更加趋向于使其智能化、人性化，通过对网络消费者购物决策行为的经验性研究，致力于建立一个能有效促进消费者在进行网上购物时做出决策的交互系统。

电子商务环境下的决策支持系统主要包括专家系统、推荐系统、智能代理系统或其组合等（个性化推荐可以被认为是决策支持系统的一个组成部分），试图对网络消费者的整个购买过程提供辅助支持。

当用户登录网上购物界面时，通常其需求是一个模糊的概念。因此，网上购物商店不但需要提供丰富的商品或可以商量的价格，而且信息呈现的方式要能吸引用户，增强其购物敏感性。基于这一考虑，Shoji 和 Hori 提出了一种在网上购物时推动用户观念清晰化的交互作用方法——S-Conart（全称为 Concept Articulator for Shoppers），致力于建立一个消费者在进行网上购物时能有效促进其做出决策的交互作用系统。其作用主要表现为两个方面：为形成概念提供支持（通过改变消费者的观点，引起搜索目标本身的改变，从而促进其决策过程），为确信决策提供支持（使消费者能够顺利接受商家的观点，并相信他们的决定是正确的）。

消费者除了对其需求概念模糊，还对其不经常购买的商品缺乏足够的知识。因此，消费者在进行购物决策时，特别希望得到该领域专家的帮助。在网上购物环境中，智能决策支持系统扮演专家的角色，不仅要与消费者进行交互，从而获取和分析其需求，还要有能力去评价各种不同类型的产品，用最低的成本给出最能满足消费者需求的建议。消费者的购物决策，不仅包括购买哪种产品，还包括产品的价格等。随着电子商务的发展，消费者可以从网上获取的产品信息越来越多，甚至可以直接与卖方进行讨价还价，而卖方对其市场策略也有自己的考虑，因此，网上产品的价格由固定价格向可变价格转变。这样，类比传统购物环境中经由讨价还价确定价格的流程——协商，网上购物环境也对这个流程产生了需要。基于以上两个方面的考虑，以及传统协商与网上购物环境自身的特点，We-Po Lee 提出并验证了包括推荐和自动协商的代理系统来支持消费者决策行为的有效性。

网络用户的背景多种多样，而要使该系统达到世界通用的目的，就必须跨越用户已经知道的信息和他们与计算机系统进行交互所需要知道的信息之间的鸿沟，实现对所有用户的支持。Aberg 和 Shahmehri 提出了一个用户支持的一般模型，该模型结合了计算机和人类助手两个方面的支持，同时考虑了技术多样性和用户差异，为用户提供了一个灵活的界面，用户可以自由地选择他们与支持系统进行交流的方式。通过对这个模型的应用研究发现，把人类助手整合到支持系统中是提供有效用户支持的一种方式。这种整合使该网站用起来更加有趣并增加了用户对该站点的信任，改善了站点的气氛。

4.4 案例：江小白——基于 AISAS 模型的互联网白酒案例分析

2012 年 3 月 21 日在成都正式发布的"江小白"品牌，自诞生之日起就备受关注。我国的白酒品牌非常多，每个地区几乎都有几款代表性的白酒产品，行业的角逐只能用"激烈"一词来形容。但是在这些白酒产品中，能成为国内知名品牌的大多都拥有非常久远的酿酒历史。江小白在成立之后短短的几年时间内迅速崛起，成为一个大江南北消费者所熟知的品牌，江小白是如何在白酒行业中脱颖而出，并在红海行业中开辟自身的蓝海市场的呢？这是江小白独特的品牌魅力，即着手解决白酒行业中那些历史品牌没能解决的问题——如何让年轻人喜欢上白酒。

中国的白酒产业一直是传统产业，新零售时代对于传统企业来说是一个巨大的挑战。江小白可以说是中国第一个步入年轻化市场的白酒品牌。本案例将基于 AISAS 模型探讨江小白的网络营销。

1. 引起注意

网络营销是随着互联网应用于商业领域而产生的，媒体、电子邮件、微博与博客、网络广告、视频宣传等都可以作为网络营销的手段。消费者通过电视、报纸、杂志或互联网等多方位渠道接触到产品信息，商家通过全方位的传播和主打的特色引起潜在消费者的注意。

角逐年轻消费者市场。相比于传统白酒企业生产高档的高度白酒迎合中老年消费者的偏好，江小白另辟蹊径，坚守简单包装，"Live Young"的小白精神将销售目标指向了易被忽视的年轻消费者，打破白酒传统意义上身份隔阂的标签。升级产品的消费结构，让年轻消费者逐渐成为潜在的市场主流力量。

打破行业产品单一化。不同于传统白酒浓烈的酱香型味道，江小白味道战略推出了纯饮、淡饮、混饮和精酿系列。江小白推出的系列白酒具有清爽、柔顺、度数低的特点。

独特且合适的产品包装。根据年轻人追赶潮流和热衷个性的消费者群体特点，江小白团队为品牌设计的品牌形象是一个文艺青年，并采取大量文创性内容进行活动和品牌宣传，这一切的组合正好契合了"80后""90后"的生活形态，引起了他们的共鸣。消费者还可以DIY（Do It Yourself，个性化定制）包装，有语录、配色、昵称、酒量等多维度供选择，满足消费者的个性化要求。江小白的横空出世，打破了人们对传统白酒的刻板印象，引发了白酒市场上时尚同传统风格之间的碰撞，得到了除传统白酒产品消费者之外的年轻消费者的关注，打造了自身企业的特色，为企业的成功打下了基础。

2. 激发兴趣

在引起注意的前提下，普通大众对于品牌的传播信息的接触"点到为止"，但是品牌潜在消费者的兴趣正被激活，进一步探索品牌，从而被动卷入品牌营销传播。虽然江小白有了精准的品牌定位和产品设计，但是作为一个酒类的初创公司，品牌宣传方面并没有充足的预算支撑，那么江小白是如何引起多数消费者的注意的呢？此时，互联网起到了至关重要的作用。

宣传策略。江小白的诞生之际正是微博兴起的时代，江小白巧妙地运用互联网、微博和论坛等渠道与消费者进行互动，通过双向沟通来吸引大众的视线，同时品牌方在宣传时采取线上线下相结合的方式，先后举办了江小白YOLO青年文化节及小酒馆MIX混饮的活动，同时植入品牌IP，在很多青春类题材的电影中都可以看到江小白的身影。利用偏年轻化和时尚的活动宣传，既可以提高品牌的知名度，又能引起年轻消费者的兴趣。

产品策略。江小白利用互联网针对市场上年轻消费者的需求进行详细分析，以不同的消费场景为基础推出了各种规格的产品。主要的类别有：核心的表达瓶，口感柔和，并设计了不同语录的瓶身，有高互动感，适合小酌自饮；青春版，纯高粱酒，适合年轻人举办派对时饮用；适合团聚的拾人饮和混合果汁的江小白金标。个性化的语录与卡通人物结合，简洁轻便，符合年轻消费者的心理和生活现状，拉近了产品与消费者之间的距离。

价格策略。江小白不仅精心布置产品的宣传，在价格方面也是以亲民、实惠为主。因为采取的是简化包装及线下销售的渠道，公司可以节省一大笔开支，这让江小白在定价时有了更大的让利空间，每瓶价格保持在15~20元之间，更符合其产品自身的定位，同时也更能吸引年轻消费者的目光。

3. 开始搜索

在经过前两个阶段后，目标人群在对产品产生一定兴趣后就会产生搜索行为，他们会通过线上或线下渠道搜集并留意产品的相关信息。线上渠道的消费者更加在意口碑评价和互动模式，线下渠道的消费者则更关注产品的吸引力和价格区间。作为以年轻消费者群体为主要目标的江小白，在品牌推广方面主打内容营销，选择的渠道普遍具有强内容或社交属性。

江小白与传统酒业的最大区别是采用了极为精准的社会化营销模式，线下营销采用"总代理—分销商—终端门店"的形式，整体渠道把重心放在终端客户上。江小白运用微信、微博等互联网工具，采取线上线下相结合的方式，即O2O营销，让消费者主动分享传播，从而在更大程度上提高了营销的效率和价值。

4. 采取行动

江小白能够从白酒行业中异军突起，迅速赢得新生代的"芳心"，主要是找准了目标客户群，并使自己主动与目标客户群的消费需求相匹配。在名酒企业都标榜高端、传统、历史悠久之际，江小白则巧妙地定位在年轻一代。江小白深谙年轻消费者的心理，并深挖其需求，使自己的产品与其消费需求相匹配。江小白的目标客户群体多以"80后""90后"为主，但不仅仅限于年轻群体。爱用微博、微信等社交工具，拥有自由的性格，追求自我个性、不约束的生活方式的人群，都是江小白的目标客户群。

简单来说，简单、时尚、青春型为江小白的核心品牌定位。江小白抓住了这个风口，将产品的消费群体定位为"80后""90后"的都市白领和年轻群体，产品定位非常清晰，为年轻人量身打造轻口味纯高粱酒。消费者心中也逐渐形成一套自我品牌认知：江小白=青春=个性化、情感化。

在江小白牢牢占据消费者这个认知之后，后续跟进的品牌便很难打破这种既定的品牌认知。此外，江小白发现年轻消费者具有喜欢 DIY 的特点，而市场上并没有可以满足消费者该需求的酒类品牌。江小白的酒体是单一高粱酿造的单纯酒体，可作为调味基础酒，根据个人喜好，可以将其与红茶、绿茶、柠檬等混合调制出有创意的混饮鸡尾酒。调酒可以满足消费者的个性化需求，迎合了年轻消费者的心理。因此目标消费者在进行产品选择时，江小白成为他们的首选目标。

5. 分享信息

江小白在品牌战略方面不断地进行创新，其品牌战略主要是做成卡通人物"江小白"的自有 IP，让用户深度参与、对内容买单。江小白善于挖掘人性，将人使用酒的各种场景、情感通过"江小白"这个卡通人物充分体现，尤其是文案特别走心，符合目标客户的心理，让绝大多数在江小白塑造的场景中产生共鸣。通过用户共创为这一品牌带来流量与关注度。江小白的终端推广比许多企业做得扎实。

把推广做得有传播价值，这是江小白的特色，也是很多企业要向江小白学习的地方。利用人有表达欲望、有表达刚需，本质上是乐于分享的这些特点，江小白制作了一个 H5——江小白表达瓶，让广大的消费者去参与，一旦消费者参与进去，消费者的头像和话语就有可能被江小白印在自己所销售的瓶子里，这样就增加了产品与消费者之间的互动，并不由自主地让消费者产生情感，利用一些策略激发消费者传播的欲望。

江小白的场景氛围比许多企业做得都好，江小白也是最敢在场景上花钱的企业。那些营销人员超万人的企业，不一定能做到江小白的效果。商品能抚慰情绪，品牌能连接情感。江小白打破了原有白酒的销售逻辑，与消费者做朋友，自带流量，从用户端倒逼渠道，改变了行业价值链。

习题 4

1. 网络消费者的特点有哪些？
2. 网络消费者的具体购买动机有哪些？
3. 网络消费者的购买决策过程是怎样的？网络环境下的消费者购买决策过程有什么不同？
4. 网络渠道选择行为、网络消费者信息搜索行为和网络消费者购买行为的含义是什么？
5. 技术接受模型、理性行为理论、计划行为理论的含义是什么？
6. 影响消费者网络购买行为的因素有哪些？
7. 影响消费者网络信息搜索行为的因素有哪些？
8. 网络市场消费引导的含义是什么？
9. 网络市场消费引导的技术和方法有哪些？

10. 试着分析社交类网站对网络信息搜索行为的影响。

11. 调研分析你所在地区的大学生的手机上网行为。

12. 在你所在的城市或地区，调研当地大学生在互联网上的购物情况，并根据调研获得的数据分析大学生的网上购买行为。

13. 网络消费者热衷于建立关系，网络经营者应该如何利用这种热情？为什么？

14. 你认为上网时的"流畅状态"概念能解释被观察者称为"网瘾"的行为吗？为什么？

第5章　网络品牌及产品策略

5.1　基本概念

近年来，我国品牌建设取得积极进展，品牌影响力稳步提升，对供需结构升级的推动引领作用显著增强。在网络虚拟市场中，传统的品牌和产品概念得到继承和发展。但是，企业的知名品牌或产品，若想在网络虚拟市场中享有线下知名品牌和产品的影响力，则必须实施网络品牌及产品策略，这样才能达到所希望的效果。

纸尿片"帮宝适"品牌与消费者达成"品牌共鸣"，如图 5-1 所示。

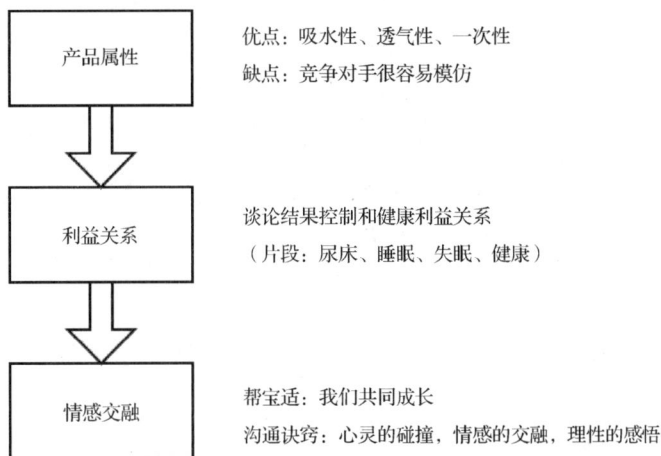

产品属性	优点：吸水性、透气性、一次性
	缺点：竞争对手很容易模仿
利益关系	谈论结果控制和健康利益关系
	（片段：尿床、睡眠、失眠、健康）
情感交融	帮宝适：我们共同成长
	沟通诀窍：心灵的碰撞，情感的交融，理性的感悟

图 5-1　"帮宝适"品牌

5.1.1　网络品牌

1．品牌的内涵

品牌由商标、名称、属性、标记、符号或设计等一系列元素及元素的组合构成，是一个集合概念，其目的是帮助辨别销售人员的产品或服务，使之在众多的竞争者产品或服务中被快速地区别开来。图 5-2 所示内容为品牌概念的整体结构示意图。

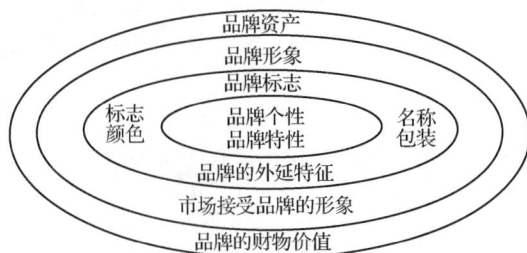

图 5-2　品牌概念的整体结构示意图

在品牌含义中，商标、名称和 Logo 是辨别事物的核心要素。在法律意义上，品牌和注册商标一样受到国家法律的保护，具有排他性，但又不完全等同于商标，商标只是品牌的一部分；在经济或市场意义上，品牌是可以用语言称呼的名称，是区分竞争者产品或服务的"金字招牌"，如联想公司的"Lenovo"、海尔公司的"Haier"、可口可乐公司的"Coca-Cola"及阿里巴巴公司的"Alibaba"等；在文化或心理意义上，品牌是一种标志，能够被消费者快速识别，但又无法用语言文字描述，它只能由消费者来感受、认知、体验和诠释，代表着一种口碑、品位、格调甚至文化，如可口可乐红色的标志，海尔标志中两个拥抱的儿童等。可见，品牌表达着产品属性、利益、价值、文化、个性和使用者等多层内容，其本质是帮助消费者从众多产品和服务中快速辨别出品牌产品的提供者或生产者。

2．品牌的价值

创建品牌的目的是为企业的产品或服务创造独特的价值体现并带来收益。品牌刻意创造一种在产品或服务上的差异，不管是真实的还是象征性的，都是为了区分商品，便于消费者购买。成功的品牌都有共同特征，即获得消费者的广泛认知，受产品附加值特征的影响，持续表现产品的附加值。品牌价值包括品牌认知、知觉质量、品牌联想、品牌忠诚。

（1）品牌认知

品牌认知是指通过品牌推广与宣传及与品牌有关的其他特征，能够使人们获得品牌释放的价值，对品牌产生意识，由一般了解到熟悉，再到接受和认同。品牌认知能够使消费者愿意尝试和接受该产品，对熟悉的品牌产生信赖。

（2）知觉质量

若消费者有过使用品牌产品或服务的糟糕经历，则品牌认知不再起作用。消费者对品牌特性的负面感知，直接导致其对品牌价值的不认同，消费者将这种认知以口碑的形式放大并对品牌产生负面影响，直至家喻户晓；反之亦然。

（3）品牌联想

只有消费者在实际生活中感受到品牌的存在，品牌才有意义。品牌联想就是要告诉消费者，品牌代表的产品或服务是适合他们的。营销人员在塑造品牌时，对品牌形象、产品使用的条件限制、品牌个性化和品牌 Logo 等一系列内容进行包装，力求塑造与消费者紧密关联的联想，以表现其社会性、亲和力及流行程度，如手机与网站互动的 QQ、电子邮件等。

（4）品牌忠诚

品牌忠诚是指消费者细分对品牌的承诺。品牌承诺包括便利的承诺、成就的承诺、娱乐与冒险的承诺、表现自我和认可的承诺、归属的承诺等，如网络品牌社区。

3．品牌的作用

品牌作为一种重要的营销工具，无论是在线下还是在线上，都具有重要作用，其作用如下。

（1）识别作用

品牌可以节约消费者的选购成本，提高消费者的让渡价值。品牌在交易过程中影响和固化消费者的行为，使消费者的购买经验被抽象化、符号化。当消费者在重复购买时，可降低其交易成本，间接地提高消费者的让渡价值。

（2）增值作用

创建品牌，提高产品的知名度，有利于提高产品的价值，增加企业的增值资产，调整优化企业的资产结构。品牌是企业的无形资产，在企业经营过程中能使其获得竞争服务的优势，优化资产结构，抵御资本运营风险，平衡收益与风险的关系。

（3）质保作用

为了维护品牌形象，在市场环境下，企业会主动约束其行为，以适应和促进社会、文化的进步与发展，不断更新经营竞争形式，树立良好的市场口碑。可见，品牌在传播过程中能够影响消费者的消费习惯、价值观，甚至直接影响整个社会文化的形成，并不断更新整个市场的竞争形式。

（4）促销作用

借助品牌，企业快速推出新产品和系列化产品，有效降低了产品的促销费用，创造了新的市场需求，满足了消费者日益增长的多元化、个性化需求。

4．网络品牌的内涵

网络品牌是指在互联网环境下营销或传播过程中形成的，受众对特定事物的精神属性和物质属性反映的总和。虽然网络品牌与传统品牌相对应，但是两者既有联系又有区别。

划分品牌类型便于品牌定位，网络品牌有 3 种类型：业务网络品牌、媒体网络品牌、综合网络品牌。业务网络品牌是严格意义上的网络品牌，是狭义的网络品牌。媒体网络品牌和综合网络品牌是传统意义上的品牌在网络上自然延伸的结果，属于广义的网络品牌。

① 业务网络品牌。该类品牌将网络本身当作产品，其营销策略和赢利模式都是针对网络业务设计的，如当当网和阿里巴巴等。

② 媒体网络品牌。该类品牌将网络视为有别于传统意义的传播媒体，将传统品牌需要营销的内容移植到网上进行，利用网站开展品牌宣传，但其业务仍然放在线下，这便是媒体网络品牌。例如，在网上没有业务只有网站的安徽江淮汽车集团股份有限公司。

③ 综合网络品牌。该类品牌将传统意义的线下品牌业务移植或扩充到网上，使得品牌的业务在线上和线下同时进行。例如，招商银行除了在线下经营传统业务，还开辟了面向个人银行业务的网上"一网通"。

5．网络品牌要素特征

网络品牌要素的构成与传统品牌要素的构成一样，通过产品差异化、关联性和认知价值来体现。

（1）*产品差异化*

*产品差异化*是创建一个产品或服务品牌必须满足的首要条件，它表明一个品牌的产品或服务与其竞争者的产品或服务的差异程度，如纸质期刊与电子期刊的区别、中国知网和中国数字图书馆的区别等。

（2）关联性

关联性是指产品为潜在消费者提供的可用性程度，解决了品牌产品或服务是否适合消费者的问题。只有在日常生活中经常接触品牌所代表的产品或服务时，消费者才会考虑该品牌是否适合自己，然后才去选择。所以，品牌要与消费者的日常生活紧密关联，例如，中国化工网为中小企业提供产品流通与交易信息。

（3）认知价值

建立品牌认知是创建一个有价值的网络品牌所必需的要素。认知价值表明一个品牌的产品或服务对消费者来说是有价值的，是值得消费者去购买和消费的，例如，阿里巴巴作为全球电子商务的知名品牌，汇集了海量的供求商业信息，为超过 1400 万家中小企业网商会员提供了电子交易市场和网商社区商情交流。

6. 网络品牌的特征

网络品牌的特征不同于传统品牌的特征，传统品牌不一定是网络品牌，网络品牌需要企业重新规划、投资与创建，网络品牌的特征主要由网络技术特点和网络的影响力决定。

（1）网络品牌体现了网络和信息技术的特点

互联网具有泛在性、可达性、标准化、丰富性、交互性、信息高密度、个性化和定制化等特点，网络和信息技术的应用能够使企业创建网络品牌，延伸其品牌的价值。在互联网上，品牌元素的特征表现为网站名称、Logo、域名、网址等，创建网络品牌依靠在网站上发布和传播有价值的信息，在线销售产品和提供服务，在线维系和管理客户关系及网络广告等网上活动来实现。

（2）网络品牌与网络社区及其成员相关联

接受和认同网络品牌的消费者是通过网络沟通建立的客户关系确定的。科特勒认为每个品牌都代表了一组忠实的顾客，网络品牌也不例外，它代表了一组忠实的顾客，这组顾客通过网络社区维系。利用网络社区平台与顾客建立一种持久稳定的关系，以此了解顾客的需求，并加以满足，并不断地使其满意，这样就能造就一批对品牌忠诚的消费者。例如，"新奇军"网络社区，其社区成员基本上是"奇瑞"品牌汽车的车主，他们在网络社区通过电子口碑影响并造就"奇瑞"品牌一批又一批的新用户。例如，2005 年年初，可口可乐公司将其品牌向网络延伸，在上海新国际博览中心发起以某个网络游戏为平台的"要爽由自己，冰火暴风城"主题嘉年华活动，在短短两天内，吸引了两万多人参加该活动，并及时开通 iCoke 网站，使可口可乐品牌的网络价值实现快速提升。

（3）网络品牌意味着提供有价值的信息或服务

网络品牌价值是通过网络及信息技术手段为消费者提供有价值的信息或服务来实现的，人们能够记住一些网络品牌是因为这些品牌可以提供有价值的信息或服务，例如百度的信息搜索服务，头条新闻的资讯信息实时、快捷，QQ、微信的在线实时交流，阿里巴巴提供在线电子商务支持等。网络品牌为消费者提供有价值的信息或服务，并得到消费者承认，彰显品牌价值，这是网络品牌的核心内容。

互联网上一些知名的品牌，既有传统品牌，也有网络品牌。

（4）网络品牌象征着在线客户支持和服务的能力

虽然互联网商业化应用的时间并不长，却诞生了许多知名的网络品牌。这些知名的网络品牌都有一个共同的特征，就是在网上长期提供在线客户服务和技术支持。拥有品牌的企业要持续体现这种能力，需要有长远的网上业务规划，要对品牌不断地投资和营销，以提高其网上知名度和美誉度。网站知名度与访问量之间没有必然联系，因此，网络品牌需要企业规划好网上的业务，长期提供令消费者满意的产品或服务，使其源源不断地获得品牌释放的价值，以保持客户忠诚度。

7．网络品牌的层次

当我们看到一家知名企业的网站时，会联想到该企业的形象。如果一家企业的网站看起来比较专业，可以为消费者提供有价值的信息和服务，那么它会提升消费者对品牌的满意度，反之会对企业的品牌产生负面影响，但不至于让消费者对企业完全失去信任。因为企业的品牌还有很多途径对消费者产生影响，同时已有的品牌威力会形成一种印象惯性，即使在网络品牌方面有不足之处，消费者也容易忽略。当消费者看到一个不熟悉的企业网站时，通常会产生一定的印象，但很难一下子与企业的品牌联系起来，因为这个品牌在消费者心中还不存在，这时通过网络形成的品牌印象，是消费者对企业品牌的第一印象。这也说明知名企业的网络品牌策略主要是品牌形象从线下向线上的延伸和发展，而非知名企业和新创企业的网络品牌则是近乎全新的创建过程。对网络消费者来说，从网上获得的印象几乎就是对企业的全部印象，因此企业在向消费者传递品牌信息时应该更细心。这与基于互联网业务的网络公司有一定的相似性。

网络品牌包含 3 个层次，如图 5-3 所示。

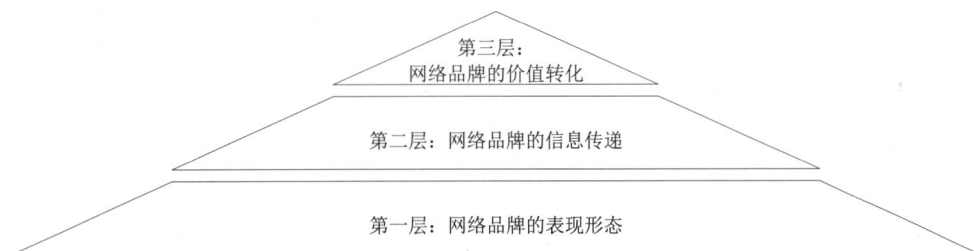

图 5-3　网络品牌的层次结构

（1）网络品牌的表现形态

一个品牌被认知，首先应该有其存在的表现形式，也就是可以表明这个品牌确实存在的信息，即网络品牌具有可认知的、在网上存在的表现形式，如域名、官方网站（网站名称和网址）、Logo、官方微博、企业电子邮箱、企业二维码等。

（2）网络品牌的信息传递

仅有网络品牌的存在并不能被消费者认知，还需要通过一定的手段和方式向消费者传递网络品牌信息，品牌才能被消费者了解和接受。网络营销的主要方法如搜索引擎营销、社会化网络、许可 E-mail 营销、网络广告、病毒营销等，它们都具有网络品牌信息传递的作用，因此网络营销的方法和效果之间具有内在联系。例如，企业想在进行网站推广时达到品牌推广的目的，只有深入研究其中的规律，才能在相同营销资源的条件下获得综合营销效果的最大化。

（3）网络品牌的价值转化

网络品牌的最终目的是获得忠诚的消费者并提高销量，所以网络品牌的价值转化过程是网络品牌建设中最重要的环节之一。从消费者对一个网络品牌有所了解到形成一定的价值转化，如网站访问量上升、注册人数增加、促进销售、提高客户满意度等，就是网络营销活动的过程。

5.1.2　产品及服务

在互联网普及的信息时代，营销观念发生了转变，社会营销观念逐渐形成。以消费者需要为中心，以市场需求为导向，了解消费者的个性化需求，提供满意的产品或服务，成为营销的主要任务。然而，企业的资源是有限的，如何将有限的资源投入生产中，加工并转换成为符合市场需要的产品或服务，以满足消费者的个性化需求是网络营销产品策略主要考虑的内容。

1．产品的概念

产品是指提供给市场的能够满足人们某种欲望和需求的商品和服务。它是一个整体的概念，由 3 个层次组成，即核心产品、形态产品、扩展产品。

① 核心产品即实质产品，是指提供基本效用和利益的产品。它是产品的核心部分，也是消费者最想得到的东西。例如，消费者购买手机主要是通信需要。消费者购买某个产品是为了获得该产品的效用，即产品的本质。核心产品确定了产品的效用特征。

② 形态产品是核心产品借以表现的形式，是为市场提供实物及服务的形象表达。产品的形象是指产品在市场上被消费者识别的面貌和表现，包括产品的质量、式样、特征、品牌和包装 5 种基本形式。形态产品确定了产品差异特征。

③ 扩展产品也被称为附加产品，是指消费者购买产品时所能获得的附加服务和附加利益的总和，包括提供的信贷，产品免费运送、安装、维护、质量保证等售后服务。附加产品确定了产品增值的特征，增强了产品的竞争力和吸引力。

产品的概念有广义和狭义之分。狭义的产品是指企业生产的具有一定物质形态和用途的物品；广义的产品是指提供给市场用于满足人们某种欲望和需要的一切东西，包括劳务、服务、思想、创意或设计等。

由此可见，产品并不仅仅是实物，还包括为满足人们某种需要而提供的劳务，如运输存储服务、安装修配服务、设计服务、通信服务、咨询服务、金融服务及旅游服务等。同时，产品不仅是指构成产品实体的本身，还包括与其有关的各种伴随服务和创意等。

产品的整体概念如图 5-4 所示。

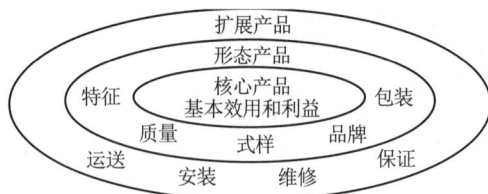

图 5-4　产品的整体概念

2．产品概念的价值体现

品牌或产品概念是企业在消费者心智中申请的专利。

① 利益点：必须是消费者关心的和对消费者有用的东西。

② 支持点：让消费者深信概念产品的理由，支持概念成立。

③ 记忆点：是指产品概念给消费者的一个代表性符号。这个代表性符号必须易接受、易记忆、易传播，并且最好能够将概念与企业（品牌）锁定在一起。

3. 网络产品的概念

进入网络时代后，虚拟市场形成，产品的概念被丰富和扩展，网络产品的概念应运而生。

网络产品除了包含传统产品概念，在其外延上，还可以拓展为通过交换而满足人们需求的因素和手段，包括电子交易市场，如在线证券交易市场、在线电子商务平台等；在其内涵上，还可以丰富为能够满足消费者需求和欲望的任何东西，包括有形产品及其附属服务、无形产品或服务、创意设计及构思、网络空间及其注意力、组织活动及其网络安排等。

因此，网络产品泛指网络环境下可提供给消费者的任何事物。从满足消费者需求的角度出发，网络产品的概念可以细分为以下 5 层内容。

（1）核心产品

核心产品是指为消费者提供基本效用和利益的产品，是消费者最想得到的东西。例如，消费者为了上网，从中国电信购买"宽带接入"服务；为使计算机正常工作，购买"杀毒"软件清除感染文件中的病毒；"宽带接入"和"杀毒软件"就是其产品的核心利益。

（2）有形产品

有形产品是指在虚拟市场下营销时，向消费者展现具体物质形态的产品。传统的物质产品在网络营销时，和传统营销一样，需要承诺产品品质，注意塑造品牌形象、产品包装等；对于不同地区的文化特征，在产品式样和特征设计方面要投其所好，对于特定的需求要量身定做，提供符合当地文化氛围的产品和服务。

（3）期望产品

消费者在购买产品前，对所购买产品的质量、使用方便程度、特点的认识等都有期望值，这就是期望产品。网络消费者有追求产品多样化和个性化的需求，厂商在设计和开发新产品时，要注意消费者的个性化需求。对于物质类产品来说，企业在设计、生产和供应等环节，要采用柔性化生产管理模式来应对市场的消费变化。对于无形产品如服务、软件等来说，应对消费者的需求给予满足，并提供差异化服务。

（4）延伸产品

延伸产品是指由生产者或经营者提供的，用来引导消费需求的产品。该产品主要帮助消费者更好地使用厂家提供的产品的核心效用。延伸产品主要围绕物质产品提供运送、安装、维修和质量保证等服务内容；对于非物质产品，它主要提供满足各类需要的服务。例如，软件公司在销售软件时，提供产品在线升级和信息资源下载、更新服务。在产品升级时，购买者可以付费升级，获得一些新增的功能和新增的资源使用权。当然，若购买者不愿意另付费用，也可以升级产品，但产品缺少新功能。

（5）潜在产品

除了向消费者提供延伸产品，企业还应对挖掘到的消费者的潜在需求加以满足，这种满足消费者的潜在需求的产品就是潜在产品，一般是产品的增值服务内容。潜在产品与延伸产品的主要区别是消费者没有潜在产品，仍然可以很好地使用产品的核心效用和服务。互联网是资源共享并使人创新的环境。在网上，许多潜在需求难以被消费者发现，需要企业把握和引导这种潜在需求，支持潜在产品的开发，以满足消费者的潜在需求。

4．产品营销的特征

在网络环境下营销产品，应该与在传统市场环境下一样，为消费者提供的产品应该是完整意义上的产品，能够揭示其全部内容。在网络环境下营销产品，无论产品是有形的，还是无形的，都具有一定的网络时代特征，其主要表现如下。

（1）产品目标客户群年轻化

CNNIC 调查资料表明，网络营销产品的目标客户群具有年轻化的特点。企业在选择网络营销产品时，需要测算产品目标客户群与潜在客户之间的关系。若产品与目标群体特征吻合度高，表明该产品网络营销成功的可能性大，反之则不然。

（2）传统产品的自身适销

网上营销的产品虽然种类繁多，但拥有共同的特征，即标准化程度较高。消费者在选购标准化的产品时，只要了解产品信息，就能获悉产品性能及其品质，这类产品主要有书籍、杂志、计算机、VCD 等。对于消费者在网上通过已知信息无法直接判断其质量好坏的产品，以及只能通过使用或体验，才能感受和确认其真实性能和品质的产品，如食品、按摩椅等。

（3）数字化产品的适销特点

数字化产品是指那些由 0 或 1 数字序列构成的电子数据文件的产品形态，如软件、音乐、游戏、动画、视频和新闻等。数字化产品在网上销售具有显著的优势，它可以在线支付、在线交易。消费者在选择一种可行的支付方式后，商家就会以合适的网络方式将产品分发给消费者。消费者可以选择在商家的服务器上下载所购买的产品，并通过在线帮助进行安装和使用。与传统的有形产品相比，数字化产品具有在线获取、安装方便、实时服务支持、可升级、可复制、可重复使用和成本低廉等优点，其缺点是易受到病毒软件的侵袭和破坏。

（4）网络产品分销体系及物流配送服务能力

无论企业销售的是传统的物质产品，还是无形的数字化产品，都必须具备完整的分销体系和物流配送服务能力，这是网络营销成功的必要条件。

在网上销售有形的物质产品，建立有效的分销网络和便利的物流配送服务是必需的。企业需要进行市场调研，弄清楚产品目标客户群的范围和数量，并以此构建产品分销体系及其配送服务网络。首先，考虑分销体系及配送服务网络的构建成本；其次，考虑商品配送的便利性及物流信息的可跟踪性；最后，考虑物流配送的效率及网络的优化问题。

在网上销售无形产品或服务，要方便资金流、商流、物流及信息的高效运作，构筑网络服务平台，满足消费者方便购买和便捷沟通是其核心内容。通过网络平台，消费者可实现在线订单、支付、下载、试听及实时沟通等功能；商家可以实现产品在线展示与拍卖等。

可见，在网络营销中，若产品分销与配送服务功能不完善或丧失，会使消费者购买产品或接受服务的欲望受到遏制，即使营销做得好，也无法收到预期的营销效果。

5．网络产品的特点

适合在网上销售的产品的特点，一般看以下几方面。

（1）产品性质

CNNIC调查资料表明，网上消费群体中年轻用户占绝对多数，对网络接入、信息浏览、软件下载、在线游戏、软件和硬件产品，以及相关的新技术和新方法开发出的电子产品关注度很高。因此，企业在选择产品实施网络营销时，应掌握这种消费变化趋势，选择一些与高技术或与计算机及网络有高度关联的产品或服务在网上销售。一些标准化程度较高的产品，如图书、CD、手机及数字小家电等也可在网上销售，无形化的数字产品和服务，如远程医疗服务、远程教育培训和在线学习等是未来热门的网络产品。

（2）产品质量

互联网的跨时空特性，虽然是消费者便利购物的优势，但也存在一些问题。在网上选购商品，消费者不能像在传统环境下购买商品一样，进行品尝、试用和体验，也没有人给予临场指导和关怀，只能通过商家网站了解产品或服务情况，对产品质量和诚信缺乏信心与保障是制约消费者购买决策的主要障碍。因此，保证网络销售产品或服务的质量，并建立诚信消费的保障机制是实施网络营销产品策略的重要内容。

（3）产品式样

互联网是一种全球化的营销网络，网络产品销售范围从理论上来讲可通达全球。但在实际产品经营中，目标市场基本上被锁定在特定的国家或地区的目标客户群，提供的产品与服务必须符合当地消费者的风俗习惯、宗教信仰和教育水平。同时，注意满足消费者的个性化消费需求，推出创新的产品式样，保持时尚，以满足网络消费者的个性化需求。

（4）产品品牌

在网上营销，品牌依然是企业的营销工具，它不仅可帮助消费者辨别企业的产品，同时也是消费者接受服务的标志。在网上，要想使产品品牌所表达的信息在浩如烟海的产品信息中脱颖而出，吸引浏览者的眼球，就要建立网络品牌，以其清晰的品牌标识和沟通渠道，让品牌形象扎根消费者心中；同时，消费者在进行产品购买决策时，在无法体验购物环境和人文关怀的条件下，只能依据自己对品牌的认知和电子口碑做出购买决策。因此，产品品牌的投资和创建，能使企业与消费者保持稳定的客户关系，使产品被消费者长期接受。

（5）产品包装

在网上销售的产品，面向不同的消费市场，其包装必须适合不同物理位置和不同文化环境下的营销对象的需要，以满足消费者对产品包装的要求。

（6）目标市场

互联网形成虚拟市场，客户由潜在消费者成为实际购买者，经历了由过客到看客，再到顾客的3个阶段。事实上，目标客户群究竟在哪里，并不是确定的。潜在消费者的分布范围广泛，地理位置跨度大，难以准确把握，需要企业在产品的适应性和特殊性之间实现平衡。如果产品目标市场被限制在一个狭窄的范围内，就不适合在网上经营，还是以传统方式营销比较好。

（7）产品价格

由于网上价格信息公开透明，所以产品必须货真价实。在网络营销发展的初期，许多企业为了拓展传统市场的营销空间，纷纷采用低价甚至是免费的价格策略将传统产品放到网上经营，以抢占网络市场，这虽然能够吸引一些看客的眼球，但若没有后继的价格成本结构支撑，企业是难以为继的。事实上，有些在网上采取低价策略的企业，并不想从这些低价销售的产品上赚钱，它们在取得目标市场以后，往往会用新的成本结构去颠覆传统的成本结构，以打败传统市场上的竞争对手，稳固自己在网络市场取得的优势和市场份额。消费者以为在网上销售的传统产品的价格一定会比在传统市场上的要便宜，这也有合理的因素，网络产品价格低廉是因为网络产品的流转和管理成本较低，必然使企业以较低的定价策略去开拓网络市场，这一点已经被广大企业接受和认同。

6．网络产品的类型

事实上，并不是所有的产品都适合在网上销售，网络产品会受到一些条件的限制。就产品性质而言，有形产品和无形产品在网上营销是不一样的。

（1）有形产品

有形产品是指具有一定物理性状的物质产品。在网上销售这类产品不同于传统的店铺经营，由于商家与消费者缺乏直接的面对面沟通，所以在营销时，伴随有形产品在网上销售所需的服务是企业的主要营销内容。因为，有形产品的营销信息通过网站发布以后，一部分在传统市场环境下以传统方式销售；另一部分则转入网上的电子交易系统销售，这是在线交易，其有许多伴随服务内容，主要是营销媒介和中介服务。使用电子交易系统在线交易商品，需要提供在线订单处理、电子支付、信息管理、物流跟踪及货物配送交付等服务，这是电子中间商服务。伴随着有形产品的在线交易，提供各种网络服务的产品应运而生，网络产品的营销转入一个新的层次。从交易中介的角度来看，营销内容主要是信息传播媒介和电子中间商；从交易活动主体的角度来看，营销内容主要是网上销售的物质产品；从伴随服务提供者的角度来看，营销内容主要是电子银行、第三方物流、ISP 和 ICP 提供的各种服务及其产品增值服务。

（2）无形产品

无形产品是指以数字化形式在网上销售的信息载体和服务内容。由于无形产品没有具体的物质形态，其性能和功能只能通过其他载体才能表现它的效用，如计算机软件、数字音乐、在线新闻、在线游戏等。无形产品中很重要的一部分是网络空间和在线服务，如在线杀毒软件、QQ、付费电子邮箱和网络空间，无形产品能够在网上为消费者提供核心服务利益和效用。无形产品还包括一些咨询服务，如在网络社区聆听消费者声音获得其有效需求，关注针对企业及其产品的电子口碑，这些内容都可以转化为无形产品并进行营销。在网上无形产品销售中，在线服务份额最大，主要有在线普通服务和在线咨询服务两类。

在线普通服务包括电子缴费、远程医疗、法律救援、票务预订、饭店预约、旅游服务、求诊预约、网络交友、计算机游戏等。在线咨询服务主要包括各类信息咨询，如行情信息、检索与查询、媒体新闻、电子图书与刊物等。另外，阿里巴巴为中小型企业提供的电子商务交易平台系统也是服务产品，中小型企业在购买阿里巴巴的服务后，阿里巴巴替企业用户安装终端前台软件，并在后台服务器上开放一个交易席位，使企业可以进行在线电子商务，实现产品展示、订单处理、客户管理、财务管理、物流管理等一系列的在线商务运作。

对于在线普通服务来说，消费者不仅注重核心产品的效用和带来的收益，还关心所付出的成本。网络是一个全新的平台，消费者能够通过它接受各种增值服务，如视频聊天、IP 电话、IP 传真和流媒体信息发布（网上电视、音乐、视频点播）等。这些网上服务比传统服务在性能和价格上更具优势，能够使用户的服务效率和服务项目得到显著提高，增强用户对外提供服务的质量和服务水平。

对于在线咨询服务来说，信息门户网站是在线咨询服务的平台，它能使消费者快速找到有价值的信息或提供信息的咨询机构。例如，留学咨询、考研辅导、就业咨询、法律咨询、健康咨询、美容咨询、投资融资、理财咨询，以及资料检索与查询服务等。由于信息咨询服务能适时满足消费者各方面的需求，所以它是互联网上需求增长最快的业务之一。

5.1.3　产品策略设计

1. 网络环境下产品策略面临的挑战

企业产品营销策略面临着互联网带来的挑战。在网上，产品信息是开放且共享的，竞争者竞相公开其产品底价和营销卖点，企业营销和研发产品的难度越来越大。

（1）信息共享的挑战

在网上，有关企业的各种信息有许多，且是开放与共享的，获得这些信息非常便利。产品新的构思或创意营销计划一旦投入实施，就会立即引起竞争者的关注，如关于汽车的外观与内饰设计款式，各种不同角度的照片应有尽有，所有设计特征一览无余。因此，企业必须摆脱传统的设计思维和束缚，尽可能地根据市场上畅销产品的外观和内饰需求特点，开启产品设计的创意之门。聆听消费者的声音，发现潜在的有效需求并加以满足，是企业产品创意设计的思想源泉。以此开发符合市场需要、消费者满意的产品，既是企业应对网络信息共享挑战的重要对策，也是其新产品策略变化的核心内容。

（2）市场分裂的挑战

互联网使得企业对消费者的争夺更加激烈，目标市场不断分裂，直至最小的市场利基。网络消费者的个性化需求主张和未来目标市场细分的要求，导致以个体为基准的一对一市场形成，使得企业产品策略必须创新，以适应市场的个性化需求。随着高速宽带通信网络的开通，新的商业模式和应用服务应运而生。例如，物联网将各种信息传感设备与互联网结合并形成一个巨大的网络，使所有物品与网络连接，方便识别和管理，使厂家提供的产品和服务以更加个性化和定制化的形式满足消费者的需求。

（3）持续发展的挑战

随着经济全球化和网络信息化的发展，人们意识到赖以生存的环境变得越来越糟糕，维护环境的责任不再是一个国家或地区的事情，整个地球上的人都要为社会的可持续发展担负起责任。因此，市场营销在经历了从绿色营销理念到社会营销观念的嬗变后，对企业生产和营销产品的要求更高了，一个不以损害生态环境和公共利益为原则的产品生产和营销才是符合社会需要的，才能维护公众利益并保证消费者的安全。

（4）产品研发的挑战

在网络环境下，企业研发产品和改进产品的周期不断缩短，产品研发费用不断增多，企业面临的风险也在不断增加。

（5）产品营销的挑战

企业成功产品的生命周期在不断缩短。在信息技术被广泛应用的时代，一种新产品刚刚成功上市，竞争对手很快就会跟进，绕开知识产权保护的障碍开始模仿新产品，从而使新产品上市的生命周期不断缩短，企业面临难以快速收回投资的尴尬局面。

在互联网环境下，企业在设计产品策略时必须聆听消费者的声音，根据消费者的需要开发适销对路的产品和服务，并在短时间内占领整个市场，这样才能打败竞争对手。

2. 产品策略的构思

（1）产品营销创意形成

产品设计的构思主要来自消费者、科学家、竞争者、企业设计人员、销售人员及中间商和高层管理者，因此，产品在由概念转变为实体的功能、结构、外观、性能等内容时，需要对创意设计的特点进行凝练，并将它们汇集为产品的营销卖点（噱头）。由于产品最终必须由消费者用货币投票，所以在设计产品策略时，要将创意与消费者能够认同的理念结合起来进行构思。网络是一个开放的公共社区，消费者能够在社区里广泛地发表言论，企业可以据此将产品策略的构思内容放到网络上，让网民进行讨论，通过捕获有价值的内容，获得消费者对产品的需求，以及企业与消费者、企业与合作伙伴、消费者与消费者之间有关产品的交流内容，从而凝练产品的特点，设计产品的创意营销方案，最终使概念产品设计走向市场，成为消费者货币投票的满意商品。

（2）产品价值共同创造

在网络环境下，产品从设计、开发到销售是一个由企业和消费者共同创造价值的过程。以消费者为中心，以市场为导向，让消费者参与到企业的产品开发、制造和销售过程中，与企业共同创造价值，企业从中获得利益是现代企业共同追求的战略目标。因此，如何让消费者参与企业的产品设计、开发和营销过程是企业需要考虑的新问题。在网上，消费者既愿意表达自己对企业产品设计的想法，也愿意参与产品的设计与开发过程，甚至是生产和营销的管理过程，不再简单被动地接受企业的产品测试和表达自己对产品使用的感受。消费者在与企业共同创造价值的过程中，既能够真正体会设计师、生产者、销售人员的责任和义务，也能使自己的需求在与企业的合作中获得满足。因此，企业通过聆听消费者声音，了解消费者需求，指导消费者参与企业的设计、生产和营销等工作，与消费者共同创造价值，企业再从中获得自己的利润和利益，这才是产品营销走上双赢或多赢的途径。

（3）产品策略设计原则

① 如果网上销售的产品或服务与计算机有关，就很容易获得成功。

② 在消费者做出购买决策前，网上销售的产品或服务一定是不需要消费者尝试或观察后才决定购买的产品。否则，该产品或服务就不适合在网上销售。

③ 网上销售的产品或服务的性质要明确，数字化产品和具有知识产权的无形商品更适合在

网上销售，同时无形产品比有形产品易于在网上销售，无形服务比有形服务也易于在网上销售。

④ 网上销售的产品或服务最好属于高技术产品范畴，高技术的产品或服务更易于在网上进行市场营销。

⑤ 网上销售的产品或服务要符合国际性消费者的需要，由于互联网的泛在性和全球性，具有国际化性质的产品或服务更容易在网上获得成功。

在互联网环境下，并不是所有的产品都适合在网上销售。事实上，很多产品并不适合在网上销售，但是仍有很多企业将自己的产品或服务放在网上宣传，进行产品信息发布和传播。其目的是让企业品牌的知名度扩大，增强消费者对其品牌的认知度，使消费者在有真正需求时，能够根据自己过去在网上获得的品牌和产品信息记忆，再次找到该企业及其产品。因此，企业发布的信息既是消费者便利购买的基础，也是消费者从满意到满足的基本条件。

5.2 网络品牌策略

随着新一轮科技革命和产业变革的深入发展，品牌发展理念和实践也在发生深刻变革。我国网络品牌的创建成功与消费者对网络品牌的价值体验及消费者的满意度紧密相关。企业在网上创建品牌，不同于在传统环境下创建品牌，要给予消费者有价值的信息，为消费者提供有价值的服务，要与消费者互动沟通，了解消费者体验网络品牌的感受和满意程度，以形成有利于企业品牌塑造的正向电子口碑，借此向公众传递品牌的理念和定位。

创建网络品牌需要对品牌进行整体规划，分析企业在网上的业务及赢利模式，要了解消费者网上行为的特点和需求的个性化特点，以此设计网络品牌的体验，规划品牌的发展思路。

创建网络品牌的主要工作包括分析和定位品牌、设计品牌名称和 Logo、塑造品牌个性、传播与推广品牌。

5.2.1 网络品牌定位与策划

1. 品牌定位及考虑的问题

在创建网络品牌之前，企业需要弄清楚这些问题：网络品牌要表达的含义是什么，现有品牌能否支持企业的网络营销战略，网络品牌与现有品牌在向消费者传递信息时概念是否一致，网络品牌的域名、网站、Logo 等是否符合企业的形象设计要求，品牌符号是否易于公众熟记和认知，网络品牌对提高企业产品知名度和美誉度的影响力如何，网络品牌对提高客户满意度和忠诚度的影响力如何，竞争对手的网络品牌策略是什么，网络品牌的形象设计是否具有时代感、行业性、独创性，企业与消费者的互动沟通渠道是否通畅，企业与消费者的关系是否稳固，网络广告和品牌推广措施是否得力，等等。对这些问题有明确的答案后再开始工作。

2. 业务定位及策划内容

根据网络品牌的类型可知，网络品牌的业务定位有 3 种类型：网上在线业务、网络信息传播和线下传统业务。根据网络品牌业务的定位，策划网络品牌的创建内容。

网络品牌策划是针对网络品牌在线业务内容展开的，内容包括品牌代表的业务内容及该业务内容网上竞争状况分析、品牌拥有的资源分析；表现品牌形态的内容包括域名、网站（网站名称、Logo、网页基色、网站内容、网络实名和通用网址等）、电子邮箱，品牌营销推广方案，品牌资产管理制度，品牌危机处置预案及网络公关策略，品牌推广效果评估，等等。

5.2.2　网络品牌创建与塑造

网络品牌创建是伴随着客户在网上进行商务活动的体验过程进行的，如图 5-5 所示。

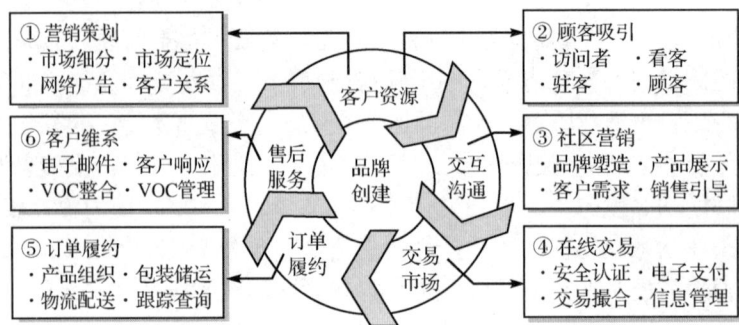

图 5-5　网络品牌创建与客户网上体验模型

创建与塑造网络品牌，要与企业在网上的经营目标和信息传播的要求保持一致，品牌塑造的过程与企业为消费者提供电子商务的过程同步，主要过程分为以下 6 个步骤。

（1）营销策划

制定网络营销策划方案，通过对营销环境的分析，规划营销内容，并对营销活动进行组织和实施，评价营销效果。重点任务是市场细分、市场定位、网络广告投放和在线客户关系管理。

（2）顾客吸引

网民"网上冲浪"一般穿梭于各大网站之间，像一名过客一样，来去匆匆。企业只有在网上为大家提供有价值的信息和服务，才能吸引过客的注意。如果企业想让访问者变成看客（浏览者），就应该清楚看客的需要。当看客在网上能够不断地获得有价值的服务时，网站的价值便得到了体现和释放，看客就会依赖网站，成为驻客（注册客户）。驻客在网站上享受服务并有愉悦的体验后，其潜在消费需求就会在品牌的感召和营销活动的激励下迸发，真正成为企业产品和服务的消费者（顾客）。该过程既是消费者网上购物的体验过程，也是网络品牌的创建过程。在这里访问者、看客都可能是过客，吸引过客成为驻客是基础，成为顾客才是目的。

（3）社区营销

建立网络社区，通过提供有价值的信息和服务，吸引更多的人加入网络社区进行交流与共享，使网络社区成长为虚拟品牌社区。这一期间，用产品展示、商情发布与传播、聆听客户声音（Voice of Customer，缩写为 VOC）和引导销售，使那些具有愉快体验的消费者将其体验经历以口碑的方式在社区中传播，塑造企业成功的网络品牌形象。

（4）在线交易

电子商务的最终目标是实现在线交易。在电子交易平台上，需要认证交易双方的身份，认证支付和安全网关，同时进行在线交易撮合和信息管理，形成电子交易品牌。

（5）订单履约

交易订单确认后，订单履约是品牌价值体现的重要环节，其主要任务包括产品组织、包装储运、货物配送、跟踪查询。

（6）客户维系

在网上，构建新型的客户关系是网络营销的重要目标。客户维系可以通过电子邮件的许可营销、病毒营销和在线客户反馈响应系统，聆听与响应客户声音，维系和挽留有价值的客户。

5.2.3 网络品牌危机与公关

1. 品牌危机

品牌危机是由于企业外部环境变化或品牌在运营管理过程中的失误造成的，对企业的生存与发展会产生不良影响。品牌危机能够在很短的时间内，在社会公众中蔓延，进而大幅度降低企业品牌的资产价值，甚至危及企业的生存与发展。品牌危机是由事件引起的，危机事件具有突发性、紧急性、高度不确定性、严重威胁性和非程序化决策等特点，从而使品牌危机具有突发性、低预见性、严重危害性、破坏性和舆论高度关注性等特点。

（1）品牌危机产生的主要原因

① 制定的品牌战略失误。

② 实施品牌策略的失误，包括品牌延伸策略失误、品牌扩展策略失误、品牌定位策略失误、品牌传播策略失误和品牌生命周期策略失误。

③ 品牌的素质缺陷，包括品牌产品质量缺陷、品牌产品单调不符合市场要求、品牌符号结构设计失误、品牌内涵（理念、文化、个性）设计失误。

④ 品牌环境的变化，包括内部环境的恶化、组织内部协调不力、组织内部价值观冲突、品牌外部环境变动。

（2）品牌危机管理

品牌危机管理分为 3 个阶段：危机预警监测阶段、危机处置实施阶段和危机善后管理阶段，这 3 个阶段被称为品牌危机管理的"PP+R+RR"模式。

① 危机预警监测阶段。目标管理任务是监测和防范品牌危机的发生，准备品牌危机处置预案。内容包括对品牌形象、品牌忠诚、品牌市场影响、法律权益（包括品牌名称安全、品牌标志安全和品牌商标安全）和品牌素质进行监测和预警。

② 危机处置实施阶段。目标管理任务是尽快确定品牌危机，启动危机应急处置方案，控制危机的继续蔓延；企业成立品牌危机应对指挥中心，加强对内、对外积极主动的沟通，使企业应对品牌危机反应适度，使危机产生的负面影响降低到最低程度。

③ 危机善后管理阶段。该阶段是对品牌危机发生后的事后管理，目的是对品牌进行恢复和重振，主要任务是测评企业品牌形象，总结品牌危机管理经验，恢复企业正常运营，在企业内部和外部采取管理策略，重振品牌形象。

2. 网络公关

公共关系（Public Relations，PR）简称公关，是指社会组织选择传播手段与公众建立良好的关系，以帮助该组织目标得以实现的系统活动。在 21 世纪，公共关系活动的目的、内容和活动方式、实现效果都发生了变化，企业必须借助互联网，以网络和信息管理的思维，实现组织和公众之间的传统媒介和网络媒介融合的双向互动式的全球化沟通，创建企业品牌，塑造企业形象，化解企业危机的网络公共关系。

可见，网络公共关系是对传统公共关系活动的网络延伸，如继续运用广播、电视、报纸、杂志等传统媒介建立公共关系，并将其活动延伸到网上进行；同时，针对传统媒介的单向沟通弊端，建立网络环境下的组织与公众或营销对象的双向交流和互动，扩大企业影响力。

网络公共关系主要包括如下内容。

（1）维系客户的网络公关

利用互联网与客户建立互动沟通关系，已经成为企业维系客户的重要工具和手段。企业通过网站平台、网络社区、电子邮件等工具，能够密切企业与客户、企业与公众的接触、交互、交易，维系关系，有利于营销和传播产品与服务信息；同时，企业也可以在网上聆听客户的声音，收集客户对于产品、销售、研发、招商、投资、融资等各方面的声音，主动创造有价值的产品和服务，满足客户的需要，并从中获得利益。

（2）处理危机的网络公关

用"成也萧何，败也萧何"形容互联网对企业的影响非常贴切。在网上，任何涉及企业的有新闻价值的信息都会被广泛传播，可能会酿成对企业有重大影响的危机事件，企业要有网络危机防范意识，进行网络公关，启动危机应急预案和干预机制。主要方法是：首先，聆听公众对企业品牌、产品和服务的抱怨、投诉和评价意见，建立舆情监测、预警和报告机制，建立防范和化解危机的预案；其次，在启动预案运行程序后，及时查明危机发生的原因，评估量化危机程度的各项指标，通过平时与媒体建立的合作关系，及时利用传媒宣传和表达企业处理危机的态度和承担的责任，积极进行网络公关。例如，2009年，安利公司发现，在百度贴吧"安利吧"中有许多人质疑安利公司的产品，出现大量对安利公司营销带有负面影响的言论帖，于是，安利公司启动处理危机网络公关预案。随后，人们发现在百度贴吧里已经看不到"安利吧"栏目了，有关安利产品的负面言论帖也都消失了。当然，网络危机公关不是万能的。

（3）塑造口碑的网络公关

在网上创建品牌是网络公共关系的重要任务之一。公共关系引导企业营销资讯传播的方向，是形成电子口碑的重要途径。在网上，企业的各种营销噱头、创意内容、技术特色和知识专利都可以被"包装"成"网络公关"文章在网上发布和传播。电子广告牌、内容聚合与聚合工具等是实现企业营销意图、阐述企业营销价值、强化和放大领袖客户意见的重要网络工具。通过应用这些工具能够引导公众舆情的发展方向，促进对企业有正向效应的电子口碑的产生。

（4）创建品牌的网络公关

在网上，能将传统品牌社区建成虚拟品牌社区，发布有价值的信息，吸引"冲浪"的网民（过客），驻足网络社区浏览信息（看客），当网民舍不得离开社区时，社区的品牌价值和信息价值会源源不断地释放，使网民长期依恋社区，并注册成为社区成员（驻客），最终由接受、认同社区营销产品、服务理念及思想，到购买产品和服务，成为顾客。可见，"过客→看客→驻客→顾客"的用户角色演变过程，实际上是企业树立网络品牌形象、打造用户品牌体验的网络公关过程。在此过程中，企业与客户之间建立了长期且稳定的关系，利用这种关系，客户又以正向效应的电子口碑去影响新来社区的其他网民，天涯社区的成长过程就是这样的。

5.3 产品及服务策略

营销的中心任务是确定产品或服务所具有的独特的、与众不同的特征，需要从产品生命周期规划产品的营销内容，产品及服务策略是网络营销策略的重要组成部分。

5.3.1 产品策略

1. 品牌策略

品牌能将企业的产品或服务与竞争对手的产品或服务加以区分，是营销最有效的工具之一。

从品牌的整体概念来看（见表 5-1），一家企业可以拥有一个品牌或多个品牌，可以将不同的品牌与不同品种的产品联系起来，形成一系列具有品牌的商品，面向目标客户群营销。

从产品整体概念来看，产品与品牌能够以多种方式结合。主要策略有统一品牌策略、个别品牌与多品牌策略、分类品牌策略、自主品牌策略、品牌延伸策略等。这些品牌策略使得企业的产品能够更好地锁定目标客户群，细分目标市场，开拓市场营销空间。

常见的产品品牌策略及其特征，如表 5-1 所示。

表 5-1 产品品牌策略及其特征

产品品牌策略	特征表现	品牌实例
公司统一品牌	所有产品均以公司名称为品牌名	海尔、雀巢
家族统一品牌	所有产品均以统一的品牌命名	"康师傅"方便面
分类品牌	不同种类的产品采用不同的品牌	奇瑞的 QQ、旗云、东方之子
多品牌	同类产品采用不同的品牌	箭牌的绿箭、益达、劲浪
个别品牌	每个产品采用不同的品牌	联想笔记本的旭日、昭阳等
自主品牌	产品采用零售商的品牌	合家福、苏果

2. 包装策略

网络营销的产品包装要比传统的产品包装更有新意，更能吸引消费者。网上的消费者普遍比较年轻，追求时尚和个性化是其主要特点，无论是有形产品还是无形产品，只要是网上销售的品牌产品，其包装都要符合消费者的品位和要求。

产品包装是指对某一品牌的产品设计并制作容器或包裹物的一系列活动。

产品包装分为主体包装、运输包装和促销包装 3 种类型。主体包装是指产品的直接容器，是指从产品出厂到使用终结，自始至终伴随着产品的容器。运输包装是为了适应产品储存、搬运过程的需要所采用的包装。促销包装是指为了便于商品的陈列和展示所采用的包装，其目的是美化商品，增加商品的价值，促进商品销售。产品包装是商品销售必需的内容，它不但能够保证产品的使用价值，还能够增加产品价值。产品包装承载了多种角色，发挥了多种营销作用。以微软公司 Office 软件产品的包装为例，主体包装为软件载体光盘和软件说明书；促销包装为光盘上的图案和覆盖着玻璃纸的纸盒包装；运输包装为装有 12 盒纸盒包装的纸板箱。

过去，企业只注重产品包装的保护和运输功能，未对包装的促销功能给予足够重视。现在，人们意识到适当的包装对树立企业品牌的长期形象具有重要作用。根据杜邦公司的"杜邦定律"，有63%的消费者是凭借商品的包装来选择商品的。包装或许是营销人员能够影响购买者尽快做出购买决策的最后一个环节，富有创意的产品包装与品牌的紧密结合，是企业产品从众多竞争对手的产品中脱颖而出的重要营销手段。

包装策略是品牌产品策略的重要组成部分。在产品设计、制造和销售的过程中，企业实施网络营销策略应选择合适的包装策略，常用的包装策略主要有类似包装策略、分类包装策略、配套包装策略、附赠品包装策略、再利用包装策略。

3. 服务策略

在产品策略中，产品服务占有非常重要的地位。产品服务是指整体产品中的扩展产品部分，或是指伴随产品所提供的相关服务内容。越来越多的企业将在线产品服务作为自己取得竞争优势的重要手段。服务源于满足消费者的需要，当服务与品牌产品有机结合在一起时，能完整地表现产品的全部内容。以微软公司的Office软件产品服务为例，若没有微软网站提供的关于Office软件及其性能的详细介绍、常见问题自助解答等内容，没有软件售后维护和免责条款的承诺，没有软件提供的在线免费咨询和软件安装向导，没有软件品质保证承诺，则Office软件在市场上的销售会大打折扣。可见，生产过程中的批量化、标准化、多功能化、高技术化的特点已经使产品之间的差距越来越小，竞争主要体现在产品的内部品质和服务上，即产品的无形部分。尤其是在扩大技术复杂、价格昂贵的产品销售份额时，更依赖于服务项目和水平的提高，而不是通过价格竞争来实现。卓有成效的服务能使整体产品拥有更好的效益。

服务策略包括服务项目和服务形式。

（1）服务项目

服务项目是指选择具体的服务内容。首先，依据产品的特性，按照消费者对产品服务项目的重要程度进行排序；其次，分析竞争对手的服务项目，以挑选有别于竞争对手的服务策略；最后，考虑市场发展，推出新的服务项目，如分期付款、票据抵押等。

（2）服务形式

服务形式包括服务要素如何定价及要素通过何种方式提供。服务要素定价的方法主要有固定定价、成本加总价、浮动定价和服务合同等。服务要素提供方式是指服务渠道的选择、网站内容与功能的提供，以及物理服务网点位置的选择。

5.3.2 新产品开发策略

在市场竞争日趋激烈的环境下，企业如何在短时间内开发出被消费者喜爱的性能更高、品质更优、成本更低的新产品，是其取得市场竞争优势的关键因素。

1. 新产品的创意构思

新产品的开发源于新颖的创意构思设计和时尚消费概念。创意的来源有多种渠道，主要有消费者、科学家、竞争者、公司销售人员、中间商和高层管理者等，但主要来源还是消费者，消费者是引导产品创意构思设计的力量之源。互联网的交互式沟通功能是企业与消费者、企业与企业、消费者与消费者之间的双向互动交流的重要手段，通过网络可以记录、收集、整理、评价和控制企业的营销活动内容，了解市场的需求变化，引导企业聆听消费者声音并制定合适的产品营销策略。

在计算机支持的网络协同工作环境下，由于企业与消费者沟通的能力增强，收集消费者的需求和建议信息更容易，指导客户参与企业的产品设计和开发更有效率，所以企业的新产品创意构思设计更加符合市场的需要。从在消费者的角度来看，由于有了互联网，消费者主动参与企业的产品设计与开发活动的意愿更强，动机更明显，也愿意在企业的营销活动中发挥自己的作用。

2. 新产品的设计研制

研制与开发新产品是一项复杂的信息与业务处理工程，企业必须应用先进的技术和手段，研发新的产品以满足市场需求并使消费者满意。质量功能展开方法是企业开发新产品和保证产品质量的重要方法，该方法通过收集消费者声音中的产品需求信息，以一系列被称为"质量屋"的表格形式描述原始数据及其之间的关系，并最终将用户的需求转化为产品设计理解的描述语言，完成产品的设计，由概念转变成为实体。

与过去新产品的研制与试销不一样，由于有了消费者全程参与产品开发的经历，新产品研制和开发的风险大幅度降低。消费者在参与新产品研制与开发的过程中，不再停留在简单、被动地接受产品测试和表达使用感受的阶段，而是主动参与和协助企业的产品研制与开发工作。此时，企业与供应商、经销商及其他合作伙伴的关系更加密切，是一种协同设计、协同制造和协同管理的关系，可以最大限度地提高企业产品研制与开发的速度、质量和效益。

3. 新产品的试销上市

互联网是一个新兴的虚拟市场空间，消费者具有很强的好奇心和消费时尚领导能力，愿意接受新鲜事物，尝试新的产品并享受新的服务。但是，网络消费群体有一定的局限性，调查统计数据表明，消费者的购买意向比较单一，并不是每个产品都适合在网上试销和推广，这需要引起厂商的注意。与信息技术相关的新产品，在网上试销和推广的效果比较理想，一方面，可以比较有效地覆盖目标市场；另一方面，可以利用网络与消费者直接进行沟通和交互，不仅有利于消费者了解新产品的性能，还可以帮助企业对新产品进行改进。

互联网是企业营销渠道的重要补充。企业要在传统营销渠道和网络营销渠道之间协调好，开发的新产品能够满足消费者个性化和多样化的需求，即同一产品能针对网上不同消费者的需求，生产出功能相同且满足个性需求的产品。因此，在开发和设计新产品时，需要考虑产品的式样和消费者需求的差异性，图 5-6 所示为新产品开发的基本过程。戴尔公司在网上直销产品的过程中，允许消费者根据自己的实际需要，挑选戴尔公司提供的标准配件，组装定制适合自己的计算机。戴尔公司在获得网上客户订单后，通过网络直接将订单信息传递给企业的生产和配售部门，这些部门按照消费者的订单上体现的个性化需求组装产品。可见，定制化的产品在网上销售能够满足消费者个性化和多样化的需求，适合大规模柔性生产，否则，概念再好的产品也难以被消费者认同和接受。

4. 新产品的研发策略

与传统的产品开发一样，互联网环境下的产品开发有相应的策略。

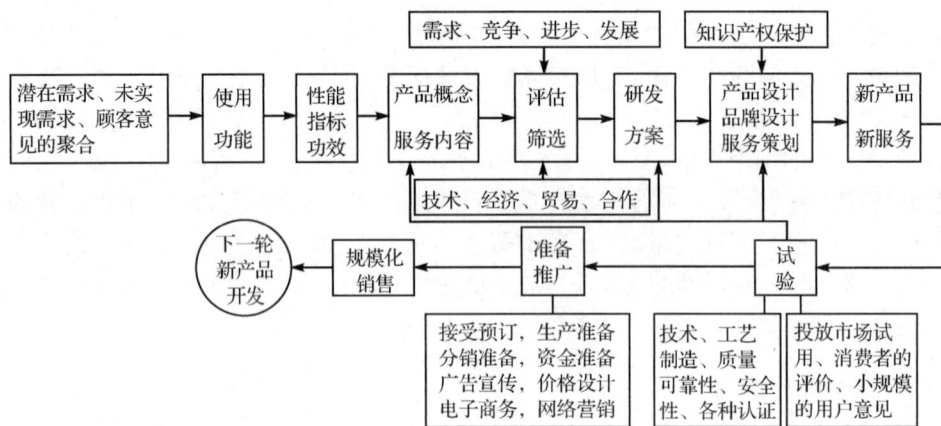

图 5-6 新产品开发的基本过程

（1）全新的产品策略

该策略就是开发一个市场上全新的产品，一般适用于创新型公司。在互联网时代，市场瞬息万变，消费者的需求、消费心理和消费行为随环境不断变化。企业在开发新的产品时，要善于把握这些变化的特点，设计出全新的产品构思和服务概念，以此构思产品和服务，把它们推向市场才能获得成功。该策略是网络时代下开发新产品的主要策略。例如，腾讯公司在国内推出即时通信产品——QQ，并在市场上占据绝对优势后，能够根据 QQ 应用需求的变化特点，及时推出许多与 QQ 有关联的新产品，如 QQ 邮箱、腾讯会议、手机 QQ 等，都获得了成功。

（2）新产品线策略

该策略是企业首次进入现有市场的新产品策略。由于互联网的信息扩散与传播能力非常强，所以在网上了解有价值的产品信息非常方便，这也为其他竞争者迅速模仿和研发相同产品提供了捷径。由此，网络时代下新产品的开发速度加快，产品生命周期缩短。在应用该策略时，企业只能将此作为一种对抗性的防御策略来使用，及时重定位产品。重定位产品是指以新的市场或细分市场为目标市场来定位现有产品。

（3）在现有产品线外新增产品策略

该策略就是在企业现有产品线的基础上补充新的产品。在网络市场中，消费者的需求差异性很大，市场分工越来越细，每种新产品只能瞄准较小的细分市场，该策略既能满足不同层次的差异性需求，也能以较低的风险开发新产品。

（4）在现有产品基础上更新换代策略

该策略就是在现有产品的基础上，改善产品的功能或为消费者提供有较大感知价值的产品，以替换现有产品。在网上，消费者自主选择商品的范围、权利和能力增强，企业为了满足消费者的需求变化特点，必须不断地改进现有产品，适时地对产品进行更新换代，否则，就可能被市场淘汰。对现有产品进行信息化、智能化和网络化的升级换代考虑，是该策略应用的重要因素，如给电视加上数字化和上网功能等。

（5）降低产品成本的策略

依据价值工程原理（$V=F/C$，其中 F 为产品功能，C 为产品总成本，V 为产品价值）可知，企业在提供同样功能的产品时，其总成本较低的新产品更能获得消费者的青睐。在网上，尽管消费者个性化表达意愿强烈，但其消费行为更趋理性和明智，对想要购买商品的价格会反复比较和评估。消费者关注的是企业通过产品给自己带来多少价值，这些价值是否远远高于自己所付出的代价（客户可让渡价值），因此，企业要为消费者提供功能相同但成本更低的产品，更好地满足成熟的市场需求。

在网络营销中，企业采取哪种新产品开发策略，应该视具体情况而定，开发新市场的新产品是企业提高竞争力的核心。对相对成熟的企业来说，采用其他的新产品策略是一种比较稳妥的短期策略，但不能作为企业新产品开发的长期策略。

5.3.3 个性化服务策略

1. 个性化服务的含义

个性化服务是指企业根据消费者个人的偏好、兴趣和以往购买行为的特征变化特点和需要，提供"量体裁衣，度身定做"式服务内容，以满足消费者特定需求的定制服务方式。个性化服务内容包括 3 个方面：服务时空的个性化、服务方式的个性化、服务内容的个性化。

随着互联网和信息技术的广泛应用，个性化服务成为一种大规模的定制服务。个性化服务表现为：企业在一定时间内，按照消费者个人的意愿，通过订单来设计和生产产品；商家根据消费者的年龄、身份、职业、品位、爱好等个人特征，以及购买行为、购买偏好等因素，为消费者提供独特的产品和特殊化的服务。个性化服务是以满足消费者个性化需求为目的的活动，源于消费者的需求。企业为每位消费者提供差异化服务，最大限度地满足消费者的需求是核心内容。

2. 个性化服务的特点

个性化服务体现以人为本的经营理念，是提高企业核心竞争力的重要方法，其特点如下。

（1）以销定产，成本费用降低

在个性化服务中，产品生产由订单来驱动，实际上产品的设计和生产权在消费者手中，因此，企业只要保证产品质量，合理定价，销售就没有问题。这样可以大大减少广告、促销活动产生的成本。

（2）减轻积压，库存成本降低

个性化服务使得企业必须按以销定产的方式生产，所以不会出现库存产品大量积压的情况，可以大幅度地提高企业资金利用率。

（3）沟通便利，流通费用降低

个性化服务要求企业与需求方直接沟通，以满足其最终需要为出发点，因此供求双方沟通频繁，关系密切，使得以前的中间营销环节和营销支持工作减少，产品流通成本降低。

（4）价值体现，客户忠诚度提高

企业在提供个性化服务时，通过提供有价值的产品和服务来满足消费者的特定需求，消费者的满意度越高，企业从中获得的利益越多。所以，企业只有更好地体现产品和服务的价值，才能使消费者预期的利益得到满足，降低其购买风险，提高客户价值。同时，客户通过各种渠道及时与产品提供者沟通，节省了选购产品时消耗的时间和精力，客户的可让渡价值得到体现，其满意度和忠诚度也得到提高。

3. 个性化服务策略的内容

（1）产品大规模定制策略

大规模定制生产模式旨在以大批量生产的成本和速度优势，为消费者提供个性化产品，以满足消费者的个性化需求。该策略能够使企业直接、迅速地响应消费者需求，消费者通过在网上的产品看样和信息浏览，自行进行产品互动设计等内容，并最终决定下单订货。厂商通过在线订单履约系统自动进行订货处理，通知生产部门安排计划，通知其他业务单元部门安排交货、支付和后继售后服务内容等，由此实现完全的个性化服务。此时，企业必须具备高效的物流配送系统，使得在为消费者提供服务时能够形成全天候、全方位、全过程的服务体系。

企业开展个性化服务，需要聆听消费者声音，知道消费者的所思所想，以制定详细、周全的方案满足消费者的需求。互联网及信息技术是提高个性化服务的敏捷性和准确性的重要手段。

戴尔公司率先实施网络直销策略，通过在线个性化定制服务系统与消费者进行在线设计和定制互动。消费者在戴尔公司的系统上可以自由地选择产品及产品的组合，包括对产品的性能、功能、送货和付款方式进行安排，系统在获悉和确认消费者的订单有效后，自动向供货商制造系统发出相关指令，供货商制造系统启动采购、装配和送货的程序。消费者可以对显示器、内存、外存和其他适配器等任意裁减和灵活组合，以获得新的产品，产品组合方案多达 1600 多种。当个性化定制确定后，需要支付的款额立即呈现在消费者眼前，一目了然。一些消费者对此十分满意，认为戴尔公司的产品体现了自己的个性化意愿，系统能使个性化意愿与对产品性能的要求保持一致。戴尔公司也很满意，因为以销定产，所以没有需要处理的积压未售产品，产品的库存周期仅为 6 天，在产品不断因技术升级而价值下降的计算机行业具有明显的竞争优势。

（2）信息个性化服务策略

互联网具有双向实时动态交互功能，尽量满足不同消费者的不同需求是定制服务产生的市场动因。在网上，定制服务可以根据受众在需求上的差异，将信息或服务化整为零，或提供定时或定量服务加以满足，让消费者根据自己的喜好选择和组合产品，从而实现一对一地满足消费者的需求。信息个性化服务实现了"用户需要什么，企业就提供什么"的一对一营销。信息个性化服务策略包括的内容如下。

① 页面定制服务策略。页面定制是由 ISP 提供的满足浏览者需要的信息服务方式，它能够使浏览者按照自己的意愿设计并组织桌面上的多媒体内容显示方式和显示内容。在网上，已经有许多网站提供了基于个性化的 Web 页面内容定制服务功能。例如，雅虎的"我的雅虎"就提供定制个性化主页服务，让用户对自己喜欢的桌面显示结构和显示内容进行布局和选择，网站在得到定制请求后，将个人页面定制信息保存在服务器上，当用户再次访问"我的雅虎"时，桌面显示内容即是自己定制的页面内容，与未经定制的页面完全不同。网易、新浪等门户网站都提供类似的定制服务。

② 电子邮件定制服务策略。电子邮件定制服务策略是用户利用电子邮件，选择新闻组中

可供定制的项目完成对新闻组阅读内容的定制，可在 Outlook 下或在专用的客户端软件上完成，如股票软件、天气预报、歌曲点播软件等，客户端不必保持与互联网的热链接。随着越来越多的用户安装了支持 MIME 的软件包，多媒体电子邮件的定制越来越普及。

③ 客户定制服务策略。该服务需要在客户端计算机上安装定制软件，才能完成客户所需信息的定制，如 Quote 的股票报价服务。现在有很多"电子书"或"电纸书"阅读屏，都具有在线下载和更新阅读内容的功能。只要读者购买了阅读权，就可以在计算机中选择和定制阅读内容。该服务的突出特点是网络将信息推给客户端，传输速度非常快。

（3）网站个性化服务策略

网站个性化服务策略由个性化网站设计策略实现。网站个性化服务能使每位访问者觉得该企业的网站是为自己服务的。个性化网站设计包括网站风格个性化、Banner 图片个性化、Flash 个性化、网站功能个性化等。因此，企业在提供个性化服务时，要注意保护用户个人隐私信息，不能披露或出卖这些信息。个性化服务涉及许多技术问题，用户要在任何时间、任何地点都能接收信息，并且可以对这些信息进行过滤和自由选择。

① 个性化网站设计。针对网站受众群体的喜好，提供多种可供选择的排版和布局，以适应有不同个性化需求的人对网站风格的需要，如娱乐网站、时尚品牌网站、服装品牌网站等。Banner 图片个性化以图文并茂的形式，展示企业最新的产品或服务内容。设计师用一些用户能够理解的个性化图片表达并传递产品和服务的内涵。Flash 个性化以独特的 Flash 动画形象，塑造企业品牌和形象，是网站常用的个性化表现形式。网站功能的个性化通过网站功能设计实现与竞争者网站不一样的功能，包括访问流程、后台管理等面向前台和后台的功能差异。

② 自适应网站设计。网站要能够跟踪消费者的网上行为，并能自动根据消费者行为判断其内容喜好，以自适应方式调整网站内容，符合消费者的信息需求模式和获取要求。为了尽快将浏览者转变为现实的购买者，企业要防止浏览者短时间内放弃对网站内容的阅读，因此，自适应网站设计的核心任务是提高消费者对网站的忠诚度。网站自适应设计的技术难题是：点击流分析工具、基于过滤的协作推荐信息系统和数据采集处理机制的应用。

自适应网站具有调整自己以适应消费者不断变化的兴趣和欲望的能力。考虑消费者在网站上的行为，能够最大限度地精确推荐相关商品或销售信息给消费者，而这些商品和信息很可能对于个别的网站浏览者或个体而言具有很强的吸引力。通常，浏览者访问网站的动机体现在他保留在网站的实际行为数据上，要分析这些数据，网站就要具有追踪浏览者访问过哪些页面的能力，以及了解浏览者对于哪些推荐信息有所反应或忽略了哪些信息的能力；还要知道网站的哪些地方被访问过，以及哪些个别的产品页面被浏览过，同时对浏览的时间有所记录，系统能记录浏览者对某个产品页面驻留的时间，这样才能使新的个性化系统更好地识别网站访问者当前的购买意向。

4. 网站服务质量的特点

相比于传统服务质量，网站服务质量的特点有所变化。在反应性方面，网站服务不需要等待太长时间，就能更快、更好、更多地解决问题。在保证性方面，传统服务在大部分情况下与企业职员、销售人员建立信任关系，这种信任的起点要求比较高，需要较高的成本来维护。而在网站服务中，消费者与网站本身建立信任关系，网站保护消费者的隐私，为消费者提供了交易安全措施和购后补救措施。在情感方面，网站通过个性化设计服务，推动了企业和消费者之间的交流。传统服务质量与网站服务质量比较如表 5-2 所示。

表 5-2　传统服务质量与网站服务质量比较

	传统服务质量	网站服务质量
可靠性	可靠和准确地履行服务承诺的能力	网站的产品和服务信息准确、可靠； 网站对交易的履行能力
反应性/响应性	愿意帮助消费者并提供即时服务	消费者不需要太长时间来等待对所需要求做出反应，包括信息搜索、问题咨询和解答； 利用网络比利用传真、电话或信件可以更好地完成交易； 网站中内容下载很快
保证性	公司及其人员使消费者感到可以信赖和信任，包括服务机构人员的知识、礼貌等	网站保护消费者的隐私； 消费者可感知的网站交易安全性； 网站有足够的安全措施和补救措施
情感性/移情性	关心消费者，给消费者以个别的人情味的对待	浏览网站时伴随的有趣、愉快的体验或感觉； 网站提供了个性化感觉，包括个性化的产品提供； 网站建立了有效社区交流； 网站推动消费者之间交流，也推动企业和消费者的交流
可感知性	实际设施、设备、人员和文字材料，这种可见的实物给消费者留下了服务的印象	网站内容结构设置给人的感觉是满意的； 网站有一个吸引人的界面； 网站提供了易找的电话、传真、人员服务等联系方式，以弥补虚拟网络的不足

5. 服务失败与服务补救

服务失败分为过程失败和结果失败。过程失败是指服务过程中体验不好，例如上菜比较慢。相比于传统线下服务，互联网对等待时间的忍耐度比较低，因为切换成本比较低，消费者很快转而消费其他商家的产品。结果失败是指服务结果不好，例如菜不好吃等。

对于服务失败，消费者抱怨的途径一般有 3 种：一是私下抱怨，向企业抱怨，期望企业解决问题，得到回复。二是公开抱怨，跟朋友等抱怨，发泄心中不满，避免他人遭受类似损失。三是第三方抱怨，向媒体、政府等进行投诉，让企业产生压力。在互联网中，由于表达的成本降低，人们往往愿意对企业进行评价。对于企业来说，即使是负面评价，也未必是一件不好的事情。如果消费者私下向企业抱怨，说明他与企业是朋友关系，希望改进质量；而公开抱怨的消费者与企业是交换关系，希望挽回损失。面对不同类型的消费者，企业要加以区分，并有针对性地进行服务补救。

按照是否有经济补偿，可以把服务补救分为经济性补救和社会性补救。经济性补救是指对消费者给予经济补偿，例如菜不好吃、等待时间过长，可以免单处理。社会性补救是指对消费者给予精神补偿，例如赔礼道歉等。

优质的服务补救有利于企业减少负面口碑，维护企业自身形象，甚至可以提升企业差异化竞争力。所以对服务型企业来说，不仅要正确面对服务失败，还要做好服务补救。

5.4　案例：三只松鼠的品牌"谋划"之道

三只松鼠股份有限公司成立于 2012 年，是中国第一家定位于互联网食品品牌的企业，是当前中国销售规模最大的食品电商企业之一。三只松鼠的创始人兼 CEO 章燎原早在 2011 年年底就感受到电商时代的到来，并在 2012 年年初创建了三只松鼠。仅仅上线了 65 天，三只松鼠就一跃成为淘宝商城坚果行业单日销售榜第一的企业，第二年三只松鼠的线上销售额达到3.26 亿元。不到两年的时间里，三只松鼠的市场价值超过 10 亿元，它的快速发展创造了中国电子商务发展的一个奇迹。

在 2012 年打响产品市场的争夺战之后，三只松鼠毅然开启了鏖战资本之路。2017 年 3 月29 日，三只松鼠向中国证券监督管理委员会递交了首次公开发行股票招股说明书，决议正式冲刺 IPO（Initial Public Offering，首次公开募股），申请股票在深圳证券交易所创业板上市，历时两年后终于在 2019 年 7 月正式上市。从 5 个人的创业团队，发展到年销售额超过 70 亿元的公司，三只松鼠只用了短短 6 年的时间。三只松鼠的快速发展与其背后的营销秘诀密不可分。

回忆处于巅峰时期的三只松鼠深耕的核心领域，市场很难不将目光聚焦于其"IP+坚果"的战略定位上。主人文化的加持使得 IP 化萌鼠的形象越发深入人心。三只松鼠自创立之初就实行 IP 化的品牌运行策略，以动漫化的"三只松鼠"作为品牌形象，在外观设计方面就注定了其具有较高的品牌辨识度。同时，通过不断地打造人格化的松鼠形象，三只松鼠实现了与顾客之间的心灵碰撞，顾客黏度大大增强。

三只松鼠把自己定位为一家真实、有温度的企业，公司全体员工扮演的都是可爱的小松鼠，且必须以松鼠的口吻与顾客交流，并称对方为"主人"。以前从未有过这种定位方式，所以三只松鼠能在零食特产类中脱颖而出，成为品类中的唯一和第一。从马斯洛需求层次理论来分析，每个人都有被尊重的需求，所以三只松鼠抓住这一特性，打造个性化服务，要求员工称顾客为"主人"，使顾客在听觉和视觉上得到了享受，感到被尊重，从而无意识地记住了品牌。为了打造极致的网购体验，章燎原亲自编写了一篇上万字的"松鼠客服秘籍"，推出客服十二招，首页就是"做一只讨人喜欢的松鼠"，将顾客和客服的关系演化成主人和宠物的关系。章燎原说："三只松鼠这个名字并不优美，但是好记。有人说三只松鼠的包装像狗粮的包装，这也是与众不同之处。我们的客服把自己变成松鼠，不仅自己觉得有意思，也能很好地化解矛盾。这些不一样的地方，我觉得都算是我们的创新。"这本客服秘籍只指导自己的客服小松鼠们了解顾客的心理，学习对待顾客的态度和思维方式。章燎原不仅自己每天要充当几小时客服，还要求全公司的人员都参与客服的工作流程，所有与供应链有关的管理人员要"保证对客服工作的尊重"，因为客服对顾客的每次承诺均需要后端供应链的配合才能实现，在承诺"松鼠家的东西一定不会让你失望"的背后，隐含着每只小松鼠的自尊，不可伤害。

三只松鼠的成功也得益于其独特的创意形象。该品牌形象展示主要靠着卡通松鼠的可爱形象来传达信息，由于该品牌主营森林中的坚果，所以在其品牌形象及 Logo 设计中选用松鼠是非常明智的选择。三只可爱的小松鼠让顾客一眼就能记住，一眼就能识得，节约了传播成本。此外，三只松鼠在自身形象受到广泛欢迎后，便顺势将其打造成 IP，推出各种周边，包含公仔、口罩、抱枕等各种带有三只松鼠形象的产品，进一步拓展了市场。例如，"松鼠口袋"主要围绕年轻一代的生活半径，去做一些小玩意。这些小玩意不会太大，例如拖鞋、口罩、收纳盒、玩具或手机套。"松鼠口袋"尽量覆盖消费者的工作和生活的各个方面，用营销的话语来说，就是要包围顾客的生活半径。针对"松鼠口袋"这个商标品牌，公司采取零利润的模式，即以成本价的方式卖给顾客。松鼠动漫："看动漫，不吃坚果怎么行？""快坐好，好戏开始了。"在神秘的丛林深处，有一家健康新潮的坚果氧吧，经营这家氧吧的就是三只性格各异的松鼠，这三只萌货在坚果小吧里会遇到哪些"新盆友"？会碰撞出怎样的火花？松鼠动漫为你幽默演绎《周末时光》《墨镜下的秘密》《小贱鱼》……松鼠树洞：悠闲的午后，踏上松鼠家的奇妙之旅，听听松鼠小美跟你温馨地聊一聊："你不慢下来，要怎么快乐""立夏前的最后一话""曾经校园里，同桌的你"……

三只松鼠的成功离不开它精美的包装设计。三只松鼠的包装箱设计与品牌风格统一，包装箱上画有可爱的松鼠头像，箱体和胶带都配套印上了品牌 Logo，强化了品牌形象，有利于其更好地传播。包装还附上有三只松鼠形象的开箱标签及开箱器，并配上"开箱语"——主人，我是鼠小器，快快把我解救出来，我能帮你开箱哦。间接告诉顾客包装未被拆过，传递了安全性，同时优化了顾客体验，强化了品牌形象，提升顾客对品牌的好感度，同时又激发了顾客的分享欲，形成隐性传播。内部包装同样细致、贴心，统一的小袋包装，开果器、纸巾、果壳袋、密封夹，让顾客在使用方便的同时感到贴心。

此外，人格化的松鼠形象是三只松鼠成功路上的点睛之笔。购买三只松鼠的坚果，货物抵达的时候，"鼠小箱""鼠小袋""鼠小巾"也会同时抵达。鼠小箱：三只松鼠的外包装箱上面温馨提示，"亲爱的快递员哥哥、姐姐，我是鼠小箱，我要去见我的新主人了，请您一定要轻放哦！如果您也想品尝下，也可以到三只松鼠购买哦，只要您送过我们家的包裹，并且记住单号，告知松鼠家客服，即可获得惊喜优惠！"近年来，经常发生快递货物被盗或被拆的事情，相信快递员看了这温馨提示，也会不忍心违背三只松鼠的美好心愿吧！鼠小袋：三只松鼠为主人准备了果壳袋，作为环保大使提醒您，"主人，我是鼠小袋，吃的时候记得把果壳放进袋子里哦！"鼠小袋为100%原生木质纸制品，不仅为客人的健康考虑，还传达了保护环境、养成良好习惯的理念。鼠小巾：三只松鼠还为主人准备了湿巾，鼠小巾同样带来对主人的问候，"主人，我是负责给主人您吃完后清洁的鼠小巾，吃完记得让我帮您擦一擦。"开箱、开果、密封的小利器、零食清单和退换货小纸条等，太多了。鼠小美补充道："亲爱的主人，松鼠客服们在此郑重向主人承诺，主人，您有需求或者建议就尽情地呼唤可爱的萌宠们，松鼠们上刀山，下火海，在所不辞，义不容辞哦……"受到这样温馨的服务，每个光顾过的主人都不禁把这份"感动"传递给身边的人，从而越来越多的顾客来到三只松鼠店铺。

三只松鼠通过"IP+坚果"的战略定位。践行创立之初就确定的 IP 化的品牌运行策略，以主人文化，动漫化的三只松鼠品牌形象，高品牌辨识度的外观设计和人格化的松鼠形象，塑造了属于三只松鼠自己的品牌形象。

习题 5

1. 简述品牌及网络品牌的概念、分类、特征。
2. 消费者如何感知网络品牌的价值，并接受和认同网络品牌？
3. 简述产品、网络产品的含义及分类。
4. 企业在确定产品是否适合网上营销和销售时应该考虑哪些问题？
5. 创建网络品牌，建立企业网站是关键，简述域名注册的主要步骤和程序。
6. 创建网络品牌是消费者网上体验的过程，据此设计一份品牌创建策划方案。
7. 网络口碑的正面效应和负面效应对企业的影响很大，那么如何进行网络公关和风险防范呢？
8. 从网站建模、内容提供、产品与服务选择等不同角度谈谈如何提供个性化服务。

9. 针对网络消费者的需求层次类别，谈谈企业市场定位、目标市场选择的原则和方法。

10. 网上新产品开发的主要内容及方法有哪些？如何激励消费者参与网上产品的开发？

11. 随着移动宽带网络、RFID 技术及物联网在我国的应用，请根据新产品开发原理和消费者在网上参与新产品开发的过程，从现实需求和潜在需要出发，探索一些能够提高传统业务服务质量和服务效率的新产品开发方法。从中选出一个产品作为一个项目，给出完整的开发思路，以及项目投资、融资和规避风险的对策。

第6章　价格及网络定价策略

价格策略的制定和执行既是网络营销活动的重要组成部分，也是营销组合中产生收入的关键要素。同时，价格对营销组合中的其他策略会产生很大影响，并与其他营销策略相结合共同作用于营销目标的实现。价格是企业参与市场竞争的有效手段之一，其合理与否会直接影响企业产品或服务的销路。随着互联网使用人数的增加，企业为了有效地促进产品的网上销售，必须针对网络市场制定有效的价格策略，但事实上价格的设定往往是以非结构化的形式进行的。因此企业在决定如何制定价格策略以实现利润最大化战略时，必须以科学规律为依据，以实践经验为手段。本章主要根据网络营销的特点，着重讨论网络营销中价格的内涵及各种定价策略。

6.1　价格的概念

价格是一种从属于价值并由价值决定的货币价值形式，它一方面以商品的价值为基础，另一方面又受到市场供求和各种市场环境因素的影响，往往变化很大。企业要灵活运用价格策略来实现自己的经营目标，了解价格的内涵及影响价格变动的基础和各种因素。

6.1.1　价格的内涵及特点

1. 价格的内涵

在传统的营销观念中，价格是消费者选择商品的主要决定因素。在互联网环境下，由于市场环境和性质发生变化，在消费者的购买行为中，非价格因素发挥着重要作用（社区、口碑等），但是价格仍是决定企业市场份额和赢利率最重要的因素之一。传统的企业通常是根据固定成本、可变成本，以及市场需求曲线来给商品定价，其方法是通过测试不同价格和需求量的组合，来寻找市场需求曲线，并密切观察企业的成本结构。在此过程中，企业按照边际收入等于边际成本的原则，确定其产品售价。物流成本仍是网销产品定价决策因素。如图 6-1 所示，愿意为所购买的商品支付很高价格（远高于 P_1）的消费者很少，而愿意支付 P_1 价格的消费者则很多，如果商品的价格低于 P_1，就会有更多的消费者。当商品的价格为零时，需求将会接近于无穷大。

网络营销产品的价格是指企业在网络营销过程中买卖双方成交的价格。与传统营销一样，网络营销产品的价格仍然是由市场供应方和需求方共同决定的。但网上商家常常能够以低于边际成本的价格出售商品（甚至免费赠送）。利用需求曲线进行分析可知，这是因为企业希望通过对产品和服务规

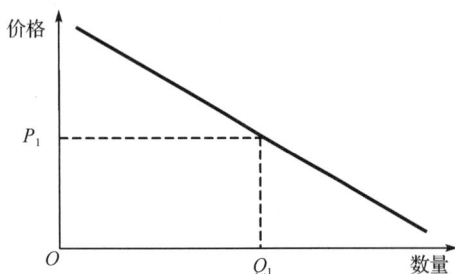

图 6-1　需求曲线

定一个远低于其成本的价格来吸引消费者。这是由传统的以生产成本为基准的定价到满足需求定价的转变。满足需求定价：消费者需求—产品功能—生产与商业成本—市场可接受的性能价格比。

在传统的营销模式下，需求方特别是消费者，由于信息不对称，并受市场空间和时间的阻隔，不得不处于一种被动地位，从属于企业来满足需求。消费者由于对价格信息所知甚少，所以在讨价还价中总是处于不利地位。在网络营销中，这种不对等的买卖关系大为改观。网络的开放性和主动性为消费者理性的价格选择提供了可能，消费者可以在全球范围内迅速收集到与购买决策有关的信息，对价格及产品进行充分比较，因此消费者对价格的敏感性大大增强。这意味着市场的主动权不在供应方而在需求方，供应方只有生产出能满足需求方理想价值的产品，才可能占领市场，获得发展机会，否则需求方会利用自己的选择权，在信息越来越充分的市场中选择比较接近自己满意价值标准的产品。因此，在网络营销中，传统的以生产成本为基准的定价渐渐被摒弃，而一种满足需求的定价正在被企业所接受，企业以消费者能接受的成本来定价，并依据成本来组织生产和销售。

网络营销中以消费者为主导满足需求的定价思想，一方面使消费者取得了最大化的价值，另一方面企业通过这种方法加深了对目标市场的了解，其研制开发和经营生产的产品更符合消费者的需要，因而企业在市场中的竞争实力也会得到提升。

2. 价格的特点

麻省理工学院和马里兰大学的一份研究报告表明，网上商业的现实并非如人们想象的那样。研究报告对网上商业的 4 个特征进行了分析，这 4 个特征分别是价格水平、价格弹性、标价成本和价格差异。

（1）价格水平

随着互联网上的商业发展，网上商品的价格经历了一个由高到低的演变过程，市场因竞争变得成熟。1997 年 5 月 19 日，美国最大的书刊零售商之一——巴诺公司开始在网上卖书，之后亚马逊公司就将其商品降价近 10%，以应付竞争对手。

（2）价格弹性

价格弹性是指价格的上下波动能引起需求量相反变动的幅度。在一个竞争充分、消费者对价格信息全面了解的市场上，价格弹性比较大，即哪家便宜（价格低），消费者就向哪家购买产品（销量大）。但价格弹性对不可比较的商品就不太适用了。就不可比较的商品而言，如果相关产品信息较少，顾客就会很关注价格；而当为消费者提供较多的产品信息时，价格竞争就变得不太明显且容易成交，也就是说，价格的高低对销量的影响减小了。

（3）标价成本

标价成本是指商家改变定价时产生的费用。在传统市场上，标价成本是指对货品重贴标签的材料成本、印刷成本和人工成本。而在网上的标价成本则很低，仅仅是在数据库中做一下修改。较高的标价成本会使商品价格比较稳定，因为每次商品价格变动所带来的利润至少要超过商品价格变动产生的费用，所以传统商家不太愿意做小的价格变动。而网上商家做价格变动的次数要远远多于传统商家。

（4）价格差异

价格差异是指在同一时间同一商品市场上有不同的价格。分析发现，和传统市场相比，网上的价差并没有缩小。网上的书籍和光盘的价差最多可达50%，书籍和光盘的平均价差分别为33%和25%。分析认为其中的原因包括市场不够成熟及网上零售商本身的一些不同，如他们在公众中的知名度及公众对它们的信任程度。有人则研究了网上旅行社出售的机票的价差，尽管剔除了不可比性，价差还是达20%。他们没有拿这个价差和传统市场的价差做比较，但认为这个价差超出了他们的预料。他们认为这是由商家的市场分化策略及价格歧视造成的。

6.1.2　网上定价基础及特点

1. 网上定价基础

在传统营销活动中，由于受市场空间和时间的隔离，需求方与企业之间的信息存在不对称，企业定价是以生产成本为基准的自主定价，忽略了消费者的需求。当产品到达消费者时，价格是固定的，消费者只能被动地接受。在网络营销活动中，由于互联网的及时性、互动性和信息自由等特点，企业和消费者对市场上产品和价格信息都有比较充分的了解。特别是消费者，可以在全球范围内迅速收集到与购买决策有关的信息，对价格及产品进行充分比较，利用自己的选择权，在市场中选择比较接近自己满意价值标准的产品。因此，在网络化时代中，传统的以生产成本为基准的定价必然要被满足需求的定价所取代，企业需要以消费者能接受的成本来定价，并依据成本来组织生产和销售。价格是企业参与竞争的重要手段。面对越来越激烈的市场竞争，要注意控制和节约成本，使企业所销售的产品具有价格上的竞争力，这是网上定价的基础。

从企业内部来看，企业产品的生产成本总体上是呈下降趋势的，且成本下降趋势越来越快。在网络营销战略中，企业可以从降低采购成本、降低库存、控制生产成本3方面来节约成本。

（1）降低采购成本

采购过程中之所以经常出现问题，是由于存在很多人为因素且信息闭塞，通过互联网可以减少人为因素和信息不畅通的问题，最大限度地降低采购成本。

首先，利用互联网可以将采购信息进行整合和处理，统一从供应商处订货，以求获得最大的批量折扣。其次，通过互联网实现库存、订购管理的自动化和科学化，可以最大限度地减少人为因素的干预，同时能以较高的效率进行采购，可以节省大量人力，避免因人为因素造成不必要的损失。最后，通过互联网可以与供应商进行信息共享，帮助供应商按照企业生产的需要进行供应，同时又不影响生产，不增加库存产品。

（2）降低库存

利用互联网将生产信息、库存信息和采购系统连接在一起，可以实现实时订购，企业可以根据需要订购，最大限度地降低库存，实现"零库存"管理。这样做的好处：一是减少资金占用和仓储成本；二是可以避免价格波动对产品的影响。正确管理存货能为消费者提供更好的服务并为公司降低经营成本，加快库存核查频率会减少与存货相关的利息支出和存储成本。减少库存量意味着现有的加工能力可以有效地得到发挥，更高效率的生产可以减少或消除企业和设备的额外投资。

（3）控制生产成本

利用互联网可以节省大量生产成本，一方面，利用互联网可以实现远程虚拟生产，在全球范围寻求比较适宜生产厂家生产的产品；另一方面，利用互联网可以大大缩短生产周期，提高生产效率。使用互联网与供货商和客户建立联系，使公司大大缩短用于收发订单、发票和运输通知单的时间。有些部门通过增值网（VAN）共享产品规格和图纸，以加快产品设计和开发的速度。互联网的发展和应用将进一步缩短产品的生产时间，其途径是通过扩大企业电子联系的范围，或通过与不同研究小组和公司进行项目合作来实现。

2. 网上定价的特点

网络营销价格的形成是极其复杂的，它受多种因素的影响和制约。一般来说，影响企业产品定价的因素包括传统营销因素和网络自身对价格的影响因素。由于网络营销减少了中间环节，会节省一定的经营成本，加之互联网即时性、互动性和信息自由的特点，企业、消费者和中间商对产品的价格信息都有比较充分的了解，这使得网络营销在价格策略方面具有与传统营销不同的特点。

（1）全球性

网络营销市场面对的是开放的和全球化的市场，消费者可以在世界各地直接通过网站进行购买，而不用考虑网站是属于哪一个国家或地区的。目标市场从过去受地理位置限制的局部市场，拓展为范围广泛的全球性市场，这使得网络营销在产品定价时必须考虑目标市场范围的变化对定价带来的影响。

如果产品的来源地和销售目的地与传统市场渠道类似，则可以采用原来的定价方法。如果产品的来源地和销售目的地与原来传统市场渠道差距非常大，在定价时就必须考虑地理位置差异带来的影响。例如，亚马逊网上商店的产品来自美国，购买者也来自美国，产品可以按照原定价方法进行折扣定价，方法也比较简单。如果购买者是中国或其他国家的消费者，那么采用针对美国本土的定价方法会很难面对全球化的市场，影响了网络市场全球性作用的发挥。为解决这些问题，可采用本地化方法，准备在不同市场的国家建立地区性网站，以适应地区市场消费者需求的变化。

因此，企业面对的是全球性网上市场，但企业不能以统一市场策略来面对差异性很大的全球性市场，必须采用全球化和本地化相结合的原则进行市场定价。

（2）价格趋低化

互联网从科学研究应用发展而来，因此互联网使用者的主导观念是网上的信息产品是免费的、开放的、自由的。在早期互联网开展商业应用时，许多网站采用收费方式想直接从互联网赢利，结果被证明是失败的。雅虎公司则是通过为网上用户提供免费的检索站点起步，逐步拓展为门户站点，到现在拓展到电子商务领域，一步一步获得成功的，它成功的主要原因是它遵循了互联网的免费原则和间接收益原则。

网上产品定价较传统定价要低还有成本费用降低的原因，互联网的发展可以从诸多方面来帮助企业降低成本费用，从而使企业有更大的降价空间来满足消费者的需求。因此，如果网上产品的定价过高或降价空间有限，则在现阶段最好不要在消费者市场上销售。如果面对的是工业、组织市场，或者产品是高新技术的新产品，网络消费者对产品的价格不太敏感，主要考虑的是方便、新潮，这类产品就不一定要考虑低价定价的策略了。

（3）价格弹性化

互联网已使得单个消费者可以同时得知某种产品的多个甚至全部厂家的价格，这就决定了网上销售产品的价格弹性很大。因此企业在制定网上销售价格时，应充分检查所有环节的价格构成，以期制定合理的定价策略。网络营销的互动性使消费者拥有更多的信息，使消费者讨价还价的能力增强，可以和企业就产品价格进行协商。企业必须以比较理性的方式拟订和改变价格策略，根据企业竞争环境的变化不断地对产品的价格进行及时、恰当的调整。另外，由于网络上的消费者比较理性，企业在制定价格策略时要考虑消费者的价值观念，企业可以根据每个消费者对产品和服务提供的不同要求来制定相应的价格。

（4）消费者主导化

所谓消费者主导定价，是指为满足消费者的需求，让消费者通过充分的市场信息来选择购买或定制生产自己满意的产品或服务，同时以最低代价（产品价格、购买费用等）获得这些产品或服务。简单地说，就是消费者的价值最大化，消费者以最小成本获得最大收益。

消费者主导定价的策略主要有消费者定制生产定价和拍卖市场定价。调查分析表明，由消费者主导定价的产品并不比企业主导定价的产品利润低。国外拍卖网站易趣网的分析统计显示，在网上拍卖的产品，只有20%的产品拍卖价格低于卖方的预期价格，50%的产品拍卖价格略高于卖方的预期价格，剩下30%的产品拍卖价格与卖方预期价格相吻合，在所有拍卖成交产品中，有95%的产品成交价格让卖方比较满意。因此，消费者主导定价是一种双赢的发展策略，既能更好地满足消费者的需求，同时又不会使企业的收益受影响，还可以对目标市场了解得更充分，企业的经营生产和产品研制开发也更加符合市场竞争的需要。

（5）定价难度大

消费者在网上搜索信息时会使用搜索引擎从全世界的网站中寻找产品和服务，同时还可以使用比较价格和式样的代理软件进行搜索，它赋予网络消费者更大的选择权利和购买权利。这为消费者决策过程中的搜寻阶段减少了时间和费用，并且丰富的选择使消费者变得更加老练、明智，他们可以通过在网上到处购物，比较价格及寻求更大价值来体验这种选择。然而，对于营销人员来说，却不得不面对越来越透明的市场和激烈的竞争。为了应对这种变化，营销人员努力创新，但在网络环境下，创新很容易被竞争对手模仿，导致市场上更严重的过量供应，进而加速了竞争的循环。最终为消费者创造了巨大的定价自由，为营销人员制造了许多定价难题。

6.2　网上定价策略

在市场营销活动中，企业定价是一项既重要又困难，且有一定风险的工作。产品价格对于该产品为市场所接受的程度有着巨大的影响作用，价格定得是否合理不仅会影响竞争者的行动，还关系到生产者和经营者的效益及其市场形象，并且关系到消费者的生活水平，定价策略在市场营销活动中具有重要地位。由于网络是透明化且具有效率的市场，所以网上价格信息对消费者的购买起着重要作用。如果企业仅将传统市场中产品的定价策略直接应用到网络上，而忽略网络定价的重要性，不但会直接影响企业产品或服务的销路，而且会影响企业营销战略的实施。因此企业在定价时，不仅要考虑运用传统市场营销价格理论，更要考虑网络营销的"软"

营销和互动特性，以及消费者易于比较价格的特点，采用相应的定价策略。常见的网络营销定价策略可以分为以下几种。

6.2.1 静态定价策略

价格一般由卖方根据市场状况事先确定，买方在购买过程中可以享受适当的折扣；在电子商务环境下，买方也可以根据自己的需要和市场状况确定价格，由卖方提供符合条件的产品或服务。静态定价中的物品价格一旦确定，就不会随时改变。企业以静态价格销售不同档次的商品是基于其利益最大化的动机。

目前，互联网上出现的静态定价方式主要有网上低价定价、定制生产定价、捆绑销售定价、分级定价及许可使用定价。

1. 网上低价定价策略

低价定价策略是指以较低的价格销售产品和服务，以迅速占领市场，并能在较长的时间内维持一定的市场占有率。由于网上的信息是公开和易于搜索比较的，所以网上的价格信息对消费者的购买起着重要作用。当企业采用网上低价定价策略时，有利于增加产品和服务的销量，实现规模效益，提高企业的市场份额，抑制竞争对手的加入。

并非所有的企业都适合采用这种定价策略，适合使用网上低价定价策略的企业，要具备较大的成本优势，并且产品的目标消费者要对价格十分敏感。而当企业成本不具有优势时，采取这种策略，反而会使企业陷入微利甚至亏损的状态，不利于企业的长远发展。

在网络营销中，采取网上低价定价策略主要有两种方式：直接低价定价策略、低价定价策略。

（1）直接低价定价策略

当企业采用该策略时，产品价格为"成本+利润"，有的甚至是零利润，因此这种定价在公开价格时就比同类产品的价格要低。它一般是制造业企业在网上进行直销时采用的定价方式。采用直接低价定价策略的基础就是通过互联网企业可以节省大量的成本。

（2）低价定价策略

低价定价策略也被称为折扣策略，它是在原价基础上进行折扣来定价的。折扣的形式有数量折扣、现金折扣和时段折扣。数量折扣是企业根据消费者购买产品和服务的数量，给予不同水平的折扣；现金折扣是根据消费者支付时间的长短给予一定的折扣；时段折扣是根据消费者购买时段的不同给予一定的折扣。这种折扣的定价策略可以让消费者直接了解产品的降价幅度，以促进消费者购买。这类价格策略主要用在一些网上商店，它一般按照市面上的普遍价格进行折扣定价。

此外，如果企业为了拓展网上市场，产品价格又不具有竞争优势，就可以采用网上低价定价策略。网上低价定价策略除了前面提到的折扣策略，比较常用的还有有奖销售和附带赠品销售。

企业在采用网上低价定价策略时要注意以下几个问题。

① 采取各种方式与措施缩减产品和服务的成本，是实施低价定价的基础。任何一家企业要实现生存与发展，都必须保证自己有一定的赢利，一味地压低价格，直至亏本的竞争方式是不可取的。

② 企业在网上公布价格时要针对一般消费者、零售商、批发商、合作伙伴等不同的客户对象，分别提供不同的价格信息发布渠道，以免因低价策略混乱导致营销渠道混乱。

③ 注意竞争对手的动态。由于消费者可以通过搜索功能很容易在网上找到比较便宜的商品，所以在网上公布价格时要注意比较同类站点公布的价格，否则价格信息公布将起到反作用。

2. 定制生产定价策略

所谓定制就是根据买主的需求说明书进行产品或服务的生产设计。定制是比较古老的市场机制之一，在工业化革命之前，定制生产是主要的市场机制，在工业化革命后它被标准化的批量生产所代替。

标准化批量生产是一种"推"式机制，企业将标准化产品生产出来后努力"推"向市场，消费者在市场中是一个被动接受者。随着人们生活水平越来越高，人们越来越愿意展示自己独特的个性，不再满足于千篇一律的产品样式、质量、颜色等，个性化需求越来越多。相对于标准化批量生产而言，定制生产是一种"拉"式机制，它是由消费者驱动的生产方式，即先有需求后有生产，并且消费者直接参与产品的配置、设计，因此定制生产满足了消费者个性化的心理需求。特别是在有了网络以后，定制能力大大提高，配置定制产品的细节，甚至设计均可在线进行。原来的标准化批量生产在网络技术支持下转变成大规模定制生产，买主与设计者之间的交互可以快速、准确地配置他们想要的产品。而在信息化支持下的敏捷制造系统可以很快达到这种生产能力，生产定制产品与生产标准化产品在价格上已没有很大差别。

作为个性化服务的重要组成部分，定制生产已经成为网络时代满足消费者个性化需求的基本形式。由于消费者的个性化需求差异性大，加上消费者的需求量又少，因此企业实行定制生产必须在管理、供应、生产和配送各个环节上，适应这种小批量、多式样、多规格和多品种的生产和销售变化。定制生产需要企业具备一定的条件，首先，要有良好的信息化平台，从为消费者提供产品设计平台，到电子订单的接收，与企业内部系统如 ERP（Enterprise Resource Planning，企业资源计划）等的集成，此外，企业的信息系统还要与供应商系统集成，与商业伙伴如第三方物流公司的信息系统集成等；其次，企业要能准确地理解客户的需求，如利用协同过滤技术、公司设计人员的在线帮助等提高企业对消费者需求的理解能力。

定制生产定价策略在企业能实行定制生产的基础上，利用网络技术和辅助设计软件，帮助消费者选择配置或自行设计能满足自己需求的个性化产品，同时承担自己愿意付出的价格成本。由于定制生产是先有需求后有生产，所以它的业务流程与传统的生产方式不同。换句话说，在传统的标准化批量生产模式下，生产与交易是相对分离的，而在定制生产模式下生产和交易是集成在一起的。戴尔公司的用户可以通过其网页了解本型号产品的基本配置和基本功能，根据自己的实际需要，在能承担的价格范围内，一次性配置出自己比较满意的产品。

3. 捆绑销售定价策略

捆绑销售定价最早是由 20 世纪初纽约知名的齐格菲歌舞团的创始者齐格菲尔德设想出来的，他发现周五晚上剧院的空座率接近三分之一，在周末白天的表演中，空座率则达到了二分之一，于是萌生了捆绑出售戏票的设想。他将两张半价的戏票捆绑出售，即购买一张全价戏票，可以免费获赠一张戏票，这种新的销售方式为剧院解决了空座率问题。

捆绑销售定价策略就是套票概念的延伸。捆绑是指以一种商品的价格为消费者提供两种甚至更多的商品。它的思想核心是：虽然消费者对一种商品价值的认定大不相同，但是他们比较容易接受固定价格的捆绑商品。事实上，人们所愿意支付的捆绑商品的价格通常高于这种商品分开销售时的价格。捆绑销售降低了市场需求的差异性。图6-2所示内容为捆绑1～20种商品时需求曲线的变化趋势，横坐标为购买捆绑商品的人数占总人数的比例，纵坐标为金额。

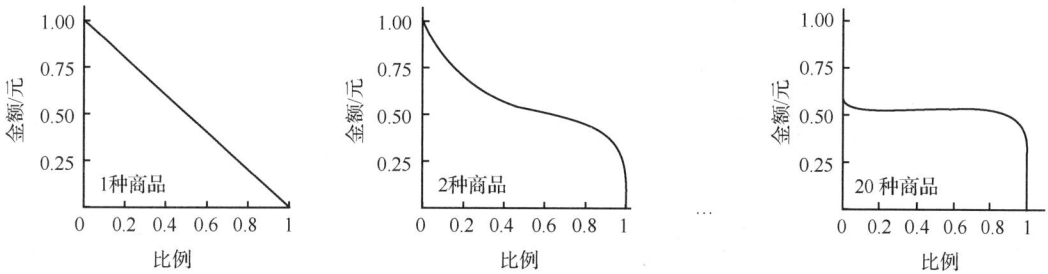

图 6-2　捆绑 1～20 种商品时需求曲线的变化趋势

现在越来越多的网站开始进行捆绑销售而不再出售单一的产品。例如国内的当当网和卓越网就提供了捆绑销售。理论上，相对于不进行捆绑销售或无法进行捆绑销售的企业，进行捆绑销售的企业有明显的竞争优势。

4. 分级定价策略

分级定价策略是解决免费信息商品所存在问题的一种方法。分级定价是指生产一种产品的一列不同档次的商品，在不同的细分市场以不同的价格销售本质相同而档次不同的产品。在这种情况下，价格依赖于消费者对产品价值的认定。消费者会把自己分成不同种类，支付不同的费用来购买不同档次的商品。

分级定价策略与免费定价策略相结合，可以产生很好的效果。低价值商品可以免费，但是高价值商品可以以较高的价格提供给消费者。分级定价策略可以用于不同类型的商品。例如，通用汽车公司根据不同的市场需求为消费者提供了不同类型的汽车，在每种品牌中，有上百种不同的档次，从提供基本的、简单功能的汽车，到提供强大的、功能复杂的多功能汽车。信息化产品也可以实现分级化，通过细分和选择不同的目标市场来定位产品。电子杂志、音乐公司及图书出版公司都提供免费的内容简介，如果消费者想要获得更多的信息内容，则需要支付一定的费用。

5. 许可使用定价策略

所谓许可使用定价，是指消费者在互联网注册后可以直接使用某公司的产品，并根据使用次数付费，不需要将产品完全购买，即仅购买产品的使用许可权。企业方面，不仅减少了为完全出售产品而进行的不必要的大量生产及包装，还吸引了那些只想使用而不想拥有该产品的消费者，扩大了市场份额；消费者方面，不仅节省了购买产品、拆包、处置产品的麻烦，而且节省了不必要的开销。

采用许可使用定价策略，一般要考虑产品是否适合通过互联网传输，是否可以实现远程调用。例如，图书、软件、音乐、电影等易数字化的产品比较适合采用该策略。另外，采用按次数定价策略对互联网的宽带提出了很高的要求，因为许多信息都需要通过互联网进行传输，若互联网宽带不够用，就会影响数据传输，也会影响消费者租赁使用和观看。

6.2.2 动态定价策略

动态定价是指物品的价格随时可变，价格直接取决于消费者的需求状况和销售人员的供给情况。在动态定价环境中，企业会综合考虑自己对商品在消费者心中的价值含量的判断及自己的期望价格，不断改变商品的售价。与此相似，消费者也会根据自己对销售价格的了解与实际需要来改变购买意向。

目前，互联网上出现的各种新兴动态定价策略主要有拍卖竞价定价策略和群体议价定价策略。

1. 拍卖竞价定价策略

拍卖是一种市场机制，这种机制，可以是卖方提供物品，买方根据物品进行投标（正向拍卖）；或者是买方列出特定的物品需求说明书，卖方投标赢取相应的供应任务（逆向拍卖）。拍卖的特点是通过竞争性和动态性的特质产生最终的成交价格。拍卖是一种历史悠久的商业模式，它能够处理那些通过传统市场渠道不能处理的或低效率的产品或服务的交易。

互联网能够为拍卖提供一种基础设施，从而使拍卖能以较低的管理费用运作，并且能够使更多的买方和卖方参与进来。电子拍卖是通过互联网进行的，与传统的拍卖非常相似。从 20 世纪 80 年代它就在本地局域网上存在了，1995 年开始在互联网上出现。

拍卖竞价的主要特征是它们是建立在动态定价的基础上的。按照参与拍卖的买方和卖方数量的多少，动态定价的类型可以被分为 4 类，如图 6-3 所示。

单一	谈判，交换，议价	逆向拍卖
多个	正向拍卖	动态交易
	单一	多个

图 6-3　动态定价的类型

① 单一买方，单一卖方。在这种结构中，每一方都可以谈判、议价或交换。最终的价格将由双方讨价还价能力、该产品市场的供需关系和可能的市场环境因素来决定。这种模式在 B2B 中非常受欢迎。

② 单一卖方，多个潜在的买方。在这一结构中，卖方通过正向拍卖机制向很多潜在的买方提供一个产品。正向拍卖又包含 4 种类型：英式拍卖和美式拍卖，在这类拍卖中，出价随着拍卖进程的进行而升高，是传统的升价拍卖；荷兰式拍卖和自由降价拍卖，在这类拍卖中，出价随着拍卖进程的进行而降低。

③ 单一买方，多个潜在卖方。在这种结构中，有两种流行的拍卖类型：逆向拍卖（投标）和买方定价拍卖。

当拍卖中存在一个买主和多个潜在卖主时，逆向拍卖是有效的方法。在逆向拍卖中，买方把自己想竞买的物品放入询价系统，潜在供应者按照逐步降价方式出价。在逆向拍卖的电子出价系统中，在投标者停止降价之前会有多轮出价。最低出价者将成为胜出者。逆向拍卖主要用于 B2B、C2C 和 G2B（Government to Business，政府对企业）机制。

在买方定价拍卖中，潜在的买主向任何有意愿和有能力的卖方报出自己愿意付出的价格（或其他要求）。尽管这种模式经常被一些企业所应用，但是基本上算是一种 C2B（Customer to

Business，消费者对企业）模式。

④ 多个卖方，多个买方。在这种结构中，当有多个买主和多个卖主存在时，根据双方的数量信息和动态交互，买方与卖方及其报价和要价相匹配。买卖双方可以是个人，也可以是企业。由于这种拍卖通常通过交换机制进行，所以被称为双向拍卖。

2. 群体议价定价策略

群体议价是指大家对同一件商品共同下单订购，而该商品订购价格将随参与人数的增加而不断下跌，最终所有人的订购价格将以最后一位订购者的价格为准（不低于订购底价）。简单来说，参加议价的人越多，商品价格就越便宜。集体议价可以分为两种方式：一种是预先议价，由发起人预估销售量，先直接跟商家切货买断，以大量订购的方式取得低价，再转卖给其他购买者。这种方式的发起人本身要负担一些风险，因为可能会预估不准，万一没有全部卖出去，自己要负担后续处理的费用。另一种是先征集需求，再与厂商商量各个购买数量级别的价格折扣。当然，购买的人越多价格越低。这种做法对于经营者比较安全，风险较低。

群体议价的概念并不是新鲜的事情，它最早被称为"集团购买"，产生于20世纪八九十年代，兴盛于20世纪90年代。当时每当逢年过节，各个单位就会以集体的名义用单位的资金购买一些生活用品用于慰问长期工作的职工。由于购买量大，所以通常可以得到优惠的价格。后来，随着人们生活水平的提高，对于商品的选择日趋个性化，同时也因为这样的购买行为容易产生购买者的贪污腐败或滋生行业的不正当竞争，所以这种方式逐步被人们摒弃了。但是随着网络的产生，这种方式又被赋予了更多的内涵。

利用网络进行群体议价的方式最早由 Priceline 公司提出，这家公司在美国推出先让网友在网站上自己提出价格购买机票，再与航空公司撮合的服务。提供这项服务的原因是航空公司经常有空的机位没有卖完，即使一架飞机坐不满，飞机还是要起飞，这个成本是不会改变的。因此往往到了最后一刻，航空公司会将那些还没卖出去的机位低价求售，只求能卖出去就好。通过传统渠道，一般人很难得知这样的信息，要便宜买到机票是不太可能的，同样航空公司也不知道到底谁有这种需求。一旦有网站扮演起中间商的角色，就会撮合买卖双方，事情就变得容易多了。在日常生活中，要找到大量的想跟我们买同样东西的人有些难。但是通过网络，可以把有同样需求的人集合起来，完成议价的过程。因此，群体议价的购物模式是：购买同一种物品的人，通过网站或其他媒体集合起来，由这个中间人去向商家议价，因为购买量大，所以价格可以很便宜。

随着电子商务的发展，使得生产者有机会直接接触消费者，虽然这样可以减少中间商的环节，但是厂商和消费者可能因此必须承担风险、搜寻、行销、配送等成本。就总交易成本而言，厂商与消费者间一对一的交易模式未必很好。因此，如果能充分利用网络通信的方便性，集结消费者集体采购，就能让厂商和消费者双赢。

3. 差异定价

差异定价是指利用互联网进行规模定制，根据订单规模、交货时间、供求关系和其他因素自动定价。按照网络差异定价策略，公司根据既定的规则对一群消费者甚至单个消费者进行差异定价。也就是说，只要是这一类消费者，就会是这个价格。例如，所有预订一周内要出行的机票都是全价销售（没有折扣），提前多日预订机票的可以享受折扣。在传统的营销活动中也有差异定价。例如，电影院由于下午观众较少就降低票价。随着信息技术的发展，厂商可以在线收集大量消费者行为信息，从而根据不同的消费者行为制定不同的价格。

企业使用先进的软件和大型数据库制定相应的规则并随时调价，这使得企业可以随时实行差异定价。这种功能深受企业的青睐，因为企业可以利用互联网进行差异定价，使营销沟通、产品实现个性化。企业利用网络跟踪器文件可以识别消费者的个体差异，并根据这些差异定价，最终达成交易。有时，个体是指某些消费者，例如，亚马逊网站识别消费者并提供个性化的建议，有时，个体是指细分市场中的一部分消费者，例如，在某个网站登录或中途放弃购物的消费者。当某网络用户登录公司网站时，销售人员会确定他的类型并根据定价规则制定相应的价格。例如，网络经营者可以通过为每次登录的消费者提供小幅降价的方法来考察消费者的购买意向，就像航空公司的常客计划一样，网络企业可以制作忠诚客户名单，为那些经常购买公司商品的消费者提供优惠价格。

只要市场是可以细分的，差异定价就会非常有效。不同的价格反映了产品价值的差异性，这种差异性反映的是消费者不同的需求层次。只要差异定价带来的收益增加大于因市场细分产生的成本，差异定价就是一种有效的策略。此外，厂商必须保证差异定价策略符合法律规定和行业规则，厂商必须保证当消费者知道他所购买的商品的价格与别人的价格不同时，不会对该厂商感到失望。亚马逊公司曾因为差异定价而引起了一场风波。出于某些原因，飞机乘客对这种定价策略习以为常，但是书刊的购买者一般不愿意接受这样的定价策略。因此，网络经营者在进行差异定价时要言之有理，例如，对新客户或忠诚客户给予价格折扣，或者对地址偏远的客户给予运费优惠。

（1）区域差异定价

区域差异定价（Geographic Segment Pricing）是指不同地方的商品售价不同。网络经营者可以参照用户注册的 IP 地址得知用户的居住地。一级域名反映用户所在的国家，例如，日本客户的 IP 地址是.jp。区域定价有助于厂商更好地考虑不同国家或地区之间的差异（竞争程度、当地消费水平、经济条件、法律法规和市场环境等）。例如，一台戴尔计算机在英国的售价会比在美国的售价高一些，导致这种价格差异的主要原因是商品在另一个国家销售的价格包括运输费、关税、进口商利润及其他销售费用等。即使在同一个国家，也会由于运费的差异产生价格差异。

（2）价值差异定价

价值差异定价（Value Segment Pricing）是指公司认为客户对公司的价值并不相同，有的高，有的不太高，有的很低。帕累托法则认为，80%的公司业务来自20%的客户。公司的五星级客户只占一小部分，但是他们为公司创造了很高的收入和利润。这些人是比较忠诚的客户，他们会向其家人和朋友宣传公司。总坐头等舱的乘客、享受联邦快递网站自助服务的大客户，这些人都是公司的忠诚客户，他们会向销售人员提供重要的信息。当四星级客户或五星级客户登录公司网站时，公司应该能够立刻识别并给予特别照顾。作为公司的忠诚客户，他们对价格不太敏感，他们认为公司品牌或者其他的延伸服务能给他们带来更大利益（诸如免费升级或其他特殊服务）。

消费者群体中占相当大比例的三星级客户可能只是到商店逛逛或偶尔问问价格，他们很少购物，对企业的销售收入贡献也不大。二星级客户很看重价格，但与一星级客户相比，他们购买商品的可能性更大一些。

各种市场要素都有可能把客户归入一星级客户中，竞争、降价等市场因素则会吸引四星级和五星级客户。厂商的目标是保持五星级客户的忠诚度，并使各类型的客户向上一级靠拢，定价策略有助于实现这一目标。例如，给予五星级客户比其他客户优先竞标库存商品的权利，让高级别客户优先选购新产品或享受优惠，如亚马逊网站的免费递送，这有助于提升他们的忠诚度。相反，一星级客户和二星级客户更关注低价商品，折扣商品不可能提升他们的忠诚度，他们会根据商品价格的不同而转向其他品牌。这类客户习惯于通过电子邮件了解商品售价，从而进一步了解公司品牌和竞争优势。这些客户不在乎电子邮件铺天盖地，只要能比较各家厂商的价格，了解其品牌优势即可。因此，营销人员可以利用网络技术建立数据库，提升客户价值。企业对所有的客户都是欢迎的，但企业营销活动的重点依然是能够为企业带来高价值的客户。

6.2.3　网站价

在实体市场上，许多零售商发现这样一个规律：在向消费者销售商品时，如果先推荐高价产品，那么最终成交价可以高一些；反之，如果先推荐低价产品，那么最终的商品售价就会低一些。例如，有一组桌子，其售价从 400 元到 4000 元不等，那么商家应该先销售 4000元的桌子。虽然一些消费者希望看到售价低一些的桌子，若先向他们推荐 400 元的桌子，那么想要购买价格高的桌子的消费者不会很多。全球知名的说服术与影响力研究权威罗伯特·西奥迪尼写过一本很有名的书《影响力》。书中讨论了一种营销原则："取法其上，得乎其中（larger and then smaller request）"。这一营销原则在网络上也适用。

6.3　免费价格策略

免费价格策略是网络营销中常用的营销策略，它主要用于促销和推广产品。在网络营销中并不是所有的产品和服务都适合采用免费策略。只有那些适合互联网这一特性的产品才适合采用免费价格策略。免费价格策略只能在适当的时机、适当的程度上使用，这种策略一般是短期和临时性的，不能成为企业长期的、全面的价格策略。

6.3.1　免费价格的概念

在互联网上，"免费"一词使用的频率比较高，企业提供的免费产品或服务比任何时代都多。免费价格策略已成为网络营销中一种非常有效的定价策略。互联网上最早出现的免费产品是 Netscape 的浏览器，Netscape 把它的浏览器免费提供给用户，开创了互联网上免费产品的先河。后来微软公司也如法炮制，免费发放 IE 浏览器。再后来 Netscape 公布了源代码，彻底免费。

1．免费价格的产生及内涵

每个人都喜欢讨价还价，对于消费者来说，讨价还价的最好结果是获得免费的产品或服务，这在传统的营销时代是不可能发生的事。但在网络时代，企业却可以利用互联网提供大量的免费商品或服务。免费价格策略之所以在互联网上流行，是因为其深刻的背景。互联网的发展速度和增长潜力令人生畏，有远见的人都不会放弃发展成长的机会，免费策略是最有效的市场占领手段之一。企业利用免费的商品或服务来吸引大量消费者，首先，有助于建立企业知名度，这将为以后销售其他商品奠定基础；其次，大量分发免费产品或服务能够创造网络效应；最后，免费的产品或服务有利于击垮潜在的和实际的竞争对手。

在网络营销中，免费价格不仅是一种促销策略，还是一种非常有效的产品和服务定价策略。所谓的免费价格策略，就是指企业以零价格形式将全部或部分产品和服务提供给顾客使用，满足顾客的需求。免费价格策略是网络营销中常用的营销策略，它主要用于促销和推广产品。企业采用免费价格策略只能在适当的时机、适当的程度上使用，这种策略一般是短期和临时性的，不能成为企业长期的、全面的价格策略。

2．免费价格实施目的

目前，各类企业实施免费策略的目的不尽相同，主要分为 3 类。第一类是将免费策略作为一种宣传手段，利用免费效应来吸引消费者，以保证企业在各个宣传领域中都处于领先地位。一些大型的工业品供应商和跨国公司往往把互联网看作一个新的宣传领域，将免费策略作为整个企业促销宣传的一个部分。第二类是将免费策略作为一种促销手段，先让消费者免费使用，待消费者免费使用形成习惯后，再开始收费，如微软在推出 Office 2007 的时候，授权计算机厂商在新计算机上安装一个免费试用 60 天的零售版 Office 2007，在过了两个月的试用期后，消费者可以通过购买一个合法的密码来"解锁"自己的 Office 2007。这种免费策略与传统营销策略类似。第三类是从战略发展的需要来制定定价策略，希望利用免费定价策略先占领一定的市场份额后，再发掘后续商业价值，从而再从市场上获取收益。新浪网在 2005 年推出"名人博客"这一新闻形式之后，经过一年多的发展，新浪博客的日访问量过亿，巨大的访问量为新浪网的广告增收和无线业务增收打下了很好的基础。新浪网采取免费策略占领了未来市场，具有很大的市场竞争优势和巨大的市场赢利潜力。

6.3.2 免费产品的特征

在网络营销中并不是所有的产品和服务都适合采用免费策略，只有那些适合互联网这一特性的产品才适合采用免费价格策略。一般来说，免费产品具有下面几个特点。

（1）无形化与数字化

无形化与数字化的产品（服务）是比较适合通过网络来进行营销的，虽然无形化产品只有通过一定的载体才能表现出一定的形态，但是它们可以通过数字化技术实现网上传输。由于互联网是信息交换的平台，它的基础是数字传输，对于易于数字化的产品都可以通过互联网实现零成本的配送，这与传统产品需要通过交通运输网络，花费巨额资金实现实物配送有着巨大的区别，所以可以大大节约产品的配送费用与市场推广费用。

（2）接近于零的边际成本

对于一些信息产品来说，当产品开发成功后，只需要通过简单复制就可以实现无限制的生产，即边际成本几乎为零。对于这类产品，企业不可能根据边际收入等于边际成本的规则来制定价格，而是常常实行免费策略。这类产品的边际成本很低，产量的增加只会降低产品的平均成本，对总成本的影响不大，这使企业能够承受大规模的低价或免费价格策略。企业只需要投入研制费用即可，至于产品生产、推广和销售，则完全可以通过互联网实现低成本运作。

（3）成长性

采用免费策略的产品一般都是具有较好市场前景的产品，其成长性较好，可以对其开拓新的市场领域。企业常常利用这种产品的成长性推动来占领市场，为未来市场发展打下坚实基础。

（4）带来间接收益

企业利用互联网实施免费策略，产品虽然具有低成本的特点，但是前期的投入开发和后期的升级维护都需要投入大量的人力、物力和资金。如果只是一味地实施免费策略，企业往往在实施一段时间后无法承受。由于企业实施免费策略的目的是获得最大化的市场份额，使产品成为市场主流，从而锁定消费者，再通过产品升级等其他形式来获取利润，所以采用免费价格的产品（服务）可以帮助企业通过其他渠道获取收益，从而帮助企业弥补因免费价格策略带来的损失，甚至可以帮助企业赢利。

6.3.3 免费价格的形式

免费价格策略有以下几类具体的形式。

（1）完全免费

产品（服务）完全免费，即产品（服务）从购买、使用到售后服务所有环节都不收取任何费用。网站为消费者提供的无差异化产品一般实行完全免费策略，一旦某个网站实行收费，其用户就会转向竞争对手的网站。美国在线公司在成立之初，利用商业展览会、杂志封面、广告邮件等方式，免费赠送了数百万套桌面软件和浏览器软件，从而赢得大量用户。

网站提供完全免费的产品，并不能直接从用户身上获得收入，但可以通过免费产品来吸引用户浏览网站，增加网站的人气，提高网站的知名度，树立企业品牌形象，最终目的是先占领市场，再在市场获取收益。完全免费的产品和服务主要有新闻资讯、搜索引擎、电子邮箱、电子书籍、升级软件等。

（2）限制免费

产品（服务）实行限制免费，即产品（服务）可以被有限次地或有时间限制地免费使用，当超过一定使用次数或期限后，免费服务被取消，消费者必须付费才能使用。目前，许多软件都使用这种定价形式，这种免费形式的好处是用户可以免费试用产品和服务，满意则付钱购买，不满意则不购买，让用户有选择余地。金山软件公司免费赠送可以使用 99 次的 WPS 2000软件，使用次数完结后，消费者需要付款申请方可继续使用。对产品实行限制免费，企业不用担心用户在超过使用期限或次数后又多次重复下载产品，因为只有极少数用户会为了节省并不贵的产品购买成本而去付出巨大的精力和时间成本。

（3）部分免费

产品（服务）实行部分免费，即产品整体的某一部分或几种功能，以及服务全部过程中的某一环节可以享受免费。部分免费定价的优势主要体现为两个方面：一方面，让用户有免费试用产品的机会，这和限制免费的优势是一样的，如一些科研机构或一些调查研究公司会在网站上免费公开自己的研究成果中的一部分，如果消费者想获得所有的科研成果就需要付费了。另一方面，满足用户对产品部分功能的特定需求，如游戏商把一些网络游戏免费向游戏玩家开放，玩家可以享受到游戏的基本功能，如果玩家需要实现更强大的功能，就要通过付费购买游戏中的虚拟产品，才能更好地享受游戏的乐趣，而商家也以此实现了收益。

（4）捆绑式免费

产品（服务）实行捆绑式免费，即当消费者购买某产品或服务时，可以免费获取其他产品（服务），类似于传统营销中的买一送一等方式。一方面，这种捆绑手段可以提高消费者对所购买产品价格的满意度，降低消费者对价格的敏感程度；另一方面，它可以通过成熟产品的销售带动新产品进入市场。微软公司将 IE 浏览器与 Windows 操作系统捆绑在一起销售，实际上是免费赠送 IE 浏览器，并利用 Windows 的影响力免费推广 IE 浏览器。捆绑式免费策略并不能为企业带来直接收入，其好处是让企业的产品迅速占领市场份额。微软公司通过这一定价策略，利用 Windows 操作系统在市场中庞大的市场份额，带动 IE 浏览器迅速占领了全球大部分浏览器市场份额。

6.3.4　免费价格的实施策略

免费价格策略一般与企业的商业计划和发展战略联系紧密，企业采用该策略能为企业带来有利的一面，同时也会带来很大的市场风险。有些免费网站在不收取任何产品或服务费用的情况下，吸引了大量消费者，一旦网站开始收费，消费者就会转向其他免费网站。企业没能把吸引来的消费者转化为愿意付费的消费者。对于这种先予后得的免费价格策略，当实施过程中有失误时，会产生予而不得的状况，从而为企业带来损失。因此，企业在采取免费定价策略时，要降低免费策略带来的风险，提高免费价格策略的成功性，应遵循以下步骤进行免费定价决策。

（1）有可能获得成功的商业动作模式

无论是传统市场还是网络市场，企业在市场获取成功的关键都是要有一个可能获得成功的商业运作模式，免费价格策略作为网络营销价格策略的一种，企业在采用之前必须要考虑该策略与商业运作模式是否吻合，有无矛盾之处。只有在免费价格策略与企业商业运作模式相符时，才能考虑采用。

（2）分析采用免费价格策略的可行性

虽然免费价格策略是网络营销中常用的营销策略，但是若企业应用不当，不但不会带来收益，反而会带来风险。因此企业在实施前，有必要对免费价格策略进行评估。在评估时主要从这几个方面来考虑：采用免费价格策略，企业所能付出的成本；采用免费价格策略可以为企业带来的收益，以及何时可以获得这些收益；采用免费价格策略可能出现的风险，以及企业如何应对；采用免费价格策略如何与其他营销策略相互支持和协调等。

（3）分析产品或服务能否获得市场认可

也就是提供的产品（服务）是否是市场迫切需求的。在互联网上通过免费价格策略已经获得成功的公司都有一个特点，就是提供的产品（服务）非常受到市场欢迎。例如，雅虎的搜索引擎克服了在互联网上查找信息的困难，为用户带来了便利；新浪网站为用户提供了大量实时性的新闻报道，满足了用户对新闻的需求。

（4）分析免费价格策略实施的时机

免费价格策略实施的一大目标就是抢占市场份额，如果市场已经被占领或者已经比较成熟，则要审视推出的产品（服务）的竞争能力。在选择产品推出的时机时，应充分审视市场的变化规律，竞争对手的战略、策略，在最佳时段推出免费价格策略，可以保证企业以相同的成本获取最大的利益。

（5）制定具体的推广方案

互联网一直以来有免费的传统，对于免费的产品和服务，很多消费者已经习以为常。因此，要吸引消费者关注企业推出的免费价格策略，就必须制定一套详细、周密的方案，以保证免费价格策略的成功实施。

免费策略是一把双刃剑，企业要想真正发挥免费策略的作用，做到趋利避害，就要在实施该策略时认真思考以下问题。

① 企业的产品是否适合采用免费策略，适合采用何种免费策略。

② 即使是免费的产品，企业也要保证产品的质量，否则容易使消费者产生免费产品即劣质产品的观点，从而影响企业的品牌形象。

③ 企业提供免费产品只是一种手段，最终目的还是赢利。

因此，如何将适用免费策略的产品与企业的赢利相结合，实现消费者和企业的双赢是实施免费策略的关键。

6.3.5　常用的免费方法

1．免费电子邮件

电子邮件最初不是免费的。例如在美国在线公司提出的商业模式中，电子邮件需要交纳固定的月费。但是不久出现的 Hotmail 免费电子邮件对市场产生了很大压力，使很多网站的电子邮件变为免费。现在人们使用的电子邮件很多都是免费的。对于消费者来说，使用免费电子邮件能够为他们带来非常大的便利，而对于企业来说，消费者在申请免费邮箱时提供的客户信息是他们开展其他业务的宝贵资源，同时免费邮箱还能够为他们带来大量使用者，是广告的一种方式。

2．赠送第一代产品

CompuServe 和 AOL 是两家美国公司，一开始 CompuServe 在业务上遥遥领先，但是随着 AOL 采取了赠送第一代产品的策略后，其市场份额在 1995 年超过了 CompuServe 的市场份额。AOL 通过赠送数百万份 PC 桌面软件，迅速占领了市场。在网络经济时代，市场份额越大，锁定的用户就越多，获利的可能性就越大。

3．赠送互补品

互补品的赠送在网络营销中是比较常见的。赠送软件可促销硬件，赠送硬件可促销软件，服务也可以是某些产品的互补品。如果服务是免费的，那么产品的销量可能会增加。例如，美国一家专门出版科学读物的出版社 Elsevier 把它每期的杂志目录放在网络上，供消费者免费阅览。该公司还用电子邮件给一些消费者通告新发行书刊的目录。这些服务的目的都是促销其出版物。

6.4 价格策略实践

6.4.1 整合利用线下和线上资源，建立 O2O 模式

2023 年，商务部贯彻落实党中央、国务院关于加快发展数字经济的决策部署，推动电子商务在恢复和扩大消费、促进数实融合、深化国际合作等方面发挥重要作用，取得积极成效，实现高质量发展。现在电子商务被广泛应用，传统企业把业务放到网上去做；网上企业也开设线下实体体验店，以构筑稳定的客户关系。线上与线下的资源和业务相互融合、互补利用，使 O2O 模式在创新实践中不断发展；O2O 模式的特点之一就是对碎片化资源的整合，消费者能够利用碎片化的时间进行选择，一方面，从线上引流到线下；另一方面，可以从线下引流到线上，双向引流。走进一家 O2O 模式线下体验店，消费者可以近距离地接触和体验店内展示的商品，对商品进行了解，了解商品是否满足自己的需求，如果消费者对商品满意就可以直接在门店内购买，只需几分钟就能买到心仪的商品；如果消费者想在碎片化的时间内实现便捷购物，就可以通过商家的小程序商城或者官网等进行购买，并享受送货上门服务，这种 O2O 模式不仅极大地提升了消费者的购买体验，还利用碎片化的时间完成线下的实际交易，这对于消费者、商家和线下实体店而言都是提高效率的行为。O2O 模式的核心是更好地利用资源进行信息分发，提升固定客源的转化效率。O2O 模式并不会改变生意的本质，它要做的就是利用新的技术和手段，让资源和消费者进行更有效的连接，提高营销效率。

O2O 模式的主要表现为："线上线下，同品同价""线上订货，线下提货""线下体验、线上购买""线上看货付款，线下送货上门"。苏宁易购、1 号店、淘宝商城上的许多企业都是 O2O 模式的践行者。

6.4.2 跨平台无缝运作采购、批发和零售业务

传统的产供销分散模式使得企业上下缺乏效率意识，各部分衔接不紧密。企业灵活运用不同电子商务平台提供的业务职能，从供货方批发采购原材料，经生产加工制造为产品，再将其批发、零售给需求方，实现"供产销"业务在不同电子商务平台上的无缝操作和一体化运作，可以大大提高企业的工作效率，有利于产业链的拓展、延伸与精细化。企业在电子商务平台上，由此确立专业化分工和协同合作关系。供产销一体化的理念就是把产品开发、供应链和销售部门交融集成，让产、供、销 3 个模块变成一个整体，从原本一个单独的供应环节，变成产品、供应、销售相互交融集成的供应体系，保证了企业产品生产在资金流动、原料采购、服务提供等环节的流畅、高效，提高了生产效率。不同电子商务平台的使用为企业发展提供了便捷的工具，企业通过电子商务平台的使用可最大限度地提升产品质量，推进优质特色化服务，增强企业在行业间的优良度、信誉度，提升产品整体市场竞争力。不同电子商务平台的使用共同构成适合企业发展电子商务的产业生态系统。

6.4.3 对接实体和网络经济，建立跨业态合作联盟

在实体经济中，企业业务受市场空间和时间的限制，不得不增加中介渠道、投入大量广告与对手展开同质化的竞争，使企业的成本居高不下。为降低成本，提高企业效率和效益，利用互联网可以将采购信息进行整合和处理，统一从供应商订货，以求获得最大的批量折扣。还能够实现库存、订购管理的自动化和科学化，可最大限度地减少人为因素干预，同时能以较高效率进行采购，可以节省大量人力，避免人为因素造成不必要的损失。一些经济活动超越传统的

组织、经营和运作模式，已经形成了经济规模，构成了比较稳定的业态。随着互联网和信息技术的飞速发展，先进制造业和现代服务业的深度融合已成为产业发展的主流趋势，越来越多的企业对业态融合开展了探索和实践。企业可将互联网作为连接不同业态业务的桥梁，构建跨业态企业和业务合作的战略联盟，在传统市场和网络市场开辟新的营销渠道，通过业态经济的互补，以降低销售成本，提高企业的效率和效益。企业建立跨业态合作联盟将新知识转化为新产品、新技术、新管理方式，通过新的组织模式创造新的市场价值。例如，"牛肉干"传统食品和"大唐风云"网络游戏之间的推广合作：QQ能量枣和太平公主。

6.4.4 自媒体网络口碑传播，建立产品营销新渠道

在信息爆炸、媒体泛滥的时代，消费者对广告，甚至对新闻都具有很强的免疫能力，只有制造新颖的口碑传播内容，才能吸引大众的关注与热议。口碑是目标，营销是手段，产品是基石，在自媒体网络中，人人都是信息源的传播和制造者，凭借这一点，企业就能建立产品营销新渠道。

小米公司推出智能手机，通过更新迭代"MIMU""MI2""MI3""红米"等，获得消费者的青睐。产品定位为中青年消费者，智能手机"发烧友"是其忠实粉丝，他们被小米产品的价值所吸引，例如，"高配置+低价格"产品、可参与系统开发并可自主升级的"MIUI操作系统"和"米聊"自媒体平台。

小米手机的生产制造由供应商代工完成，产品开发倾听消费者意见和建议并及时反馈，产品销售由官网电商平台进行直销，产品派送依托合作伙伴的物流体系送货上门，产品促销凭借微博和"米聊"自媒体传播工具，策划营销事件和传播"发烧友"和"米粉"价值体验的口碑，聚集和扩大"米粉"的关注、兴趣、搜索、体验、购买和分享，由此使小米手机从中国走向世界。

6.5 案例：元宇宙社交平台 PlaNFT——多种网络交易机制的综合应用

PlaNFT是一个以创新为核心驱动的Web3交易平台，集多链NFT铸造、交易、Swap、盲盒发布、俱乐部搭建于一体，由Pioneer3InnovationLabsPte.Ltd于2022年建立。PlaNFT主页如图6-4所示。PlaNFT创建了一系列Web3基础设施，将普通Web2用户与NFT世界连接起来，用户无须安装下载浏览器扩展程序，就可以无缝地铸造及交易NFT。NFT可以作为链上身份证明，加入KOL的Social俱乐部中，进行Web3的社交体验与探索。

不同交易机制满足不同商品交换是PlaNFT平台交易机制的创新优势。在PlaNFT平台上，用户可以通过Swap系统以物换物、进行NFT聚合交易和使用Wallet2.0无钥钱包。作为一个NFT的交易平台，PlaNFT支持跨链与多币种交易，交易市场十分简洁清晰，在交易方式上，PlaNFT不仅支持图片格式的NFT藏品，音频和视频NFT也可以上传售卖，更有独特的百变换装模式，供用户打造PlaNFT元宇宙中的虚拟形象。

PlaNFT为用户提供拍卖交易服务，用户可以批量一键上架NFT作品，一键购买多个NFT，只收取一次费用，使用起来非常方便快捷。

PlaNFT采用的英式拍卖机制，遵循着价高者得的原则，先由拍卖师报出起拍价，然后由

投买人逐一应价，采用喊价、竞价牌或者是手势确认出价，也是目前市面上比较流行的拍卖方式。这一方式的优点是经过多轮的叫价、应价，容易产生高价，非常适合拍卖价格昂贵的标的。使用这种拍卖方式在最高竞价上不封顶，能够使拍卖品进一步实现增值。

除了英式拍卖机制，PlaNFT 还采用荷兰式拍卖机制。荷兰式拍卖也被称为"降价拍卖"，是一种特殊的拍卖形式，最早出现在 1887 年，那年由于花椰菜获得了大丰收，出现了供大于求的局面。为了尽快摆脱困境，减少因产品腐烂变质造成的损失，一位种植者发明了不同于传统的升价拍卖的降价拍卖。此后，随着交易量的增加和技术的进步，人们于 1906 年开始采用拍卖大钟进行交易，再后来则是采用电子表盘进行无声拍卖。降价拍卖最大的优点之一是：成交过程特别迅速，拍卖过程机械化、电子化，交易速度大大加快。降价拍卖的缺点是：荷兰式拍卖的交易成本较为高昂；交易效率（包括资金效率和时间效率）比较低下。在叫价递减过程中，往往导致竞买人坐等观望，企盼价格不断降低，因而现场竞争气氛不够热烈。

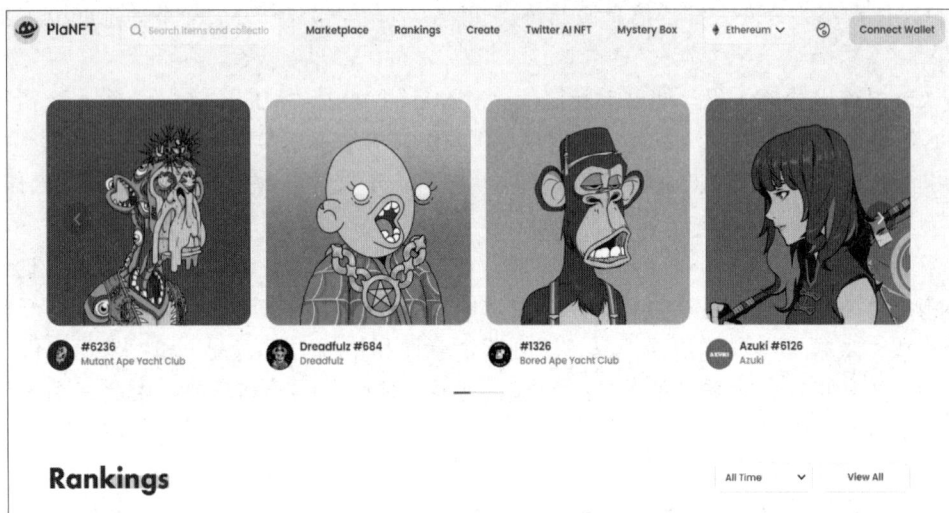

图 6-4　PlaNFT 主页

PlaNFT 的上述交易机制，结合英式拍卖和荷兰式拍卖，为用户提供不同的服务模式，极大地提升了消费者的购物热情和体验。与传统定价方法相比，网络定价策略创新的重要途径是基于互联网的及时性、互动性、无限可达性等特点对网络定价的应用形式进行创新，激发消费者对价格走向的好奇心，让消费者在新的价格形势中获得竞价的紧张刺激感和胜利的购物体验。

习题 6

1. 你认为哪些因素会影响网络环境下企业的定价策略？
2. 分析互联网与定价之间的关系。
3. 在网络营销中，消费者在定价中发挥了什么作用？
4. 分析传统定价和网络定价的区别与联系。
5. 分析"没有免费的午餐"在互联网环境下是否失灵。
6. 企业实施免费策略时需要考虑哪些因素？

7. 如果你是一家新成立的企业的执行官，你如何利用免费价格策略来推广产品？

8. 试着分析将产品和服务进行捆绑销售比单个销售对商家有利的原因。

9. 从 PlaNFT 的定价策略实施案例中，我们可以获得哪些启示？

10. 何谓有效市场？哪些因素使互联网成为一个有效市场？哪些特征表明它不是有效市场？

11. 作为一名消费者，如果厂商在淘宝网上拍卖某种新产品，那么你认为定价透明度将会如何影响你的竞争策略？

12. 几年前，我国已有中国移动、中国联通和中国电信 3 家公司陆续开通 4G 移动通信网络服务，在促销其中某一家公司的无线上网产品时，你会选择哪种定价策略？为什么？

第7章　网络渠道及中介重构

在市场上，大多数产品都不是由生产者直接供应给最终顾客或用户的，在生产者和最终用户之间有大量执行不同功能和具有不同名称的营销中介机构存在。产品由生产者向最终消费者或用户流动所经过的途径或环节就是所谓的营销渠道。随着5G、物联网等新型基础设施建设持续推进，政府支持电商发展的政策红利不断释放，中国网络零售市场将在加快转型升级过程中实现更快发展。互联网技术的发展对社会经济生活的各个方面，包括对企业的生产和经营都产生了巨大影响。作为企业营销系统中一个重要部分，营销渠道及其结构形式在这种影响下也正在发生深刻的变化。与传统的营销渠道一样，以互联网作为支撑的网络营销渠道仍然具备传统营销渠道的功能，但由于互联网的发展及其高效率的信息交换特点，改变了营销渠道的结构，以及过去传统营销渠道的诸多环节，将错综复杂的关系简化为单一关系。在本章中，我们将讨论网络渠道的功能和结构，渠道中介的重构及网站在线展示等内容。

7.1　网络渠道概述

营销渠道是产品由生产者向最终消费者或用户流动所经过的途径或环节。与传统营销渠道一样，网络营销渠道策略是企业最重要的策略之一。企业凭借着计算机为媒介的工具和信息技术的发展，将与消费者的沟通平台放到虚拟的网络上，向目标市场提供产品和服务，构筑网络渠道。

7.1.1　渠道的概念

所谓营销渠道，在营销学的理论中也被称为分销渠道，它是指产品由生产者向最终消费者或用户流动所经过的途径或环节；或者是指企业将产品传递给最终购买者的过程中所使用的各种中间商的集合。在产品流通过程中，生产者出售产品是渠道的起点，消费者购进产品是渠道的终点。渠道就是横跨在生产者和消费者中间的一道桥梁。尤其在市场全面开放的今天，渠道决策与产品、价格和促销决策相比，更具有获取潜在竞争优势的力量。

营销渠道的构成虽然极其复杂，但是它强有力的执行功能帮助企业把商品转移到消费者手里，弥合了产品、服务和其使用者之间的缺口，因此渠道对所有的企业来说是不可缺少的。

营销渠道可以帮助企业收集和传播营销环境中有关潜在与现行顾客、竞争对手和其他参与者及力量的营销调研信息；可以发展和传播有关供应物的富有说服力的吸引顾客的沟通材料；可以加强生产者和消费者之间的信息沟通；营销渠道还可以帮助企业尽力达成有关产品的加工和其他条件的最终协议，以实现所有权或持有权的转移。除了以上这些帮助达成交易的功能，营销渠道还具有在执行任务的过程中承担有关风险、帮助企业将产品实体输送到最终顾客手中等帮助已达成交易付诸实施的功能。

7.1.2　互联网对渠道的影响

20世纪90年代初，互联网的飞速发展在全球范围内掀起了互联网应用热，世界各大公司纷纷利用互联网提供信息服务和拓展公司业务范围，并且按照互联网的特点积极改组企业内部结构和探索新的管理营销方法，网络营销应运而生。作为依托互联网而开展营销活动的网络营销，相对于传统营销而言，在许多方面存在着明显的优势，对传统营销活动造成了巨大冲击。其中，受互联网技术影响比较大的是企业的营销渠道，传统营销渠道模式正在受到强烈的冲击。越来越多的企业使用互联网来分销产品，传递信息给消费者，而消费者也愿意通过互联网购买各式各样的商品和服务。戴尔公司就借助互联网交易双方可以直接互动的特性建立了网上直销的销售模式，改变了传统渠道中的多层次选择和管理与控制的问题，最大限度地降低了营销渠道中的营销费用。互联网对渠道的影响主要有以下几个方面。

1．购买渠道

在传统的营销活动中，消费者的购买渠道是实际存在的并且常常会受时间和地域的限制，具有单一且地域化的特点。而相对于网络营销活动而言，互联网具有全球覆盖性，无时间和地域限制，所以消费者的购买渠道在传统购买渠道的基础上又增加了网络购买渠道。而基于互联网的购买渠道并不是实际存在的，是一个虚拟的市场。这种新的网络市场拥有许多可以选择的虚拟场所，企业可以用于定位自己并与消费者进行交流和买卖商品。网络购买渠道可以选择的类型主要有以下几种。

（1）销售者控制型网络购买渠道

这一类型是指企业自行建立网上销售型的网站，这是企业主要的网站，也是大部分交易发生的场所。一些具有实力的大型公司（戴尔公司等）采取的策略就是自行建立一个功能完备的电子商务网站，从订单管理到售后服务都可以通过网站来实现。

（2）销售者导向型网络购买渠道

这一类型是由分销商和代理商等第三方控制的中介型网站，也被称为网上零售商的供应商型，它们仅代表销售者。作为网上零售网站的供应商，其功能同传统销售模式中的功能没有很大的区别。例如，携程旅行网，消费者可以通过其网站享受购买机票、订购酒店等服务。

（3）中立型网络购买渠道

这一类型是独立的评价媒介，它能进行价格和产品的对比，从而激励消费者购买目标网站的商品。具体又分为不被卖方控制的中介型网站，如阿里巴巴的网站；特定产品搜索引擎的网站，如 CNET 网站；对比型网站，如酷买网站；拍卖型网站，如易趣网站。

（4）顾客导向型网络购买渠道

这一类型是由代表购买者的第三方控制的中介型网站，如国内的亦得代购网，它为国内消费者提供代购全球商品的服务。

（5）顾客控制型网络购买渠道

这一类型是由购买者发起营销活动，可以以购买者网站为媒介，或者以购买者为创始人成立中立媒介，从而完成交易。通过媒介传递，购买者详细说明要购买什么，或者集合起来形成一个团体进行团购，可以获得更低的购买成本的好处，例如，国内以购房者邹涛发起的邹涛万人住房团购网。不管是在国内还是在国外，这种形式与其他形式相比并不普遍。

2．渠道结构

渠道结构研究的是渠道本身的构成，一般是指产品从生产领域向消费领域转移的过程中渠道所履行职能的形式。渠道结构决策包括 3 个基本问题：渠道结构的长度、渠道结构的深度和中间商的类型。渠道长度是指将产品及其所有权逐步移近消费者的中间商数目，主要取决于顾客、产品和企业的特点。渠道深度是指在每一渠道类型中不同阶段所使用的中间商的数目，它有 3 种类型，即密集分销、选择性分销和独家分销渠道。中间商的类型与产品类型有很高的关联度，不同性质和类型的产品，其销售渠道的类型有很大差异。

影响渠道结构的主要因素有以下 3 方面。

① 需要履行的渠道职能或营销职能。由于生产与消费之间存在着时间、地点、所有权、信息等各种矛盾，营销渠道必须履行适当的职能来克服这些矛盾。渠道结构中选择什么样的长度、深度和中间商类型，与渠道需要履行的职能有密切关系。

② 营销渠道的劳动分工与交易效率。渠道结构不仅要能实现其职能，还要高效率地实现这些职能。要做到这点，就必须有劳动分工及交易效率。劳动分工和交易效率是经济学在营销渠道领域研究的主要内容。

③ 企业控制渠道的愿望。企业对渠道的控制愿望可以超越经济的考虑。一般来说，渠道越短，企业控制渠道的能力越强。

基于互联网电子商务的发展，网络营销渠道出现了，并且互联网对渠道成员产生了深远的影响，使得渠道结构发生了变化，出现了一些新的渠道结构，如去中介化和中介重构。在传统的营销渠道中，营销中间商是渠道结构中的重要组成部分，一旦企业将互联网融入渠道策略中，企业与渠道伙伴之间的关系就会因为网络提供的机会而发生显著改变。当互联网使得一个渠道成员有可能开展原先由另一个成员开展的活动时，或者当互联网使得过去必需的活动在现在显得多余时，就会出现一种绕过一些渠道伙伴的方法，即去中介化。在此背景下，传统中介的角色重定位成为它们生存的必要条件，因此就出现了所谓的中介重构。

3．渠道冲突

国内学者庄贵军在研究了西方渠道行为理论后，提出了渠道冲突的一些状态：一个渠道成员意识到另一个渠道成员正在阻碍或干扰他实现自己的目标或有效运行；或一个渠道成员意识到另一个渠道成员正在从事某种伤害、威胁其利益，或者以损害其利益为代价获取稀缺性资源的活动。

互联网的发展推动了电子商务的发展，而电子商务的发展又推动了网络渠道的产生，拥有传统渠道系统的企业在引入网络渠道后，渠道成员在不同角度、不同利益和不同方法等多因素的影响下会不可避免地产生渠道冲突，选择以网络作为新的营销渠道的传统企业不得不面临新的渠道冲突的风险，即在线营销渠道对传统营销渠道所造成的竞争压力。

（1）渠道冲突的表现形式

这种新型渠道冲突的表现形式有外部冲突和内部冲突两大类。

① 外部冲突。它包括网络中间商与传统分销商之间的冲突，生产企业与传统分销商之间的冲突，生产企业与网络中间商之间的冲突，如批发商直销与原有的零售渠道可能会产生冲突，生产商直销与传统的批发商、生产商可能会产生冲突等。

② 内部冲突。它包括生产企业内部各负责不同渠道运作的部门之间的冲突，生产企业

内部各职能部门之间的冲突，生产企业内部某些职能部门内的冲突，如资源分配问题、产品定价问题等。

（2）渠道冲突产生的原因

渠道冲突产生的原因有很多，主要归结为主观和客观两个方面。

① 客观原因来自传统渠道的抵制态度和渠道成员之间对企业资源及市场份额的争夺，如传统经销商的不合作态度甚至恶意破坏，在线渠道和传统渠道在同一市场内争夺同一客户群体等。另外，消费者的行为也会产生渠道冲突，如消费者的搭便车行为（在传统渠道中享受售前服务，却以更低的价格通过网络渠道购买）使得商店零售商承担了促销费用，却得不到任何补偿。

② 主观原因是企业渠道管理能力低下，多渠道运作经验不足，还不能掌握在线营销渠道和传统营销渠道在愿景目标、经营特点及市场定位方面的差异。例如，制造商认为建立网络渠道只是为了扩大市场，使那些不愿意或不能从其他渠道购买产品的消费者能买到产品，而零售商则会认为制造商自建网络渠道是为了与他们争夺顾客需求。

（3）渠道冲突解决方法

面对渠道冲突带来的影响，企业不该因此放弃互联网战略，而应该建立多渠道战略，充分利用整合的在线和离线两个渠道资源的潜能，使其发挥更大的优势。常用的渠道冲突解决方法有以下两种。

① 渠道隔离。一种商品在两个渠道中同时销售会产生冲突，这时有用的办法就是渠道隔离。在传统零售业的竞争中，大型的百货店和虚拟的网络商店形成了两个阵营。但是，双方经营的很大一部分商品是重合的，对于供应商而言，这就产生了典型的渠道冲突。这种现象曾经一度给供应商带来顾此失彼的苦恼。解决问题的办法是用对同一种商品制造人为差异来隔离这两个渠道。这个办法对解决传统渠道和在线渠道的冲突有很好的作用。

此外，还可以对商品制造人为差异，有时是用一些鲜明的标识，有时是专门制造，但常常用花色和规格的细微调整就可以区分开。这些措施看似简单，但如果运用不好，不仅不会解决渠道冲突，还会为公司带来损失。例如，玩具巨头反斗城的早期经历，为了和在线玩具销售商eToy竞争，它推出了自己的网上商店，结果不可避免地产生了传统渠道和在线渠道的冲突。由于反斗城要保护基于传统渠道的核心资产，结果使在线商店无法得到畅销玩具品种的供货。由于担心对传统渠道造成负面影响，许多玩具不能出现在在线商店的目录中，使网上商店的许多顾客转而成为竞争对手的顾客。

② 渠道集成。解决渠道冲突的最好办法是渠道集成，即把传统渠道和在线渠道完整地结合起来，充分利用在线和离线的优势，共同创造一种全新的经营模式。

例如，7-11便利店在日本拥有超过8000家连锁店，一些在线销售商和它结成战略联盟，利用它深处居民区的特点进行商品寄存和二次配送，巧妙地完成了电子商务几乎无法解决的"最后一公里"问题。同时，领取寄存商品的顾客可以顺便在店里进行采购。但是，这种方法要求供应商能够对传统渠道施以足够的控制权，所以操作难度较大。

此外，在解决渠道冲突问题上还有些企业采取外包和联盟的战略；为避免渠道冲突，企业还要有协调管理措施，如明确责任、统一定价等。

4. 全场景营销渠道模式

现今的信息技术已经发展到了一个新的阶段，即移动网络和社交网络的时代，消费者能够通过多种渠道获得信息，一种信息的传播路径就成了一种零售渠道，因此，全渠道模式在这一趋势下逐渐兴起。全渠道是指企业尽可能多地采取不同的渠道类型进行整合并开展销售活动，让顾客能够更加便捷地获取产品信息和完成交易，满足顾客在购物、娱乐与社交方面的综合体验需求。常见的渠道类型包括有形店铺和无形店铺（线下实体店铺、线上虚拟店铺），还有各种信息媒介（网站、社交媒体、微博、微信）等。

全渠道模式中零售业的本质并未发生变化，而 5 个零售流，即顾客流、信息流、资金流、物流和商店流的内容产生了变化，企业需要结合目标客户和自身营销定位进行多个渠道的组合及整合。

全渠道具有全程、全面、全线的特点。全程是指消费者从开始接触到一个产品直到最终购买的过程中，全程包括搜寻、比较、下单、体验和分享 5 个关键环节，企业需要在这些关键节点上与消费者保持全程和零距离的接触。全面是指企业能够跟踪和记录消费者在整个购物过程中的行为和偏好数据，并且积极与消费者互动，为消费者提供个性化的建议，以提升消费者购物体验。全线是指渠道全方位覆盖，包括电子商务渠道、实体渠道，以及线上和线下渠道的融合。

因此，全渠道模式下的营销是一种以客户为中心的营销方法，旨在通过所有渠道和设备提供无缝集成的购物体验。这种方法旨在允许客户通过他们选择的任何渠道与企业互动，无论是在线、店内还是通过移动设备，都可以在所有接触点获得一致和个性化的体验。

7.1.3　网络渠道及网络渠道的建设

网络营销的目的与传统营销的目的是一样的，但采取的手段有了很大改变。企业凭借着计算机为媒介的工具和信息技术的发展，将与客户的沟通平台放到虚拟的网络上，向目标市场提供产品和服务，构筑网络渠道。因此与传统的营销渠道一样，以互联网作为支撑的网络营销渠道也应具备传统营销渠道的功能。网络渠道凭借信息技术和电子商务的发展，应用互联网来提供可利用的产品和服务，通过电子手段进行和完成交易活动。

1. 网络渠道的类型

传统营销渠道中，在将产品或服务从生产者转移到消费者的过程中，营销中间商凭借其业务往来关系、经验、专业知识及活动规模，能够有效地推动产品或服务广泛地进入目标市场，获得企业自营所达不到的高效率和高利润。但是随着互联网的迅速发展和广泛应用，传统中间商的地缘优势被互联网的虚拟性所替代，形成了网络环境下的新的渠道类型。根据是否通过网络中间商，如图 7-1 所示，可以将网络渠道分为两大类：网络直接渠道和网络间接渠道，网络间接渠道又包括混合渠道。

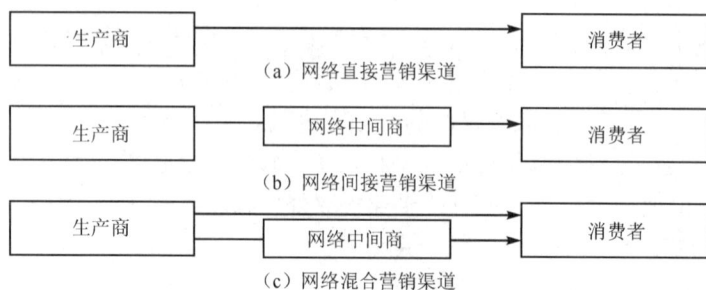

（a）网络直接营销渠道

（b）网络间接营销渠道

（c）网络混合营销渠道

图 7-1　网络营销渠道

（1）直接渠道

网络直接渠道是指生产企业通过互联网直接将产品或服务转移给消费者。这种类型的渠道常用于大宗商品交易和产业市场的交易模式。网络直接渠道的建立，实现了生产者和最终消费者的直接连接和沟通。网络虽然缩短了人们的沟通距离，但是并没有缩短人们与商品的物理距离，网络直接营销渠道完整功能的实现需要其他组织的参与。在网络直销渠道中，生产商可以通过建立企业电子商务网站让消费者直接从网站订货。再通过与一些电子商务机构，如网上银行合作，直接在网上实现支付结算，简化了资金流转。在配送方面，网络直销渠道可以根据产品的特性选择利用互联网技术来构造物流系统，或通过与专业物流公司进行合作，建立有效的物流系统。

（2）间接渠道

网络间接渠道是指生产企业通过融入互联网技术后的中间商机构把产品或服务转移给消费者。这种类型的渠道常用于小批量商品和生活资料的交易。传统的中间商由于融合了互联网技术，大大提高了交易效率、专门化程度和规模经济效益。同时，新兴的中间商也对传统中间商产生了冲击，如美国零售业巨头沃尔玛为抵抗互联网对其零售市场的侵蚀，在 2000 年年初开始在互联网上开设网上商店。

（3）混合渠道

混合渠道是指企业同时使用网络直接渠道和网络间接渠道分销产品或服务，由多个渠道成员参与的一种间接营销渠道。特别是在买方市场日趋激烈的市场环境下，要应对势头强劲的国内外厂商的竞争，采用混合渠道进行市场渗透，是一种明智的选择。一方面，企业借助于自身的网络直接渠道优势，巩固已有的市场地位；另一方面，正确选择网络中间商，建立广泛的扁平化营销渠道。

2．网络渠道的功能

网络营销渠道作为一种新型的营销形式，与传统营销渠道相比，能够更好地、更有效地消除产需在时间上、空间上和所有权方面的矛盾或不一致。网络渠道借助于互联网，一方面，要为消费者提供产品信息，方便消费者进行选择；另一方面，在消费者选择产品后要能完成相关的交易手续。因此，一个完善的网络渠道应有三大功能：订货功能、结算功能和配送功能。

（1）订货系统

订货系统为消费者提供产品信息，同时方便厂家获取消费者的需求信息，以达到供求平衡。设计订货系统时，要简单明了，无须消费者填写太多信息，还应该提供商品搜索和分类查找功能，以便消费者在最短的时间内找到需要的商品。一个完善的订货系统，可以最大限度地降低库存，减少销售费用，因此许多企业特别是与计算机相关的行业的发展速度非常快。

（2）结算系统

消费者在购买产品后，可以有多种方式方便地进行付款，因此企业应有多种结算方式。目前常用的付款结算方式有信用卡、电子货币、电子支票、邮局汇款、货到付款等。结算系统要具有安全可靠性。

（3）配送系统

一般来说，产品分为有形产品和无形产品，对于无形产品如服务、软件、音乐等，可以直接通过网上进行配送。而有形产品的配送，会涉及运输和仓储问题。因此，形成专业的配送服务体系是对网上销售体系的有力支撑。

3．网络渠道的优势与特点

（1）网络渠道的优势

互联网的出现使低交易成本的信息交流方式成为可能。作为信息技术的一种应用，互联网技术实质上是一种新型的信息处理技术。与传统的信息交流方式相比，互联网拉近了人与人之间的地理距离，使制造商和最终消费者之间的信息交流通过网络就能够得到实现，生产者与消费者可以面对面。在这种信息流通方式下，制造商有可能实现与最终消费者的直接对话，而无须借助层层的中间商来实现这种沟通。这种关系的改变为企业带来了传统营销渠道无法获得的优势。

① 使企业准确掌握市场信息。在传统的信息流通方式下，最终消费者的需求信息需要经过层层中间商的收集和处理后才能到达制造商，在这个过程中信息很有可能出现失真。这种失真最直接的后果是制造商的产品不为市场所接受。互联网的直接信息交流方式可以把信息失真降低到最低的程度，保证制造商能够生产出符合市场需要的产品。这一点对制造商来说是至关重要的。

② 降低交易成本，提高产品竞争力。在传统分销渠道模式中，中间商一直扮演着连接生产与消费的桥梁的重要角色。为了实现产品的销售和信息的沟通，这些中间环节必不可少。为了获得必要的利润，这些中间环节层层加价，使得产品价格一路攀升，等到了最终消费者手中，产品价格已远远高于生产商的生产成本，这无疑损害了最终消费者的利益，也使产品的竞争力受到影响。互联网技术使生产与消费的直接交流成为可能，制造商通过互联网能将产品直接销售给最终消费者，减少了中间环节带来的交易成本的增加，提高产品的竞争力。

③ 最大程度降低企业的库存。传统的信息流通方式需要中间环节层层传递信息，这必然使到达制造商手里的信息具有滞后性。而制造商在获得最新的市场信息之前只能按照以往的经验数据安排生产，由此可能产生的偏差要求制造商在任何时候都必须有一定的库存，以减少缺货成本。在与最终消费者直接沟通的条件下，制造商可以及时地获得最新的市场信息，根据市场的实际需求情况决定生产，从而减少库存甚至实现"零存货"生产。

④ 有助于企业提供个性化的产品。随着物质生活的逐渐丰富，人们越来越不满足于大批量生产的无个性特点的产品，而希望消费更多体现个人特点的产品。在互联网出现之前，制造商想获得大量分散的消费者个人需求信息是非常困难的，因此产品的个性化很难实现。互联网的普及使产品的个性化成为可能，制造商通过互联网能够比较容易地收集消费者关于产品需求的个性化信息。这些信息有利于制造商为消费者量身定制，提高企业产品的竞争力。

（2）网络渠道的特点

由于网络渠道中生产商与消费者关系的改变，以及互联网所具有的经济特性，使得网络渠道相比于传统营销渠道而言，具有以下一些特点。

① 扁平化。传统的间接营销渠道中有多个中间商和中间环节，如一级批发商、二级批发商、零售商等；而网络间接渠道一般只需要一个中间环节，形成了以网络服务商为中枢的扁平化组织结构的特点。

② 短渠道。在传统营销渠道中，产品或服务从生产商到达消费者经过的渠道长，中间环节

多，因而降低了交易效率；网络渠道中由于网络本身就可以作为一条分销渠道，从而将生产者同消费者直接连接在一起，极大地缩短了渠道的长度，降低了渠道的成本，提高了渠道的效率。

③ 交互性。利用互联网的交互特性，网上营销渠道将传统渠道中的单向信息沟通变成双向直接信息沟通，增强了生产者与消费者的直接连接。

④ 便捷性。网上营销渠道可以提供更加便捷的相关服务。一是生产者可以通过互联网提供支付服务，客户可以直接在网上订货和付款，等着送货上门，这一切大大方便了客户的需要。二是生产者可以通过网上营销渠道为客户提供售后服务和技术支持，特别是对于一些技术性比较强的行业，如 IT 行业，提供网上远程技术支持和培训服务，既方便客户，又节约成本。

⑤ 经济性。网上营销渠道的高效性，可以大大减少过去传统分销渠道中的流通环节，有效降低成本。对于网上直接营销渠道，生产者可以根据客户的订单按需生产，实现零库存管理；同时网上直接销售可以减少过去依靠推销员上门推销的昂贵的销售费用，最大限度地控制营销成本。对于网上间接营销渠道，通过信息化的网络营销中间商，可以进一步扩大规模，实现更大的规模经济，提高专业化水平；通过与生产者的网络连接，可以提高信息透明度，最大限度地控制库存，实现高效物流运转，降低物流成本。

4．网站是网络渠道的拓展

网站是企业电子商务应用的重要组成，是企业网络门户，既是企业提供产品及服务信息的窗口，也是开展电子商务及网络营销的基础设施和信息活动平台。通过在网上开展电子商务或网络营销活动，可以增进商业机会，降低成本，提高效率，为企业创造社会效益和经济效益。企业没有自己的网站，就如同在网上没有自己的家。无论网站是以何种方式构建的，都必须有自己的网址和名字（域名）。企业的网址和域名与企业的商标一样重要，网址是企业的"网络商标"，是无形资产的重要组成部分。企业利用网站开展电子商务活动和网络营销，只是电子商务应用的第一步。

网站对网络营销产生的作用主要有以下几个方面。

① 网站是开展营销策略的窗口。对于企业来说，网站既能发布产品信息，推出各种服务项目，又能获取消费者对产品和服务的反馈意见及市场需求信息。对于客户来说，网站既是获取企业产品与服务的详细资料的重要渠道，也是商品服务与需要的诉求窗口与互动平台。消费者通过从不同网站上获取产品或服务资料，做到货比多家理性消费；同时，消费者可以积极参与到营销活动中，例如消费者的个性化和定制消费需求愿望，可以通过网站快速传递给产品供应方，使生产厂家能够及时地了解市场需求，在制定产品设计、生产、包装、销售、维护和服务等经营策略时，充分考虑到消费者的利益。由此可见，商务网站实际上是实施"推拉"互动的营销策略的媒介与窗口，可创造比传统媒介更好的营销效果。

② 网站是开展网络营销的工具。虽然网络营销并非一定要建立企业网站，但是拥有一个专业的企业网站将大大增强网络营销的威力，因为网站是企业开展网络营销的根据地，同时也是一个有效的网络营销工具和网上销售渠道。一个具有完善的网络营销功能的企业网站，应该具有品牌形象、产品或服务展示、信息发布、顾客服务、顾客关系、网上调查、网上联盟和网上销售的功能。

③ 网站是网络渠道的拓展。企业建立网站及开展网络营销活动的目的之一是增加销售，一个功能完善的网站本身就可以完成订单确认、网上支付等功能，即网站本身就是一个销售渠道。网站还具有与供应商、经销商、客户网站，以及其他内容互补或相关的企业建立合作关系

等电子商务功能，因此网上销售渠道建设也不限于网站本身，还包括建立在综合电子商务平台上的网上商店，以及与其他电子商务网站不同形式的合作等。同时，网络所具有的传播、扩散能力打破了传统经济时代的经济壁垒、地区封锁、人为屏障、交通阻隔、信息封闭等，对销售渠道的开拓有重要的促进作用。

可见，网站是网络营销中的一部分，是企业开展网络营销活动的基础，企业通过各种策略和手段，提高网站在目标客户和合作伙伴中的知名度，增加访问量，并扩大与其他网站之间，以及与用户之间的关系，其主要目的是提升企业品牌形象，增进顾客关系，改善对顾客的服务，开拓网上销售渠道并最终扩大销售。

5. 网络渠道建设

在网络经济环境下，越来越多的企业关注的焦点不再只是生产更好的产品，而是注重如何改进网络渠道以提高效率，降低成本，获得收益。得"渠道"者得天下。为了在激烈的市场竞争中获得优势，企业应不断加强网络渠道的建设，以实现网络渠道的畅通、可靠和多样化。由于网上销售对象不同，网络渠道存在很大区别，因此，企业进行网络渠道建设要根据产品的特性、目标市场的定位和企业的整体战略而展开。

（1）分析产品特性

虽然在网上可以买到的产品和享受到的服务有很多，但并不是所有的产品和服务都适合在网上销售。企业生产的产品是否适合在网上销售、需要什么样的分销体系等是渠道建设中首先要明确的问题。

（2）选择合适的网络营销渠道模式

网络渠道模式有直接渠道和间接渠道两类。每种渠道模式都有其特点，不同的企业有不同的渠道选择策略。通常规模型且具有较大范围的品牌知名度的企业采用网上直销渠道；对于规模较小且品牌知名度不大的企业，一般适合选择电子中间商；处于两者之间的企业可采用网上直销与电子中间商并存的模式，并视企业发展逐渐向一个方向调整。网上渠道的选择如图 7-2 所示。

图 7-2　网上渠道的选择

（3）合理设计网络渠道系统

一个完善的网络渠道系统具备订货功能、结算功能和配送功能。对于 B2B 交易模式来说，由于每次交易量很大，交易次数较少，并且购买方比较集中，所以网络渠道的建设关键是建设好订货系统，方便购买企业进行选择。由于企业一般信用较好，所以通过网上结算实现付款比较简单；配送时一般进行专门运送，既可以保证速度也可以保证质量，减少中间环节造成的损耗。对于 B2C 交易模式来说，由于单次交易量少，交易次数多，且购买者非常分散，所以网络渠道建设的关键是结算系统和配送系统，这也是目前网上购物必须面对的门槛。由于国内的消费者信用机制还没有建立起来，加之缺少专业配送系统，所以开展网上购物活动时，特别是面对大众购物时必须解决好这两个环节才有可能获得成功。

7.2 渠道的中介及其重构

营销渠道由众多承担营销功能的中介机构所组成。但随着互联网的发展和商业应用，传统营销中的中介凭借地缘原因获取的优势被互联网的虚拟性所取代，同时互联网的高效率的信息交换，改变着过去传统营销渠道的诸多环节，将错综复杂的关系简化为单一关系，产生了中介重构和去中介的现象。

7.2.1 中介的类型及功能

1. 中介的特性

中介产生于社会分工细化和生产社会化程度得到提高所引起的各部门、行业、企业之间既相互依存、共同发展又相互排斥、相互竞争的矛盾之中。它的本质是以独立的第三者身份为市场主体在市场进入、市场竞争、市场交易秩序和市场纠纷等方面，从事沟通协调、公证、评价、监督、咨询等服务活动，既谋求了各经济主体共同的利益，又维护了各经济主体的个体利益。中介又分为狭义中介和广义中介。狭义的中介是指旨在促成各交易方之间交易，并直接或间接从中获利的中间人。广义的中介是指产业链上除了起点和终点，所有的中间环节都是中介。

中介作为现代市场经济系统中的一类独立的社会经济组织，它是伴随着社会生产力和社会分工的发展，伴随着人类社会需求的日趋多样化及科技进步的发展而逐步从其他经济活动中独立出来的。同时，中介除了具有一般性经济组织的产业特征，还具有自身的特性。

（1）知识密集性

中介通过自身的人员优势、信息优势和专业技能优势为社会提供服务，这种服务产品通常是高智力的产物，不是一般人所能做的，需要高素质的人才。中介的从业人员大多数受过高等教育，具有较多的经济、管理、法律和专业知识及丰富的实践经验，又拥有进行中介服务的现代技术手段，能进行有效的中介服务活动。从资源配置的要素投入来看，中介的运作更多地依赖人的知识，而非物质资本，因而中介服务业属于知识密集型产业。

（2）中间性

中介的中间性表现在处于各社会主体之间，是各社会主体之间联系的纽带和中间环节，为协调其他社会主体的利益提供服务，在这种协调服务中求得自身的发展。中介的这种中间性体制组织的形态特征是与其在社会经济生活中的功能联系在一起的。

（3）服务质量的检测困难性

中介提供的服务产品通常是以文字的形式表现出来的，具有无形性特点。我们不能从外观上来判断服务产品的质量，必须在实际使用过程中判断其质量的好坏。这就增加了服务质量检测的难度。

（4）公正性

中介的一个重要功能就是鉴定和监督，这个功能要求中介本身具有公正性。社会中介在为社会提供公益性服务或有偿性服务时，是在特定的"规则"下进行运作的，真正体现公正、公平、公开及客观的办事原则。同时，它接受服务客体及有关部门的监督。

2. 中介的类型

传统上按照中介对市场的作用程度，将中介分为市场中介和非市场中介。这里我们结合中介的产生及其特性，将中介主要分为以下几种类型。

（1）经纪类中介

经纪类中介的职能是为市场交易的双方提供媒介服务，以促进交易的顺利完成。它包括各种产品和服务（劳动力、技术、信息、房地产、资金、农产品等）的交易中介机构、各种经纪代理机构等。

（2）咨询类中介

咨询类中介是指信息、经济、技术等咨询机构。它的服务行为具有明显的商业性质，即其活动仅仅是依法为服务客体提供多方面的信息、咨询等服务，以提高他们的市场鉴别能力，提高其竞争力，减少市场风险，为市场交易活动的顺利开展提供方便和服务。它既考虑社会效益，又注重经济效益，主要包括其他计算机服务、其他软件服务、市场调研、社会经济咨询、其他专业咨询等。

（3）经济鉴证类中介

为市场主体提供法定受托业务的经济鉴证和社会服务，以确保市场交易的公平、公开与公正，如律师事务所、会计师事务所、公证和仲裁机构、资产评估事务所等。

（4）协调与协商类中介

协调与协商类中介是指从事同类经济活动的个人或机构，根据自愿原则成立或依法设立的集体性组织，包括各类协会、联合会、商会、学会、研究会等。这类中介的活动宗旨是同行企业的保护和自律。发挥沟通政府与企业之间的联系，为政府决策提供咨询依据，为企业发展提供信息，研究制定本行业产品标准，提出相应发展规划建议，帮助企业解决困难，为企业培训人才等作用。

3. 中介的功能

中介类型各异，其性质、作用、功能各不相同。概括起来，一般中介具有以下五大功能。

（1）监督功能

党的二十大报告提出扎实推进依法行政，强调"强化行政执法监督机制和能力建设，严格落实行政执法责任制和责任追究制度。"在市场经济条件下，企业经营的目的是实现自身利益的最大化。有时由于市场竞争的激烈性使得企业经营活动和行为有可能与社会的宏观目标不一致。因此，有必要对企业经济活动进行引导和实行必要的监督。在市场经济条件下中介作用逐步被认可，其"经济警察"的职能日益得到加强。特别是在监督企业行为、调节市场纠纷、稳定市场秩序等方面已发挥了不可替代的作用。其中，监督职能较强的中介主要包括消费者协会、商品检验中心、质量检验所、计量检查所等。过去监督职能大多由政府部门承担，随着市场经济的发展和政府职能的转变，逐步由中介承担。

（2）鉴证和评审功能

党的二十大报告指出，要"完善以宪法为核心的中国特色社会主义法律体系"。市场中介组织以其具有的专业知识和技术，依据国家的法律、法规的规定，接受市场行为主体的委托，站在客观、公正、独立的立场上，从事委托人所委托的中介服务。例如，评审委托人提供的证据资料和各类原始凭证，给出鉴定报告，以证明委托人委托的事项是否真实、合法和公允。

（3）协调功能

在市场经济条件下，政府对企业的管理由直接管理转向间接管理，由微观管理转向宏观管理。这就需要在政府宏观调控管理与企业微观经营管理之间，有发挥纽带和衔接作用的机构实施中介协调管理，在此，行业协会是进行中介管理的最佳组织形式。中介作为政府与企业、企业与企业之间的桥梁和纽带，可以把双方很好地联系起来，传递信息，协调润滑，发挥特殊的管理作用。

（4）服务功能

中介作为一种服务性的社会组织，可以发挥其自我管理、自我服务的功能，达到为企业服务、为社会服务、为社会公益服务的目的。不同类型的社会中介，其社会服务的形式和内容也是多样的。当然，中介承担的社会服务功能与政府的社会管理功能是不同的。在市场经济条件下，在社会服务的各个领域，原则上社会问题均应由社会主体自己解决，只有当社会主体解决不了或市场表现失灵时，才应由政府帮助解决，以弥补社会主体作用的不足及市场机制的不完善。这也是政府与社会中介在社会功能方面的主要区别。

（5）反馈功能

市场中介组织依靠其拥有的专业人才和所掌握的信息资料数据库，应用科学的方法，获取市场的反馈信息，经过对这些反馈信息的分析、归纳、组合，将这些信息反馈给市场交易主体，作为其经营管理和市场决策的重要依据。

7.2.2 网络中间商的类型及业务

1. 网络中间商类型

传统的市场离不开中介，而电子商务市场跟传统市场一样，都存在着交易摩擦，需要类似于传统中介的组织来有效地解决交易摩擦。在新的环境下，电子商务中介不仅拥有传统中介具有的功能，还拥有传统中介所不具有的新功能。只不过中介的形态要发生变化，从传统中介转化为新型的网络中间商。网络中间商指的是以网络为基础，在电子商务市场中发挥中介作用的新型中介。从职能来看，网络中间商与传统市场中介并没有本质差异，其目的都是提高市场效率。

互联网上出现了许多新的类型的网络中间商，主要类型如下。

（1）目录服务

利用互联网上的目录化的 Web 站点提供菜单驱动进行搜索，使用户从中能够方便地找到所需要的网站。目录服务包括 3 种形式：第一种是通用目录，例如，雅虎等门户网站可以对各种不同站点进行检索，所包含的站点分类按层次组织在一起；第二种是商业目录，例如，互联网商店目录，提供各种商业 Web 站点的索引，不从事建设和开发网站的服务，类似于印刷出版的工业指南手册；第三种是专业目录，针对某个领域或主题建立 Web 站点。目录服务的收入主要来自为客户提供互联网广告服务。

（2）搜索服务

与目录不同，搜索站点为用户提供基于关键词的检索服务，站点利用大型数据库分类存储各种站点介绍和页面内容。搜索站点不允许用户直接浏览数据库，但允许用户向数据库添加条目。用户可以利用这类站点提供的搜索引擎对互联网进行实时搜索。

（3）虚拟商业街

虚拟商业街是指在一个站点内连接两个或两个以上的商业站点。虚拟商业街与目录服务的区别是虚拟商业街定位某一地理位置和某一特定类型的生产者和零售商，在虚拟商业街销售各种商品，提供不同服务。站点的主要收入来自依靠其他商业站点对其的租用。

（4）虚拟零售店

虚拟零售店不同于虚拟商业街，虚拟零售店拥有自己的货物清单和直接销售产品给消费者。通常这些虚拟零售店是专业性的，定位于某类产品，它们直接从生产者那里进货，然后折扣销售给消费者，如亚马逊网上书店。目前，网上商店主要有 3 种类型：第一种是电子零售型，这种网上商店直接在网上设立网站，网站中提供一类或几类产品的信息供选择购买；第二种是电子拍卖型，这种网上商店提供商品信息，但不确定商品的价格，商品价格通过拍卖形式由会员在网上相互叫价确定，价高者就可以购买该商品；第三种是电子直销型，这类站点是由生产型企业开通的网上直销站点，它绕过传统的中间商环节，直接让最终消费者从网上选择购买。

（5）虚拟市场和交换网络

虚拟市场为那些想要进行物品交易的人提供一个虚拟交易场所，只要是符合条件的产品都可以在虚拟市场站点内进行展示和销售，消费者可以在站点中任意选择和购买，虚拟市场的经营者对达成的每笔交易收取一定的管理费用。

（6）团购中间商

消费者一般利用互联网渠道，通过团购中间商，将同一城市内具有相同购买意向的消费者组织起来，向厂商或一级供应商直接大批量地订购，并能以优惠的批量价格获得产品或服务。团购的对象从大额商品如房屋、汽车和 IT 产品，衍生到价格水分较多的家庭装修用品，以及各种旅游、健身和装修服务等。

（7）互联网内容提供商（ICP）

ICP 是在互联网上为目标客户群提供所需信息的服务提供者。ICP 网站提供了访问者感兴趣的大量信息，目前，互联网上的大部分网站都属于这种类型。然而现在大多数 ICP 网站的信息服务对网络浏览者是免费提供的，其预期的收益主要有这几方面：在互联网上免费提供信息内容，以促进传统信息媒介的销售；降低信息传播的成本，从而可以提高利润率；为其他网络商家提供广告空间，并收取一定的广告费或销售提成。

（8）评估服务

消费者在访问生产者站点时，由于内容繁多、站点庞杂，往往显得束手无策，不知该访问哪一个站点。提供站点评估的站点，可以帮助消费者根据以往数据和评估等级，选择合适的站点访问。通常一些目录和搜索站点也提供一些站点评估服务。

（9）金融服务商

电子商务交易的完成离不开金融机构的支持，金融服务商是为交易双方提供在线支付、金融产品等服务的专业金融机构。网上交易过程中主要存在信贷、支付、结算、转账等金融业务，而且电子商务要求在网络上交易的同时，能实现买方和卖方之间的授权支付。现在，授权支付系统主要采用信用卡、电子等价物、现金支付或通过安全电子邮件授权支付。这些电子支付手段，通常对每笔交易收取一定佣金以减少现金流动风险并维持运转。

（10）智能代理

智能代理源于人工智能，特别是分布式人工智能领域，采用智能代理服务的系统可以主动地为客户提供智能化、拟人化的服务。智能代理是能够模拟人类行为及人与人之间的关系，根据所感知的环境自主运行和提供相应服务的软件。它主要应用于两个方面：第一个方面是信息服务，主要解决目前信息服务中存在的"信息过载"和"信息迷失"的问题；第二个方面是电子商务，随着电子商务的蓬勃发展，采用智能代理系统，既可以代表买方查看网上广告，逛网上商场，寻找商品甚至讨价还价，又可以代表卖方分析不同用户的消费倾向，并据此向特定的潜在用户群主动推销特定商品。用户可以根据自己的需要选择合适的智能代理站点为自己提供服务，同时支付一定的费用。

2. 网络中间商与传统中间商的区别

虽然网络中间商与传统中介一样，起着连接生产者和消费者的桥梁作用，同样帮助消费者进行购买决策和满足需求，帮助生产者掌握产品销售状况，降低生产者为达成与消费者的交易而花费的成本费用，但网络中间商与传统的中介还是存在着很大区别。

（1）存在前提不同

传统中间商的出现是因为生产者和消费者直接达成交易成本较高；而电子中间商是对传统直销的替代，是中间商职能和功效在新领域的发展和延伸。

（2）交易主体不同

传统中间商是要直接参加生产者和消费者交易活动的，且是交易的轴心和驱动力；而电子中间商作为一个独立主体存在，它不直接参与生产者和消费者的交易活动，但它提供一个媒体和场所，同时为消费者提供大量的产品和服务信息，为生产者传递产品服务信息和需求购买信息，高效促成生产者和消费者的具体交易实现。

（3）交易内容不同

传统中间商参与交易活动，需要承担物质、信息、资金等交换活动，且这些交换活动是伴随交易同时发生的；而电子中间商作为交易的一种媒体，它主要提供的是信息交换场所，具体的物质、资金交换等实体交易活动则由生产者和消费者直接进行，因此交易中间的信息交换与实体交换是分离的。

（4）交易方式不同

传统中间商承担的是具体实体交换，包括实物、资金等，而电子中间商主要进行信息交换，属于虚拟交换，它可以代替部分不必要的实体交换。

（5）交易效率不同

通过传统中间商达成生产者和消费者之间的交易经历两次，而中间的信息交换特别不畅通，造成生产者和消费者之间缺乏直接沟通；而电子中间商提供信息交换可以帮助消除生产者和消费者之间的信息不对称，在生产者和消费者有交易意愿的前提下才实现具体实体交换，这样可以极大地减少中间因信息不对称造成的无效交换和破坏性交换，最大限度地降低交易成本，这样提高交易效率和质量。

7.2.3 中介重构与去中介

1. 基本概念

营销渠道是为了更好地满足市场的需要而出现的。但是，市场及其需要从来没有停止过变化，因此，营销渠道是以持续变化的状态运作的，它必须不断地改变自身以面对这些变化。

在传统营销渠道中，中介（中间商）是其重要的组成部分，特别是狭义中介所指的联系生产商和消费者的第三方，如批发商、分销商、零售商。中介层越多，从生产商到消费者间的价格差就会越大。中介在营销渠道中占有重要地位，利用中介能够在广泛提供产品和进入目标市场方面发挥最高的效率。营销中介凭借其业务往来关系、经验、专业化和规模经营，提供给公司的利润通常高于自营商店所能获取的利润。但互联网的发展和商业应用，使得传统营销中的中介凭借地缘原因获取的优势被互联网的虚拟性所取代，同时互联网的高效率的信息交换，改变着过去传统营销渠道的诸多环节，将错综复杂的关系简化为单一关系。互联网的发展改变了营销渠道的结构。

去中介（Disintermediation）就是要在给定的供应链中移除某些起中介作用的组织或业务处理层，降低渠道成本，提高渠道效率。在此背景下传统中介的角色重定位成为它们生存的必要条件，因此出现了所谓的中介重构。

中介重构（Reintermediation）是指重新确定供应链中的中介角色，使其提供增值服务。例如，帮助客户选择卖家，帮助卖家将货物配送给客户。图 7-3 所示内容描述了中介、去中介和中介重构，去中介和中介重构会引发不同的网络营销渠道策略。

2. 主要策略

（1）网上直销

网上直销就是利用互联网，完全不借助任何传统中介的作用将产品或服务直接从生产商销售给最终用户，即完全去中介，如图 7-3（b）所示。完全去中介迫使传统中介改变其职能，由过去的中坚力量变成为直销渠道提供服务的中介机构，如提供货物运输配送服务的专业配送公司，提供货款网上结算服务的网上银行，以及提供产品信息发布和网站建设的 ISP 和电子商务服务商。网上直销渠道的建立，使生产者和最终消费者直接连接和沟通。

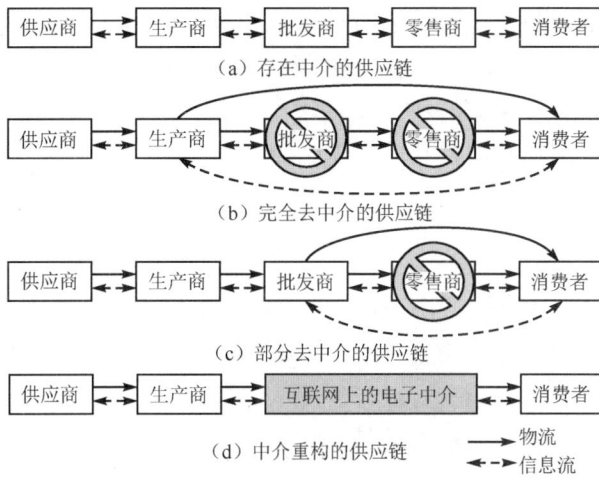

图 7-3 中介、去中介与中介重构

（2）网上间接营销

通过互联网技术，中间商开始提供网上间接营销渠道，大大提高了交易效率、专门化程度和规模经济效益。例如，美国零售业巨头沃尔玛为抵抗互联网对其零售市场的侵蚀，于 2000 年年初开始在互联网上开设网上商店。基于互联网的新型网上间接营销渠道与传统分销渠道有很大的不同，传统分销渠道可能有多个中间环节，如一级批发商、二级批发商、零售商，而网上间接营销渠道只需要一个中间环节。网上间接营销的主要模式有综合门户、电子卖场、网上店铺、卖方电子集市、电子交易所等。

7.3 网络营销渠道策略

根据营销对象的不同，网络营销渠道策略可以分为以个体或家庭为最终对象的网络营销渠道策略、以商家或企业为最终对象的网络营销渠道策略、线上线下相结合的网络营销渠道策略。

7.3.1 以个体或家庭为最终对象的网络营销渠道策略

以个体或家庭为最终对象的网络营销渠道策略主要采用 B2C 模式、B2F（Business to Family，企业对家庭）模式、C2C 模式、BMC（Business Medium Consumer，企业媒介消费者）模式及 S2C（Service to Consumption，服务对消费，即线上服务引导线下消费）模式。

（1）B2C 模式

B2C 模式是指企业或商家通过互联网直接面向个体或群体消费者，在线实现商务交易活动、金融活动及综合服务活动的电子商务模式。B2C 模式是比较广泛的一种营销实践，以互联网为电子媒介进行在线营销与推广，进而推动线上销售。国内主流的大型电子商务平台，如天猫、京东、苏宁易购采用 B2C 模式进行互联网在线营销并取得了巨大的成功。

（2）B2F 模式

B2F 模式是指借助快讯商品广告和互联网开展销售活动，对以家庭为单位的消费者群体进行营销的商务模式。现如今的 B2F 模式并未完全成型，随着网络虚拟社区的发展，它可以利用互联网广告作为主要媒介来实现精准的广告投放、个性化服务及面向家庭的商品精准营销，将线上和线下相结合，从而实现利润的最大化。一个典型的 B2F 实践案例是红孩子商城。

（3）C2C 模式

C2C 模式是指个人消费者之间利用在线电子商务平台，以正规的交易程序进行商品和服务等贸易往来的商务模式。C2C 模式下的买卖双方都是个体消费者而非企业，通过互联网购物平台实现买卖双方之间的交易信息流通，由个人卖家向消费者进行营销推广活动。这一模式在市场中被广泛使用，具有代表性的应用有淘宝网、易趣网。

（4）BMC 模式

BMC 模式是指存在中间人通过在线购物平台，将商家的产品和服务与目标消费者进行准确的匹配、推广和销售的商务模式。中间人是一些既了解商家产品，又了解对应目标消费者群体的人，将卖家和买家的不同需求进行有机结合，形成利益互动，以实现资源合理配置和买卖双方共赢。典型的应用是太平洋直购网。

（5）S2C 模式

S2C 模式是指商家通过互联网进行大数据分析用户消费倾向，从而提升消费者体验和价值的商务模式。S2C 模式以互联网为交易中介，从消费者的立场出发提供产品和服务，对消费者需求进行精准营销。例如，小米公司根据互联网收集到的用户相关数据分析用户需求，再根据用户需求设计并推出新产品。

7.3.2　以商家或企业为最终对象的网络营销渠道策略

以商家或企业为最终对象的网络营销渠道策略主要采用 B2B 模式、B2M（Business to Marketing，企业对市场）模式。

（1）B2B 模式

B2B 模式是指企业之间通过内部平台、专用网络或互联网进行产品、服务及信息交流的商务模式。B2B 模式中的买卖双方都是业务相关的中小企业，这意味着上游供应商的采购业务与下游代理商的销售业务能够有机地联系起来，产品的信息传递和营销手段更为高效，进而降低交易成本，提高客户满意度。典型的案例有 1688 网站、慧聪网和环球资源网。

（2）B2M 模式

B2M 模式是指线上企业通过互联网媒介建立与线下销售代理商的联系，中间代理商将产品和服务提供给终端消费者的商务模式。B2M 模式更加注重建立企业网络营销渠道，通过线上线下多种营销渠道推广企业营销平台，实现接触、选择、开放市场的目标，提升对目标市场的影响力。典型案例有贸易伙伴网。

7.3.3　线上和线下相结合的网络营销渠道策略

线上线下相结合的网络营销渠道策略主要采用 O2O 模式、F2O（Focus to Online，热点到线上）模式、T2O（TV to Online，电视到线上）模式。

（1）O2O 模式

O2O 模式是指通过互联网将顾客位置和线下实体商家结合起来，协同线上线下优势，将客户从线上虚拟渠道转化到线下实体店进行本地市场最终消费的商务模式。O2O 模式强调商家进行线上营销推广，并且在线下提供优质服务，以提高消费者体验，同时利用大数据、云计算等技术分析消费者的线下消费体验并反馈到线上，作为一种营销方式。典型的 O2O 模式应用有美团、饿了么。

（2）F2O 模式

F2O 模式是指利用电视媒体上的热点事件进行营销宣传，满足短时间激增的新需求，形成电视和电子商务实时互动的商务模式。F2O 模式中，热点事件能够形成扩散效应，获得客户的认知与购买，实现营销利润。例如，纪录片《舌尖上的中国》在一定程度上对当地特色食品进行了宣传推广，从而大大促进了当地特色食品的销售。

（3）T2O 模式

T2O 模式是指连接传统媒体、电商平台及产业实体形成一个闭合的产业链，使用电视作为载体传播优质内容和丰富互动，引导消费者从电视端转移至线上购买的商务模式。T2O 模式的工作机制是 T 端做推广，O 端做销售，T 端营销触发的价值通过在 O 端完成"内容实现"，从而实现真正的价值转化，有利于促进产品跨界营销和整体销量。实践中的典型案例有电视购物频道、综艺节目《女神的新衣》等。

7.4　网络渠道的价值体验

1．基本概念

消费者体验，又称客户体验，或客户价值体验。消费者体验指的是目标消费者为了解和获得所需要的价值，对于与公司交互过程中遇到的所有激励因素的感知、理解和诠释。网络购物的兴起衍生出网络消费者体验的概念，网络消费者体验是指消费者在访问企业的价值传递网站时，对网站提供的功能服务、页面内容和沟通能力全方位地感知、理解和诠释。消费者在网上渠道体验价值，大致有以下 3 种类型。

① 不经常访问的网站，一般了解网站的内容和服务。
② 经常访问合意网站，对网站的内容和服务有需要。
③ 固定访问合意网站，已离不开网站的内容和服务。

网络消费者体验所获得的价值与其在零售商店体验所获得的价值无法比较，消费者体验的时空、环境、过程内容都发生变化，体验有了新选择。以消费者在亚马逊"网上书店"购书体验为例，消费者体验所获得的价值，除了所购图书自身的价值，还包括企业在网上为消费者提供的"灵活的选择权和便利购物"这一独特的价值，这是消费者在传统连锁书店中无法体验和获得的新的价值。亚马逊公司以"在线书店"为价值传递的载体，除了提供丰富的产品，还为消费者准备了很多的服务和有价值的信息，以此吸引消费者关注、兴趣、搜索、浏览、购买和分享，亚马逊公司"在线书店"为了使消费者体验这些价值，创造了浏览、感官、交互、情感、和信任体验内容和过程，由此与消费者建立了紧密而稳定的关系，从而在图书市场取得竞争优势，并从中获得稳定的收益。

在星巴克零售店，消费者体验不仅仅是对星巴克新产品（咖啡本身）的反应，还包括对零售店内的装潢、店铺格调、推销广告、收银员，甚至是其他顾客的反应。星巴克消费者体验将所有合意的或由其管理层有意设计的激励因素，以及非有意的和由消费者引发的激励因素都归入为消费者体验。所以，星巴克消费者体验不仅仅是消费者感受到的咖啡的味道，还包括消费者对星巴克服务过程及其传递的价值的感知、理解和诠释内容。

2．网站消费者体验影响因素

在互联网上，企业的价值传递网站是消费者体验的载体，影响网站消费者体验的主要因素如下。

（1）客观要素

网站的功能和链接要让消费者感觉到是有用的、易用的，企业传递的价值与他所期望的价值要一致，信息浏览、搜索要快捷，执行功能要流畅，且没有"宕机"现象。

（2）知觉要素

记录网站来访者及其与企业交互的全部数据，以求挖掘网络消费者的内在需求，当消费者再次造访时，能自适应地调整网站的页面功能和服务内容，适配满足消费者内心真实的需要。

（3）遭遇要素

企业网站要测量每次消费者体验的结果，评估消费者体验中的遭遇和网站存在问题，主要评测访问者数量、转化率（将访问者转化为消费者的比率）、平均订购量和购买频率等指标。

（4）刺激反应要素

企业要善于规划和设计网站的店面布局、页面格调、品牌形象、推销广告等内容，以吸引和刺激消费者的反应，体现消费者对企业的战术设计决策和高层战略选择的反应。

（5）感官要素

网站要善于运用多媒体（文字、图片、音视频等）的鲜活表现，刺激消费者感官（视觉、听觉）体验结果；同时，要评估消费者的需求及其期望，以调整其体验的要素，适配消费者感官体验的要求。

（6）认知和情感要素

认知和情感反应都是消费者体验。功能认知反应体验是易懂好用，情感反应是消费者的情绪、态度和感觉。企业网站创建的消费者体验情境，要与消费者的认知和情感因素相适配。

（7）相对要素

消费者都有在其他网站购物的经历和经验，这些要素会影响消费者对企业价值的体验。

网站要汲取其他网站购物消费者体验的成功经验，创建合意的消费者体验与期望的消费者体验。

3．网站消费者体验的层次方式

网站消费者体验无法像在实体商店一样，用嗅闻、触摸和品尝等方式来感受和认知商品，只能通过视觉、听觉及情感交流方法来体验网站传递的价值是否合意，并决定是否购买。网站消费者体验有浏览体验、感官体验、交互体验、情感体验和信任体验等方式。

（1）浏览体验

浏览体验是消费者在视觉扫描下完成浏览体验。网站以文字、图片和链接组织内容，用栏目设置、数据更新、事件聚焦、搜索引擎等手段，吸引消费者关注、兴趣和搜索，让消费者感觉网站诱人内容好看，达到吸引消费者浏览的效果。

（2）感官体验

感官体验是消费者在视听享受中完成感官体验。网站以音频、视频和链接组织内容，用页面风格、场景布置、地图导航、媒体组件、链接服务等功能吸引消费者，使其获得舒适性的感官体验效果。

（3）交互体验

交互体验是消费者在沟通交流中完成交互体验。网站提供会员登记、表单处理、在线调查、意见反馈、站内搜索等功能，方便消费者与企业、消费者之间对话交流，使其获得易用性和可用性的交互体验效果。

（4）情感体验

情感体验是消费者在人文关怀下完成的情感体验。网站为消费者提供社交网络、资讯共享、即时通信、需求征集、答疑解惑等功能，便于消费者情感倾诉、协同合作和口碑传播，使消费者获得友好的情感体验效果。

（5）信任体验

信任体验是消费者在履约承兑下完成信任体验，网站为消费者提供企业披露的信息、社会承诺、投诉受理、技术支援、隐私保护和法律保障等责任机制，建立为消费者全程周到服务的信赖和信任关系，使消费者获得值得信赖、可靠的信任体验效果。

4．消费者渠道价值体验层级

在互联网上，消费者渠道价值体验有 3 个层级：探索体验、熟识体验、忠诚体验。

（1）探索体验

探索体验使消费者感觉"网站工作正常"，这是消费者访问网站后的认知反应。探索体验下的消费者体验如下。
① 网站内容导航的可用性和易用性。
② 网站运行效率被感知为能自适应高速访问。
③ 网站工作运行性能稳定，没有"宕机"现象。
④ 网站信息具有安全性，未泄露消费者的隐私数据。

⑤ 网站具有媒体可达性，任意设备可访问和扩散网站内容信息。

（2）熟识体验

熟识体验使消费者感觉"网站很了解我"，这是消费者对网站熟悉后的认知反应。熟识体验下的消费者体验如下。

① 定制。网站允许消费者有设置和更改配置能力。

② 沟通。网站提供消费者彼此对话能力。

③ 一致性。感知消费者在网站购物和接受服务的体验，随时间重复出现的程度。

④ 可信赖性。消费者对网站及其营销人员的信赖程度。

⑤ 意外收获。消费者获得网站给予的意外价值。

⑥ 角色跃迁。把消费者从购物带入休闲消费活动。

（3）忠诚体验

忠诚体验使消费者感觉"我喜欢分享愉快的体验"，这是消费者对网站高度信赖的认知反应。忠诚体验下的消费者体验如下。

① 消费者对网站功能、服务和能力已深谙熟透。

② 消费者对获得的品牌、产品和服务满意且忠诚。

③ 消费者把自己的体验当作为一种生活享受，并愿意将体验的感受与他人分享，成为口碑传播者，主动向外传播和扩散企业传递的价值。

④ 消费者是网络社区活动的积极分子、企业的意见征求者和价值体验捍卫者。

5. 企业创建网络渠道应用方法

在互联网上，企业创建网络渠道让消费者体验价值的过程，需要不断地实践应用，其方法如下。

（1）创造并描述适合目标消费者群体验的需求

企业为消费者创造合意的网站体验，需要探索消费者的需求。企业要分析和挖掘消费者偏好数据、推销接受知识，消费者访问数据、跟踪消费者数据和消费者特征数据；同时，要学会给目标消费者讲故事，讲述企业为其他消费者成功解决难题的经验，包括企业内的股东及分销商、供货商、合作伙伴等，以帮助企业明晰目标消费者群的体验需求。

（2）为每个目标消费者群开发合意的体验情境

为每个目标消费者群开发合意的体验情境，需要企业为网站设计一个直观、综合的网站导航地图。站在消费者视角来看，消费者可以通过导航地图自主选择适合自己体验的选项和情境。基本方法是：运用向导技术，引导消费者体验未曾体验过的价值，并收集消费者体验数据，预测需求愿景，推出适配消费者的网站功能和页面内容，以实现浏览体验。

（3）整合在线资源、离线资源以满足消费者体验需要

整合企业在线资源和离线资源，以满足消费者体验需要。在线资源集中于电子产品库，离线资源存于实体商店，按类别分区摆放。消费者在访问线上和线下资源时，需要先对系统进行整合，才能无缝使用。整合方法：一是系统集成，对涉及供应链系统数据传输、ERP 和 MIS 进行系统集成；二是数据融合，对企业各类数据库系统进行整合，对接整合渠道数据与历史数据、

消费者数据与后台数据。

（4）创新设计网络消费者价值体验各个阶段

消费者体验有探索、熟识和忠诚体验3个阶段。探索体验，网站功能体验设计，要让消费者感觉易学好用、导航容易、下载快捷、浏览舒畅且性能可靠；熟识体验，网站服务能力体验设计，要使消费者感觉网站值得到访，有便捷的服务、高效的沟通、高度的个性化、卓越的价值，与厂家广告词相一致；忠诚体验，网站具有安全可靠性，要使消费者感觉到网站安全、可靠，值得信赖。消费者愿意把网站体验的好消息向市场扩散，成为口碑传播者、价值体验捍卫者和忠诚客户。

（5）评估消费者在各个体验阶段的相对水平

它的主要目的是了解消费者处在哪个体验阶段，以便引导消费者进入新的价值体验阶段来探索。每个体验阶段都是下一阶段的先决条件，在熟识体验阶段消费者没有下一阶段的体验感受，不能强行带入忠诚体验。可以通过问卷调查获取消费者体验相对水平，对初级体验的消费者要用电子邮件传递和强化企业的价值，发送本地专题研讨会、产品销售、相关的新闻故事、新产品消息。

（6）利用忠诚客户口碑向外传递体验好消息

忠诚客户是企业的重要资源。企业既能享受忠诚客户带来的利益，又能让他们自由地将自己的价值体验演进为创新服务的内容。创新方法是：建立品牌社区，培养忠诚客户成为版主以引导社区舆论。

① 允许他们自由地诠释体验的价值。
② 允许他们挑剔公司产品的毛病。
③ 允许他们优先触及公司内的新思想。
④ 给他们合适的经济激励和奖赏。
⑤ 建立"发烧友—爱好者—粉丝群"社交网络，传播价值体验口碑。

（7）监视评估消费者体验感受以调整体验设计

完成消费者分类并明确消费者在各个体验阶段进行转变的细节战术后，企业必须持续监视消费者体验在层级之间移动的成绩和障碍。社会发展、技术进步、市场竞争，以及企业资源与能力结合关系的快速变化，消费者的需求和期望目标也随之改变。监视、评估和识别消费者体验中企业的差距，便于企业充分整合利用好已有的资源与能力，随时调整在线渠道上的资源，以适应网络消费者体验的需求和感受。

7.5 案例："新新向荣"的盒马鲜生——新零售、新营销

1. 行业背景——"江湖险恶"

线上电商正面临着流量衰竭的窘境，而线下的传统企业也需要借助互联网技术来向更高效率的方向转型。在此背景下，新零售这一"概念"应运而生，即在大数据、互联网、物联网人工智能、区块链等高新技术发展的基础上，通过"线上+线下+物流"模式来实现更高的效率、更精准的数据互联分析和更优质的客户服务等目标。

2. "武林高手"盒马鲜生的诞生

2016年1月15日，第一家"盒马鲜生"在上海浦东金桥国际商业广场开业。出身于"世家大族"阿里巴巴的盒马鲜生自诞生之际就成为新闻流量的宠儿，开业第一天即迎来广大消费者的密切关注。

（1）想法诞生

2015年年初，盒马鲜生创始人兼CEO侯毅回到上海，开始筹备盒马鲜生项目。彼时生鲜电商举步维艰，一度被寄予厚望的B2C模式和O2O模式并没能解决这个品类固有的顽疾：高损耗、非标准、高冷链物流配送成本、品类不全，无法满足消费者对生鲜的即时性需求。通过对生鲜电商的长期观察，侯毅认为生鲜电商可以尝试利用移动互联网的技术和特点去拓展线下门店，用"实体店+生鲜电商"解决它的痛点，通过重资产的模式，将生鲜零售做成线上线下一体化的超市。

当时，赞同者寡，只有阿里巴巴CEO张勇认可了侯毅的想法。此后，两个人在半年时间里见面不下10次，充分交流、碰撞，进行盒马鲜生的顶层设计。最终，两个人达成一致：做超市，以生鲜为特色；线下重体验，线上做交易；大方向确定为"超市+餐饮+物流"。张勇特别提出，消费者体验是第一位的，把消费者心智做出来，形成消费黏性最重要。

（2）发展壮大

2015年3月，盒马鲜生正式成立，初始团队共有7人，后增加到18人。2016年1月15日，盒马鲜生App上线。在团队成立之初，张勇就对团队说："线上有优势的线上做，线下有优势的线下做"。有了清晰的目标和顶层设计，团队开始制定具体的系统和流程。盒马鲜生创始团队提出新零售的5个具体标准：统一会员、统一库存、统一价格、统一营销和统一结算。

在盒马鲜生发展历程中，2017年7月，盒马鲜生公布的数据显示，盒马鲜生上海金桥店实现单店赢利，2016年其全年营业额约2.5亿元。线上订单占比超过50%，营业半年以上的成熟店铺更是可以达到70%；线上商品转化率高达35%，远高于传统电商。

3. 营销秘籍，招招出新

（1）应用大数据技术，为门店赋能

为了获得数据，盒马鲜生在C端禁止使用现金支付，要求顾客只能用盒马鲜生App或者支付宝进行结算，同时还在店铺中采用了Wi-Fi探头、电子射频等多项技术。而在B端，盒马鲜生则通过依据在C端收集的数据，对顾客的需求进行预测，并以此为采购决策提供依据。《第三只眼看零售》报道，盒马鲜生门店会在每天12点进行清点，然后根据预测的数据做出补货决定，并将相关信息传输至生产基地。基地会在15点前收割产品（高温季节则延迟至17点）。一般到17点后，这批商品便会运出至盒马鲜生冷藏DC仓，从而保证在第二天7点运送至门店。盒马鲜生这样做试图在保证生鲜品类的适量、快捷、经济配送的基础上，兼顾鲜度与品质。最后在回到客户端，当货物出现积压时，盒马鲜生便会利用对顾客的精准画像，对其实现精准营销。对于普通超市来说，一旦某天订货有问题，如果突然有几份200克装的猪肉卖不掉，就采用打折处理，可能收效甚微。盒马鲜生则会用大数据筛选有猪肉消费意向的顾客，推送一条优惠信息给他，几分钟就能够处理完，效率可能明显提高。

通过大数据和云处理，盒马鲜生试图打造信息流的良性闭环，以提高数据的再生性和精准性。此外，盒马鲜生根据得到的顾客画像进行选址，利用全自动物流模式实现"五公里范围、半小时送达"的目标，带给顾客极致体验。

（2）"新零供"提高产品竞争力

对于零售商来说，产品价格和品质是决定一家企业生死的关键因素。而在传统零售业中，零售商借助流通渠道获得主导权，通过高频多名目的通道费提高利润；而成熟供应商为了维护自身利益往往会采取寻租行为，不仅提高了价格，还将一些物美价廉商品排挤出渠道之外。

此外，商品同质化严重也是传统零售业一大问题。《2017中国自有品牌发展现状》显示，英国零售企业自有品牌销售额占零售业销售额的30%左右，美国自有品牌商品的销售额占零售销售额的40%。其中沃尔玛30%的销售额、50%以上的利润都来自自有品牌，而德国"阿尔迪"的自有品牌商品更是占到其整个销售额的90%以上，是其利润的最大贡献者。但是中国零售企业自有品牌占比却不足10%，产品同质化严重，使得零售企业之间的竞争方式主要以价格战为主，导致了零售商之间的竞争方式主要为价格战，产品质量和消费者体验也难以保障。

① 推行买手制。盒马鲜生打出的第一拳——推行买手制。其实，买手制其实并不是新概念，它起源于20世纪60年代的欧洲，最早出现在个性与张扬的服饰行业。大多数人了解的买手应该就是穿梭于各种服装周的时尚达人，而盒马鲜生将其应用在生鲜行业。

盒马鲜生的买手团队是由一群平均年龄在35岁、国籍遍布世界各地的"高级吃货"组成的。他们经常揣着来自各国的美食，在办公室发起品鉴会，邀请各部门同事对产品进行口味测评和排序。每次说走就走的"旅行"前，他们需要进行长时间的市场调研：深入各大零售超市、生鲜交易市场，记下产品价格；通过网络、人脉等搜集各大供应商信息，了解各渠道价格；在盒马鲜生的全球购系统里，列出几家到十几家供应商信息，研究各种资格证书、综合供货量、产品质量、价格等因素，筛选出几家要考察的生产基地。

他们将带着准备的资料与数据前往基地进行实地考察。白天他们要穿梭于工厂、码头，晚上则要分析汇率变动，求得最适合的价格采购产品。在经验、大数据分析、盒马鲜生组建的全球采购系统的加持，选品并不会给他们带来太大的挑战，但是在产品的采购数量上则需要下一番功夫。因为盒马鲜生的每个门店的动态SKU数量有限，买手需要根据剩余的SKU并结合门店的存储空间对引进的产品上限做出判断，再根据每个门店的动态销售数据决定最后的采购量。买手们还要经历运输中的生死时速。例如，冰鲜三文鱼的品控与运输，冰鲜三文鱼的保质期只有10天，对冷链物流效率要求高，买手需要带着品控人员，在现场直接验货。在运输过程中，需要为海鲜抢占仓位。买手们要对比航空公司的路线，考虑价位、时间，设计好衔接路线。若是赶上春节等销售旺季，则需要提前几个月预订舱位，其架势不亚于春节抢票。除了到原产地开拓货源，买手们还担负着建立属于盒马鲜生的基地，推动海外商家标准化、规范化生产，实现精细化管理的责任。

② 建立自有品牌。盒马鲜生提出要在3年以内做到50%以上的自有品牌，通过自有品牌的战略实现其在供应链中的布局。首先，盒马鲜生推出了肉菜产品的"日日鲜"系列。盒马鲜生App显示，盒马鲜生包含蔬菜、豆腐、肉禽、水果在内的44款自有品牌SKU。日日鲜系列产品，均只卖一天，采用7个数字和颜色来代表不同的日期，让消费者对食品日期一目了然。盒马鲜生曾对外宣传，"日日鲜"是以订单农业的形式运作，从蔬菜种植环节就开始介入、指导供应商生产，平均损耗率不到传统商超的一半。就算有少量商品没有销售出去，也会以厨师

试菜练手等方式处理掉，保证不会再次售卖。但是这些都没有涉及生产环节，只有品控。此后的推出的"日日鲜"鲜奶才是真正在自有品牌战略上打响了第一枪。

2017年12月2日，盒马鲜生与恒天然集团旗下消费品牌安佳达成战略合作，推出"日日鲜"巴氏杀菌乳。恒天然集团作为全球最大的乳制品出口商之一，具有很高产品质量信誉保障；盒马鲜生则具有强大的冷链物流和营销推广能力，两者联合，确实不同凡响。2017年年底，盒马鲜生在上海的13家店进行试点售卖，截至2018年3月，盒马鲜生供应"日日鲜"鲜奶的店面就已经突破20家，给盒马鲜生带来了巨大的利润。由此可见，盒马鲜生要做的并不是简单意义上的OEM，而是通过不断的优胜劣汰完成对商品自下而上的甄选。通过小范围的试点，对产品口味包装等不断地进行打磨迭代，生产出消费者认可的、可接受的商品。建立自有品牌"日日鲜"牛奶只是第一步，完成市场检验以后，盒马鲜生试图将更多的自有品牌产品和品类推向市场。正如侯毅所说："未来，盒马鲜生会推出一系列战略合作的项目，来推进整个快消品行业的变革。未来的零售业一定是把产品捏在零售商自己手上"。

③ 重构零供关系。首先，盒马鲜生承诺不向任何入驻的供应商收取进场费。但是，盒马鲜生要求与供应商进行深度合作。例如，在与恒天然集团谈判合作时，盒马鲜生从来不交涉钱的问题。谈的是怎么做品质，做履约，做好稳定的供应。双方在零售定价方面，是根据整个成本发生的过程制定的。"我们都是在这个过程中，一环一环地把成本扣出来，共同来定价"。这种深度合作的好处是：盒马鲜生货架上卖的是最好的商品、最优惠的价格、性价比最高，而供应商则获得品牌推广、销售规模和业绩利润上的多重回报，最终实现了双赢。

对于盒马鲜生来说，这种合作仍旧不够深入。盒马鲜生还提出，一个品类、一个单品、里面只引进一家供应商，试图与供应商实现长期合作。2018年，盒马鲜生与挪威海产局达成战略合作。盒马鲜生将挪威海产局列为三文鱼的唯一合作伙伴，挪威海产局表示盒马鲜生是挪威海产局实现"2025计划"的重要合作伙伴之一，该战略合作使得盒马鲜生备受关注。挪威是世界上第二大海产品出口国，在渔业和水产养殖管理方面全球领先，有高标准的食品监管和质量要求，挪威三文鱼更是为中国消费者熟知；盒马鲜生作为新零售生鲜行业的代表，具有强大的冷链物流和运营管理能力。两者强强联手，不仅提高挪威对中国三文鱼的出口量，打出了自己的品牌与名声，也使得盒马鲜生的"帝皇鲜"品牌的竞争力更上一层楼。

此外，盒马鲜生还开发了一套信息共享系统，将自己收集的顾客数据及市场情况与供应商共享，与供应商实现信息共享，供应商能够随时根据盒马鲜生的经营状况，改变生产策略和实现标准化生产，双方合作会更密切、更默契。除了与供应商深入合作，盒马鲜生还计划在2018下半年开始直接投资一批上游供应商企业。

（3）线上线下融合带来极致体验

麦肯锡对消费者渠道调查显示，11%的消费者在纯线上购买，41%的消费者是线上体验、线上购买；45%的消费者是线上研究、线下购买，而单纯的线下购买只有3%。这些数据表示，近些年来电商的发展已经逐步扭转了人们的消费习惯，人们的消费方式不再满足于传统的线下实体店体验和购买，线上和线下高度融合或成为新的消费趋势。

① 门店的本质：流量收集器。近几年，流量红利消失，线上流量见顶，线下门店则成了零售商新的流量入口。而盒马鲜生为了获得线下流量，可谓是使出浑身解数，为消费者带来新鲜体验。

盒马鲜生比较引人注目的是在大型活海鲜水产卖场提供现场加工做熟服务。在普通商超不容易买到并且价格昂贵的波士顿龙虾、帝王蟹等已然成为盒马鲜生的招牌商品，而基围虾、鱼类等相比之下更平价常见的水产生鲜更是应有尽有。挑选完毕并称重后，店员会在商品上贴上条码，顾客用此条码可以直接去收银台扫码、结账、出店，也可以去加工区加工。付费领取小票后，顾客只需要在座位上等待，便可以透过全透明玻璃现场观看食材加工过程，或者使用手机 App 实时追踪食品加工进度。通过短信或大屏幕显示，顾客被告知食材加工完毕，这时即可取餐食用。

在寸土寸金的商圈，盒马鲜生线下门店仍设置有一些配套设施，如洗手池和儿童游乐区等。免费的儿童游乐区是盒马鲜生的主要目标顾客群——"80 后""90 后"及中年人士共同的回忆与令人感动的细节设置，带着儿童的顾客可以在等待取餐时间或其他时间把孩子"托付"给游乐设施，不必再亲自照顾。

一般来说，顾客购买生活中的必需品特别是生鲜食品类产品时，更倾向于实地挑选式购买，直观的实地体验感受既满足了顾客对于口中食品的"干净卫生、新鲜放心、多样化"等要求，也符合顾客体验挑选、食用现做生鲜商品的生活习惯。这种"选—买—吃"家庭一站式的服务大大节省了消费者的时间。商超与餐饮布局的连接使得顾客拥有了现场挑选即食的体验感，让人吃得放心，同时良好的配套加工和服务设施构建了一个完善的家庭生活场景，让人吃得舒心。这样一来，线下的良好体验为线上平台的持续发展打下了基础。

盒马鲜生创始人兼 CEO 侯毅曾在 2017 中国零售数字化创新大会上讲道："门店的价值之一便是消费者对品牌与品质的认知。消费者要到你线上买东西，首先要对你的品质有认知，实体店可以为消费者做很好的展现。"侯毅曾说："既然门店提供的是体验功能，开门店的目的就是拼命将线下流量引入线上。"那么如何引流呢？盒马鲜生的做法是强制使用线上支付。

在盒马鲜生的线下门店里，餐饮区结账可以直接使用支付宝，但是购物收银则必须通过盒马鲜生 App 和支付宝 App 来完成。购买商品必须下载 App。此外，盒马鲜生 App 不仅拥有线下支付功能，还有品类更丰富的线上商城。虽然强制使用盒马鲜生 App 支付可能会造成部分顾客流失，但实现了顾客到会员的 100%转化率。但这不是盒马鲜生的最终目标。

盒马鲜生账号绑定的是需要实名认证的支付宝账户，其 App 与支付宝的关系是挑选购买与支付的关系，即一旦成为盒马鲜生会员，会员在盒马鲜生消费行为的一手数据就直接被支付宝收集起来，以此推算会员的消费能力和偏好以便进行精准营销。这样，阿里系旗下的生活应用类 App，包括淘宝、饿了么、优酷等，都可以共享数据。盒马鲜生线下门店只能使用 App 支付，目的是收集消费信息，从而拓宽阿里系的信息收集来源。此外，盒马鲜生食品类产品的消费数据更高频，比起某些产品一两年才能收集一次的消费数据，拥有更高的价值和准确程度。

② 未来的新零售一定是线上为主。盒马鲜生将流量引入线上后，如何维持线上的流量则成为至关重要的问题。为此，盒马鲜生提出了"3 公里内，30 分钟送达"的极致物流服务。侯毅认为，盒马鲜生商业模式的核心是对消费者需求的即时反映、即时服务。"而且，生鲜消费具有突然性，下雨了，本打算外出就餐的年轻人改在家里做饭，买菜买海鲜，几个小时送来肚子会抗议的，所以必须及时响应"。为了降低时间成本，很多人会追求快捷健康的家庭一站式服务及安全新鲜的餐饮方式。为了顺应这一需求，盒马鲜生创造了中央厨房服务模式。用户在 App 下单后，工作人员在 10 分钟内就可以拣货、烹饪、打包，20 分钟内实现 3 公里范围内的配送，这不仅有利于生鲜类产品的新鲜，保障顾客食用口感，还提高了追求时间价值的顾客的生活效率和质量。

盒马鲜生前期投入巨大成本，采用大数据、移动互联网、智能物联网、自动化等先进技术设备，借用算法驱动订单归类，使拣货员得以就近拣货。同时，盒马鲜生建立了"去中心化的物流模式"，线下门店的超市、菜市场、饭店，承担仓储和物流配送的功能，通过增加门店数量来增大以门店为圆心、就近发货配送的覆盖范围，从而解决配送最根本的困难问题：距离。线上先进科技工具与线下门店相结合，从而实现人、货、场之间的最优化配置，以此实现了配送效率的最大化。

区别于传统的 O2O 零售企业，盒马鲜生的线下补货流程也实现了全部线上数字化。货架上，摆放的价签全部是不怕被水产冰鲜打湿的电子价签，不仅可以根据需要实时显示不同的商品名称、单位规格和价格等信息，店员只需要在后台更新价格，实现 App 和门店线上线下的统一改价，只要通过 App 扫一下电子价签上的二维码，就可以了解产地、线上评价等更详细的商品信息，并直接加入移动端购物车。在盒马鲜生线下门店里，每个商品也都有属于自己的专属条码，通过条码和算法可以实现线上信息反馈，随时掌握所有商品的库存量和实时价格，一旦货架上商品数量不足就会通知工作人员进行线下分拣补货。

在盒马鲜生实体店内，可以看到挂有金属链条的网格麻绳，它们是其全链路数字化系统的重要组成部分。从产品进入到流出的整个过程，工作人员通过全链路数字化系统中的智能算法操作设备、识别作业，对库存、销售进行精确管理，操作十分便捷高效。

③ 实现一对一互动的精准促销。在盒马鲜生的线下门店，日常的促销价签显得醒目而简单。一眼看过去，看到黑色的电子价签就可以找到折扣商品，红色价签则代表非折扣商品。

在盒马鲜生的线上 App "我的盒马福利社"栏目中，"养盒马领福利""购物金额排名"等娱乐互动性促销活动早已悄然上线。其中，"养盒马领福利"是一种把电子宠物游戏与发放优惠券结合的促销活动，每位用户可以领养一只憨态可掬的小河马，可选择其性别和姓名，小河马的成长记录则是根据在盒马鲜生的消费频度和额度来计算，如果小河马养得好，就会给合格的"父母"发放优惠券。购物金额排名则是根据一定标准和区域，给消费额度最高的若干位顾客排名，并向这些顾客赠送可观的奖品。

有专家评论道："盒马鲜生的促销方式兼具两大特征：善于建立感情联系和充分利用大数据。它突破了传统'一对多'的促销方式，设计了一系列'一对一'的精准营销方式，可谓是'多参与，多优惠'。这种促销方式实现了侯毅在盒马筹备期间所说的"用多维击单维"。

4. 尾声

盒马鲜生初入"江湖"时，通过变革一系列的经营管理方式，如应用大数据、变革零供关系、实现全渠道营销等，为新零售趋势下新营销策略的实施创造了条件，而这些新的营销措施也促进了盒马鲜生的快速成长。

截至 2023 年年底，盒马鲜生在中国超市百强排名中位列第六，门店数量从最初的 1 家快速扩张到 350 家，覆盖了 21 个城市。盒马鲜生不仅扩张速度快，其运转效率更是远远高于其他竞争者。盒马鲜生仍在吸引着源源不断的客流，其付费会员数量超过 300 万人。

随着生鲜零售行业中新的竞争对手不断出现，盒马鲜生面临着巨大的竞争压力，它是否还能保持当前的增长势头呢？让我们拭目以待。

习题 7

1. 简述网络渠道与传统渠道的区别。

2. 网站是网络营销的窗口，试着分析网站如何发挥对网络渠道的拓展作用。如果你有自己的网店，你会如何发挥网站的作用？

3. 渠道冲突是网络营销中必须面对的问题，如何解决渠道冲突？你有哪些好的建议？

4. 分析互联网对渠道产生的主要影响。

5. 如果你是一家企业的负责人，如何进行企业网络渠道的建设？

6. 随着市场需求及环境的变化，中介企业该如何改变战略以适应电子商务的新环境？

7. 如何在网络渠道中提升消费者的价值体验？

8. 从盒马鲜生新零售、新营销的案例中，我们可以获得哪些启示？

9. 盒马鲜生能够为顾客带来什么样的价值？它是如何吸引顾客并提高顾客黏性的？

10. 在渠道策略上，盒马鲜生是怎样通过线上线下融合来实现全渠道营销的？

11. 在宣传策略中，盒马鲜生是如何实现场景营销中"人""货""场"三大核心要素重构的？

第8章 网络交互式沟通及促销

8.1 基本概念

为了在网上实施有效的沟通与促销，需要了解信息沟通及网络促销的概念和内容、营销沟通的变迁，以及整合营销沟通的相关概念。

8.1.1 信息沟通与促销

1. 信息沟通

信息沟通是指在沟通的双方或多方，针对各自需要的信息进行的共享与交换。

（1）沟通模型

信息沟通模型解释了信息的共享、传播和交换整个过程，沟通模型由发送者、接收者、传播媒体等要素构成。由编码、传送、解码、接收、反应/反馈和噪声等要素闭环构成信息传播系统。在信息沟通中，由于接收者和发送者在认知方面存在经验和知识上的差异，会导致信息沟通不畅或沟通结果不佳的问题，或者接收者只选择性地接收与自己有关或感兴趣的信息，对全面认知信息发送方提供的信息完整含义产生理解上的偏差。同时，接收方受到外部噪声的干扰，以致影响信息接收的准确性。此外，信息沟通中消费者的个人习惯、动机、行为和期望等因素，会对沟通过程及效果产生重要影响。图 8-1 所示内容为信息沟通模型及其要素组成。

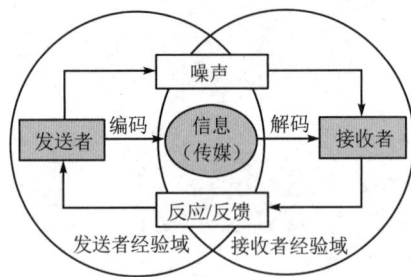

图 8-1 信息沟通模型及其要素组成

（2）传播模式

在现实生活中，信息沟通模式主要有以下 3 种。

① 广播方式下的一对多信息传播模式（单向），通过报纸、广播、电视等媒介企业向众多消费者发布营销信息。

② 基于网站的一对一交互式信息传播模式（双向），企业通过自办网站或在第三方平台上搭建网站实现企业与消费者、企业与内部员工的双向交互式信息沟通。

③ 通过互联网媒介的多对多交互式信息传播模式（双向），企业或消费者通过互联网实现

企业内部员工（B2E）、企业与企业（B2B）、企业与消费者（B2C）之间的双向交互式的信息沟通。线下和线上信息传播模式如图 8-2 所示，图中，E 为企业，C 为消费者，M 为信息。

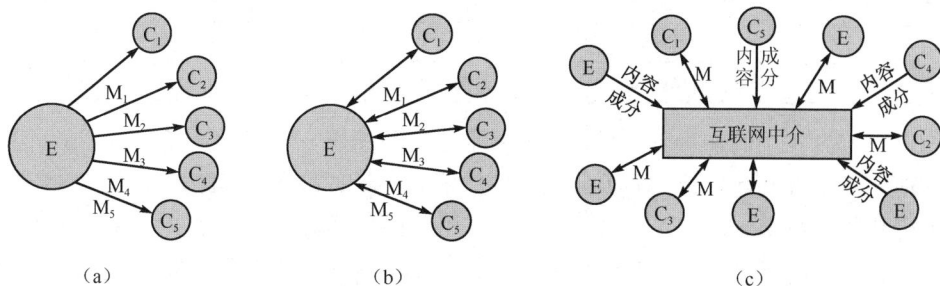

图 8-2　线下和线上信息传播模式

2．促销概念

促销是市场营销的基本策略之一，它是企业以各种有效的方式，向目标市场传递有关企业、品牌和产品的信息，以启发、推动或创造对企业的各种需求，并激起消费者的购买欲望、购买行为的综合性策略和活动。

促销在传统市场环境下的主要形式是：广告、人员推销、营业推广和公共关系。在网络环境下，促销工具和手段不断地创新，网络广告、网站推广、电子邮件、虚拟社区和网络公关等已经成为热门促销活动。尽管网上的促销形式发生了变化，但是其本质并未改变，它依然是在企业与目标市场之间传递和交换营销信息。

促销的主要功能有告知功能、说服功能和影响功能，在网络环境下也是一样。

① 告知功能。它是将企业的产品、服务、价格、信誉、交易方式和交易条件等有关信息告知广大受众，使公众对企业、品牌和产品由无知转为有知，从知之不多到知之甚多，在受众产生购买欲望和需求时，先唤醒企业营销信息，再帮助受众做出购买决策。

② 说服功能。企业以各种资信证明、效果展示、释疑答惑等形式，向消费者承诺和保证，以说服消费者增进对企业、品牌和产品的信赖，促使消费者迅速采取购买行为。

③ 影响功能。通过广泛的信息传播，加深消费者对企业、品牌和产品的印象与感知，并形成口碑和舆论。利用消费者的从众心理，对目标市场进行舆论引导，使消费者在不知不觉中认同营销理念和接受消费引导，确立对企业及其产品的认同，引导其在决策购买时选择。

3．两种媒介在营销沟通上的差异

在营销沟通过程中，企业是采用传统媒介，还是采用网络媒介，需要具体问题具体对待。通常，需要对营销对象和目标市场进行调研和论证，通过分析、比较、评估不同营销媒介的优点和缺点，决定采用哪种营销媒介进行营销沟通。两种媒介在营销沟通上的差异，如表 8-1 所示。

表 8-1　两种媒介在营销沟通上的差异

项　　目	传 统 媒 介	网 络 媒 介
传媒空间	媒介频道、频率、栏目是昂贵的日用品	网络空间非常便宜，几乎不受限制
广告时间	单位计算播出时间，昂贵的日用品	对于用户来说是昂贵的日用品

项　　目	传 统 媒 介	网 络 媒 介
形象塑造	传播形象是首要的，信息是次要的	信息是首要的，形象是次要的
沟通方式	推信息，单向的	拉信息，交互的
促销行动	用低价和优惠的行动号召（刺激）消费者	用有价值的信息吸引（刺激）消费者

一般在影响度相当的情形下，网络广告费用要比传统媒介广告费用低得多。在网上，消费者能主动地向营销方发起对话，诉求自己想要的信息。同时，营销方注意聆听客户声音，了解其所思所想和所需所求，并加以满足，以此吸引和保持与消费者的沟通渠道及注意力。尽管如此，网民还是相当吝啬时间的，对网站信息稍不满意或浏览速度慢就会跳转到别处，顷刻间企业的营销沟通过程即被终止。因此，对于消费者的这些新变化，企业应该掌握网上最大化利用时间与利益的手段和方法，以增进并保持与消费者的有效沟通。

尽管网络作为营销沟通的媒介时间并不长，但是网络营销沟通的优势是非常显著的。

① 媒介范围。在网上，用户数已超过世界人口的50%，量大面广。互联网已成为大众媒介，对互联网缺乏了解的人越来越少，随着移动网络和宽带的应用，媒介覆盖范围更广。但是由于用户年龄和社会群体的差异，互联网对某些特定的消费者群体的接触是不合适的。

② 媒介消费。对于一些消费者来说，现实世界生活远比网络世界生活丰富，网络无法在时间、经历和财富方面替代现实生活。但是，对于年轻的消费者来说，网络消费是最佳方式。

③ 参与程度。在网上，用户浏览信息是一种参与网络"探索（Explorer）"的过程。用户的交互式行为与外部控制能力，与用户参与网络的程度有关。用户深度参与网上企业的营销和促销活动，表明其对网络高度的接受和认同，但是并不意味着完全接受和认同企业的营销内容。有文献记载，用户对诸如标题广告等形式的特定广告会主动地屏蔽和过滤。网上用户往往是先阅读标题和文本，再浏览图片和其他有价值的信息。

④ 建立认知。在网上，营销方要想建立消费者对企业、品牌和产品的认知，比在网下困难得多，主要是因为传统广告有丰富的创造性和视觉美感，可以比网络广告更好地诠释企业的营销意图并产生持久的促销效果，如电视广告要比旗帜广告或弹出式广告给消费者的印象更持久、更深刻。因此，不能想当然地认为传统广告将会被网络广告所取代。

8.1.2　交互式营销沟通

1. 营销沟通概念

营销沟通又称为营销传播，是指营销人员为创建品牌和销售产品，向消费者传播营销信息并与其交流的过程。它是营销主体为寻求资源支配权，获得超额利润而发起的一种活动。

通常，营销发起方为企业，消费者或群体为受众。营销沟通在企业和受众之间进行，其载体为视觉、听觉、符号，可以通过电话、电视、广播、报纸或网络新型媒介传播信息。

企业通过直接或间接的方法，告知、劝说、激励、提醒和引导消费者，实施营销沟通。其最终目的是实现企业的商业目标——创建品牌和销售产品。

① 创建品牌。企业在营销沟通中展现品牌及其产品的内涵和特性，在消费者中建立辨别本企业品牌及其产品与其竞争对手的品牌和产品的能力，从而创建企业的品牌。该种目的下的沟通不是鼓动消费者立刻购买产品，而是向消费者传递企业品牌理念及价值，在与消费者的互动中建立对品牌的认知，引导和塑造消费者的行为，从内心深处接受和认同品牌及其产品，最

后，使企业获得与众不同的收益和回报。

② 销售产品。企业通过营销沟通向消费者传递产品促销信息，使消费者在短时间内对企业促销的产品有熟悉、认知、接触和试用的转变。其主要任务是将潜在消费需求转变为现实消费需求，激励消费者尽快决策购买产品，沟通的效果是销售量和销售金额的提高。

2．营销沟通类型

营销沟通按其目的、功能、性质和传递方向可划分为 4 种类型，具体如下。

① 按沟通目的划分，有告知性沟通和说服性沟通。其中，告知性沟通的目的是让消费者知道某些信息，而并不一定希望产生某种营销效果或引起某种行为反应。说服性沟通则是制造商或营销人员有意安排资讯，选择媒体途径，以便对特定的受众或消费者的行为产生预期的影响效果。

② 按沟通功能划分，有工具式沟通和感情式沟通。其中，工具式沟通旨在影响和改变接受者的行为，以帮助企业实现其商业目标。感情式沟通则是为了改善相互间的人际关系。

③ 按沟通双方的性质划分，有人际沟通、群体沟通、组织沟通和大众媒体传播等。

④ 按传递方向划分，有单向沟通和双向沟通。双向沟通即为交互式沟通。

3．营销沟通目标

营销沟通目标归纳起来主要有 4 个，具体如下。

（1）创建品牌

通过交互式营销沟通，能够有效扩大企业品牌知名度和影响力，创造或改善企业商标辨识度，树立品牌及企业形象，使企业的产品成为消费者购买时的首选，并在消费者的心目中塑造一个整体的企业形象。

（2）销售产品

通过交互式营销沟通培育市场，能够消弭市场中的不确定性，维持或扩大市场的份额。由于消费者对企业产品知识的缺乏，容易产生焦虑心理，所以购买时会犹豫不定。经过双方的交互式沟通，障碍消除，双方在贸易上的心理不确定性大幅度减少。

（3）维系客户

通过交互式营销沟通，能够发掘潜在顾客的需求和价值，获悉消费者对新产品开发、老产品改进和创新的意见，发现新的产品增长点，与客户建立长久的关系。

（4）引导消费

通过交互式营销沟通，能够让消费者多功能和快捷地检索各种消费信息，同时可以引导消费者向企业表达自己对产品的需求和意见。企业利用商务智能系统挖掘有价值的客户，并提供分级服务以满足消费需要，不断地维系老顾客，吸引新客户，建立企业网络营销竞争优势。

4．营销沟通步骤

2001 年，Jennifer Rowley 等人提出营销沟通模型，指出"接触—交互—交易—关系维系" 4 个步骤是营销沟通的基本过程，也是营销沟通过程的 4 个阶段，如表 8-2 所示。

表 8-2　营销沟通过程的 4 个阶段

阶　段	工　作　内　容
接触	创建品牌，推广企业形象，发布营销信息，提供联络方式
交互	与接触者深入交换信息，与目标市场中的消费者双向沟通
交易	网上在线交易，发出订购清单或完成交易
关系维系	形成与消费者的双向持久关系，整合网上、网下营销沟通方式，将服务与物流及其他活动集成起来，实现一体化服务

8.1.3　营销沟通的变迁

营销沟通经历了传统媒介到网络媒介的演进，沟通过程发生巨大变化，表现如下。

（1）从"推"到"拉"的转变

传统媒体是一种推式营销媒介，信息传递以单向单通道"推"信息的方式进行，除非在信息中包含有直接回复内容时，接受者才会通过其他方式反馈；互联网是一种拉式营销媒介，消费者能够主动获取信息，即当其脑海中有网站的一些印象和概念时，在他需要时就会去访问该网站。消费者有心理预期地去选择网站，当"拉"到信息时兑现预期，这是拉式营销的优点。拉式媒介的缺点是要求沟通者始终"在线"，且营销人员没有太多的信息控制权，直接将信息推送给特定的目标受众；同时，接收者在"拉"到信息无法兑现预期时易流失。

网络拉式营销沟通方法：首先，以传统广告、直接邮件或物理提示等方式的物理刺激鼓励网络访问者造访网站；其次，营销人员通过搜索引擎优化网站的搜索列表，使网站在经过相关关键词搜索时被排在前列；最后，通过电子邮件将营销信息在线推送给所有特定的消费对象。可见，获得消费者的电子邮件地址是网站优先考虑的目标，电子邮件能够把营销即时信息快速传递给消费者。

（2）从"独白"到"对话"的转换

传统广告是一种企业的独白。网络为供需双方提供直接对话。在网上，当注册客户对网站感兴趣时，就会留下电子邮件地址，网站将客户感兴趣的内容告诉供应商，供应商给客户发送需要的信息，与之建立稳定的沟通关系，从而建立并维系持久的客户关系。

对话可以在网站平台、网络工具、移动通信设备中进行，也可以采用实时在线对话和离线留言，如在 QQ 和微信中进行。对话是一种保持双方沟通关系的长期活动，对话过程覆盖产品和供给的整个消费生命周期。对话使消费者加深对企业产品和服务的了解、熟悉、满意和满足的认知，有利于建立消费者对企业产品和服务的忠诚。

（3）从"一对多"到"一对一"的变化

传统的沟通是一种推式沟通，以一对多广播方式进行，经常是同样的信息被传送到多个细分的市场，这种沟通缺乏针对性，效果不佳。网络交互式沟通，使得补缺和微小的细分市场具有实践意义。营销人员可以实现大宗定制，利用不同的网站和电子邮件将营销内容分送给不同的细分消费者，以提供定制服务，满足不同的需求。此时的沟通是一对一的，企业可以根据消费者的个人偏好向其传送个性化信息。

（4）从"一对多"到"多对多"的变化

网络社区能实现企业与消费者的一对多沟通及消费者之间的多对多沟通。阿里旺旺的一对一、一对多和多对多 C2C 沟通能力是任何其他传统媒体无法比拟的。这种网络沟通也为企业带来了一定的威胁，如网络社区下的负面信息传播非常快，企业无法控制并消除不良影响。这种开放的多对多沟通能力需要企业认识到，与消费者、合伙伙伴建立在线实时交互式沟通联系的重要性，同时，要对网络社区负面信息进行监管，以消除负面不良信息的影响。

（5）从"向后倾斜"到"向前倾斜"的变化

2009 年，中国互联网上发生了几起重大的群体事件，网络媒介的强势作用凸显。网络媒介是向前倾斜的媒介，网站能在短期内吸引访问者的全部注意力，形成很大的舆论影响。网站内容是吸引网民到访的重要因素，若页面缺乏流畅的浏览效率和下载速度，或无法发现自己想要的信息，访问者会随时离开，而且可能不会再来。"一见钟情"非常关键。

（6）营销沟通工具的变化

互联网上的广告是开放的，也是可以自制自发的。企业发布何种形式和内容的广告不再重要，关键是这个广告能否被目标消费者发现和知晓，这才是网络的魅力。由于网站本身具有信息和广告发布功能，广告制作和发布成本比传统广告要低得多。此外，网站改变传媒本质作用，既是媒介也是信息源。网站本身具有告知、劝说并提醒消费者的能力，能提供各种服务，吸引访问者参与营销对话活动，网站已经变为一种介于广告和直销之间的组合。在传统媒体上，广告按物理时间或空间计量收费，网站使营销沟通工具发生本质变化。

（7）网络媒体融合传统媒体

广告和公共关系通过潜在的大量媒体拥有者（电视频道的拥有者、广播频道的拥有者、报纸和杂志等刊物的拥有者等）的数量的增加而获得快速增长。在网上，营销人员能够与各种传媒和出版商建立营销推广关系，将他们的营销需求与自己的网站相关联，以获得增加沟通的机会。在传统媒体上信息发布内容移植到网站上非常方便，这样大量的在线出版商涌现。像搜索引擎的水平入口和特定行业网站的垂直入口一样，诞生新的网络行业——在线出版。网络营销人员应善于把门户网站和搜索引擎迎来的访问者"黏"住，并与他们保持信息沟通。

（8）网络渠道整合营销推广

网络媒介与传统媒介相比有更显著的特点，营销人员要善于整合两种媒介优势，做好网络营销推广，发挥媒体之间的协同立体推广作用。

网站是营销沟通的平台，也是在线销售渠道，因此应该与传统媒介结合开展营销推广活动。例如，某人打算购买一台计算机，他可能是在看过某个品牌的电视广告后，对该品牌产生兴趣，然后上网查找，比较分析该品牌产品的详细规格指标，最后做出购买决策。对于消费者的购买行为，无论是在线下单，还是通过电话订货或到实体专卖店购买，企业都应该在网站上为消费者提供更多便于与企业联系购物的重要信息，如联系人、联系电话和购物须知等。

同样，若消费者在线订货时遇到系统故障，企业应提供在线故障诊断支持（在线故障诊断、在线杀毒和问题自动应答等），虽然不能从根本上解决问题，但是能为消费者提供自助伺服或电话服务，拉近消费者与企业的情感距离，减少消费者的抱怨。优秀的客服人员应该在客户询问之前，就能够判断客户要提的问题，并预先准备详细资料恭候客户，这样沟通的效率会更高，效果会更好。

8.1.4 营销沟通的内容

1. 卖方的营销沟通

通过营销理论可知,消费者的需求具有可诱导性、可创造性的特点。所以,企业以人员推广说服、媒体广告宣传、社会名流示范、企业形象宣传、产品试验示范等具体内容进行沟通,能够激发消费者对企业品牌和产品的兴趣,诱发消费者产生新的需求,强化微弱的需求,激活潜在的需求,实现现实的需求。

在沟通过程中,企业要发送哪些信息给消费者,刺激其消费欲望和购买动机是营销沟通需要考虑的内容。由于商品具有功能价值、社会价值和心理价值等多种价值属性,在这些价值属性中,企业产品和服务总有一部分价值能够满足消费者的价值需要,所以在营销沟通中,企业要满足消费者需要的那些商品价值属性,将商品满足需求的强度放大,提升消费者对商品的认知和与其他商品的竞争地位。

不同的消费者在不同的阶段其消费需求是不同的,企业要了解这种需求变化的特点,细分目标市场,以提高对目标消费者沟通的针对性,准确地将产品满足消费者需求的特征描述并展示出来,以取得消费者的认知和接受,帮助和引导消费者进行购买决策。

在消费者生存需求基本得到满足的情况下,如何在情感、心理等更高层次上满足消费者的自我实现需求,成为商业机会竞争的主战场。企业应抓住这些商业机会,在产品中提供更多的附加价值,以满足消费者更高层次的消费需求,如在包装、服务、产品咨询、购买、信贷、及时交货、购买便利等方面的需求。在营销沟通中,企业应该让消费者了解产品中包含满足这些需求的内容,让消费者认知、熟悉、认同和接受这些价值,这是企业向消费者告知和强化的沟通内容。

消费者在选择商品时,如何辨别本企业与竞争对手的产品在附加价值上的区别,需要企业主动地沟通,以在消费者心中树立鲜明而深刻的企业品牌印象。同时,要注意聆听企业内部员工、竞争对手、合作伙伴和消费者的各种声音,了解企业品牌在人们心目中的地位,及时响应和处理客户抱怨、投诉,以提高企业全面、快速和准确地营销沟通和决策的能力。

在网络环境下,营销沟通的主要平台是企业门户网站。网站及时发布企业信息和有价值的营销内容以吸引消费者的眼球。消费者在访问网站的过程中,网站系统日志自动捕获和记录消费者在网上的行为数据,如浏览网页轨迹、驻留页面时间、保存页面、打印页面、Bookmark 页面和访问页面次数等。企业利用这些数据分析消费者在网上的行为习惯、购买动机和行为,及时调整企业的营销方案和销售计划。通过网站,企业能够邀请客户对企业的网站、产品和服务进行评价,以改进网页,更加满足消费者需要、兴趣,从而准确地进行营销决策。

2. 买方的营销沟通

买方主要是消费者个体和群体,他们在营销沟通中需要了解卖方提供的产品和服务详细资料,该产品与其他产品的异同情况,能够为自己创造何种价值体验和感受。同时,也会将自己对产品的需求,使用产品的感受,对产品的期望或改进意见等主动地向营销方企业表达,如对卖方品牌的印象、使用产品后的抱怨、对产品和服务的投诉等。在网上,买方向企业"拉"所需的信息或在收到卖方传递来的信息时提取自己感兴趣的信息是营销沟通的新变化。因为买方拉到的信息要比无目标搜寻的信息更具针对性和有效性,当这些信息与买方脑海中已存储的信息对照比较后,会直接影响其购买决策。买方在搜寻到有价值的信息后,可能在网上订购,也可能转到网下实体店或专卖店去购买，买家的这些消费嗜好和习惯应引起营销方的重视。

3. 双向沟通的变化

在营销沟通中，传统媒体的单向广播式的信息沟通不但占用资源多，而且浪费严重，效率低；进入网络时代以后，网络媒介的双向交互式营销沟通克服了过去单向信息沟通的缺点，使得企业在营销沟通模式上实现了"由内到外"和"由外向内"的沟通模式的融合。

"由内到外"的沟通模式，实际上是要找到企业"想要的客户"，而不是帮助企业找"客户要的是什么"。因此，该沟通模式帮助企业解决了目标营业额和目标利润应该如何实现的问题。"由外向内"的沟通模式，其本质是企业帮助客户找到"适合自己的产品"。因此，了解现实消费者和潜在消费者的需求和价值满足，并帮助消费者了解自身需求特点是企业营销沟通的任务。同时，企业应该将资源整合到产品或服务上，以满足消费者的需要，并以消费者理解的方式引导消费者消费。

双向沟通要求如图 8-3 所示。

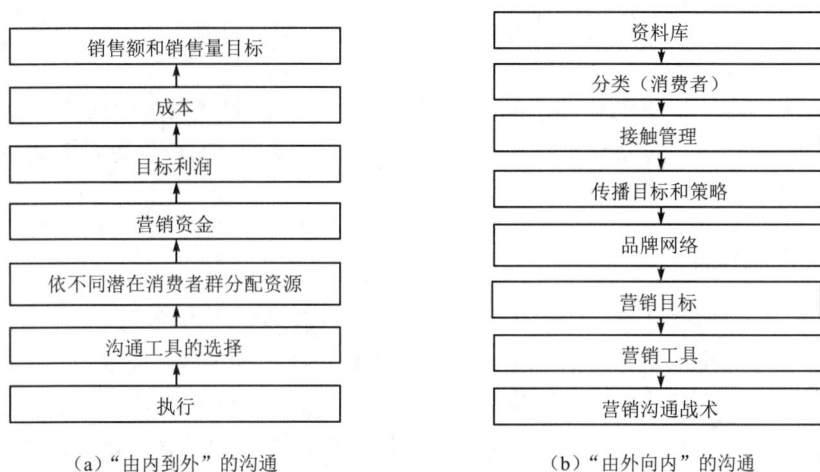

（a）"由内到外"的沟通　　　　　　　　（b）"由外向内"的沟通

图 8-3　双向沟通要求

8.1.5　整合营销沟通

整合营销沟通是对企业营销沟通的规划、实施和监督，是跨部门的合作，目的是吸引客户，维系客户，扩大客户规模，最终为企业创造收益。企业各部门或代理商在与顾客的接触中，会对其品牌创建产生重要影响，所以企业要联合各个部门采用离线和在线等传媒手段共同发挥营销作用。

整合营销沟通的方法：首先，了解企业各种利益相关者、品牌、竞争状况和企业内部与外部要素的情况；其次，选择专门的整合营销沟通手段（包括线下和线上的广告、门户网站、直接邮寄、促销和公共关系等）来实现企业营销沟通目标。同时，在营销战略实施中，对实施效果进行测试，不断调整战略以适应沟通要求；最后，再对整个战略的实施结果进行综合评估。

整合营销沟通有 8 个步骤：识别目标受众、设定沟通目标、设计沟通、选择沟通渠道、编制营销沟通整体预算、确定营销沟通组合、衡量沟通效果、管理整合营销沟通过程。

2008 年北京奥运会的理念是"绿色奥运、科技奥运、人文奥运"，其整合营销沟通内容包括两个方面：① 能够体现奥运的理念；② 向全世界展示中国文化和当代中国社会发展的成果。

于是，北京奥组委在网上和网下发起了一场声势浩大的整合营销沟通活动，2008 年北京奥运会整合营销沟通战略实施结构图如图 8-4 所示。

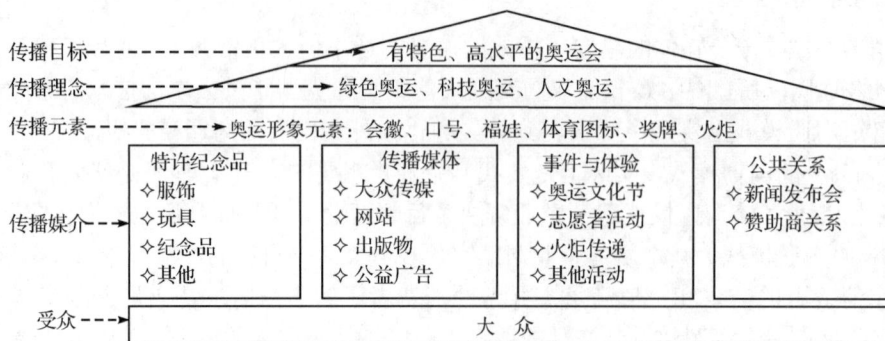

图 8-4　2008 年北京奥运会整合营销沟通战略实施结构图

8.2　网络交互式营销沟通

通过互联网为客户提供满意的产品和适当的服务只是企业网络营销的一部分。网络交互式营销沟通是企业与客户建立和维系稳定、持久关系的重要方法，也是企业增加网站访问者和流量的重要手段。

8.2.1　营销沟通模型

网络交互式营销沟通是指以网站为平台，通过运用信息系统和在线沟通工具，实现企业与内部员工、企业与企业、企业与消费者的文本、音频和视频等多媒体信息的交互式沟通。

互联网环境下的交互式营销沟通模型如图 8-5 所示，互联网环境下的交互式营销沟通过程及任务如图 8-6 所示，互联网环境下的交互式营销沟通模型影响要素决定关系如图 8-7 所示。该模型实现了对内、对外的交互式沟通，揭示了影响交互式营销沟通的各个因素及其相互作用关系，以及网络交互式营销沟通的过程。

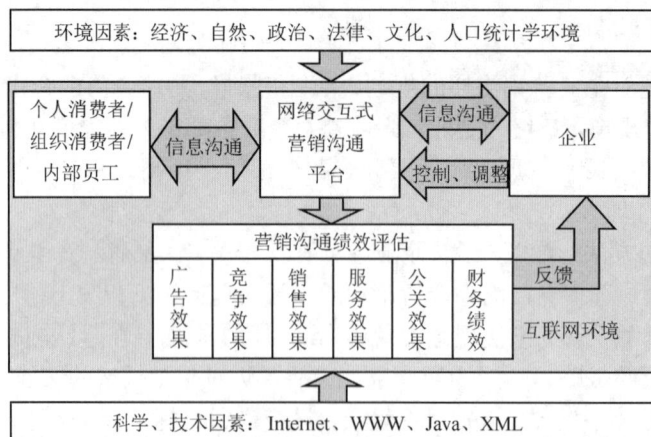

图 8-5　互联网环境下的交互式营销沟通模型

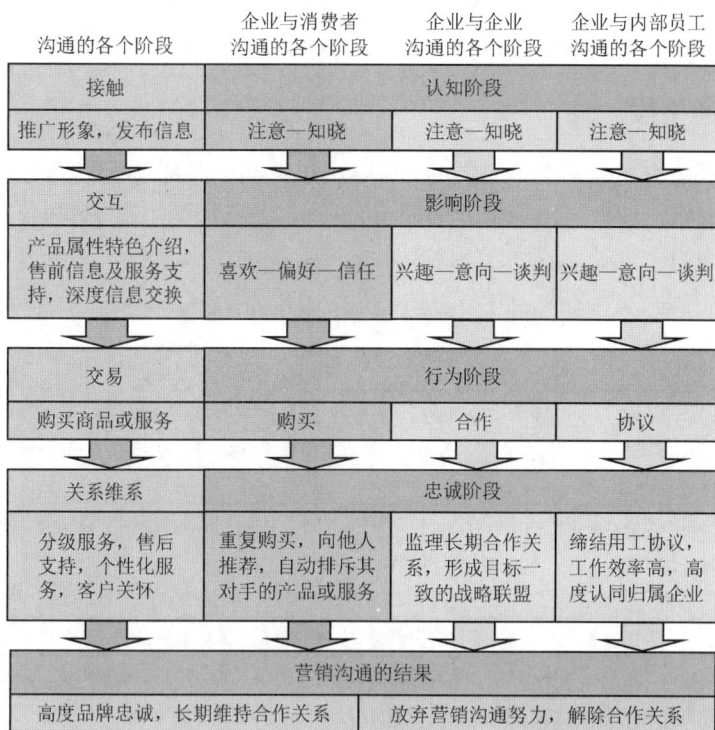

图 8-6　互联网环境下的交互式营销沟通过程及任务

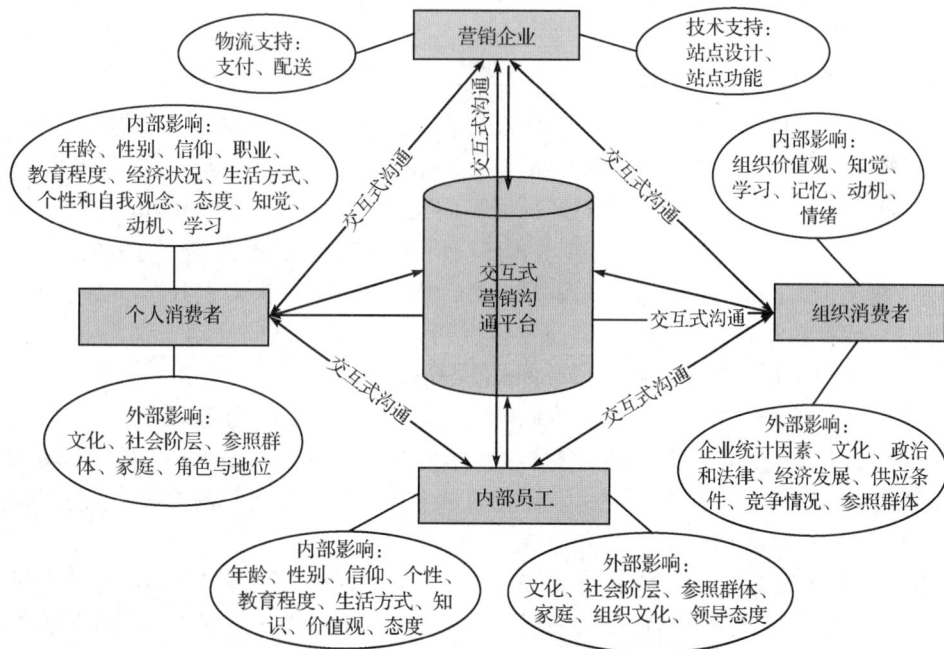

图 8-7　互联网环境下的交互式营销沟通模型影响要素决定关系

在图 8-6 中，对沟通流程经历的"接触—交互—交易—关系维系"4 个阶段任务进行了界定，揭示其沟通目的是：认知—影响—行为—忠诚。

营销沟通在企业内部员工、个人消费者和组织消费者之间进行，影响沟通的既有内部因素也有外部因素；互联网及网站系统是企业交互式营销沟通系统的平台。

8.2.2 营销沟通手段

传统媒体的营销沟通基本上是单向的，只有和电话结合才能实现双向交互。互联网环境下的沟通都是双向沟通，通过与传统媒介的整合，使交互式营销沟通的效用值最大化。

常用的营销沟通手段及形式如表 8-3 所示。

表 8-3　常用的营销沟通手段及形式

手　段	表　现　形　式
广告	印刷及广播广告、外包装、随包装广告、邮件广告、产品目录、影视广告、各种印刷宣传品（企业刊物、说明书等）、广告牌、陈列招牌、购买时点广告、象征和标语、网站广告、网络工具载体广告（QQ、博客、BBS 等）
直复营销与互动营销	直接邮寄、产品目录、电话销售、传真营销、电视购物、区域销售员、赞助活动、网站营销、微型网站、搜索广告、旗帜广告、弹出式广告、特殊网站的广告和视频、联盟、博客、网上社区、电子邮件、移动（手机）营销
事件和体验	运动、娱乐、节目、艺术、事件、工厂参观、网站产品展览、社区活动
公共关系	出版物、赞助、新闻、演讲、研讨会、慈善捐助、社区关系、游说、形象媒体、公司杂志、标志媒介
人员推销	销售提示、销售会议、刺激项目、销售员用的样本、博览会和展览会、样品试销
销售促销	样品、优惠券、现金返还（回扣）、特价包装、奖品（礼物）、购买次数计划、奖励（竞赛、抽奖、游戏）、回馈奖励、免费试用、产品担保、捆绑销售促销、交叉销售促销、购买现场展览和演示、以旧换新折扣、积分、搭售、捆绑
口碑营销	蜂鸣营销、病毒营销、意见领袖、在线聊天室、博客、网络品牌社区

除了表 8-3 列出的常用的营销沟通手段及形式，还有如下一些网络特有的互动交流工具。

① e-Learning 系统。它是为企业内部、企业之间及企业与用户之间进行互动学习提供的环境，能够实现一对一、一对多和多对多的无障碍实时在线交流。e-Learning 系统主要有 4 种服务方式：在线公告、视讯会议、知识共享和在线培训。在线公告即在第一时间发布重要资讯；视讯会议是网上多人同时视频开会；知识共享整合优质资源，提供知识共享，实现企业人员与顾客的互动交流；在线培训实时为培训对象传授知识和技能，双向互动交流。

提供 e-Learning 服务的产品很多，如 Blackboard、JoinNet 等。合肥工业大学、台湾中央大学和中南大学（长沙）的老师，一直在互联网上利用 JoinNet 系统为两岸的学生开设《网络创意营销》课程，实现在线教学和讨论。图 8-8 所示内容为利用 e-Learning 在网上互动式教学的场景，台湾中央大学宋铠教授正在台北为合肥的学生点评网络创意营销方案，合肥工业大学的何建民老师正在给两岸的学生讲授网络营销策略和方法。

② 常见问题解答系统（FAQ 系统）。FAQ 系统是企业提供给客户自助服务的常见问题解答系统，一般针对产品或服务使用中可能出现的问题，预置答案并提供查询以获得答案。该系统能够长期为客户提供在线服务，同时能够收集客户的信息，分析、补充和更新 FAQ 系统的命题与解答，以便为客户提供更好的在线服务。

③ 即时通信系统。即时通信系统是一种在线沟通系统，主要以文字、语音、视频等多媒体形式提供在线互动交流功能，如 QQ 和微信。该系统能够与手机和其他通信工具结合，收集消费者对产品的评价、需求和偏好，了解市场对产品的反应和反馈等信息，是一种在网上运

用比较广、适合群组交流的新型网络交互式沟通工具。

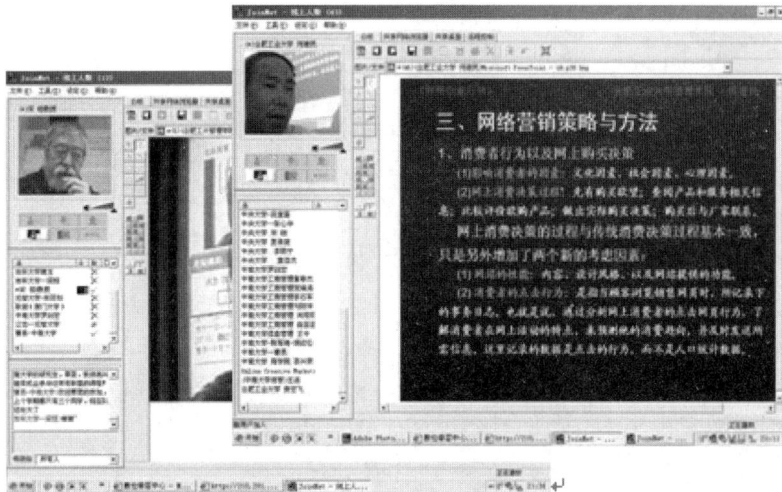

图 8-8　利用 e-Learning 在网上互动式教学的场景

8.2.3　营销沟通方法

1. 线下营销沟通方法

线下营销沟通一般采用传统营销沟通手段。线下营销沟通可以帮助建立受众的网上认知,当消费者的实际消费需求发生时,根据消费者的网上认知,消费者会主动进入网站了解相关信息。

线下营销沟通的主要方法是广告,以印刷品、电视、广播等传统媒体作为载体。传统媒体的一项重要任务是传播网站或网址信息,以提醒消费者在网上了解广告的详情并回应广告。虽然现在仍然有企业采用免费电话接收客户的反馈信息,但是更多企业开始利用网站在线聆听客户的声音,接收线下客户的反馈。线下营销沟通与网络工具紧密结合是网络营销沟通整合的体现。传统营销沟通结合网络工具的主要应用如下。

（1）直复营销

直复营销利用所有的媒体向潜在消费者发出邀约,在报纸、杂志、广播、电视、售货亭、网站及移动设备上发布广告,宣传图书、服装、度假产品及其他产品和服务,使受众在获悉营销内容后,拨打免费电话订购产品或服务。网站作为直复营销的沟通平台并发布广告是网络营销的重要内容,消费者在对营销广告发生兴趣后,便会按广告上提供的网址浏览相关网站,以获得更多的有关产品的信息。营销网站还用激励（优惠、竞赛等）和在特定网站提供免费物品的方法引导消费者访问营销网站,了解、熟悉、接受、尝试并购买产品。

2008 年春节期间,"丰乐种业"上市公司通过报纸投递印刷广告,推介华东地区最大的温控室内植物花卉观赏园区之一——丰乐生态园。企业利用报纸自办发行网络直接面向报纸订户投递活页印刷广告和游园优惠卡,一周内吸引近万人次游园,仅门票收入一项就超过 30 万元。同时,企业建立营销网站,转载《合肥晚报》上刊登的"丰乐生态园"游园探秘连续报道内容和园区观赏卖点集锦,使网站访问人数和网页点击量迅速飙升。"丰乐生态园"线下和线上直复营销整合策略获得成功,企业为此获得了丰厚的回报。

（2）物理营销提醒

人们在网上驻留的时间要比在现实世界花费的时间少得多，日常工作、学习生活的物理提醒是营销沟通的重要手段，它既能引起消费者关注企业及产品，又能增加与消费者接触的机会。例如，联想公司将企业网址印在鼠标垫上作为营销广告的提醒物，时刻提醒消费者去看看该企业的网站究竟有些什么，此举弥补了网络拉式媒介的不足。

对于 B2B 的企业来说，业务进行中的提醒物对提高营销沟通接触很重要。这些物理营销提醒物包括口杯、商务卡片、销售点的资料、钢笔、笔筒、商贸展示明信片、杂志插页和外部口令等，实物营销提醒物能够收到比直接促销更好的效果。

B2C 的企业可以运用打包促销策略，吸引消费者到自己的网站访问消费。"瑞星"软件用户通过在线下载"杀毒软件"升级版，拉近消费者与品牌交互对话的距离。网络软件服务提供商在网站上不时地提醒消费者关于杀毒的信息，增加轻度使用者的信任和软件使用频率，以维系顾客。印有广告的销售点产品资料是很好的实物提醒，如通过新书推广书签，提供在线限时读书卡，以推广新产品服务——在线数据库阅读业务。

（3）口碑营销

口碑是由品牌社区的成员通过发布和传播有关自己购物经历及其各种体验相关信息形成的一种价值传播方式。口碑很容易在亲属、同学和朋友之间快速传播，是消费者发现有价值信息的重要方法。在互联网上，电子口碑的重要性仅次于搜索引擎、目录列表和网站链接。口碑是自发形成的，正面口碑效应无须广告宣传；负面口碑效应发挥的作用不可低估，企业应给予重视和引导。国外文献表明，消费者会主动将其满意购物的经历告诉其他 12 个人，将其喜欢的影片告诉其他 8.6 个人，将其满意的餐馆告诉其他 6.1 个人。但是，若他有一次不满意的购物经历，便会将此经历传播给两倍于他传播满意经历的人数。因此，口碑既能影响企业营销沟通的效果，也是获得客户对企业品牌认同的重要资源和工具。

2. 在线营销沟通方法

营销人员利用各种新的技术手段增强其线下营销沟通的效率是线上和线下营销沟通融合的主要方法。在线营销沟通工具主要有网站页面和电子邮件携带的文本及多媒体信息、存储信息的数据库、用于浏览信息的数据接收设备（计算机、手机和移动终端——上网本等），在线沟通的主要方法是互联网广告，主要形式有搜索引擎营销和公共关系营销。

（1）搜索引擎营销

搜索引擎营销（SEM）是指利用搜索引擎对网站进行关键字检索，以获得网站或页面在检索结果排名靠前的一种营销行为。该方法是吸引网民到搜索结果列表指定的网站访问，以提高其网站浏览的顾客访问量的一种有效方法。

利用搜索引擎营销网站主要有两种策略：关键词广告和搜索引擎最优化。

① 关键词广告也称为内容关联广告（Contextual Advertising），是指在搜索引擎站点购买关键词，以提高网站的顾客访问量。关键词广告方法：调研潜在相关的搜索关键词并建立关键词列表；搜寻潜在顾客使用的词汇，扩充关键词列表；将关键词列表中的重复或关联度不高的词汇删去；对关键词进行分类编组优化；估算关键词的有效性并覆盖搜索关键词；制作广告标题和广告主题内容形成广告副本；登录广告所在页面了解顾客访问量提高情况，以调整页面设计；正式实施关键词广告；对关键词广告效果进行测评和优化。

② 搜索引擎最优化（SEO）是指调整网站使其在有组织的、以 Crawler 软件为基础的搜索引擎排名中名列前茅。网站可以通过花钱或不花钱的途径提高其在搜索引擎检索结果中的排名。免费提高搜索引擎的有效方法依次是：变化的元标签，变化的页面标题，互惠链接，购买多个域名，多个网络主页入口进入，将关键词隐藏在背景中，为每次点击付费（付费链接）等。

（2）公共关系营销

公共关系是指以提高企业商誉为主要目的去影响公众的观点和态度的一系列活动。公共关系活动可以建立并改善企业形象和商誉，及其在社会各个群体（包括股东、员工、媒体、供应商、社区、消费者及其他利益相关者）中的印象和地位。公共关系营销（Marketing Public Relations，MPR）是指包括品牌化活动和积极影响目标市场的免费媒体报道在内的所有能够提高企业形象和商誉的活动，公共关系对象主要针对公司的顾客和潜在的消费者，目的是提升他们对企业品牌、产品的知晓度和积极关心的程度。网上公共关系营销主要方法有以下几种。

① 网站营销。网站是每个机构、企业或品牌实施公共关系营销的主要工具。网站具有娱乐大众（游戏或电子贺卡等），创建网络社区（BBS、在线聊天室、新闻组等），提供与顾客沟通的渠道（顾客反馈和客户服务等），提供信息（产品选择和购买、产品推荐、零售商推荐）等功能。网站发布内容形成信息列表，实际上是企业的电子宣传手册。公众根据该手册能获悉许多未知的企业资讯内容，包括其品牌、产品、服务等各种营销信息。网站营销有 3 个优点：一是网站是纸质宣传手册或隔夜邮件发布新闻的低成本替代品；二是网页信息更新快，与企业产品数据库信息保持同步；网站日志可记录和跟踪那些寻找特定产品信息的新的潜在消费者。网站能否吸引更多的用户访问，取决于其是否比竞争对手更好地满足企业目标受众的需求，为他们提供更多有价值的产品或服务。

② 博客营销。它是指企业利用定期更新的网络杂志和日记建立博客链接，吸引用户到企业网站的一种营销方法，是一种口碑营销。营销方法是：首先，为博客写手发送有价值的资料，帮助博客写手提高博文写作水平；其次，博客嵌入链接到企业网站，使访问者在浏览博客时必先进入企业网站；最后，将博客文章与企业营销诉求巧妙地搭桥，编故事吸引客户。《华尔街日报》就是利用该方法提高企业网站访问量的，博客带来的访问量与来自搜索引擎获得的客户访问量一样多。链接博客吸引客户是免费的，而搜索引擎链接则是付费的，因此博客营销商业价值巨大。博客营销已成为企业最有效的网络营销方法之一，适时地推出博客空间链接到企业网站和网页，最终给企业带来的资本价值一定出乎企业预料之外。

③ 网络社区营销。网络社区是人们为了获取和提供信息支持，为了学习或寻找陪伴而聚集在一起的虚拟社交空间，可以通过网站建立。它具有以下特征：拥有一群人；成员是理性的；不见面在线交流；进行社会交往；围绕一个明确的主题进行实时双向交流。网络社区为电子公告牌和电子邮件列表创造了条件，同时，实体社区与网络社区紧密结合，将离线活动引入网络社区，弥补了社区活力不足的问题，使网络社区成为发展客户关系的重要方法。

④ 网上事件和体验营销（Event and Tasting on Internet Marketing）。在网络营销中，将企业产品或服务与消费者生活中某个特殊的事件关联起来，挖掘其产品与时间之间的新闻价值，对其进行曝光、传播，使消费者从中体验到事件的影响和产品的价值，从而拓宽、加深企业与目标市场的关系，达到营销目的。网上事件和体验营销方法：建立品牌与消费者的接触，以影响消费者对品牌的态度和信念。事实上，接触能够增进消费者与产品的理解与交流，接触的氛围是"包装过的环境"，能够引起或加强消费者对产品的兴趣和购买欲望。企业将产品与事件

关联，建立消费者接触关系，主要目的是能够接近某个目标市场或生活方式，提高企业或产品知名度，建立消费者对企业品牌形象联想的认知，提升企业形象，形成体验唤起情感，表达对社区或社会事务的承诺，维系关键客户或回报忠诚员工，有机会推销或促销。

（3）在线沟通工具比较

在线沟通工具促销表现比较如表 8-4 所示。

表 8-4　在线沟通工具促销表现比较

推　广　技　术	优　　　点	缺　　　点
搜索引擎注册	在线触及率高，使用此方法的网站占很高的比例，访问者自主挑选，成本相对较低，但是会逐渐增长	对特殊产品比对一般产品起作用，如保险。搜索引擎优化的成本随着技术的变革而持续上升
创建链接活动	成本相对较低，有较好的针对性	建立大量的链接是件很费时的事情
附属网络活动	根据结果支付报酬	在跟附属网站管理人员进行结算时需要做大量的工作
标题广告	主要目的是获得访问，属于直接反应模式；在品牌创建中很有用	因为标题"盲视"，响应率已经在过去的基础上有所下降
赞助	如果同相关的网站进行低成本、长期的品牌共建，这个方法很有效	可能会加深印象，但是不会导致直接销售
电子邮件营销	推式媒介，在用户的信箱中不可能被忽略。可直接链接进网站	需要"决定参与"列表才有效。最好用于顾客维系而不是顾客获取。信息会被其他电子邮件冲淡
病毒营销	以相对低廉的成本有效地接触大量顾客	由于提供的是并非主动需求的信息，将构成破坏品牌的风险
公共关系	成本相对较低，有很多创新的可选方案	线下公关可能会产生更高的影响和触及率
传统的线下广告（电视、印刷品等）	比大多数在线技术的触及率都高。具有更丰富的创造力，产生更大的影响	可以证明其针对性没有在线营销方式强。获取顾客的成本一般较高

8.3　网络促销及沟通方式

网络促销以现代营销理论为基础，通过互联网络等信息技术手段和方法，在虚拟市场上发布、传递有关产品和服务等信息，以激活消费需求，激起消费者的购买欲望，产生购买决策和购买行为。

8.3.1　网络促销活动

促销活动利用礼品或货币的短期激励促进产品从生产商向最终用户流动。促销活动包括优惠券、现金返还、购物返现、试用装、竞赛、奖券和奖金、赠品等。网上巨大的商机无法让企业熟视无睹，因此，各个企业都在加速建设自己的商务网站，开展电子商务。电子商务网站需要一定的访问流量，尤其是吸引消费者在短期内改变自己的消费行为（访问购物网站、网上注册、在线订购等），只有将线下购物转为线上购物，才能将潜在的消费者转变为网上现实的消费者。主要的网络促销活动如表 8-5 所示。

表 8-5　主要的网络促销活动

促销活动	说明
样品	为网站注册消费者提供一定数量的免费产品与服务
优惠券	持有人在购买指定产品时可以享受优惠折扣来购买
现金返还（回扣）	产品购买活动结束之后给予顾客的价格优惠——消费者在购买产品后，将购买凭证交给供货商，供货商再将部分购买款返还给消费者
特价包装	以比正常价格优惠的定价进行销售的打包或标记产品
奖品（礼品）	在购买特定产品时，以较低价格或免费提供的用于刺激购买的商品进行奖励
购买次数计划	根据客户在网上购买公司产品和服务的次数和数量给予奖励，如携程网
奖励 （竞赛、抽奖和游戏）	消费者在购买特定商品后有机会获得现金、旅游或商品。竞赛要求消费者参与某种活动，然后由裁判选择表现最好的参与者并给予奖励。抽奖要求消费者进行摸彩。游戏是指消费者在每次购买时可以得到一些物品奖励
回馈奖励	以现金和积分点数给予经常光顾网站的特定买主或 VIP 客户奖励，稳定关系
免费试用	邀请或抽取目标客户免费试用产品和享受服务，希望他们在使用后购买产品
产品担保	卖方在网站对消费者明确或隐含的承诺，保证产品在一定时期内的性能将满足特定标准，否则卖方将负责免费维修或退换，如瑞星杀毒软件在线免费升级
捆绑销售促销	通过两个或两个以上的品牌或公司合作发放优惠券、退款，开展竞赛来增加合力
交叉销售促销	利用一个品牌与另一个与其不存在竞争关系的品牌做广告
线上促销线下销售	在网站上进行产品促销的各种活动，在网下实体店铺进行产品的销售

采用表 8-5 所列的网络促销活动带给企业的效益是显著的。Investors 公司的调研报告指出，网络促销活动带来的顾客回应率要比用传统直邮方法带来的顾客回应率高出 3～5 倍。过去，大多数企业的离线促销主要对象是分销渠道中的中间商，而网上促销直接针对消费者，因此消费者网上购物的实绩会立即显现出网络促销活动的效果。同时，许多在网下的与消费者相关的促销策略是与广告结合在一起的，促销活动实际上是消费者看得见、摸得着的广告形式，直观明了，深受消费者青睐。这些网络促销广告还能使消费者到企业的网站浏览，吸引其花费更多的时间在网站上逗留，并能够再次光顾网站。调查表明，网络促销活动对企业建立长期的客户关系的作用并不大，但对创建品牌、树立企业形象、建立数据库、增加在线和离线的销售量功不可没。经常采用的网上促销工具和方法说明如下。

1．优惠券

在网上，有专门派发电子优惠券的公司，它们通过电子邮件将各种优惠券发送给网络客户，其目的是建立品牌忠诚。研究发现，有 55%的网上客户偏爱电子邮件优惠券，30%的客户喜欢报纸上的优惠券，18%的客户偏爱邮政信件投递优惠券。使用电子优惠券非常方便，顾客只需要将电子邮件中的数字报给企业呼叫中心电话接线员，或自己打印并附在订单上，即可享受折扣或优惠。

2．试用装

一些提供数字产品的网站允许用户在购买前先体验产品。许多软件公司在销售软件时，先提供全功能软件演示版本——试用装，供对该软件感兴趣的客户免费下载使用，使用期一般为30～60 天。当软件的使用快到截止日期时，软件系统会自动提示使用者，是否打算注册付费或在线购买，用户可以选择购买，也可以在到期后删除该软件。生产诺顿杀毒软件的 Symantec（赛门铁克）公司是一家国际知名的软件提供商，在网上提供免费杀毒软件的试用版。用户只要登录 Symantec 公司的网站，直接运行该网站的在线杀毒软件，杀毒系统就会自动扫描用户的计算机系统，检测是否感染病毒并清除病毒。通过采用试用装促销方法，有 2 万多个网站链接到 Symantec 公司的网站，为公司带来庞大的访问量，当其试用装策略与其他整合营销沟通技巧结合在一起时，使得公司每年的效益获得 20%的增长（参见 Symantec 公司网站）。

3．竞赛、奖券和游戏

许多赢利网站都采用竞赛、奖券等方式吸引用户，保持用户的回头率。竞赛需要一些技能（回答一些小问题，技能训练升级，攒足一定的经验值、智慧值、力量值等）。奖券是给用户一次抽签获胜的机会。游戏分为两类，一类是专门吸引玩家的游戏，另一类是在规划网站业务中，根据需要设计供人娱乐和动脑筋的游戏。这些促销活动正如现实社会的促销活动一样，能够为企业创造品牌吸引力，使顾客不断地访问网站，对企业网站或链接网站产生依恋，直至依赖。企业通过各种促销活动的安排，能够劝说用户从网站的一个页面浏览到另一个页面，增加推荐网站的黏性，以获得足够多的流量带来的价值。如果能够定期在站点变化奖券的品种，用户就会不断地返回站点，查看奖券情况并努力争取最新获奖机会。例如，福特汽车公司在国内举行网上游戏活动"福特福克斯越玩越有礼"，海绵宝宝官网的海绵宝宝投掷比萨饼的游戏，让用户参与到与产品相关的娱乐活动中，都是这类促销活动。又如，国内受到学生和成人普遍欢迎的两个网站——摩尔庄园和开心农场，网站将竞赛、奖券和游戏融入页面情景中，以吸引用户不断上网体验，树立了网站品牌并建立访问流量；同时，在线下售卖游戏充值卡，使用户在网站上的游戏装备和页面不断更新，以体验虚拟空间带来的个性化，从而获得稳定的网站收益。

8.3.2 企业网站营销

企业自建网站或利用第三方电子商务平台搭建网站是网站营销的基础。例如，利用阿里巴巴电子商务平台，建立企业的网上商店或门户实施网络营销战略。企业门户网站有两大作用：一是为企业搭建网上渠道，增加接触消费者和销售商品的机会；二是为企业维系客户关系提供管理平台，以提高客户对企业的信任度、满意度和忠诚度。企业网站营销对提升企业形象、创建品牌，直接增加销售和维系与客户的关系具有显著的效果，尤其是将企业的门户网站与网上商店相结合，网络营销的效果更为显著。

企业利用网站进行网络营销，必须拥有能够吸引客户的网站。建设一个有效吸引客户的企业网站，至少要在以下 7 个方面做好工作，即网站成功 7C 要素。

① 场景（Context）：网站版面的编排和设计。
② 内容（Content）：场景所包含的文本、图片、声音和图像。
③ 社区（Community）：为客户提供信息沟通与交流的空间。
④ 定制（Customization）：根据不同客户的具体要求，设计满足他们个人需求的内容。
⑤ 沟通（Communication）：提供网站企业与客户之间的信息交流。
⑥ 连接（Connection）：网站与其他站点的链接。
⑦ 商务（Commerce）：网站完成商务及交易的能力。

企业按照上述网站 7C 要素进行规划设计，就有可能吸引更多的网上客户访问企业的网站，将网站打造成有效的营销渠道和与客户沟通交流的平台。

8.3.3　搜索引擎营销

搜索引擎和目录服务的入口是查找关于一家公司及其产品信息的基本方式。目前，已经有超过 80%的网络用户采用搜索引擎查找自己所需的信息。如果企业没有使用搜索引擎营销，那么网站的访问量不会有显著的变化。

1. 搜索引擎类型

按照信息搜集与导航的方法将信息搜索引擎系统分类，大致有以下 3 类。

（1）目录式搜索引擎（Directory Search Engine）

先以人工方式或半自动方式搜集信息，在采编人员查看信息后，经过人工方式形成信息摘要，再将信息摘要置于事先准备好的信息分类框架中，面向网站提供信息目录式检索服务。这类搜索引擎主要有雅虎、LookSmart 等。

（2）机器人智能搜索引擎（Crawler-Based Search Engine）

它是具有人工智能的机器人计算机程序，以某种策略自动地在互联网中搜集和发现信息，通过索引器为搜集到的信息建立索引库，再由检索器根据用户输入的查询关键字，在索引库中检索，并将查询结果返回给查询用户。这类搜索引擎主要有 AltaVista、Northern Light、Excite、Infoseek、Lycos、Google。

（3）元搜索引擎（Meta Search Engine）

元搜索引擎没有数据源，而是借助其他搜索引擎，将用户查询请求同时递交给多个搜索引擎代理查询，并将查询结果重复项排除，排序后作为自己的查询结果反馈给查询请求用户。这类搜索引擎主要有 WebCrawler、InfoMarket。

2. 搜索引擎原理

搜索引擎的结果基本上是用户访问量最大并喜欢选择的网站，尤其是显示在第一屏上的网站。搜索引擎结果能够使受网民青睐的网站更受欢迎，因此，企业应优化网站在搜索引擎上的排序，使之在不同搜索引擎的排名结果靠前。表 8-6 所示内容为提高网站搜索引擎列表排名的方法。

表 8-6　提高网站搜索引擎列表排名的方法

因　　素	描　　述	解　　释
标题	浏览器窗口定点出现的，代表网页标题的关键词是用 HTML 代码表示的<TITLE></TITLE>关键词	这对搜索引擎列表非常重要，如果关键词和题目吻合，那么该网站与那些只在网页文本中出现关键词的网站相比，位置可能更靠前
元标记	元标记是网页的一部分，用户看不见，却被搜索引擎用来编辑索引。元标记分为两种，例如，<元标记="关键词"，内容="书、书店、店铺、商店"><元标记="描述"，内容="世界上最大的网上书店">	对于大多数搜索引擎来说，如果用户输入的关键词与某网站的元标记正好吻合，那么该网站在搜索引擎上的位置比那些没有使用元标记的网站更靠前
出现的频率	某个关键词在网页上出现的频率决定了它的位置，如果关键词靠近文档的顶端，就可能导致位置靠前	可编写副本来增加某个词的使用频率，从而提升网站在搜索引擎中的位置。入口网页可用来吸引有特定兴趣的访问者

因　素	描　述	解　释
隐藏的 图形文档	例如，关于某公司名字和产品的文本可以下面的方式给公司标示指派一个"ALT"符：<想象名称>="标示"，SRC="标示.gif"，ALT="生产化工产品的B2B企业"	使用大量图形材料的网站不太可能排在靠前的位置，但是使用隐藏的图形文档还是必要的
链接	有些搜索引擎把那些包括在众多链接中的关键词排在靠前的位置。其他的类似Google的搜索引擎则把那些可以从其他网站上链接的排在较高的位置	搞一个创建链接的活动可以帮助网站提升在搜索引擎中的位置

3. 搜索引擎推广层级

搜索引擎推广是以网页广告为对象，将推广的网页内容在搜索引擎上进行注册，使之成为能被检索到的可见网页，以便被用户浏览到。搜索引擎推广层级主要分为收录层、表现层、曝光层和转化层。用户在不同的层面，肩负不同的角色，行为有不同的变化。

4. 搜索引擎的注册和选择策略

搜索引擎注册是指利用搜索引擎、分类目录等具有在线检索信息功能的网络工具进行网站推广的方法。广告推广注册分为普通型、推广型和竞价型3种。普通型一般注册收费较低，仅能保证广告被收录，但不保证排名靠前。推广型基本能保证广告排在搜索结果的第一页，但若使用推广型注册的顾客过多，搜索引擎服务商会按照"滚动排名"的策略投放广告。竞价型是一种按照为客户网站引流实际访问量来收费的广告模式。搜索引擎公司选择策略一般分为两种：一是选择知名综合搜索引擎公司，如百度、谷歌；二是选择专业搜索引擎，如携程、中国化工网。

5. 搜索引擎使用问题和改善方法

搜索引擎在使用过程中会出现如下若干问题。

① 由于搜索的结果太多，列表排名不靠前，可能没有任何意义。

② 不同的时间查询到的排名结果不一样；不同的搜索引擎查到排名结果也不同。

③ 选择关键词要准确，太冷僻的关键词没人查。

④ 太通俗了，结果又太多。

⑤ 搜索引擎对查询语义的理解有限，可能会产生歧义性的查询结果等。

⑥ 推广排名可通过选择恰当新名词推广及交纳更高的推广费用改善。

8.3.4　电子邮件沟通

电子邮件是一种基本的非即时网络信息传递工具。它为人们的工作、生活带来了极大的便利，是企业鼓励客户试用产品、购买商品及建立关系，与其对话的有效手段。

电子邮件营销关键是获得邮件列表中的客户地址，该客户数据是企业提供客户支持服务，保持与客户对话的基础。电子邮件除了具有信息传递功能，还有可夹带其他广告的时事通信空间位置，该位置可用来出售或吸引赞助，作为付费广告载体使用。

电子邮件广告具有及时性、针对性、可说明性、相对廉价等优点。邮件受众量大，阅读及时。即使客户拒收邮件撤去广告，由于广告是以图形或文本方式出现的，也依然能够进入读者视线，收到不错的广告效果。电子邮件营销是一种推式营销，不同于网站的拉式营销。网站广告的控制权在访问者手中，电子邮件广告在推送给潜在消费者后，即使被删除，邮件标题也会被访问者看见，否则不会轻易删除电子邮件。

1．工作原理

电子邮件是一种与消费者直销沟通的有效方法。邮件携带的促销信息和提醒内容，会被需要的消费者保留，并通过转发送达给那些没有收到但想要该信息的人。电子邮件广泛用于商业网站与客户的联系及其管理中，客户购物或接受服务过程基本用电子邮件沟通。

企业商业网站在与顾客的接触过程中，至少要发4封邮件：第一封是接触问候交互，第二封是购物提醒，第三封是价值描述，第四封是维系确立。

图8-9所示内容为电子邮件发送后，上述各个阶段企业所做的工作。电子邮件营销给营销人员的挑战是史无前例的，规模经营时人工回复几乎不可能，需要计算机软件系统管理邮件列表，自动回复和管理客户反应响应，尤其是对回复率和客户隐私保护需要格外注意。

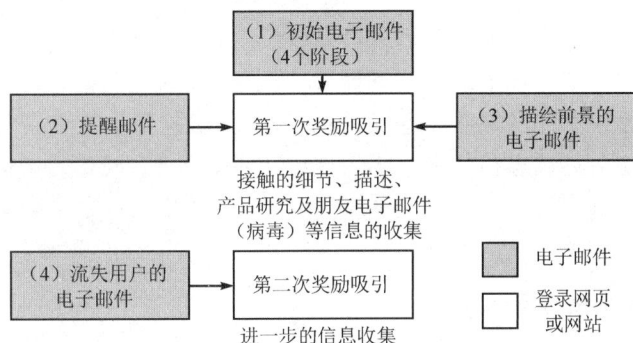

图8-9　商业网站的电子邮件沟通

2．维系与管理客户

电子邮件营销是客户关系管理的重要工具，其成功的关键是掌握客户生命周期。根据企业营销目标，利用电子邮件营销集中有限资源维系和管理客户。

（1）选择

找到理想的市场细分客户群，在现存的客户数据库中将这类消费者划分出来，根据市场细分客户的不同要求，为客户提供合适的产品，创造新的价值。

（2）获得

通过网站为消费者建立新的愿景，并结合电子邮件和其他技术手段，将描绘的新的愿景准确地传递给目标消费者。

（3）保持力

加强对入站电子邮件服务质量的管理，以提高客户忠诚度。

（4）扩充

通过直接电子邮件扩大消费者使用产品或服务的广度和深度。

3. 获得电子邮件地址

向外大量发送电子邮件，开展许可电子邮件营销，需要获得或收集大量邮件地址和潜在消费者姓名。获得电子邮件列表数据库的方法主要有以下两种。

（1）购买邮件列表

在传统的邮件直接营销中，企业可以与名录经纪人或名录所有人取得联系，从他们那里购买同意接受电子邮件营销的个人电子邮件地址；也可以租用电子邮件地址列表，这些列表将被用于进行电子邮件营销活动；也可以通过网上在线杂志举办的网站在线竞赛获得注册邮件地址，潜在消费者可能会同意接收电子邮件，因为在线杂志网站已经利用奖金的吸引获得了成千上万的个人电子邮件地址。

（2）建立机构列表

机构列表可以通过将企业网站与许可营销技术相结合来建立。用一个相关的激励，如免费信息或折扣，鼓励潜在顾客通过填写在线表格来提供他们的电子邮件地址。获取电子邮件的最好办法是打包压缩。电子邮件列表需要仔细地管理，因为随着时间的推移，消费者特征和他们的地位也随之改变，导致了许多邮件被退回和回应率低。数据保护法也要求有为消费者更新数据的设备。机构列表也可以通过搜集电子邮件地址在线下建立。在销售或电话联系中，销售代表可以获得顾客的电子邮件地址。对于现存的消费者，公司应该致力于增加他们的电子邮件地址的比例。

4. 营销电子邮件的设计

设计一封电子邮件就像设计一封传统邮件一样，需要注意许多要求和规则。有效的电子邮件营销内容设计方法如下。

① 在主题和正文部分就应该抓住读者的注意力，不要把最精彩的留在最后。

② 对于时事内容，应该运用标准抬头。但每个月需要突出特别的内容，每隔几个月就更新一次条目，以保持读者的兴趣。

③ 与目标群体相关。内容要简洁，但要包含足够的信息，致力于卓越的沟通。

④ 与网站建立超链接，以获得更详细的内容。

⑤ 个人化，不是"尊敬的用户"而是"亲爱的张先生"。

⑥ 对于行动有一个明确的号召，可以在电子邮件的开始和结尾部分重复，作为网站上一个特定登录页面的链接。通过发送追踪邮件测试有效性。

⑦ 追踪邮件使不同的要素多样化，如主题栏、抄送和结束。

⑧ 提供决定不参加或不预定的选项。

⑨ 操作必须符合该国家的法律和道德约束。

平庸的电子邮件内容很难捕获邮件读者的注意力。为了获得更大的企业影响力和品牌效果，必须采用网页（HTML）格式编发电子邮件向顾客投递，以获得较高的顾客响应率。但 HTML 格式的电子邮件也有缺陷，有些消费者由于浏览器原因无法阅读页面。电子邮局应安装邮件阅读转换软件，使邮件既能以 HTML 格式，也能以文本形式发送，以方便读者浏览。理想情况下是读者能够订阅邮件的阅读模式，使多媒体电子邮件也能很方便地阅读。

5. 营销电子邮件的管理

像阿里巴巴那样的大型电子商务企业，处理电子邮件的数量惊人，需要设立邮局管理所有入站邮件。电子邮件是企业与外界保持沟通的主要形式，需要设计顾客联络战略。

顾客联络战略是在为顾客传递高质量的服务与将客户联络成本降至最低之间寻找的一个折中方案。实施该战略并测量其有效性的典型操作方法如下。

① 使每封邮件平均响应时间范围间隔最小化，这是形成广告服务质量水平的基础。

② 处理（解决）时间最小化，如联络顾客的数量最多，解决问题的时间最少。

③ 使有回应的客户满意率达到最大化。

④ 使平均工时和每封邮件的响应成本趋于最小化。

企业在实施电子邮件营销时，一定要将其与企业的信息系统集成，因素如下。

① 顾客取向渠道选择。公司使用一种顾客导向的联络方式，顾客可以选择适合自己的渠道与企业沟通，如电话回呼、电子邮件或现场谈话。该方式没有刻意让顾客尝试哪一种取向渠道，所以能够获得很高的顾客满意率，但它却不是一种最低成本的方式。因为电话支持的成本将会远远高于顾客在网络上自助服务或用电子邮件询问的成本。

② 公司取向渠道选择。公司率先选择联络的媒介以影响消费者。尽管顾客可以自行选择沟通方式，但由于公司使用了网站，于是影响顾客的选择渠道。

在实施电子邮件营销时，邮件内容要个性化，要给消费者一个回信的理由。同时，要为顾客提供一些无法通过直接邮寄获得的东西，还要使顾客订、退电子邮件方便。

8.3.5 即时通信工具沟通

即时通信指的是能即时发送和接收互联网消息等业务的系统服务，除了基本通信功能，还逐渐集成了电子邮件、博客、音乐、电视、游戏和搜索等多种功能。即时通信工具是网络基础应用之一，其大众化、人性化特征为基本的人际沟通提供了极大的便利，人们的工作、学习、生活等也离不开它。例如，QQ 和微信是我国目前常用的两个即时通信工具，能够实现在线实时互动沟通与离线留言交流，是具有我国特色的网络营销在线沟通工具。QQ 和微信也是我国网民目前常用的两款社交软件，拥有庞大的用户群体。

第 52 次《中国互联网络发展状况统计报告》显示，截至 2023 年 6 月，我国即时通信用户规模达 10.47 亿人，占网民整体的 97.1%，远远超过搜索引擎与电子邮件的使用者。只要网民在线，就能通过 QQ 或微信这样的即时通信工具联系到他。因此，针对网民的营销沟通，没有 QQ 和微信这类即时通信工具是不可想象的。

8.3.6 电子口碑营销

电子口碑营销是一种在数字化环境中利用互联网和社交媒体等电子渠道，通过消费者之间的口口相传、分享与评论，传递和弘扬正面的产品或服务评价的营销形式。这种营销形式倚赖消费者之间的互动和信息传播，构建品牌声誉、促进销售和提高品牌知名度。

电子口碑营销具有以下关键要点。

（1）社交媒体

电子口碑主要发生在社交媒体上，包括但不限于微博、微信、Facebook、Instagram、Twitter 等。这些平台提供了便捷的传播信息和互动的场所。

（2）用户生成内容（UGC，User Generated Content）

用户在社交媒体上产生的评论、评价、图片和视频等内容构成了电子口碑的主体。这些内容由用户自愿分享，具有真实性和说服力。

（3）意见领袖

在社交媒体上，一些具有影响力的意见领袖通过其专业知识或广泛的关注者群体，能够对产品或服务进行评价和推荐，对形成电子口碑产生深远的影响。

（4）蜂鸣营销和病毒营销

蜂鸣营销通过引起大众的兴奋，利用意想不到的方式传达品牌信息；而病毒营销则通过鼓励用户将信息传播给其他人，利用网络效应，让信息像病毒一样在短时间内迅速传播，扩大影响力。

（5）品牌参与和回应

品牌需要积极参与和回应用户的评论和反馈。这有助于建立积极的品牌形象，增强用户对品牌的信任感。

（6）数据分析和监测

利用数据分析和监测技术，品牌可以了解用户对其产品或服务的看法，从而更好地调整营销策略和改进产品。

电子口碑营销在产品或服务初期传播阶段表现出色，营销人员可以突出品牌独特卖点、创造吸引人的内容，利用社交媒体引导用户分享和参与讨论；同时，与行业意见领袖合作，加速品牌影响力扩大；还可以举办与产品相关的活动；另外，要及时关注用户反馈并灵活调整策略。这样的综合策略有助于品牌在初期传播阶段脱颖而出，使品牌能够快速引起市场关注，树立积极的形象，并在竞争激烈的市场中赢得用户信任，形成强大口碑效应，为成功建立积极口碑打下坚实基础。

8.4　网络广告及广告投放

网络广告是网络营销促销策略中的重要内容。基于互联网的网络广告是最先开发并赢利的营销工具，网络广告支持多媒体信息发布、传播和交互，已经成为企业最直观、有效的营销工具，也是电子商务公司（网站）商业赢利模式创新的闪光点。

8.4.1　网络广告决策

1．网络广告的含义

所谓的广告是指通过各种媒体进行的非个人化的信息沟通，通常提供与产品（物品和服务）或理念有关的劝说性信息，一般由指定的赞助商付费。网络广告可以是网页或电子邮件等所有网络付费空间上的广告。在网上，广告代理与传统媒体一样，也是由媒体将广告版面（网页或承载广告的数字空间）出售给广告代理商，再由广告代理商去卖给广告客户。做广告的企业用付费或交换链接的方法获得网页版面或网络空间，以发布或展示自创广告。网络广告是否有效果关键是浏览网站的客户访问流量，取得流量的主要方法是交换链接。广告过程由明确的发起人付费发起，对创意、商品或服务进行非人员的演示和宣传活动。

2．广告的演化发展与广告决策的 5M 模型

广告的演化经过传统媒体技术、P 端网络技术、移动网络技术、智能媒介技术，最后形成全景智能广告。广告决策的 5M 模型：使命（Mission），目标是什么；预算（Money），广告费支出是多少；信息（Message），传播的信息是什么；媒体（Media），应当使用哪种传播媒介；测量（Measurement），如何评价广告效果。具体如图 8-10 所示。

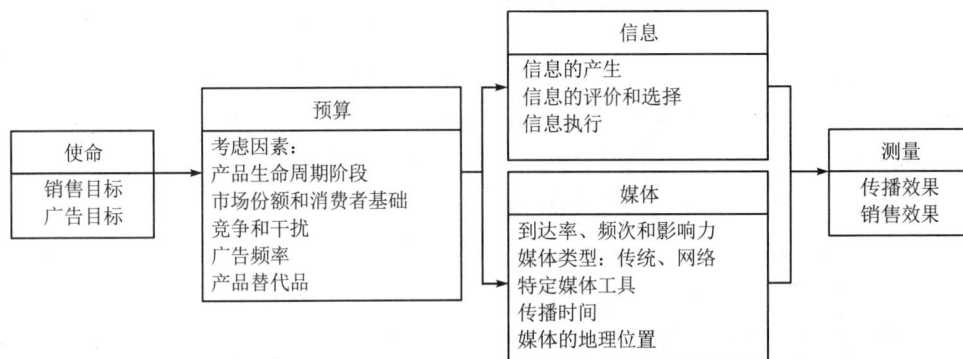

图 8-10　广告决策的 5M 模型

广告的目标是针对特定受众，在特定时期内需要完成的传播任务和成就水平。由于广告的目标是告知、说服、提醒和影响，根据其目标分类，广告包括告知性广告、提醒性广告、强化性广告等。

传统媒体仍然是传播广告的主要载体，如报纸、电视、直接邮寄、广播、杂志、户外广告、黄页、广告小册子、电话等。互联网和移动网络是全新的信息传播媒体，其承载的广告由于传播速度快，受众数量多，价格低廉，互动反应效果好而深受营销卖主欢迎。

3．互联网环境下的智能广告投放

网络广告由广告主付费发起，在互联网上投放、传播商业信息，以达到企业创建品牌，树立形象，推广和销售产品的目的。网络广告最早在美国互联网上出现，*Wired* 杂志在其网络版 Hotwired 主页上推出 AT&T 等 14 个客户的旗帜广告（Banner Ads），首开网络广告先河，成为广告史上的一个里程碑。

中国网络广告首次出现在 1997 年的 China Bite 网站上，广告主是 Intel 和 IBM 公司。中国互联网数据中心报告表明，2008 年我国网络广告投放金额规模达到 231 亿元（含搜索引擎在内的所有网络媒介广告营收与广告代理公司营收之和），增长率为 59.4%，可见我国企业和受众已完全认同网络广告形式，网络广告发展方兴未艾。

互联网环境下的智能广告投放的核心是数据的获取和使用能力、创意能力，形态包括搜索引擎广告、信息流广告、视频直播弹幕广告、追踪定位推送广告、智能跨屏广告、智能视频场景广告、信息即刻劫持广告等。投放过程中一般采用以下几种技术。

① 社会网络分析技术，基于多段数据深挖消费者行为进行消费者智能洞察，此技术比较精准和完整，但无法深度还原、虚假流量且数据违法。

② 自然语言处理技术进行广告智能创作，对创意元素智能组合，过程是自动化创意，但是局限有同质化、模式化、被动、唯流量性；采用深度学习技术进行广告智能投放，自动执行广告购买，实现自动运营投放，但是有数据问题、成本高昂、茧房式骚扰等问题。

③ 机器学习技术，根据用户数据动态优化广告来进行广告效果智能评估，特性是智能个性化应对，但是无统一标准，具有流量作弊、劫持、低质等缺点。

8.4.2　网络广告类型

早期网络广告形式大多数为静态的横幅广告，其形式简单且缺乏创意。如今，网络广告已由初期的简单、静态、单一化，向复杂、动态、多样化的方向发展。

① 横幅广告（Banner Ads）：网络广告基本形式，是包含文字或图形的小长条，一般位于网站页面的顶端、中间或底部位置，横穿页面。有关键词横幅（Keyword Banner）和随机横幅（Random Banner）等多种形式，还能与其他公司广告横幅交换。该广告大多按 CPM 购买。

② 移动标识（Floating Logo）：随鼠标移动的广告，能在页面上面上下移动或左右移动。

③ 大屏幕广告（TV-Screen）：也被称为画中画，一般位于网页文章的中部位置。

④ 对联广告：位于页面两边，左右对称，像中国传统的春联，因而称为对联广告。

⑤ 全屏收缩广告：在页面展开前以全屏形式出现的广告，3～5s 后消失。

⑥ 弹出式广告：在打开网页的时候突然跳出的广告，经常是以视频或动画形式出现。

⑦ 富媒体广告（Rich Media）：一般指使用浏览器插件或其他脚本语言、Java 语言等编写的具有复杂视觉效果和交互功能的网络广告，富媒体表现广告内容丰富多彩。网上富媒体广告协作平台（Smart Creative 等）也已运作，通过富媒体广告设计功能，结合媒体资源的管理及发布能力，任何网站、广告商、广告代理公司都可以自主使用富媒体经营广告。

⑧ 文本链接广告（Text Link）：以一排文字作为一个广告，点击都可以进入相应的广告页面。这是一种对浏览者干扰最少，却较为有效的网络广告形式。

⑨ 搜索引擎广告：当用户利用某一关键词检索信息时，在检索结果页面会出现与该关键词相关的广告内容。由于关键词广告具有较高的定位，广告效果好于一般网络广告，所以搜索引擎广告近来获得长足的发展，如谷歌、百度上面的广告。

⑩ 电子邮件广告：电子邮件广告针对性强且费用低廉，广告内容不受限制，是企业推送营销信息的主要手段。尤其是客户针对性明确的优点，使得企业可以根据具体人的特点发送特定的广告内容，这是其他网上广告形式无法比拟的。

网上的广告形式是不断发展的，网络广告创新能够跟踪消费者在网上的行为和消费需求的变化特点设计广告发布的形式和内容，不断地推陈出新，与时俱进，以满足企业的各种需要。

8.4.3　网络广告特点

网络广告与传统媒体广告相比特点明显，优势显著，主要表现如下。

① 广告辐射范围互联网全域，没有时间和空间的限制。

② 广告精准定位受众，传送内容可定向分类精确投放。

③ 广告载体表现的富媒体性、超链接性、口碑分享性。

④ 广告组织的创意开源性、传播社会性和制作经济性。

⑤ 受众可灵活地选择或关闭广告，联系商家互动交流。

⑥ 受众点阅广告效果的可跟踪、可测量和可精确统计。

8.4.4 网络广告计费方式

网络广告投放依据广告受众数量和空间影响力因素决策，通常与网络广告计费方式有关。网络广告计费有 3 种方式：CPM，按照每千个 Banner 计费；CPC，按照点击 Banner 的单个人次计费；CPA，根据单个转换率计费。上述广告计费方式可以混合使用。

1. CPM 方式

网络广告计费方式是由单纯的 CPM（Cost Per Thousand Impression，千次印象计费）开始的，即网上广告每产生 1000 次广告印象数的费用，按广告投放次数而非投放时间收费。通常以广告所在页面的访问量为依据，每千次印象收费 20～30 美元。在所有网上广告中占据 56% 市场份额的旗帜广告的计价方式主要是 CPM。这种方式对于销售广告位的网站、网站发行人甚至第三方广告服务商来说，都是相对比较容易的。对于网站发行人来说，他们所要考虑的只是显示 1000 次广告条，无须关注点击率，无须统计多少（百分比）访问者对此广告产生兴趣。但是，对于广告主来说，他获得了 1000 次品牌推广的机会，但是因为他不能确定究竟有多少人真正注意了这条广告，所以向网站支付广告费无疑是一种冒险。从 2005 年之后有关广告效果和收费的统计数据来看，CPM 方式的价格呈下滑趋势。

2. CPC 方式

CPC（Cost Per Thousand Click-Through，千人点击计费）方式也以千次成本为单位，但是以广告图形被点击并连接到相关网址或详细内容页面 1000 次为基准，例如，广告主购买 10 个 CPC，意味着投放的广告可被点击 10000 次。虽然 CPC 的费用比 CPM 的费用高得多，但是广告主往往更倾向于选择 CPC 这种方式。这种方式意味着广告主仅仅为那些点击其广告的受众付费。而网站发行人必须吸引更多的人来访问他们的网站，才有可能提高点击率。所以广告本身的创意和质量的高低就成为他们能否获得利润的关键。网站发行人可以更加定向性地放置广告，这样既节约了广告位，又可以创造较高的点击率。随着定向技术的使用，广告主开始从 CPC 方式中受益。但是广告主也面临着由于定向而产生的问题，他们的广告能产生的印象数变得极为有限，很难产生原有的巨大的品牌效应。

3. CPA 方式

CPA（Cost Per Action，每行动计费）方式，也有人称之为 CPP（Cost Per Purchase，每购买计费）。广告主为规避广告费用风险，只有在网络用户点击了旗帜广告并进行在线交易后，才会按照销售笔数付给广告站点费用。现在 CPA 方式开始出现在广告市场上。广告主为规避广告费用风险，只在广告产生销售后才按销售笔数付给广告站点较一般广告价格更高的费用。这种计费方式按广告投放实际效果，即按回应的有效问卷或订单来计费，而不仅仅限于广告投放量。对于网站而言，CPA 方式有一定的风险，若广告投放成功，其收益也要比 CPM 方式大得多。

CPA 方式方式对第三方广告服务商是有益的，广告主只需要为那些购买商品、登记会员的理想受众付费。现在所有的主动权完全握在广告主手中，他们的成本大大降低。这个方式其实就是需求关系。网站发行人的广告空间是有限的，他们必须拿出最动人的广告、最超值的商品、最佳的广告创意来吸引广告主尽可能多地为有限的广告位置付钱。随着网站销售业绩的增长，难题又回到了广告主。由于 CPA 方式的出现，所以广告主肯定会被问及产品销路等问题。网站发行人希望投放广告的产品销路极佳，这样他们从 CPA 方式可以获得更多的利益，这是由经济学原则决定的。

4. 其他的计费方式

还有一些其他的计费方式，如 CPR（Cost Per Response，每回应计费）、包月方式、PFP（Pay-For-Performance，按业绩付费）、CPL（Cost Per Leads，以搜集潜在客户名单多少计费）、CPS（Cost Per Sales，以实际销售产品数量计费）、CPP（Cost Per Purchase，按用户的付款计费）。

8.4.5 网络广告投放

1. 网络广告投放途径

网络互动营销广告是企业互动沟通和实现销售目标的最有效的广告方式之一。交互营销沟通工具及广告投放途径如表 8-7 所示。

表 8-7 交互营销沟通工具及广告投放途径

投 放 形 式	广 告 内 容	应 用 举 例
网站	诠释公司的宗旨、历史、产品和愿景。网站要能吸引网民的眼球，内容和界面设计要有足够的趣味性，以鼓励读者重复访问	阿里巴巴网站是著名的 B2B 电子商务品牌，汇集海量供求信息，吸引超过 1400 万网商在上面从事电子商务业务
微型网站	在网站上划出一块有限的区域，由网站外部的广告商或公司管理并支付费用。微型网站主要为那些出售顾客不太有兴趣的产品（保险、理财等）的公司服务	在网上，很少有人专程去浏览保险公司网站。保险公司可以创建一个二手车交易的微型网站，在向买家推荐二手车的同时，推销保险公司的涉及车险的各种保险产品订单
搜索引擎广告	付费搜索和按点击率付费广告占据网络广告量的40%。广告客户按页面点击次数付费，每次点击产生的费用取决于排序的高低和搜索关键字的普及程度。平均点击率约为2%，远远超过可比较的网络广告	三星通过调查认为，网络广告的千人成本（CPC）只是电视广告成本的10%。所以，三星已经将企业广告预算的 10%投放在网络广告上，以降低广告费用的支出
横幅广告	横幅广告由广告主付钱将其投放在相关网站能够吸引访问者的多个位置上	新浪这样的门户网站每天都有大量的产品与服务横幅广告
弹出式广告	弹出式广告广泛用于新闻门户网站，在你打开要浏览的页面时，突然弹出广告窗口，播放广告视频或动画	在打开新闻门户网站首页时，几乎都在屏幕的右下角位置弹出一个广告窗口，播放商家的视频广告
特定网站及视频广告	利用用户自建的博客或网站，上传营销广告或视频，使其以病毒营销方式，在网站浏览人群中快速传播	该广告形式有点类似于 YouTube 和 MySpace 视频空间或 Google 视频，它传播速度非常快且效果好

投放形式	广告内容	应用举例
赞助活动广告宣传	通过向新闻门户网站或其栏目（财经、体育、房地产等）板块提供赞助，以获得在网站或栏目宣传公司的名字的机会	联想在成为 2008 年北京奥运会中国最大的赞助商以后，赞助新浪、搜狐等网媒扩大品牌宣传
联盟网站广告链接交换	网上企业与其他企业建立合作伙伴关系，网站加入该联盟或分销联盟计划，从而实现企业网站与其他企业网站的链接交换	处于供应链节点的企业在加入供应链后，都会与链节点其他成员做交换链接，以树立企业的品牌
网络社区	通过自办或赞助网络社区方式，关注社区成员发帖、即时信息、讨论和交流的内容，从中找出对企业品牌、产品与服务有特殊兴趣的信息，加以引导、激励和宣传	既有自办也有自发形成的社区，新奇军是由奇瑞车主自建的网上社区，是车友交流、认知品牌的重要社交场所
电子邮件	相对于直接邮寄成本，电子邮件的营销成本简直可以忽略不计	微软每年花费 7000 万美元发送纸质邮件，如今每月发送 2000 万封电子邮件，大量节省开支
移动（手机）广告	手机广告可以直接定位到人，是真正的一对一营销。企业可以根据手机用户的需求特征，为用户度身定做信息定制化的服务，移动广告营销信息是直接推送的	中国移动和中国联通已经在手机上针对消费者发布各种营销广告，如卖房、卖车、卖保险等

2．网络广告效果测量

网络广告效果可通过以下几种指标测量：客户访问量（Visits）、绝对唯一访问数（Absolute Unique Visitors）、平均页面访问数（Average Pageviews）、网站逗留时间（Time on Site）、文件访问数（Hits）、首次访问页面（Top Landing Pages）、弹出率（Bounce Rate）、最后退出页面（Top Exit Pages）、转化率（Goal Conversion）。

8.5　社会化营销

8.5.1　社会化营销的概念

1．社会化媒体

社会化媒体是一种具有社会化协作特性和特征的互联网开放平台，该平台与用户之间不存在直接的雇佣关系，平台上的内容是由用户自愿提供和免费使用。网上的社会化媒体很多，如微博、微信、在线的 SNS 社区、视频直播平台（抖音、快手、映客等）及虚拟空间（QQ 等）。

2．社会化营销

社会化营销是组织或个人运用社会化媒体进行品牌文化传播活动的一种新型营销方式，包括广告、活动、公关、客服、客户关系管理、调研、研发、监测等内容。病毒营销、事件营销、网红营销等都是这种营销方式。

3．社会化营销体系

社会化营销体系由社会化社区、社会化传播、社会化娱乐及社会化商务 4 部分组成，与其互动的是消费者的 4 种行为，分别是社交行为、搜索行为、娱乐行为和购物行为。

① 社会化社区。在社区提供分享、社交和交换的内容以聚类社群。

② 社会化传播。通过社会化自媒体发布和传播各种网民关心的资讯。

③ 社会化娱乐。利用游戏、音乐、视频、艺术等多种形式和活动吸引客户关注和互动，以汇聚人气流量实现商业目的。

④ 社会化商务。提供泛在商务、移动商务和客户关系管理等功能。

4．用户生成内容（UGC，User Generated Content）

在社会化媒体上，任何组织或个人都可注册账号，发布和传播可以吸引他人关注的文字、图片、视频和音频等多种形式组合的内容，统称为用户生成内容（UGC）。

5．用户生成广告（UGA，User Generated Advertising）

UGA 是企业将营销意图植入 UGC 中，由用户自愿在社会化媒体上传播以实现其商业目标的营销内容。UGC 经用户有意或无意地在社会化媒体传播后，即成为 UGA。所以，UGA 是企业用最小的代价、最不会引起网民反感或抵触的方式实现的一种"软"营销选择方式。UGA 的社会化营销特征有别于一般的网络营销。

社会化营销方法可以分为以下 3 种。

① 创建 UGC 素材。在社会化媒体上，有大量用户自己创建的新闻、事件、短视频等富有黏性的内容（UGC 贴页），企业要从中选择与营销主题内容有关的 UGC 贴页嵌入营销意图，经网民自发主动地转发，并与他们互动，以吸引更多的网民关注。关键是搜寻到可嵌入用户的 UGC 贴页，把营销企图与 UGC 相融合并对其进行孵化，使之迅速形成病毒式传播态势，以实现社会化营销的目标。

② 选择社交媒介。创建和整合社会化媒体传播的渠道，使组织及其品牌的粉丝能够采用多种媒体形式传播 UGA 内容。例如，在微博、微信及其公众平台、短视频、百度空间，以及国外的 Twitter、Facebook、MySpace 等社会化媒体上传播。

③ 建立客户连接。借助社会化媒体企业与客户直接连接，构筑双向沟通通道。

8.5.2　社会化营销的形式

1．病毒营销

病毒营销是一种社会化营销形式。它利用公众的积极性和人际交往网络，使营销信息像病毒一样被快速复制，并且向数以万计、数以百万计的受众传播，属于口碑营销。有效的病毒营销有 6 项基本原则：提供有价值的产品或服务，提供无须努力地向他人传递信息的方式，信息传递范围很容易从小范围向大规模扩散，利用公众的积极性和自发行为，利用现有的通信网络和社会关系，利用可借力的别人的资源。

2．事件营销

事件营销制造或转播具有轰动效应的事件，吸引消费者访问发布信息的网站、搜寻转播的网页、浏览事件关联的内容。事件营销通常转播国内外各类重要的时政新闻、比赛、活动等；策划一些能引起社会大众轰动和强烈反响的主题活动，如"快闪""AlphaGo 大战李世石""秒杀""双 11"等；策划一些贴近社会民众生活的活动，为他们伸张正义、纾困解难和扶贫脱贫，如每年的"3·15"等。

3．网络水军或网络推手

网络水军或网络推手是伴随网络媒体而产生的特定群体，受利益驱动，他们成为网络公关营销中的一支不容忽视的势力。网络水军在发挥正面作用的同时，其负面影响显而易见。他们甚至有着清晰的"行业规则"，但这种规则明显违背正常的逻辑，并且缺乏法律法规监管。他们既帮助幕后的商业企业打击竞争对手（被称为"网络打手"），恶意炒作信息牟利；又为一些企业的新项目开发、新成立的网络产品（网站、论坛、网络游戏等）拉人气、吸引网民关注和参与，进行以牟利为目的的商业苟合。网络水军是由社会化营销衍生而来的一种市场食利势力。

4．网红营销

网红营销是以网络红人的品位和眼光主导产品的选款和视觉推广，依托网红在社会化媒体上聚集的粉丝群体进行定向营销，从而将粉丝转化为购买力。网红粉丝群体与品牌产品内容之间的契合程度是网红参与社会化营销能否为企业获得商业价值的关键所在。网红也即"网络红人"，是指在互联网和信息技术广泛应用的背景下，网民个体凭借着人格魅力、社会威望和社交能力方面的优势，在网上提供富有黏性的内容，以引起他人的关注、联结和互动，从而获取、积累和使用社会资源和能力，以形成自身网络影响力，再以此来谋取利益且迅速在网上蹿红的一类特定的人群。

5．"直播+网红"

"直播+网红"一般是指网络红人直播带货，即品牌商根据产品特性，向 MCN 机构（Multi-Channel Network）或 KOL 主播（Key Opinion Leader）投放商业活动，MCN 机构为 KOL 提供营销孵化、产品推广及其业务管理服务，KOL 在直播平台输出带货内容以触达消费者。数据营销服务商为品牌商和 MCN 机构提供筛选 KOL、制定主播直播带货方案等服务内容，供应链服务商为 KOL 提供主播带货的货源和选品，技术保障服务运营商则为直播平台渠道商提供直播电商技术保障和服务。例如，网络红人直播带货具备非常成熟的链路产业，将会和多方产生利益输送关系。

6．大数据营销

大数据营销是基于多平台的大量数据，依托大数据技术的基础上，应用于互联网广告行业的营销方式。大数据营销的核心在于让网络广告在合适的时间，通过合适的载体，以合适的方式，投给合适的人。大数据营销具有以下几个特点。

（1）多平台化数据采集

大数据的数据来源通常是多样化的，多平台化的数据采集能使对网民行为的刻画更加全面而准确。多平台采集可包含互联网、移动互联网、广电网、智能电视未来还有户外智能屏等数据。

（2）强调时效性

在网络时代，网民的消费行为和购买方式极易在短的时间内发生变化。在网民需求点最高时及时进行营销非常重要。全球领先的大数据营销企业 AdTime 对此提出了时间营销策略，它可通过技术手段充分了解网民的需求，并及时响应每个网民当前的需求，让网民在决定购买的"黄金时间"内及时接收到商品广告。

（3）个性化营销

在网络时代，广告主的营销理念已从"媒体导向"向"受众导向"转变。以往的营销活动须以媒体为导向，选择知名度高、浏览量大的媒体进行投放。如今，广告主完全以受众为导向进行广告营销，因为大数据技术可让他们知晓目标受众身处何方，关注着什么位置的什么屏幕。大数据技术可以做到当不同用户关注同一媒体的相同界面时，广告内容有所不同，大数据营销实现了对网民的个性化营销。

（4）性价比高

和传统广告"一半的广告费被浪费掉"相比，大数据营销在最大程度上，让广告主的投放做到有的放矢，并可根据实时性的效果反馈，及时对投放策略进行调整。

（5）关联性

大数据营销的一个重要特点是网民关注的广告与广告之间的关联性，由于大数据在采集过程中可快速得知目标受众关注的内容，以及可知晓网民身在何处，这些有价信息可让广告的投放过程产生前所未有的关联性，即网民所看到的上一条广告可与下一条广告进行深度互动。

8.6 案例：洪陵羊绒的新媒体营销

洪陵羊绒以"让更多人穿上好羊绒"为使命，在产品层面，洪陵羊绒采取一系列打造高品质产品的经营措施，其包括建立洪陵羊绒专属牧场，从源头严格保障优质羊绒原料稳定的供应；同一线大牌工厂合作加工，不断提高羊绒衫代工厂的工艺水平，安排专业人员严格把控产品质量。在品牌营销上，品牌创始人洪陵觉察到行业和流量趋势的变化越来越明显，从原先线下销售和电商平台等渠道开始向微信端、短视频和品牌私域转型。很快洪陵羊绒凭借产品聚焦力和视频号、抖音等渠道品牌力的推广，两个月销量高达 5600 万元。洪陵羊绒对营销的探索总结了三大运营思路：做内容，找流量，促转化。

移动终端普及和网络的提速，短视频传播方式带来的大流量迅速获得各大平台、商家和粉丝的青睐，视频行业逐渐崛起。洪陵羊绒在抖音平台发布了第一条企业宣传片，通过短视频的形式以极强的视觉冲击力为消费者树立起有责任有担当的企业形象。之后洪总躬身入局视频号，以创始人 IP 来丰富品牌形象、拉近消费者关系。洪总基于微信贴近社交链，以创始人讲说为主的视频号更容易让人有亲切感，同时早些年个人创业经历和市场洞察，让他的分享更直击用户痛点并真实可信。通过视频号，洪陵建立起与客户之间的信任。在视频投放过程中，洪陵羊绒选择抖音、快手、微信视频号等平台进行多渠道布局；在视频投放后，洪陵羊绒非常注重粉丝的培育，推广部还会根据用户的反馈进行新内容的生产，保障用户沉淀。

以直播为代表的网红直播带货模式给消费者带来了更直观、生动的购物体验。直播带货这种新的营销模式营销效果好、转化率高。洪陵羊绒把握趋势，紧跟潮流，充分抓住直播更加易于制造爆点，吸引观众眼球且互动性强，更易与观众形成情感上的共鸣，实现精准引流的优势。利用大数据指定用户画像，针对性地信息流投放给 35～55 岁的白领女性群体，洪陵羊绒逐渐突破了流量瓶颈，转化了很多客户。以社交基因为基础，基于熟人社交流量裂变，洪陵羊绒依托前期运营累积的 15 万个私域粉丝，以社群为主阵地，用微信公众号、视频号内容做宣发，触达老用户，老用户点赞后会推荐给关注用户和自己的微信朋友，若关注的用户和自己的好友再次点赞，则会再推荐给朋友的朋友，以此类推基于熟人裂变获取平台更多流量推荐。

洪陵羊绒品牌在账号运营时，就非常注重技巧性。洪陵表示，"交易是自然而然发生的行为"。不一定所有内容都要声嘶力竭去表达，关键是要对用户有价值。回顾洪陵羊绒直播间93%高回购率的背后，其实是做对了这 3 件事情。其一，私域渠道"三推手"，蓄水引流直播间。"洪陵羊绒说"视频号关注的基本是微信里的老用户，所以更重要的是触达渠道和老客间的互动交流。首次视频号直播带货，洪陵羊绒依托 15 万个私域粉丝，以微信公众号、社群和朋友圈为私域渠道"三推手"将流量引到视频号直播间。其二，以价值输出为导向，丰富直播内容。对于所有中小企业来说，过硬的"卖点"无疑是最好的定心丸，而修炼出直播带货技巧，则能将"卖点"真正传递给消费者，继而获取实质性收益。所以，在"洪陵羊绒说"视频号的直播间，你会看到主播大都是以羊绒领域的科普为主讲解，用专业知识和诚挚的服务赢得用户的信任和购买，从而实现成交转化。其三，售后服务保障打造高回购。直播间除了渠道预热、内容价值的提供，在服务上也可谓是下足了功夫，甚至被客户称为"服装界的海底捞"。

习题 8

1. 简述信息沟通及其要素构成。信息沟通有哪些传播模式？其影响要素有哪些？
2. 简述促销的基本概念。什么是传统促销和网络促销？其主要功能是什么？
3. 传统媒介和网络媒介在促销的手段、形式、内容和方法上有什么不同？
4. 简述网络交互式营销概念。企业交互式网络营销的目的、类型和步骤是什么？
5. 从传统营销沟通到网络营销沟通发生了哪些变化？对企业和消费者产生了哪些影响？
6. 站在营销方和被营销方的地位来看，谈谈网络交互式营销沟通的具体内容和形式。
7. 什么是整合营销沟通？说明在网络环境下整合营销沟通过程的设计与实施方法。
8. 简述交互式网络营销沟通要素。沟通有几个阶段？沟通过程中的任务是什么？
9. 简述广告概念和广告决策模型。网络广告概念、形式、特点、计费方式及其应用如何？
10. 比较传统媒体和网络媒体广告的优点和缺点，解释"网络广告可控制"的含义。
11. 如何使用网络广告 5M 模型？
12. 网络广告在内容组织、表现形式和传播方式上有哪些特点？
13. 如何帮助企业投放互联网广告，投放的主要途径有哪些？
14. 如何帮助客户选择广告计费方式，CPM、CPA、CPC 有何不同？

15. 基于网站流量的网络广告效果测量指标如何选取？

16. 制造商为什么会邀请消费者在网上搜寻和打印优惠券？这种方法会不会鼓励那些原本准备付全价的顾客，仅仅为了降低成本而使用网络呢？

17. "利用互联网进行营销沟通时，应该关注其咨询功能，而不是说服功能。"这句话的含义是什么？为什么？

18. 一些面向国内市场的网站能够吸引三分之一的来自海外的访问者，这些人是否降低了企业站点的广告价值？为什么？

19. 病毒营销让网民自发在社会化媒体传播，是一种"软"营销，还是网民被企业"忽悠"的"强势营销"？为什么？

第9章　在线客户关系管理

9.1　基本概念

构建持久、良好的客户关系能够使企业获得稳定的利润，为此企业需要掌握有关客户关系管理的基本概念和方法。

9.1.1　客户关系及其管理

1. 客户及其关系

企业的客户一般是指购买企业产品或服务的客户，也泛指企业的内部员工、合作伙伴、价值链中的上游伙伴和下游伙伴甚至竞争对手。在客户关系管理中，客户既包括消费者又包括与企业经营活动有关联的其他人员。站在营销人员的角度对客户进行分类，从客户当前是否购买企业的产品或服务来看，可以将客户分为现实客户和潜在客户；从客户是否为企业创造价值来看，可以将客户分为有价值客户和无价值客户；从客户是否对企业忠诚来看，可以将客户分为真实忠诚客户、虚假忠诚客户、潜在忠诚客户和不忠诚客户等。

不同类型的客户与企业的关系密切程度有所不同，企业需要运用关系营销策略和方法，有针对性地进行管理。总的来说，企业客户关系战略就是获取客户战略和维系客户战略。

① 获取客户战略。它的主要目标是为企业争取更多的新客户。新客户既包括首次购买企业的产品或服务的客户，也包括曾经购买但当前不再购买企业的产品或服务的客户。对于后一类客户实施的获取客户战略，又可以将其称为恢复客户战略。

② 维系客户战略。它的主要目标是通过对已经建立的企业与客户之间关系的维护，提高客户的满意度和忠诚度，进而促使客户重复购买，减少客户的流失，使客户能够持续不断地为企业带来更大的价值。

2. 客户关系管理

客户关系管理（Customer Relationship Management，CRM）是以客户为中心的企业管理理念，它是现代管理思想与计算机技术综合应用的产物。企业在管理客户关系的过程中，通过对营销、销售、服务等部门业务工作的协调，采取目标一致的统一行动来满足客户的需求和期望，以提高客户的满意度和忠诚度，从而最大限度地从有价值的客户那里获取更多的利润。

客户关系管理的核心思想是在企业和客户之间建立一种紧密、持久、稳定的关系，使企业和客户都能从这种关系中获得价值。其目标是通过识别企业特定客户的需求和偏好，准确地预测客户的购买行为，并选择个性化的交易方式，将合适的产品或服务提供给合适的客户，以实现有效管理。也就是说，企业能够在合适的时间，以合适的方式，将合适的产品，提供给合适的客户，从而获得长期稳定的利益。

3．关系营销

关系营销是指企业通过履行承诺来培养、维护、增强并商业化与客户的关系，旨在建立长期的、有利可图的双赢关系。履行承诺意味着企业在营销沟通中对客户所做的承诺必须在实际的品牌体验中得到兑现。因此，一旦销售人员和促销信息做出承诺，企业就应该竭尽所能地履行承诺，以建立良好的客户关系。

在关系营销中，企业注重的是荷包占有率，而非市场份额。荷包占有率是指企业能从一位客户身上获取的销售量，反映了企业对维护客户的关注程度，而不是获取客户的数量，即市场份额。与传统的大众营销不同，关系营销将客户需求作为基础进行区分，不是通过区分目标群体来区分产品。大众营销和关系营销的总结与对比，如表9-1所示。

表9-1　大众营销和关系营销的总结与对比

大 众 营 销		关 系 营 销
间断交易		持续交易
注重短期行为		注重长期行为
单向沟通	←——————→	双向沟通和协作
注重开发新客户		注重维系老客户
注重市场占有率		注重荷包占有率
注重产品细分		注重客户细分

4．利益相关者

很多企业会利用关系营销技术与各种利益相关者建立联系。其中，受互联网技术影响较大的利益相关者有以下4类。

① 员工。由于员工是建立客户关系的关键人物，所以培训员工熟悉客户关系管理的数据和系统至关重要。许多关系管理计划运作不佳的原因就是缺少员工培训，员工缺乏必要的责任感。

② 供应链上的企业客户。为了在供应链上下游的企业中购买或销售产品，企业需要与它们建立和维持伙伴关系。这些企业客户主要存在于B2B市场中，包括供应商和客户。

③ 横向合作伙伴。其他企业、非营利组织或政府部门可能会与公司合作，以达成共同目标，但这不涉及相互之间的交易。

④ 消费者。消费者是产品和服务的最终用户。营销人员需要区分企业客户和最终用户，因为企业在B2B市场和B2C市场上采取的策略不一样。

5．客户关系管理的三大支柱

鲍勃·汤普森认为，关系营销有3个关键支柱，它们可以帮助企业通过其产品和服务建立客户关系。第一个关键支柱是客户关系管理（CRM），它是一个包括客户定位、客户开发、交易服务、维系和建立长期客户关系的流程。客户关系管理的基础是数据、信息、知识和客户建议等，这些数据可以帮助企业确定如何开发新客户、维系老客户、建立客户关系。第二个关键支柱是客户体验管理（Customer Experience Management，CEM）。伯德·施密特将其定义为"企业综合利用各种原理、方法、工作流程去管理客户在多种渠道中与企业、品牌、产品或服务的交易、互动和所受到的各种影响。"客户体验管理更注重提高客户满意度，并设法在与客户的各种接触中满足客户的期望。第三个关键支柱是客户协同管理（Customer Collaboration Management，CCM），它与客户关系管理和客户体验管理并立。企业需要监视和引导客户协同管理，虽然这个过程的控制权在客户手中。随着社交媒体的发展，客户协同管理变得越来越重要，企业和客户可以利用社交媒体进行沟通和交流。总之，3 个关键支柱可以帮助企业建立并维护良好的客户关系，从而促进业务的发展。

6．客户关系管理 1.0

许多企业对客户关系管理（CRM）的认识存在偏差。在 CRM 1.0 时代，企业将 CRM 视为一种软件或技术，仅用于解决客户关系管理问题。实际上，CRM 的意义远不止于此。它是一种理念、一种战略、一种工作流程，集成了关系营销的所有原则，以客户数据为基础，同时得益于技术的不断推进。越来越多的企业已经认识到，如果不能够满足客户的需求和期望，其他企业就会取而代之。

7．客户关系管理 2.0

客户关系管理 2.0，即 CRM 2.0，又被称为社交 CRM，它不仅具备 CRM 1.0 的全部特点，还融入了社交媒体技术（社交网络、微博、图片分享、论坛等）和客户协同的内容。社交 CRM 要求企业按照客户的要求与客户互动，而不是只关注公司的数据、战略和愿望。与 CRM 1.0 相比，社交 CRM 是一种延伸而非替代。对于企业来说，社交 CRM 具有许多优势，如监测和管理企业的品牌声誉，深入了解客户需求，有助于定位目标市场，增加销售收入，收集产品或服务的数据，降低客户服务成本，开发新的收益渠道等。同时，社交 CRM 也使客户受益，如遇到问题可以及时解决，获取来自其他客户的真实产品信息，提高客户满意度等。

社交 CRM 融合了新技术和 CRM 1.0 的理念，使营销人员不得不重新思考客户关系管理策略和战术。许多企业正在思考如何分配员工以监测客户沟通信息，管理与客户的个性化交流。现在，许多供应商已加入社交网络互动之中，并开始使用社交媒体绩效监测工具。随着社交媒体的发展，许多企业将"社交性"视为各种营销技术的必要特征，就像以前许多厂商在自己的营销手段中加入电子邮件、网络营销等电子元素一样。

8．客户关系管理的构成

企业在了解客户关系管理的优势后，投入大量资金购买 CRM 软件，但很多企业在这项投资上遭受了损失。正确实施客户关系管理的企业能够在竞争中获得优势，因为社交媒体使网络营销活动失去了主动权。为了开展客户关系管理，企业需要从战略层面来考虑平衡和整合，以最大化企业和客户的利益。成功开展客户关系管理的 9 个要素，如表 9-2 所示。

表 9-2　成功开展客户关系管理的 9 个要素

① CRM 理念：领导能力、价值诉求
② CRM 战略：目标、目标市场
③ 客户体验管理：理解需求、了解预期、保持满意、反馈、客户互动
④ 客户协同管理：创造并监测内容，倾听、考核网络内容，与 CRM 技术整合
⑤ 组织协调：培训和组织，人员、技术和能力，激励和补助，员工沟通，合作伙伴和供应商
⑥ CRM 流程：客户生命周期、知识管理
⑦ CRM 信息：数据、分析、信息一致
⑧ CRM 技术：应用、架构、基础设施
⑨ CRM 考核指标：价值、老客户维系、满意、忠诚、服务成本

（1）CRM 理念

要想保证 CRM 成功，关键是员工而不是软件。CRM 的理念必须贯穿整个企业，从高层管理者到全体员工，使企业始终以客户为中心。同时，企业必须明确隐私权保护政策，因为营销人员接触到客户的大量信息并将其存储在数据库中进行营销沟通。在利用信息的同时，企业必须保持满足客户需求和保护客户隐私之间的平衡。

（2）CRM 战略

在购买 CRM 技术或注册社交媒体账户之前，网络经营者必须确定目标和战略。目标将涉及各种利益相关者，包括员工、企业客户、合作伙伴或消费者，有助于建立、维护和加强客户关系。在 CRM 目标中，许多方面都涉及客户忠诚度的提高。另一个重要的目标是与客户建立超过产品体验本身的联系。而关系营销一般在 3 个层次的基础上实施（见表 9-3），在这 3 个层次中，只有当产品本身确实能够令客户满意并且关系得以建立时，才能形成强大的关系。在第一层次中，营销人员通过定价策略与客户建立财务关系，但在这个最低层次中，价格促销手段很容易被竞争对手模仿。在第二层次中，营销人员注重与客户的社交互动，这种互动既包括企业与客户之间的沟通，也包括客户之间的互动。在第三层次中，关系营销依赖于创造结构化解决客户问题的方法，当企业通过结构调整提高价值时，结构联系就会形成。

表 9-3　关系营销的 3 个层次

层　　次	主 要 联 系	维持竞争优势的潜力	营销组合的主要因素
第一层次	财务联系	低	价格
第二层次	社交联系（建立一对一关系，建立社区）	中	人际沟通
第三层次	结构联系	高	提供服务

（3）客户体验管理

当客户与企业沟通时，他们的偏好会因形势、产品类型和个人情况而有所不同。如表 9-4 所示，我们可以看到这些选择涉及各种技术，营销人员可以通过自动操作和人工操作进行同步或非同步沟通。表 9-4 所示内容凸显了互联网的重要性，这不仅体现在创造有价值的客户体验方面，还传达了一种理念：企业必须掌握许多不同的技术和流程，以客户为中心，而不是仅仅关注自身能力。

表 9-4　通过各种沟通渠道建立关系

	自 动 操 作	人 工 操 作
同步操作	网络一对一自助服务 网上交易 虚拟购物助理	电话 网上聊天 协作工具 实时沟通
非同步操作	自动发送电子邮件 短信服务 利用网页沟通	电子邮件回应 普通邮件 博客回帖 社交媒体评论

在开发新客户、维护老客户、拓展市场等各个环节中，客户服务是必不可少的。大多数客

户服务是在购头完成后进行的，因为此时客户可能会提出问题、投诉产品或服务，企业应该继续高度重视客户服务工作，以改善客户体验。电子邮件、在线实时沟通、社交媒体评论等工具可以用来改善客户体验。现在，企业的客服代表在电话中与客户沟通的同时，已经可以远程控制和指导客户浏览公司的网页。电子邮件、个性化的登录网页、在线实时沟通、智能手机邮件跟踪等新型客户服务技术已被广泛应用。无论是在线技术还是离线技术，客户服务始终都是建立长期客户关系至关重要的工作。

（4）客户协同管理

客户协同管理又被称为客户协同营销。它不再强调简单的在线交易，而是注重在线互动。企业通过与客户互动来收集必要的数据，促进客户协同管理，持续、有效地评估企业的经营战略。通过每一次的客户体验和互动，企业可以获得新的经营管理经验，同时客户也会获得很多好处。在建立了这样的关系后，企业能够赢得客户的信任和忠诚，其市场份额会不断增加。对于客户来说，这样的关系能减少很多不必要的忧虑。

客户协同管理的基础是内容、人员和互动，而传统的客户关系管理则基于数据。客户创造并上传与品牌相关的内容，企业则鼓励网络用户与品牌内容进行互动。客户协同管理是对客户关系和客户体验的管理，其途径是创建并监测在线内容。企业可以通过各种协同技术倾听网络用户的声音，把本来十分困难的工作变得比较容易。对于所有合法的帖子，企业都应该及时做出回应，以提升客户体验。企业发布的网络帖子应当对普通消费者或企业客户有价值，使他们产生阅读兴趣。

（5）组织协调

为了创造 CRM 文化，企业内部需要进行跨部门的团队合作，共同提高客户满意度。在企业外部，如果两家或多家企业开展合作，则它们取得的效果通常会好于一家企业所能达到的效果。无论是在分销渠道中还是在非交易类型的协作中，都能产生这种协同优势。许多营销人员认为，当今的市场是基于供应链的竞争，而非单个企业之间的竞争。下面讨论两种利用互联网环境的协作技术，即 CRM-SCM 整合技术和外联网技术。

① CRM-SCM 整合技术。

CRM-SCM 整合技术指的是将客户关系管理（CRM）和供应链管理（Supply Chain Management，SCM）两个系统进行整合，以实现更高效的业务运作和提供更好的客户服务。

这种整合的目标是协同管理客户关系和供应链，使企业能够更好地满足客户需求、提高客户满意度，同时实现供应链的优化和成本控制。这项挑战是实质性的，因为不同的员工和计算机系统收集了各种信息，这些信息必须整合到客户记录中。在客户控制的网络环境中，即使是一致的客户服务，有时也不够完善。利用技术优势和协同工作的能力，网络零售商可以通过无痕链接"后台"（存货、支付等）与"前台"的 CRM 系统及整个 SCM 系统，从而实现整个供应链的共同合作，以满足客户的需求，并通过流程优化获得更多利益。当然，这些都是以信息为中心的。CRM-SCM 整合技术涉及的内容如图 9-1 所示。

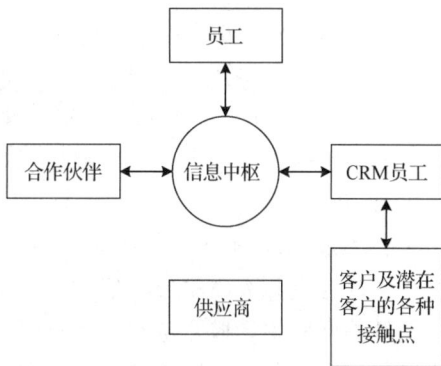

图 9-1　CRM-SCM 整合技术涉及的内容

② 外联网技术。

外联网是两个或多个组织为了共享信息而联合在一起的内联网络。如果两家企业连接它们的内联网，则形成一个外联网。外联网归相关组织所有，参与外联网的企业形成一个结构联系，这是关系营销的最高层次。正是外联网的使用，才使得 CRM-SCM 整合成为可能。

（6）CRM 流程

在开展客户关系管理时，应该了解客户维护的整个生命周期。企业可以通过在线、离线两个渠道监控和吸引处在不同生命周期阶段（定位、获取、交易、服务、维系、发展）的客户。客户生命周期理论源于 CRM 的一个重要原则，即维系老客户和开发新客户并重，而不仅仅关注开发新客户。不是所有的客户都会经历整个流程，有些客户可能会减少与企业的交易，甚至投入竞争对手的怀抱。企业有时会尝试重新赢回这些客户。

客户关系管理的流程多种多样。维系老客户，对扩大客户规模和提升客户价值非常有益。有两种重要的客户关系管理方法都与互联网技术有关：一是借助销售团队自动化软件，二是借助营销工作自动化软件。

① 倾听客户意见，避免客户流失。

企业可以先通过与客户的互动数据推测哪些客户可能会流失，然后采取相应措施留住他们，改变营销策略，以避免更多客户流失。同时，企业可以通过识别最佳客户并将资源投入他们身上来提升客户的生命周期价值。最佳客户可能是指价值最高、忠诚度最高、购买最频繁的客户。互联网技术使企业能够更加准确地识别最有价值的客户，并及时回应他们的需求。对于不能带来利润的客户，企业应该及时"除名"，以便更好地分配资源。

一旦企业根据特征、行为、需求或价值识别了潜在客户并进行了分类，就可以为不同的客户提供定制化服务，从而维系老客户，提高他们的价值。定制化是指企业使用网络营销工具，调整营销组合以满足小的目标市场或单个客户的需求。产品、营销沟通信息和动态定价都可以根据个体客户来调整，并及时通过互联网传递。在互联网出现之前，这些都是不可能实现的，除非是定价非常高的产品（制造设备等）。通过定制化运营，企业可以专注每位客户的需求，与客户建立长期的、有利可图的关系。

② 建立动态的客户信息。

从企业的角度来看，动态客户信息一般包括人口统计特征、企业数据、社交行为、偏好、交易、网络使用行为、移动设备使用和电子邮件行为等。一旦掌握了这些客户信息，企业就可以有针对性地制定决策，按照客户关系管理的流程，从客户定位、新客户开发一直到老客户维系，全面地做好各项工作。此外，企业还可以利用这些客户信息做更多的事情，例如，将客户细分成不同市场以获取更多的利润，鼓励客户更多地参与进来，传递价值，将数据整合到客户关系管理数据库中，以及将离线环境获得的各种数据整合进来，如呼叫中心和零售门店的数据等。所有这些工作都可以自动进行，借助数据挖掘技术和其他各种技术实现。

③ 借助销售团队自动化软件。

在 B2B 市场上，销售团队自动化软件用于帮助销售人员建立、维护、使用客户数据，是管理销售线索和客户账户、管理销售活动等的主要工具。销售团队自动化软件方便销售人员从公司数据仓库中读取客户和产品数据，更好地开发新客户，维系老客户，扩大客户队伍。销售人员可以在办公室或现场通过无线设备进行客户数据的实时更新，实现同事之间的分享，提供更优质的客户服务，建立更好的客户关系。

④ 借助营销管理自动化软件。

营销管理自动化软件可以有效地帮助企业进行市场定位、营销沟通和实时监测客户及市场发展趋势。该软件通常从网站或数据库中收集数据，并将其编制成报告供决策者调整客户关系管理工作。解决方案包括电子邮件管理、数据库营销、市场细分和网站日志分析等。营销管理自动化软件对于客户关系管理工作是一个巨大的支持，如美国的 SAS（Statistical Analysis System）软件研究所提供的营销管理自动化软件可以帮助企业整合客户意见和建议，管理客户生命周期，定位和分析客户，并提供综合报告供企业各职能部门使用。借助这类软件，企业可以制定多渠道营销沟通方案，了解营销活动结果，存储营销活动数据等。

（7）CRM 信息

随着企业拥有的信息越来越多，他们可以更准确、及时、针对性地向每个客户提供更多价值。因此，许多企业会鼓励客户提供个人信息，如在社交媒体上发表评论、提出产品建议或进行电子商务交易。客户提供的信息越多，说明他们对该企业越信任，而企业也愿意更多地投入与客户建立良好关系的工作中。

有些企业通过娱乐方式收集信息，而信息技术使得企业能够从以前对整个市场进行分析，转向对每个客户进行个性化分析。通过追踪用户在互联网上的行为，企业可以了解用户的浏览记录、浏览时间、购买记录，以及计算机和操作系统的类型等信息。此外，企业还能够追踪用户在访问企业网站之前和之后访问了哪些站点，从而研究用户的兴趣爱好及竞争对手的产品。尽管追踪用户行为对企业和用户来说有价值，但是这涉及隐私保护问题。帕特里夏·西博尔德提出了企业与客户建立成功电子商务关系的 8 个关键因素。

① 定位于合适的客户。辨别最好的现有客户和潜在客户，尽可能多地了解他们的信息。

② 拥有客户的所有体验。这个因素涉及先前讨论的客户体验和客户的荷包占有率。

③ 简化影响客户的商业流程。通过 CRM-SCM 整合技术和客户至上的观念来实现这一点。

④ 提供一个客户关系的 360 度的视角。公司里接触客户的每个人都应该理解客户与公司关系的所有方面。

⑤ 让客户自我帮助。为客户提供方便快速地寻找他们所需东西的网站和其他电子方式，做到全年无休。

⑥ 帮助客户完成他们的工作。特别是在 B2B 市场，如果一家公司通过提供产品和服务来帮助客户出色地经营，客户就会忠诚，并愿意为接受帮助支付额外的费用。

⑦ 提供个性化的服务。客户档案记录、保护隐私、定制化营销组合都有助于通过网络传递个性化的服务。

⑧ 培育社区。吸引客户加入与公司产品相关的社区或者兴趣社区是建立客户忠诚的一种重要方法。

（8）CRM 技术

互联网是第一个实现充分互动和个性化处理的低成本多媒体渠道，它是公司客户关系管理的中心环节。网络跟踪器文件、网站日志、条形码扫描仪、网络自动监视工具和其他工具都有助于收集关于消费者行为和特征的信息。数据库和数据仓库从在线和离线接触点来收集、存储和传递这些数据，员工能借此开发更加理想的营销组合去满足客户的个性化需求。

下面将讨论自助式服务工具，它们能帮助企业为目标客户群体或者个体定制产品，而不是统一的软件包。这涉及基于公司网络和电子邮件服务器的"推"式战略，以及由互联网用户发起的"拉"式战略。认识到这一区别很重要，因为公司对推式技术有更多的控制权。

① 公司方的工具。

表 9-5 给出了公司用于推出定制化信息给客户的重要网络营销工具，即网络营销推式工具。客户通常不会意识到营销人员正在收集数据，并使用这些工具来定制产品和服务。

② 客户方的工具。

客户方的工具以用户的计算机或手提设备为基础运作。工具一般存在于网络服务器上，但发挥作用的是客户"拉"的行为，它发起了定制化的回应。网络营销拉式工具如表 9-6 所示。

表 9-5　网络营销推式工具

公司方的工具（推式工具）	描　　述
网络跟踪器文件	网络跟踪器文件是在用户访问网站后存在其硬盘上的小文件，当用户返回站点时，公司的服务器就会分析网络跟踪器文件，使站点个性化
网络日志分析	每次用户进入站点时，访问就会被记录在网络服务器的日志文件中，这个文件显示用户访问了哪些页面、停留了多久、是否购买等信息
数据挖掘	用统计分析的方法提炼大型数据库中隐藏的预测信息
行为定位	用专门的软件通过网站追踪用户的行动，然后立刻编辑和报告这些数据
协同过滤	用协同过滤软件收集兴趣相投用户的选择，并将这些选择实时返给个人
公司发送的电子邮件	厂商利用电子邮件数据库掌握及时有用的信息来与用户建立关系，使用电子邮件列表可将电子邮件发送给个人或群体
社交媒体	企业可以通过博客或其他各种社交网络倾听用户的声音，为用户提供在网站上交谈的空间，建立社区
iPOS 终端	支持互动的销售点终端，被安置在零售商的柜台上，用于获取数据和开展有目的的沟通

表 9-6　网络营销拉式工具

客户方的工具（拉式工具）	描　　述
代理软件	可以代替用户进行操作，如搜索引擎、购物代理等
页面表格	页面表格或超链接表格，用户可以在规定的地方填入信息后提交
收到的电子邮件	由用户发送的问询、投诉或赞扬的电子邮件，是客户服务的原材料
个性化的网络入口	建立个性化的网络平台，常用于在 B2B 而不是 B2C 市场上建立关系，与合作伙伴沟通和交流
无线数据服务	通过移动设备将客户关系管理内容送到用户手中，用户可以自行进行定制化管理
Web 窗体	企业通常出于网站注册、在线沟通、方便消费者购物或展开市场调研等目的而展示 Web 窗体
数字签字平台	方便企业签名和传真，帮助企业加快工作流程
RSS（简易信息聚合）	方便用户在普通网站或者博客网站上注册，用户可以在第一时间得到网站上的信息
CRM 软件	企业购买了 CRM 软件后需要自上而下地贯彻 CRM 理念，包括调整公司的经营目标、经营战略

（9）CRM 考核指标

网络企业使用多种指标来评估互联网对于 CRM 绩效的价值，包括投资回报率（ROI）、节约的成本、收入、客户满意度，尤其是每个 CRM 策略对这些指标的影响。不同的考核指标可以从不同角度评估各项策略，选择何种考核指标则取决于公司的目标和战略。表 9-7 所示内容为在客户生命周期各个阶段的 CRM 考核指标，CRM 考核指标用于追踪客户在其生命周期中的进程。其中，维系老客户的比例、投资回报率及客户提升率是 3 个比较重要的指标。

· 210 ·

企业在掌握了客户对其产品的态度及其他相关信息后，就可以着手提高客户转换率、维系率，降低流失率，同时也可以提高平均订单额和每个客户带来的利润，实现获取、维系和发展客户的目标。在提高工作绩效的同时，许多企业会利用这些方法来确认利润最少的客户，并减少与这些客户的互动次数。这并不意味着可以对这些客户态度恶劣，而是要尽量减少为低利润客户服务所花费的时间。此外，还有一个重要的 CRM 考核指标，即客户终身价值（Customer Lifetime Value，LTV）。客户终身价值指的是客户未来为企业带来的利润。企业可以通过市场细分的方法确定终身价值较高的客户，向他们示好。当然，企业在制定营销方案时应先计算可能的客户维系率和客户终身价值，并设法计算可能的利润。以上说明了大多数企业更加注重维系老客户而非开发新客户。

表 9-7   在客户生命周期各个阶段的 CRM 考核指标

定　位
• 最近一次购物、购买频率、消费金额分析（RFM），以此确认高价值客户
• 高价值客户收益分析，判断客户中高价值客户创造的销售收入所占的比例

获　取
• 开发新客户的成本
• 合作网站推荐的新客户数
• 活动回应率，是指网络用户点击率、转换率等
• 客户复苏率，是指公司使用各种优惠吸引的那些离开的客户的比例
• 社交媒体上产品推荐次数

交　易
• 潜在客户转换率，是指网站访问者转化成购买者的比例
• 客户在线、离线的跨渠道销售率
• 出售给合作伙伴的服务
• 公司产品在合作伙伴网站上的销售额
• 平均订单价值（AOV），是指某一时期内销售额与订单数之比
• 推荐销售收入，是指公司原有客户推荐的客户带来的销售额
• 网上产生的销售线索变成实际交易的比例

服　务
• 一段时间内客户的满意等级
• 答复来自客户的电子邮件的时间
• 投诉数

维　系
• 客户减少率，是指在既定的时间段内不再来购买商品或服务的客户人数比例
• 老客户的维系率，是指重复购买的客户比例
• 博客及其他各种社交媒体上的情绪（正面评价或负面评价）

发　展
• 客户终身价值，是指客户在一定年限内通过网络为企业创造的收入
• 一段时间的平均订单价值，判断其呈上升趋势还是呈下降趋势
• 一段年限内对老客户年平均销售增长率
• 忠诚计划的有效性，是指一段时间内的销售增长率
• 低价值客户成为高价值客户的数量

9. 成功开展客户关系管理的原则

许多企业在客户关系管理方面的投入未见成效，因此克里斯·寒兰德撰写了一篇文章，提出了网络经营企业成功开展客户关系管理工作的 10 个原则。

① 了解客户的角色。客户至上，社交媒体的兴起及市场重心从厂商向消费者的转移都说明了这一点。

② 设计一个商务方案。企业在为客户关系管理投入之前，应该先考察投入与产出的关系，将员工培训、人力投入等因素一并考虑在内。

③ 对员工的全面培训。许多客户关系管理软件运行得不理想，是因为人们并不真正使用它们。

④ 重视每个客户接触点。客户关系管理意味着对所有客户接触点数据的整合，在使用客户关系管理软件以前，管理者应该判断如何将客户和合作伙伴的各类数据整合到系统中去。

⑤ 提高销售效率。如果客户关系管理中涉及销售队伍，就应该关注系统对完成销售任务的促进作用，而不仅仅关心销售成本和实际完成的销售笔数。

⑥ 对营销活动进行投资回报测量。好的客户关系管理方案应该对营销活动的投资回报进行测量，如一份电子邮件列表能带动整个企业多少销售活动。

⑦ 培养客户忠诚。客户服务对维系老客户、提高客户的荷包占有率有很大贡献。客户关系管理软件的应用可以对客服工作进行定量分析，看它对提高客户忠诚度、增加经营收益做出了多少贡献。

⑧ 选择合适的工具和方法。营销管理人员要对客户关系管理工具进行评价而不是将其交给信息技术人员处理。此外，客户关系管理软件可以由公司自行购买，也可以从第三方租赁。

⑨ 建立管理团队。在购买软件以前，不要忘记建立一支管理团队并对其进行培训。团队中应包括营销人员、技术人员、销售人员和财务管理人员。

⑩ 寻求外部的帮助。公司有必要考虑从外部聘请咨询专家，特别是那些对客户关系管理了解不够深入的企业。

9.1.2 客户关系管理系统概述

事实上，企业收集获得的大量客户数据背后隐藏着很多有价值的信息。这些信息若仅仅依靠人工手段提取有价值的信息是非常困难的事情，甚至是无法完成的事情，只有借助一些强大的信息技术手段和信息管理方法才能实现。为了实现对客户关系管理的信息化，企业需要借助计算机软件系统自动收集、存储、加工、评价和应用与客户相关的数据。客户关系管理系统就是这样的信息系统，它能够在收集的大量客户数据中，利用数据分析和处理系统功能，提取、筛选、挖掘和存储有价值的客户数据。在网络环境下，在线电子商务系统中的客户业务数据呈指数级增长，在线管理客户对企业越来越重要。

CRM 系统一般由客户销售管理子系统、客户营销管理子系统、客户支持和服务管理子系统、呼叫中心子系统、辅助决策支持子系统、数据库及支撑平台子系统等部分组成。

9.2 客户关系管理

互联网作为一种新型的传播媒介应用于营销领域具有许多新的特点，传统媒介与网络媒介在客户关系管理方面的区别，如表 9-8 所示。

表 9-8 传统媒介与网络媒介在客户关系管理方面的区别

媒　　介	传 统 媒 介	网 络 媒 介
沟通模型	一对多的沟通模型	一对一或多对多的沟通模型
沟通过程	单向	双向
营销方式	大规模营销	个性化营销
营销理念	强调生产	强调需求
客户地位	营销目标	合作伙伴

互联网的普及和快速发展，使越来越多的企业选择网络和网络工具作为企业进行客户管理的技术手段。在线客户关系管理（eCRM）系统应运而生，并成为企业战略规划的重要组成部分。eCRM 的崛起主要有以下两个原因。

① 随着互联网和信息技术的广泛应用，企业可以采用新的技术手段和方法来精确定位市场目标客户群，并采取一对一的个性化营销策略和方法来锁定客户。

② 社会性绿色营销观念，它要求企业以更符合社会需要与持续发展的行为从事营销活动。因此，企业已意识到仅靠以产品为中心的传统观念营销有许多的局限性，必须转向具有更多优越性的以客户为中心、与客户共同创造价值的社会营销观念上来。

在线客户关系管理经历了 3 个阶段，依次是在线客户关系管理分析、在线客户关系管理规划、在线客户关系管理实施。在线客户关系管理各阶段的任务，如表 9-9 所示。

表 9-9 在线客户关系管理各阶段的任务

阶　　段	阶 段 名 称	阶 段 工 作
第一阶段	在线客户关系管理分析	收集客户过去的交易数据
		估计客户生命周期价值
		客户细分
第二阶段	在线客户关系管理规划	成立多部门参与的规划团队
		设计基于客户生命周期价值的营销战略
		细化客户关系管理实施规划
		分派日常客户管理责任
第三阶段	在线客户关系管理实施	实施客户关系管理程序
		收集数据并测量结果
		根据测量结果调整客户关系管理策略

9.2.1 客户生命周期

1. 客户生命周期的含义

随着营销观念的不断变化，企业网络营销的目标转变为与客户建立紧密的稳定关系，以从客户那里获得长期稳定的利润。将从客户与企业建立客户关系开始，到关系终止的整个过程视为一个生命周期，即客户生命周期。按照客户生命周期阶段划分，学者从不同角度有多种划分方法。一些学者将其划分为 4 个阶段，即考察期、形成期、稳定期和退化期等；也有学者将其划分为 5 个阶段，即将客户生命周期划分为认知阶段、探索阶段、熟悉阶段、忠诚阶段和分离阶段，如图 9-2 所示。

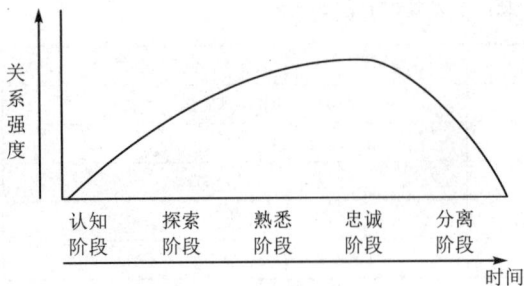

图 9-2 客户生命周期的 5 个阶段

2. 客户生命周期的阶段特征

按照客户生命周期的五阶段划分法，不同的阶段的客户具有不同的特征。

（1）认知阶段

认知阶段是客户和企业建立关系的起始阶段。该阶段的客户仅仅了解企业的名称或知道其产品的存在，并没有和企业有过任何形式的接触与交往。同时，企业对于客户的需求和偏好信息也掌握较少，无法有效地预测客户行为和市场趋势。

（2）探索阶段

探索阶段是客户和企业关系缓慢发展的阶段。这一阶段，潜在客户在遇到未满足的需求时，开始考虑或主动寻找可供选择的产品及其品牌。在此过程中，客户可通过网上和网下两种渠道收集信息，对不同的产品及其品牌进行比较。客户在探索和比较产品及其品牌时，企业应根据客户驻留网站的访问量、点击率等记录客户行为和流量的数据，分析潜在客户行为，并根据分析结果调整企业的营销战略和策略。

（3）熟悉阶段

熟悉阶段是客户和企业关系快速发展的阶段。这一阶段，客户根据自己的选择标准，确定是否购买产品及其品牌，完成了和企业之间的一次交易或多次交易。在交易过程中，客户会对企业的信用、产品价格、产品质量等多方面信息进行全方位收集和分析，以确定是购买企业的产品还是购买企业竞争对手的产品。此时，客户对企业的产品及其品牌尚未形成依赖，建立忠诚。

（4）忠诚阶段

忠诚阶段是客户和企业关系发展的稳定期。该阶段客户与企业之间保持频繁的交互式沟通，能够获得较高的满意体验，从而形成对企业产品及其品牌的忠诚。忠诚阶段的客户行为的典型特征是重复购买同一品牌的产品及其相关产品，并将其推荐给他人。在市场环境千变万化的今天，客户与企业关系的稳定只是一种相对的稳定状态，若企业不能时刻把握消费者的需要并加以满足，最终客户还是会流失。

（5）分离阶段

分离阶段是客户与企业之间关系的转变期。该阶段的客户通常被称为流失客户。引起客户流失的原因有很多，从客户角度来看，有主观原因和客观原因。主观原因是客户对于企业提供的产品或服务不再满意，或企业的竞争对手可以为客户提供更满意的体验等；客观原因可能是客户失去了购买或消费企业产品的能力等。

综上所述，在认知阶段、探索阶段、熟悉阶段、忠诚阶段的客户关系水平是逐渐增强的。其中，忠诚阶段的客户关系水平最高，是企业倾营销全力希望达到并保持的阶段。在分离阶段，客户关系水平开始下降，客户关系逐渐终止。值得注意的是，并不是所有客户和企业之间的关系都一次性完整地经历上述 5 个阶段的。事实上，有些客户关系暂时终止于某个阶段，一段时间以后，又重新开始，企业务必在不同的时期内，为客户提供一致的信息，以促进客户与企业关系的发展趋于稳定、成熟。

9.2.2 识别与区分不同的客户群

1. 消费者分类模型

佛瑞斯特研究中心提出了一种根据消费者在取得、使用科学技术上（网络、手机及数字电视的使用等）的态度、动机和能力的不同为消费者进行分类的方法。该方法从（对科技的）态度、收入和动机3条轴线分析消费者，如图9-3所示。态度轴线上将消费者区分为科技乐观主义者和科技悲观主义者，科技乐观主义者相信新科技将使他们的生活变得更简便，而悲观主义者则对利用科技来满足需求或欲望的兴趣不高，宁愿利用传统方法获得满足。动机轴线上根据需求动机将消费者分为事业取向、家庭取向或娱乐取向，事业取向代表想出人头地或在工作上被重视，家庭取向与养育和提供照顾有关，而娱乐取向则基于玩乐的需求。营销人员在利用态度轴线和收入轴线（高薪或低薪）找出接受性高的消费者后，可以根据动机轴线拟定产品或服务信息。

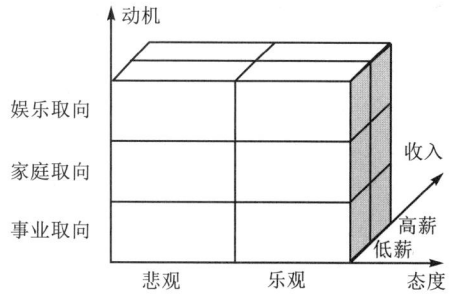

图 9-3 消费者分类模型

2. 客户细分概述

（1）客户细分目的

无论是传统营销环境，还是网络营销环境，客户细分都是企业实施有效营销的前提。只有对客户细分，企业才能识别出能为企业创造最大利润的有价值客户，并针对这些客户实施最大的营销努力。

（2）客户细分概念

1956年，Wendell Smith 首次提出客户细分概念，从此客户细分思想被广泛用于企业的营销战略开发及企业资源分配中。所谓的客户细分，是指将一个大的客户组划分为若干个子客户组的过程，属于同一个客户组的客户彼此类似，属于不同客户组的客户具有差异性。从企业角度来看，客户细分前提是不同客户不但对企业提供的产品或服务具有不同的需求和偏好，而且对企业营销活动的感知和响应方式也不同。

（3）客户细分方法

客户细分的关键是选择细分客户的变量。企业可以根据不同的营销战略，选择不同的客户细分变量。在通常情况下，企业可以选择年龄、性别、收入等人口统计变量，或者购买时间、购买频率等行为统计变量作为细分客户的变量。这主要是因为使用人口统计变量和行为统计变量细分客户，不仅形象直观，还易于操作。

在互联网环境下，使用人口统计变量对客户细分有非常明显的缺点，因为网上客户提供的人口统计变量可能是不真实的，且同一人口统计变量范围内的客户需求与偏好不同的可能性也非常大，可见，在网络环境下采用人口统计变量方法细分客户并不精确。事实上，网上客户与企业交互的行为数据都能被企业信息系统有效记录并保存，只要通过数据挖掘技术和行为统计变量的方法，就能准确地细分客户。

不是每个企业都适合实施客户细分战略，是否实施需要综合考核，需考虑的因素如下。

① 差异性。企业在选择客户细分战略时，应当保证不同客户组之间存在差异性。在对企业品牌或产品偏好、营销策略响应等方面，不同分组的客户至少在其中一个方面存在差异。而对于特定客户，企业可以根据客户的特征信息将其划入特定的客户分组中。

② 营利性。企业在选择客户细分战略时，应当比较从客户细分战略中获得的收益与其付出的管理、营销等成本之间的关系。只有当企业从市场细分战略中获得的收益大于其付出的管理成本、营销成本等时，企业实施客户细分战略才是有价值并值得推崇的。

③ 可行性。企业在选择客户细分战略时，要保证企业针对不同客户组设计的营销战略能够有效地在不同客户组内得到实施。

3．具体的客户细分方法

（1）基于产品-客户关系的客户细分

根据客户对于企业产品和企业-客户关系的满意程度，可以将客户分为4类，即脆弱型客户、忠诚型客户、潜力型客户、负面型客户，如图9-4所示。

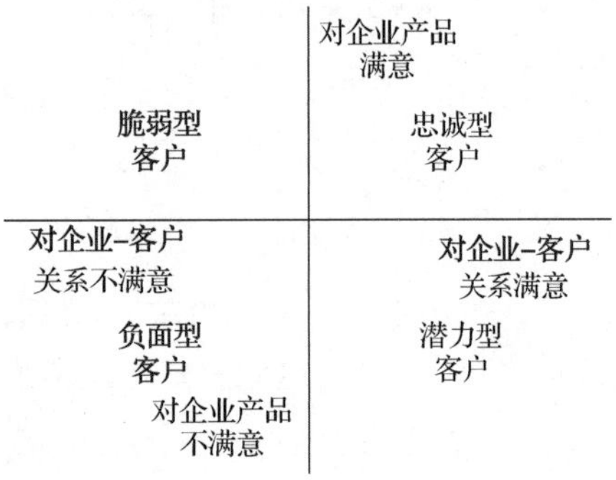

图9-4　基于产品-客户关系的客户细分

① 脆弱型客户。该类型的客户对企业的产品满意，但对自己与企业的关系不满意。这类型客户很容易购买竞争对手的产品，企业与客户之间的关系状态对客户是否发生转换行为有重要影响。如果企业能够对企业—客户关系进行有效管理，脆弱型客户就可以转变为忠诚型客户。

② 忠诚型客户。该类型的客户既对企业的产品满意，又对与企业之间的关系满意。这类客户是每个企业都希望获得并与其保持稳定关系的客户，企业可从中得到这部分客户的重复购买，以及正向的口碑宣传等多种价值和利益。

③ 潜力型客户。该类型客户虽然对企业的产品不满意，但对自己与企业之间的关系比较满意。潜力型客户与企业的关系满意在一定程度上抵消了对企业产品的暂时不满意，同时，对于企业下次提供的产品还抱有希望和期待。

④ 负面型客户。该类型的客户对企业的产品不满意，也对与企业之间的关系不满意。这类客户是每个企业最不希望看到的，他们不仅自己不愿意购买不满意的企业产品，往往还将其负面体验以口碑的方式传达给其他潜在客户，让他们不要购买，所以企业要认真对待。

（2）基于客户生命周期的客户细分

由客户生命周期可知客户在不同的阶段，其表现的特征是不一样的，鉴于此，可将客户划分为疑虑客户、潜在客户、现实客户、流失客户。

① 疑虑客户。疑虑客户是指处于客户生命周期认知阶段的客户，其特点是掌握市场上的一些品牌信息，或者仅仅知道企业的名称或品牌名称，但没有对其中的任何一个品牌产生特殊的偏好。

② 潜在客户。潜在客户是指处于客户生命周期探索阶段的客户，其特点是对产品或服务产生了现实需求，需要从众多品牌中选择一种品牌的产品来满足自己的需求。潜在客户通过对各种品牌的产品或服务进行比较来决定是否购买。

③ 现实客户。现实客户是指处于客户生命周期熟悉和忠诚阶段的客户，其特点是该客户已经和某一品牌有过多次的交互式沟通，有些客户甚至已经消费过特定品牌的产品或服务，并在使用品牌产品后很满意，与品牌建立了密切联系，从而与特定品牌建立了忠诚关系。

④ 流失客户。流失客户是指处于客户生命周期分离阶段的客户，其特点是和企业之间的关系日益弱化，直到客户停止对特定品牌产品和服务的消费。

客户类型、客户生命周期及企业营销战略的关系，如图 9-5 所示。

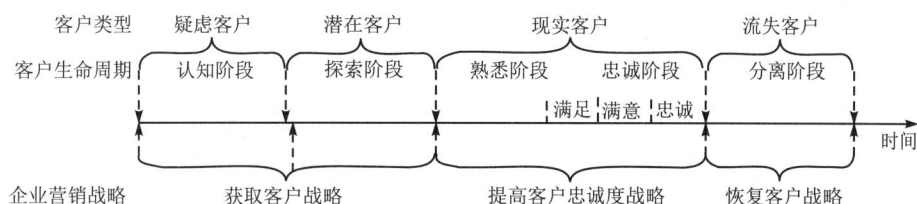

图 9-5　客户类型、客户生命周期及企业营销战略的关系

在客户生命周期的各个阶段，企业的任务也是不相同的，主要任务如下。

① 认知和探索阶段。在售前实施获取客户战略，即采取刺激消费需求、引导消费理念、扩大企业品牌宣传等营销措施。

② 熟悉和忠诚阶段。在售中和售后实施提高客户忠诚度战略，即通过增加客户的重复购买、推荐购买等行为，提高客户忠诚度。

③ 分离阶段。实施恢复客户战略，即采取措施重新吸引流失到竞争对手那里的客户。

9.2.3　按上网目的划分客户类型

根据网民上网的目的，可将客户划分为访问者、浏览者、意向购买者、购买者。

1．访问者

访问者上网的目的不明确，其行为让人捉摸不定。在遇到感兴趣的信息时会停下来浏览，变为浏览者；否则会不断地在网站之间、网页之间徘徊。营销人员要根据其行为特点，在网上提供社会关注度高的热点和有阅读价值的信息，诱使访问者在企业的网站上停留，再将其变为固定的浏览者，激活其消费欲望，将潜在需求转变为现实需求。

2．浏览者

浏览者也被称为看客。他们上网的目的是浏览网上感兴趣的信息。看客视在网上浏览信息为网上冲浪，认为这是一件美妙且愉快的事情。因此，营销人员把握看客对信息的浏览要求，尽量在网上提供更多的能够提起看客兴趣和爱好的事物，其发挥的作用不仅能够使看客感觉到网上冲浪的愉悦，而且能够有效地刺激看客的购买欲望，将看客的潜在需求转变为现实需求。

3．意向购买者

意向购买者也被称为驻客，一般他们已经确定好要购买的产品或服务，只是想在网上比较不同品牌的产品或服务的信息差别，其目的是为在网上或网下购买产品提供决策依据。驻客有明确的购物意向，营销人员应该在企业网站为这部分客户开辟会员注册服务，让他们了解企业产品的特色、销售政策，使他们尽快地掌握这些购买信息，方便他们与竞争者进行比较，并获得先入为主、略胜一筹的优惠服务，使他们的现实需求成为实际购买。

4. 购买者

购买者也被称为顾客。事实上，这类客户对自己需要购买的产品或服务，以及供货的厂家和商家情况都非常清楚，他们上网的目的就是达成交易，完成产品的购买。对于购买者，营销人员应当为其提供支持网络在线购物交易的便利，通过各种服务手段和工具，方便他们在较短的时间内在网上完成交易的所有内容。

9.2.4 在线与客户交互式沟通

党的二十大报告指出，必须坚持科技是第一生产力、人才是第一资源、创新是第一动力。互联网的灵活性及交互性使企业能够利用网络工具和手段收集客户的行为数据。为了更好地理解和满足客户的需要，企业要尽可能多地收集客户与客户、客户与企业之间的沟通信息，通过对大量交互式沟通数据的分析，挖掘、发现和识别有价值的客户信息，以帮助企业更好地进行营销决策。支撑在线客户数据分析与处理的技术很多，包括数据仓库、数据挖掘、知识发现、智能推荐等。企业在获得有价值的客户数据后，可以精确地细分市场，预测客户的购买行为，以及如何对客户实施一对一的营销战略。

1. 交互式沟通目标

（1）获得稳定的客户访问量

企业与客户交互式沟通的首要目的是获得稳定的客户访问量。企业通过线上和线下沟通策略，吸引客户到其网站上访问，从而获得稳定的客户访问量。

（2）传递有效的营销信息

企业与客户交互式沟通，其核心内容是能够将企业的有效营销信息传递给客户。通过网站向客户传递有效的营销信息能够影响客户行为及其购买决策。企业在网站上传递的信息应当遵从企业的产品或服务营销目标，如增加客户对企业品牌的熟悉度、鼓励客户重复购买等。

（3）稳固企业与客户的关系

客户与企业的关系越好，客户就越有可能产生购买意向、产生正向口碑效应或推荐他人购买等。企业与客户交互式沟通的另一个重要目标是利用交互式沟通加深客户对企业的良好印象，增加客户的购买、重复购买、推荐购买等行为意向，以稳固企业与客户的交易关系。研究表明，影响企业与客户关系稳定的因素主要有品牌满意度（客户对于本企业产品或服务的满意度）、感知其他品牌质量（客户对于竞争企业产品或服务质量的感知）、直接关系投资（客户在与企业建立关系的过程中付出的时间、金钱及其他可计量的资源）、间接关系投资（客户通过与企业建立关系获得的名誉、友谊、信誉等方面的无形资源）。一般认为，品牌满意度、直接关系投资、间接关系投资和企业-客户关系稳定呈正相关；感知其他品牌质量和企业-客户关系呈负相关，如图 9-6 所示。

2. 交互式沟通的方式

在企业与客户交互的过程中，按设备因素和人力因素可将交互式沟通分为基于设备的交互式沟通和基于人力的交互式沟通。

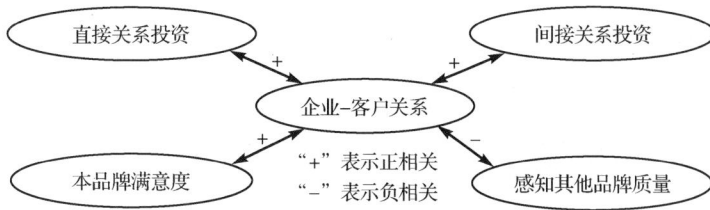

图 9-6　企业-客户关系的影响因素及其关系

（1）基于设备的交互式沟通

在企业与客户交互式沟通过程中，人力因素的参与程度较低，主要通过计算机软件、移动设备和门户网站等方式实现与客户个性化的交互式沟通，如 FAQ 系统。

（2）基于人力的交互式沟通

企业在与客户交互式沟通中，人力因素参与程度较高，如 Call Center 人工呼叫转接，使用电子邮件、MSN 发送信息，虚拟品牌社区中的人工服务等方式，如 360 杀毒。

9.2.5　创造令客户满意的价值

客户价值有两种不同的解释：一种是从客户的角度出发，认为客户价值是客户从企业提供的产品或服务中获得的价值，被称为"企业-客户"价值；一种是从企业的角度出发，认为客户价值是客户为企业创造的价值，被称为"客户-企业"价值。"企业-客户"价值是"客户-企业"价值的基础，只有客户在感知到企业提供的产品或服务有价值时，才会产生购买行为，企业才能获得来自客户的价值。

1."企业-客户"价值

"企业-客户"价值是客户消费过企业提供的产品或服务以后，对产品或服务的不同属性及功能的一种主观评价。该种价值具有以下 3 个重要的特征。

① 该价值与客户消费的产品或服务有关。

② 该价值是客户感知的价值，而不是商家获得的价值。

③ 该价值是客户综合比较从特定产品或服务中获得的利益与其付出的成本之间的关系后得出的看法。

企业能否取得成功，关键是企业能否比其竞争对手为客户提供更多的价值。那么，企业怎样才能为客户提供更多的价值？研究表明，当客户感知到的企业产品质量、服务质量和基于价值的价格认知目标一致并超出期望时，"企业-客户"价值最大。由于客户的期望具有动态性的特点，企业需要掌握客户对本企业产品或服务的期望变化，及时调整其产品质量、服务质量及基于价值的价格三者之间的关系，从而为客户提供比其竞争对手更多的价值。

2."客户-企业"价值

"客户-企业"价值又被称为客户生命周期价值（Customer Lifetime Value，CLV），它是指客户从与企业建立关系开始，到关系终止的整个过程中为企业带来的价值。

客户生命周期价值的计算公式为

$$CLV = \sum_{t=1}^{n} \frac{(R_t - C_t)}{(1+i)^t}$$

其中，R_t 表示 t 时刻企业从特定客户获得的收益；C_t 表示 t 时刻企业为满足特定客户需求所付出的成本；$R_t - C_t$ 表示 t 时刻企业获得的边际收益；i 表示折现率；n 表示企业和客户之间关系的持续时间，客户生命周期价值计算过程如图 9-7 所示。

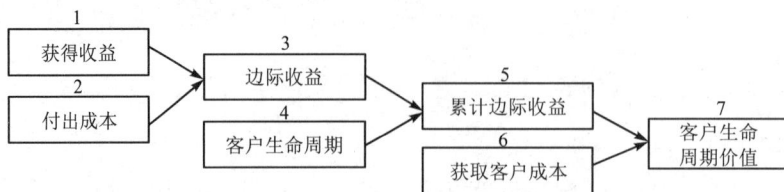

图 9-7　客户生命周期价值计算过程

企业在评估客户生命周期价值时，需要注意以下 3 个问题。

① 识别并确定客户类型。不同行业的客户类型是不同的，同一行业内不同企业的客户类型也可能不同。企业在估计客户生命周期价值时，先确定客户类型，再看其是个体客户还是企业客户。

② 估计客户生命周期。为了获得客户生命周期较精确的信息，需要细致分析当前客户和过去客户的行为，发现其中的规律，并据此预测客户生命周期。

③ 估计客户关系收益和成本。合理地估计客户关系收益和成本是客户生命周期价值计算的关键。客户关系收益由收入来衡量，比较容易获得；但测算客户关系成本就不太一样，其直接成本比较容易获得，间接成本则很难估计和分摊。企业在估算客户关系成本时要把握的原则：客户关系成本必须与客户关系收益相关，不是组织内发生的所有成本都可以分摊到客户关系成本中的。

为了增加"客户-企业"价值，实现企业既定目标，企业层面增加"客户-企业"价值的举措如表 9-10 所示。

表 9-10　企业层面增加"客户-企业"价值的举措

战 略 层	战 术 层	运 营 层
获取新客户	增加当前客户组中新客户的数量	改善产品、分销、促销等方面的质量
	增加新的客户组	增加产品组合
增加当前客户的收益	增加销量	产品多样化
		刺激消费需求
	提高价格	产品升级
降低当前客户的成本	降低一般成本（管理成本、维护成本等）	提高效率
	降低产品或服务、分销渠道、沟通成本	选择低价的提供商
		选择低价的外包业务
		提高效率
延长客户的生命周期	提高客户忠诚度或满意度	改善产品或服务
		更好地定位客户
		比竞争对手做得更好
降低获取成本	更好地对潜在客户定位	提高定位效率

3．网上提高客户价值的方法

"企业-客户"价值与客户的满意度呈正相关关系。在互联网环境下，提高"企业-客户"价值的关键是提高客户满意度。企业可以通过向客户提供个性化、定制化的产品或服务，提高客户的满意度。个性化和定制化思想源于一对一营销理论，一对一营销是客户细分的极限，即目标客户组只有一人。个性化和定制化的主要区别是企业和客户在完成交易的过程中各自的主动性差异，如图9-8所示。

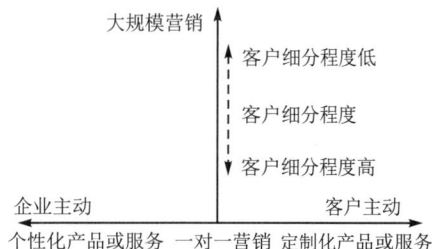

图 9-8　个性化和定制化理念的区别

（1）个性化产品或服务

个性化产品或服务是指企业通过分析客户过去的交易数据，预测客户未来的需求及其偏好，并根据预测的结果，向客户推荐合适的产品或服务。

亚马逊网站是向客户提供个性化产品或服务的典范。亚马逊网站根据客户以往的交易数据，向客户推荐相关的书籍、音乐等产品。企业在提供个性化产品或服务时，存在的主要问题是：客户个人隐私保护、实施成本及客户数据的可靠性问题。客户个人隐私问题是指客户对企业如何获得和利用个人信息有疑问，这些疑问会影响客户对企业提供的个性化产品或服务的购买意向；实施成本问题是指企业在提供个性化服务时，需要配套强大的数据处理软件和相关人力资源，支持资源的应用需要很高的成本；客户数据的可靠性问题是指企业获取的客户交易数据是否真实，是否可靠有效。上述问题都是影响企业提供有效的个性化产品或服务的关键因素。

（2）定制化产品或服务

定制化产品或服务是指客户主动地向企业提交个人需求和偏好的信息，企业根据这些客户个性化的需求和偏好信息，向客户提供其需要的产品或服务。

戴尔公司是向客户提供定制化产品或服务的成功范例，该公司根据客户对计算机配置的特殊要求，向客户提供按自己需要的配置组装的计算机——定制化计算机。企业在提供定制化产品或服务时，存在的主要问题是：实施成本较大，需要比较从提供定制化产品或服务中获得的收益与其付出成本之间的关系。此外，从客户角度来看，在企业提供定制化产品或服务时，客户的选择范围变大，对于缺少专业领域知识的客户来说，购买决策变得更加复杂。因此，客户需要比较从获得定制化产品或服务中获得的收益，与其增加的复杂性成本之间的关系，看看哪个更合算。

9.2.6　争取、转变与维系客户

在网上吸引网民访问企业的网站，不是一件容易的事情，要采取具体的营销手段和方法。只有网民成为网站的访问者，企业才能将其视为营销对象，才有可能将其由潜在客户转化为现实客户，并与之建立客户关系，这既是争取客户、转变客户、留住并维系客户、对客户进行在线管理的重要方法，也是建立长期稳定的客户关系的基础。

企业与客户建立持久的关系，关键是创造卓越的客户价值和客户满意度。在网上，客户可供选择的产品和服务范围很广，而客户的购买决策主要依据是对价值的感知。让渡客户价值是全面客户价值与全面客户成本之间的差额。客户通常会为自己选择让渡价值最大化的产品和服务。当企业的表现满足了购买者的预期时，便产生了客户满意。满意的客户购买量更大，并对价格不太敏感，同时还会向其他人赞扬企业及其产品，会更持久地保持忠诚。

该阶段的营销任务重点是关系营销，即创造、保持并提升与客户及其他利益相关者的关系。建立这种持久关系的关键是创造卓越的客户价值和客户满意度。

1. 争取客户

在网络市场上，企业要想争取客户，不仅要善于生产适销对路的产品，还要精于为客户提供满意的价值，其出路是比竞争对手更好地为客户提供价值和满意度。当消费者认为能够从提供最高的让渡客户价值的企业那里购买到自己需要的产品时，消费者就会形成对产品和服务的价值预期，并且根据这些预期进行购买决策。一旦购买决策付诸实施，企业争取客户的目的就会实现。但是，购买者的预期是建立在客户以往的购买经历、朋友和同事的意见，以及企业和竞争对手的信息及承诺之上的。因此，网上营销人员必须熟知这些要点，精心在网上营造有利于企业及其产品的口碑环境，为客户设定恰当的预期水平，使之"争取客户"的目标早日实现。

2. 转变客户

在网上，客户与企业之间的交互是在无直接接触的情况下发生的，客户非常关心企业的资信评价信息，如可信赖的程度及产品或服务的真实性。在此情况下，客户对企业的信任直接影响客户购买意向及其购买决策。在互联网环境下，影响客户对企业信任的因素有4种，即客户特征、企业特征、社区特征及交互过程。

① 客户特征，包括客户对在线购物方式的态度、过去的购买行为、价值观念、学历、对新事物接受程度等。

② 企业特征，包括企业的品牌形象、企业声誉、企业网下形象等。

③ 社区特征，包括网站易用性、有用性及信息发布质量等。

④ 交互过程，包括在交互中企业服务质量、客户满意度、"企业-客户"关系深度等。

客户对企业的总体信任包括3部分，即客户对企业能力、企业诚信及企业善意的信任。客户对企业能力的信任是指客户对企业履行诺言能力的信任；客户对企业诚信的信任是指客户对企业在履行诺言过程中展现的言行一致程度的信任；客户对企业善意的信任是指客户对企业真正关心客户需求、福利等方面程度的信任。客户对企业的信任与客户购买意向的关系如图9-9所示。

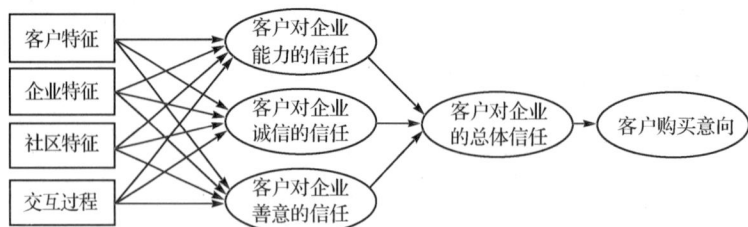

图9-9 客户对企业的信任与客户购买意向的关系

由图9-9所示的关系可知，在网上，为了有效地将访问者吸引为浏览者，产生购买意向并最终成为购买者，企业必须不断提高客户对企业的信任。一般来说，要做好3项工作：一是提升企业形象；二是改善服务质量；三是提高客户与企业交互过程的满意度。

3. 维系客户

在网上，营销的首要目标是有效地在访问者中发现潜在客户，并将其转变为现实客户，此后才是保留这些现实客户。互联网环境下的在线服务质量和客户满意度是产生客户保留意向的重要原因。

在线服务质量、客户满意度、客户保留意向三者之间的关系如图 9-10 所示。

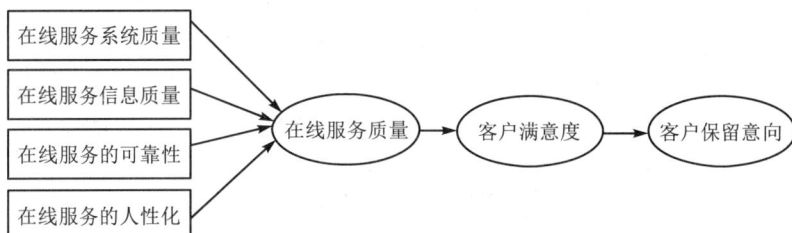

图 9-10　在线服务质量、客户满意度、客户保留意向之间的关系

在线服务质量的影响因素如下。

① 在线服务系统质量。在线服务系统质量主要包括服务系统的易用程度、导航功能是否强大、客户和系统的交互过程是否清晰、系统设计是否合理等。

② 在线服务信息质量。在线服务信息质量主要包括在线服务系统提供的信息是否恰当、精确、及时、相关、可靠等。

③ 在线服务的可靠性。在线服务的可靠性主要包括客户和服务系统交互的过程是否安全、个人隐私是否得到保护、企业的品牌形象等。

④ 在线服务的人性化。在线服务的人性化主要包括企业是否能在和客户交互的过程中向客户提供个性化或定制化的服务等。

在互联网环境下，企业需要对不同营销策略的实施效果进行评估，评估其策略的重要标准是策略实施后能否有效地吸引访问者，并将访问者转变为购买者，同时增加客户对企业的忠诚度，即留住客户。漏斗模型用来粗略地评估不同营销策略的优劣，如图 9-11 所示。

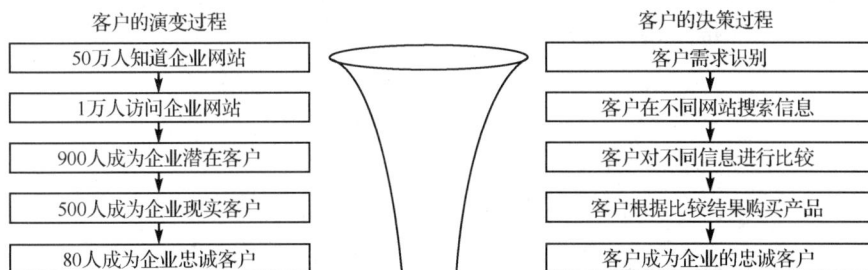

图 9-11　漏斗模型

根据漏斗模型可知，当应用它对不同的网络营销策略进行评估时，漏斗低端越宽，代表营销策略效果相对越好；反之，漏斗低端越窄，代表营销策略效果相对越差。

9.3　客户关系管理系统

客户关系管理（CRM）系统是将管理理论与信息技术应用紧密结合的产物。随着互联网为代表的信息技术的发展，客户关系管理系统正逐步从单一功能的应用，向跨平台、模块化和功能集成化全面服务方向演变。

9.3.1　CRM 系统结构模型

目前，主流 CRM 软件系统的一般模型如图 9-12 所示，该模型比较客观地反映了 CRM 的核心特性。该模型阐明了目标客户、主要过程及功能之间的相互关系。CRM 的主要过程是对营销、销售和服务 3 部分业务的信息化。首先，在市场营销过程中，通过对市场的细分确定目标客户群，制定营销战略和营销计划；其次，销售的任务是执行营销计划，包括发现潜在客户、信息沟通、推销产品和服务、收集信息等，目标是建立销售订单，实现销售额；最后，在客户购买了企业提供的产品或服务后，还需要为客户提供进一步的服务与支持，这是服务部分的工作。产品开发和质量管理过程分别处于 CRM 过程的两端，为 CRM 提供必要的支持。

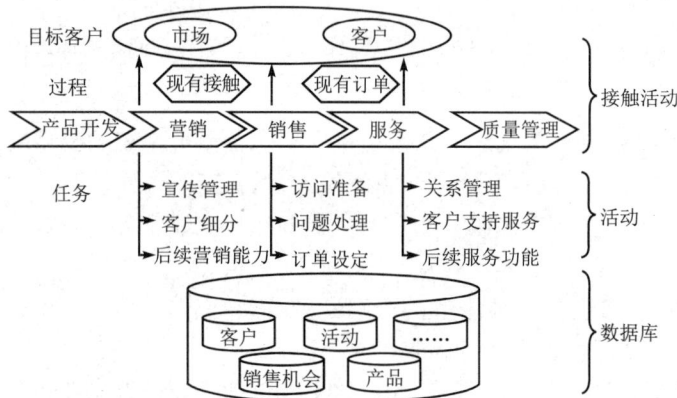

图 9-12　CRM 软件系统的一般模型

9.3.2　CRM 系统及其功能

CRM 系统一般由客户销售管理、客户营销管理、客户支持和服务管理、呼叫中心、辅助决策支持、数据库及支撑平台等子系统组成，如图 9-13 所示。

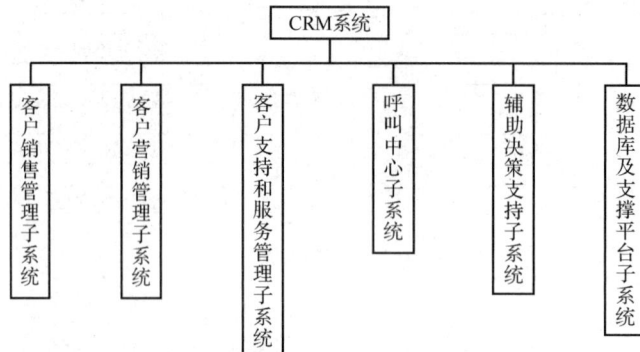

图 9-13　CRM 系统总体框架图

1. 客户销售管理子系统

客户销售管理子系统可以快速获取和管理日常销售信息。从机会受理，对联系人的跟踪，到预测和察看最新的渠道信息，能够为提高销售人员的工作效率提供流畅、直观的工作流功能，同时也保证了每位客户和每个销售机会的销售小组成员之间进行充分的沟通。客户销售管理子系统一般由客户管理、订单管理、联系人管理、销售管理、业务流程管理、产品管理等功能模块组成，客户销售管理子系统功能结构如图9-14所示。

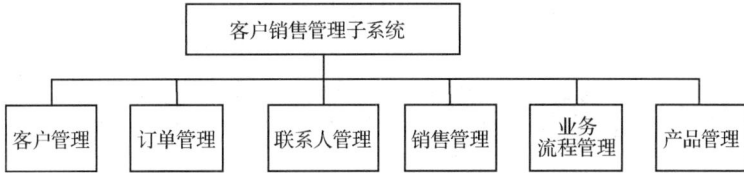

图 9-14　客户销售管理子系统功能结构

① 客户管理。客户管理的主要功能包括客户基本信息的搜索，与客户相关的基本活动和活动历史的记录、查询，联系人的选择及销售合同的生成等。

② 订单管理。订单管理的主要功能包括处理客户订单、执行报价、订货单创建、联系人账户管理等业务，并提供订单查询。

③ 联系人管理。联系人管理的主要功能包括识别并评价客户的联系人，联系人概况的记录、存储和检索，以及跟踪同联系人的联系内容，如时间、类型、任务描述等。

④ 销售管理。销售管理的主要功能包括收集客户销售的相关资料，组织和浏览销售信息，产生各销售业务的阶段报告，对销售业务给出策略方面的支持，根据利润、领域、优先级、时间、状态等标准辅助用户制定关于将要进行的活动，提高销售效率与质量。

⑤ 业务流程管理。业务流程管理的主要功能包括通过在各业务部门间按照业务规则传递相关数据和信息，帮助用户管理其销售运作，保证销售订单顺利完成。

⑥ 产品管理。产品管理的主要功能包括产品批号管理、产品序列号管理、产品有效期管理、产品规模和型号管理，以及产品组合分析。

2. 客户营销管理子系统

客户营销管理子系统能够提供完整的客户活动、事件、潜在客户和数据库管理，从而使寻找潜在客户的工作效率更高，更加合理。客户营销管理子系统一般包括营销活动管理、营销内容管理、营销分析等功能模块，具体功能结构如图9-15所示。

图 9-15　客户营销管理子系统功能结构

① 营销活动管理。营销活动管理的主要功能包括支持企业的营销活动，辅助营销人员完成市场研究及营销计划的制订与实施等活动，如营销资料管理、市场分析模型、市场预测模型、产品和价格配置器和渠道管理系统等。

② 营销内容管理。营销内容管理的主要功能包括营销活动的具体内容，检查营销活动的执行情况，评估营销活动收益。

③ 营销分析。营销分析的主要功能包括通过记录多种渠道获得的市场信息，收集竞争对

手的资料，支持营销数据库的整理、控制和筛选，以便进一步改进营销策略。

3．客户支持和服务管理子系统

客户支持和服务管理子系统一般包括客户信息管理、客户合同管理、客户服务管理、现场服务管理等功能模块，具体功能结构如图 9-16 所示。

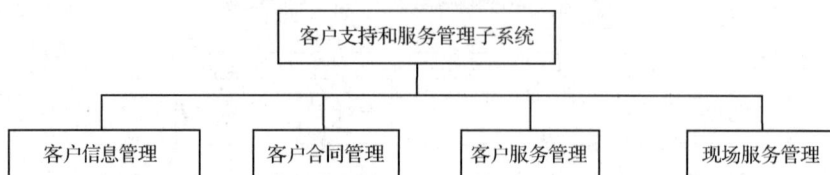

图 9-16　客户支持和服务管理子系统功能结构

① 客户信息管理。客户信息管理的主要功能是收集与客户相关的资料，包括客户数据管理、客户生命周期管理等。

② 客户合同管理。客户合同管理的主要功能是创建和管理服务合同，主要目的是保证客户服务的水平和质量，并使企业跟踪保修单和合同的续订日期，安排预防性的销售活动。

③ 客户服务管理。客户服务管理的主要功能是对客户抱怨、投诉等进行管理，并提供一些标准化的解决方案。

④ 现场服务管理。现场服务管理主要功能包括现场服务派遣、现有客户管理。

4．呼叫中心子系统

呼叫中心子系统一般包括电话管理、语音集成、自动拨号、呼入/呼出管理等功能模块，具体功能结构如图 9-17 所示。

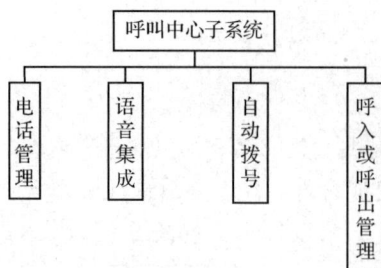

图 9-17　呼叫中心子系统功能结构

① 电话管理。电话管理的主要功能包括友好电话转移、路由选择、图形用户界面软件电话等。

② 语音集成。语音集成的主要功能包括支持大部分交互式语音应答系统。

③ 自动拨号。自动拨号的功能主要包括管理所有的预拨电话等。

④ 呼入或呼出管理。呼入或呼出管理的功能主要包括根据来电的数量和座席的服务水平为座席分配不同的呼入和呼出电话，提高了客户服务水平和座席人员的生产率。

5．辅助决策支持子系统

辅助决策支持子系统一般包括一般统计分析、决策支持系统等功能模块，具体功能结构如图 9-18 所示。

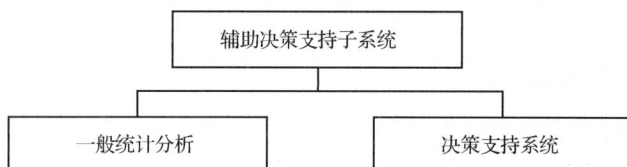

图 9-18 辅助决策支持子系统功能结构

① 一般统计分析。一般统计分析主要包括营销、销售、服务管理统计等功能。

② 决策支持系统。决策支持系统的功能主要包括通过对客户的统计分析，指导企业进行营销、销售、服务等方面的决策。

6. 数据库及支撑平台子系统

CRM 的数据库及支撑平台子系统为其余子系统提供了性能良好、使用可靠、开放的和易于扩充的支撑环境，数据库及支撑平台子系统功能结构如图 9-19 所示。

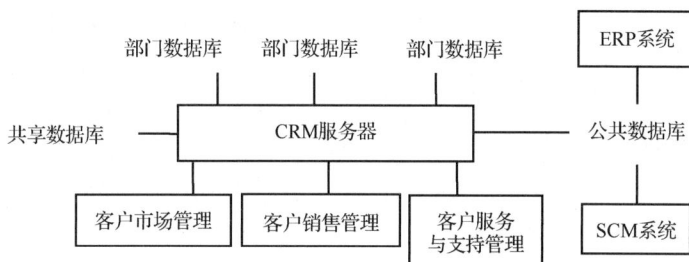

图 9-19 数据库及支撑平台子系统功能结构

9.4 案例：真心公司的在线客户关系管理

安徽真心食品有限公司（以下简称真心公司）是一家成立于 2000 年的现代化大型食品工业企业，专注于生产徽派炒货。其产品畅销于几十个国家和地区，拥有完善的营销体系和网络。该公司注重电子商务平台的建设，并积极推动海外销售平台的建设，加大进出口贸易。目前，公司主要生产和销售"真心"系列休闲食品，其中主打产品"真心香瓜子"因其上乘质量和独特口味迅速赢得了广大消费者的喜爱。此外，该公司还推出了焦糖、红枣、绿豆、麻辣、核桃等多种口味的新品种瓜子，以及其他休闲零食类别。

1. 发现问题

在 2016 年 3 月的第十届中国坚果炒货节后，真心公司发现，在春节期间其销售额和市场份额并没有明显提高。这可能是由于生产商和消费者之间缺乏直接联系，导致新产品或营销策略的信息延迟和传达错误，真心公司无法及时获取消费者和市场的反馈信息。因此，真心公司需要思考如何直接与消费者建立联系，了解他们的需求和偏好，以此为基础进行产品设计和营销策略的制定。首先，真心公司没有直接联系消费者的渠道，因此无法在新品上市前直接调查消费者的喜好情况；其次，真心公司因无法快速收集消费者对刚上市的新品及老品的反馈，无法进行适当调整；再次，由于中间商环节过多，公司制定的营销策略在执行过程中传递有误，所以营销效果不显著甚至没有；最后，真心公司无法利用消费者的个性数据更好地经营，无法充分利用"互联网+"大背景。

2. 建立与消费者联系的平台

真心公司发现只有直接掌握消费者的数据，与消费者取得直接联系，才能最快地得到市场和消费者的反馈，才能更好地进行产品设计和营销策略制定。真心公司之前采用的纸质抽奖卡信息是单向性的，经常发生消费者和终端门店把抽奖卡弄丢了不能兑换的现象，所以反馈并不是很好。于是真心公司将之前的纸质抽奖卡换成真心微信公众平台二维码，消费者可以扫二维码关注微信公众平台后领取红包。这样方便消费者直接领取红包，真心公司也能将消费者纳入粉丝群中，和他们取得联系，进行更好地客户关系管理。这个措施的成本投入相对较低，可实施性也比较高。真心公司开始安排微信公众平台二维码制作和产品投放工作。

3. 吸引消费者的 3 个环节

为了有效地进行客户关系管理，真心公司建立了真心微信公众号。真心公司的客户关系管理分为 3 个环节，首先是吸引消费者的阶段，他们采用各种微信扫码促销活动和线下推广，以此来吸引更多的消费者关注真心微信公众平台。其次是互动的阶段，消费者扫码关注真心微信公众平台后会收到推送的消息提醒，消费者选择感兴趣的推送阅读，从而增加用户忠诚度。此外，真心公司还通过微信公众平台举办真心大电影活动。消费者需要通过微信投票来参加该活动，这种互动方式不仅可以经营与消费者之间的关系，还可以吸引新的消费者关注真心微信公众平台。最后是转化阶段。真心公司致力于将普通消费者转化为自己的忠实粉丝甚至是宣传者，以此来提升品牌的影响力。

4. 以"真心 city+"换忠诚

真心公司在多次线上和线下的微信公众号推广活动中发现，虽然已经积累了一定量的粉丝，但是粉丝的转化率和活跃度较低。因此，真心公司意识到吸引粉丝只是联系消费者的第一步，而将粉丝转化成忠实顾客、促使他们进行多次重复购买行为，是客户关系管理的重要问题。在一次客户关系管理的讨论会上，真心公司提出了"真心 city+"的想法：以生产商名义搭建微商城，在该商城中，零售商可以免费入驻开微店，销售真心产品和其他品牌的产品，增强与社区消费者的联系，提高竞争力和销量。上层的经销商和分销商可以直接从微商城下单订货，订货价格透明化，方便管理库存和精准预测销售量。消费者则可以通过多个渠道购买所需产品，提高满意度和忠诚度。通过"真心 city+"，真心公司与各级经销商、分销商和零售商建立了更密切的联系，合作共赢，获取消费者信息，实现新零售。从短期来看，虽然客户关系管理活动并没有在销售数据中体现出来，但是从长远来看，这些都将是真心公司的财富。

习题 9

1. 简述客户、客户关系、客户关系管理、客户关系管理系统的含义。
2. 简述客户生命周期含义及其 5 个阶段，以及基于客户生命周期的客户细分。
3. 如何理解消费者分类模型？客户细分的目的是什么？如何确定目标客户？
4. 基于产品-客户关系的客户细分的具体内容是什么？

5. 为什么要在线与消费者沟通？什么是交互式沟通目标？交互式沟通如何分类？

6. 网络媒介与传统媒介在营销上有什么区别？并简述在线客户关系管理的分阶段任务。

7. 你认为企业维持客户忠诚度的根本措施是什么？

8. 简述客户关系管理系统模型及其功能组成。

9. 如果让你设计一个方案来跟踪兴趣客户，你如何考虑？这样做会引起客户的反感吗？如何保护客户的隐私？

10. 客户在关系营销中的目标是减少选择，你同意这种说法吗？消费者真的是这种习惯性思维吗？为什么？

11. 通常网络厂家将建立网络社区当作客户关系管理的一个重要内容，为什么？

第10章 网络营销绩效管理

10.1 营销管理信息的监测与控制

党的二十大报告提出，"未来五年是全面建设社会主义现代化国家开局起步的关键时期"，并指出主要目标任务，其中包括"改革开放迈出新步伐，国家治理体系和治理能力现代化深入推进，社会主义市场经济体制更加完善，更高水平开放型经济新体制基本形成"。要完善社会主义市场经济体制，评价网络营销绩效必须对营销管理数据进行有效的检测和控制。其主要任务是先收集、比较影响网络营销绩效的相关运营数据，再评测这些数据是否对网络营销绩效产生积极影响。

10.1.1 营销管理数据的收集

网络营销是企业整个营销战略的重要组成部分，涉及许多具体营销对象，如有形的商品、无形的服务、线下和线上的各种事件、体验、消费者、网站或网络工具、财产权、企业、信息、品牌和理念等。在这些网络营销对象中，如何评价其在营销中的地位和发挥的作用，既是企业实施网络营销战略进行规划与实施的主要内容，也是评价其营销绩效的重要依据。

网络营销战略规划过程一般经过 4 个阶段，即战略分析、战略规划、战略实施和绩效评估。在整个战略的执行过程中，企业需要不断地收集、分析营销活动过程中的各项数据，以判断其执行效果是否达到预期的营销目标，为企业下一步的营销决策和控制奠定基础。

企业收集、分析网络营销活动过程中的各项数据并管理整个营销活动，主要依赖于两大信息系统，即面向企业内部营销管理的营销信息系统（Marketing Information System）和面向企业外部管理的营销情报系统（Marketing Intelligence System）。

面向企业内部的营销信息系统是企业管理营销信息的主要工具和手段。一方面，系统负责管理网站收集和记录的有关消费者的各项数据，以及管理营销人员收集的有关市场竞争者及其产品相关的信息，对这些数据进行分析、整理、运用，实现对企业网络营销的各项活动和营销过程进行评估与控制管理。另一方面，将营销人员通过跟踪、收集和访谈所获得的有关消费者对企业及其产品的需求、愿望、偏好和消费模式等情报与营销信息系统处理得到的相关有价值的数据进行比较，整理、分析并形成供企业营销决策部门使用的营销内部报告，以管理和控制整个网络营销战略过程和实施的各个环节。

面向企业外部的营销情报系统是企业为了了解和适应外部的营销环境，服务于企业营销以帮助营销人员收集外部营销环境发展的日常信息的主要软件系统。该系统是企业营销人员调度可控制的企业营销资源进行有效决策控制，以适应营销环境发展和变化的重要管理工具。企业营销情报系统的功能及监测项目如表 10-1 所示。

表 10-1 企业营销情报系统的功能及监测项目

序　号	监测项目	行动方式	举例说明
1	监测用户使用产品情况	利用各种途径，发现、收集和报告网络营销中客户使用产品时出现的新情况和新问题	观察客户在使用公司产品时的创新方式，从中发现新的创新构思，以便开发新的产品

序 号	监测项目	行 动 方 式	举 例 说 明
2	监测供应链的配合情况	发现、收集和报告供应链上合作伙伴的营销情况，及时掌握企业重要的竞争情报资料	可以通过秘密购物者识别方式了解竞争情报，通过修订网上购物流程和员工培训解决其服务中的问题
3	监测员工营销工作情况	以合法方式发现、收集内部员工的营销活动数据	对那些提供竞争对手新动向、给出提高绩效建议等的员工给予奖励
4	咨询意见领袖对产品的意见	建立热心客户网络营销监测团队，从中寻找意见领袖，获得其对产品或服务的营销咨询信息	将客户中规模较大、最具代表性、直言不讳或富有经验的人组织起来，收集其产品反馈信息
5	观测权威机构对产品的看法	从政府或非营利组织发布的行业调查数据中，观测企业营销情况和产品在市场的地位和份额	参阅国家统计部门或非营利组织的统计数据，了解关于产品的使用和消费者特征变化数据
6	观测竞争对手对产品的看法	通过一手资料或二手资料收集竞争对手对企业营销的看法和意见，获得网络营销效果比较数据	从信息服务公司获得营销受众数据等
7	评价客户的满意度	通过网站的在线顾客反馈系统（CRS）和应答系统（FAQ 系统），收集客户使用产品和对营销活动的评价意见	在金融机构投资者等网站上查询客户评级情况，并了解竞争对手的产品优缺点。在自己的网站上建立评价系统，如通用汽车的客户评价系统

除上述两大系统外，企业针对营销战略还应建立营销信息调研系统和门户网站，这些系统共同作用，成为企业监督、管理和控制网络营销活动及营销战略执行效果的重要手段。

10.1.2　网络营销效果的比较

任何一家企业或机构在评判其网络营销方案执行效果是否达到预期目标时，都会先期给定评价的标尺。但是评价其营销绩效是否处于理想状态，要依据公认的评价标尺，它是由那些营销绩效取得成功的范例创造的标准。企业在根据该标尺刻度评价网络营销绩效时，就能发现自己在营销活动及管理工作中存在的问题，及时总结经验，修正偏差和错误，以便在以后的营销实践工作中提高企业营销战略执行的业绩和效能。

那么，究竟何种认定标准能够判断企业的网络营销效果优劣呢？评价企业网络营销活动的执行效果，并给出正确的判断是评估其营销绩效的基础。网络营销活动的效果反映在各项绩效指标上，但是有的数据能够直接观测到，而有的数据则不能准确地观测到。换言之，一家企业或一个部门的营销活动执行效果可能是由多种不同属性指标以不同程度的数据加以体现的，而观测和评价各种不同属性的数据并不是一件容易的事情，有时即使借助相关的工具和方法也无法收集到，更谈不上完整收集和分析这些数据，得到相关属性的准确数据了。在我们能够观测和收集到营销绩效评价指标数据的前提下，对已经获得的与业绩相关的各项属性指标数据，要认真地从中找出其活动规律并予以总结，这是改进企业网络营销绩效的重要方法，也是设定科学合理的营销目标和改进营销效果的重要参照依据。

将企业在网络营销战略实施中得到的效果与不同标准的评价尺度进行比较，就能根据企业的营销实践情况，判定其营销效果处于何种状态，有利于指导企业网络营销战略实施。在网络营销的实践中，企业实施营销战略的效果有差的、有好的，也有非常杰出的。表 10-2 所示为企业网络营销实践中差的、好的和杰出的标准项目测评。

表 10-2　差的、好的和杰出的营销实践项目比较

差的营销实践	好的营销实践	杰出的营销实践
产品驱动	细分市场导向	市场导向
大众市场导向	分析市场导向	补缺导向和顾客导向
平均产品质量	提供附加产品	提供顾客解决方案
平均服务质量	高于平均质量	非常好
最终产品导向	核心产品导向	核心能力导向
功能导向	过程导向	结果导向
对竞争者有反应	以竞争者为标杆	蛙跳式超越竞争者
利用供应商	供应商偏好	供应商合作
价格驱动	经销商偏好	经销商合作
平均速度	好于平均速度	非常好
等级	网络	团队
垂直一体化	扁平化组织	战略联盟
股东驱动	利益相关者驱动	社会驱动

10.1.3　网络营销效果的测评

在企业实施网络营销战略中，监管其整个营销活动及其过程并不是一件容易的事情，需要对企业的营销观念、营销组织、营销能力、营销战略和营销策略等各个项目运行的状态进行数据观测、分析、比较和判断。在这些项目中，营销观念在企业营销活动中是主要的驱动力量，不同的营销组织、营销能力、营销战略和营销策略的组合，所创造的营销效能和营销效率是不相同的。针对企业在网络营销战略实施中的这些项目进行数据监管，主要步骤是目标设定、绩效测量、绩效诊断和修改行动。

目标设定是企业明确将要实现的网络营销的目的；绩效测量是对网络营销实践中正在发生的事情进行了解和判断；绩效诊断是了解为什么会发生这些事情，其主要原因是什么；修改行动是企业在面对这些发生的问题时，应该如何面对和恰当处理。

在上述测评思路的指导下，针对网络营销战略实施过程中的各个环节指标监测与评价时，需要做好以下具体事情。

1. 测评网络营销管理效率

营销管理效率是指实现组织营销目标的过程的有效性，反映了营销管理的投入产出比。通过对企业营销执行过程进行测评和控制，能够提高企业的营销管理效率。

测评企业网络营销管理效率，需要检查、收集和分析公司或部门在营销导向特征上的表现的具体数据指标，主要有企业服务顾客的需求和需要、整合后的营销及关键组织、营销调研和市场信息收集、营销规划和战略设计及实施、灵活有效地运用营销资源等内容。监管上述营销实施项目，能够判断企业的营销活动预期效果是否处于良好范围，以此判断企业的网络营销目标和效能能否实现。表 10-3 所示为企业网络营销实践项目测评表。

表 10-3 企业网络营销实践项目测评表

观 测 项	编 号	营销活动观测内容及测评等级		
企业服务顾客的需求和需要	1	公司管理层是否认识到根据其所选市场的需要和欲望设计公司业务的重要性		
		0—公司管理层主要考虑如何把现有产品或新产品出售给任何愿意购买的人	1—公司管理层考虑为范围广泛的市场和需要提供同等效率的服务	2—公司管理层考虑为其所选市场的需要和欲望服务,这些市场都是在慎重分析该市场长期成长率及公司的潜在利润以后而选定的
	2	公司管理层有否为不同的细分市场开发不同的产品并制订不同的营销计划		
		0—没有	1—做了一些工作	2—做得相当好
	3	公司管理层在规划其业务活动时,是否着眼于整合营销系统观点(供应商、渠道、竞争者、顾客、环境)		
		0—不是。公司管理层只是致力于向其当前顾客出售和提供服务	1—有一点儿。公司管理层尽管将大量的精力集中在向当前顾客出售商品和提供服务方面,也从长远角度考虑了其他渠道	2—是。公司管理层从整合营销系统观点出发,认识到由于系统中某个部分的变化可能给公司带来的各种威胁和机会
整合营销组织	4	对于各个重要的营销职能是否有高层次的营销整合和控制?		
		0—没有。销售和其他营销职能没有高层次的整合协调,并有一些非生产性的摩擦	1—有一点儿。各重要营销职能部门在形式上有整合和控制,但缺乏令人满意的合作和协调	2—是。各重要营销职能部门被高度有效地整合在一起
	5	公司的营销管理层是否有效和市场研究、制造、采购、实体分配及财务等其他部门的公司管理层进行有效的合作		
		0—否。人们抱怨说营销部门向其他部门提出的要求和需要的费用是不合理的	1—还可以。尽管各部门一般都倾向于维护本部门利益,但它们之间的关系还是融洽的	2—是。各部门能有效地合作,并且能从企业的全局考虑,从公司的最高利益出发来解决问题
	6	新产品制作过程是如何组织的		
		0—该体系未能明确规定,管理不善	1—该体系形式上存在,但缺乏有经验的人员	2—该体系结构完善,配备了专业人员
企业营销信息	7	最近一次研究顾客、采购影响、渠道和竞争者的营销调研是何时进行的		
		0—若干年以前	1—一两年前	2—最近
	8	公司管理层对于不同的细分市场、顾客、地区、产品、渠道和订单的潜在销售量和利润的了解程度如何		
		0——无所知	1—略有所知	2—了如指掌
	9	在衡量不同营销支出的成本效益方面是否采取了相应措施		
		0—很少或没有措施	1—有一些措施	2—有大量措施
营销战略导向	10	正式的营销规划工作的程度如何		
		0—公司管理层很少或没有正规的营销规划工作	1—公司管理层制定了年度营销规划	2—公司管理层制定了详细的年度营销规划和每年更新的长期规划

观 测 项	编 号	营销活动观测内容及测评等级		
营销战略导向	11	现有营销战略的质量如何		
		0—现有战略不明确	1—现有战略明确，但只是代表传统战略的延续	2—现有战略明确，富有创新性、依据充足、合情合理
	12	有关意外事件的考虑和计划做得如何		
		0—公司管理层很少或不考虑意外事件	1—公司管理层尽管没有正式的意外事件应对计划，但是对于意外事件有一定的考虑	2—公司管理层正式辨认最重要的意外事件，制订了应对意外事件的计划
营销工作效率	13	在传播和贯彻最高管理层的营销思想方面做得如何		
		0—很差	1——一般	2—很成功
	14	公司管理层是否有效地利用了各种营销资源		
		0—否。相对于完成的工作来讲，营销资源是不足的	1—做了一些。营销资源足够，但是它们没有得到最充分的利用	2—是。营销资源充足，并且对它们进行了充分的部署
	15	公司管理层在对眼前变化做出迅速有效的反应方面是否显示良好的能力		
		0—否。销售和市场信息不是很及时，公司管理层的反应比较迟钝	1—有一点。公司管理层一般可以获得现时的销售和市场信息，但其反应速度快慢不一	2—是。公司管理层建立了若干专门管理制度，用以收集最新信息，并能及时反应
总得分				

考评表用法：为每个问题选择一个适当的答案，然后把各题的分数加起来得到总分。

测评得分值：0～5 分=无；5～10 分=差；11～15 分=普通；16～20 分=良；21～25 分=很好；26～30 分=优秀

除了对上述网络营销项目指标测评，还要检查企业网络营销实施过程中的各个环节。

考察营销管理的效率，主要检查企业在营销规划过程中对关键环节的执行情况，包括销售分析、市场份额分析、营销费用—销售额分析和财务分析等。销售分析是对与销售目标相关的实际销售情况的度量和评价。销售差异分析度量造成销售业绩缺口的不同因素所引起的相应影响。微观销售分析对未能实现预期销售的特定产品、地域及其他要素进行考察。

在实际衡量企业营销管理效率时，仅仅进行销售分析并不能完全揭示公司与其竞争对手的实际差距，还要考察其在市场份额上的关键指标：总体市场份额、服务市场份额和相对市场份额。总体市场份额是指其销售额在市场总销售额中所占的百分比。服务市场份额是指其销售额占所服务市场的总销售额的百分比，这里的服务市场是指有能力并愿意购买其产品的所有购买者。相对市场份额是公司与其最大竞争对手相比较的市场份额。高于 100%的相对市场份额表明该公司是市场领导者，刚好等于 100%的相对市场份额表明公司与市场领导者不分伯仲。相对市场份额上升，意味着公司正在从领先的市场竞争对手那里夺得市场份额。

公司在营销过程中，衡量其营销费用是否超支，一般是分析营销费用/销售额比率指标。当该指标超出其正常波动的范围时，应该检验连续观测值时的公司行为是否存在某种不合理的现象，即使公司处于最高值和最低值控制区间，也应尽早发现异常数据隐藏着的问题。

在分析营销费用或销售额比率指标时，应从公司财务框架整体考虑，以判定公司的赢利究竟来自何方，是如何获得的，如通过财务分析判别影响公司资本净值回报率的各种因素。改进公司资产的回报方式有两种：一种是提高销售额或降低成本以增加利润率；一种是提高销售量或减少针对某一销量所持有的资产（存货、应收账款等）以加速资产周转。

2．审计整个网络营销过程

对企业网络营销活动及营销过程进行全面、系统、独立和定期的检查，其目的是发现和确定营销过程中的问题，确定其范围和机会，提出行动计划，以提高公司的网络营销绩效。这项工作被称为企业网络营销审计，主要包括 6 项内容：营销宏观环境和任务环境、营销战略、营销组织、营销系统、营销生产率、营销职能（4P 和 4C 等）。

① 营销宏观环境包括人文、经济、环境、技术、政治和文化；任务环境包括市场、顾客、竞争者、分销和经销商、供应商、辅助和营销公司、公众。

② 营销战略包括商业使命、营销目标和目的、战略。

③ 营销组织包括正式机构、功能效率、部门联系效率。

④ 营销系统包括营销信息系统、营销规划系统、营销控制系统、新产品开发系统。

⑤ 营销生产率包括赢利率、成本效益。

⑥ 营销职能包括产品、价格、分销、促销和营销沟通、销售团队、网站。

3．选择营销控制路径

营销实施是指将营销规划转化为行动安排，并保证这些行动安排能够以恰当的方式来执行，以实现规划所确定目标的过程。在网络营销中，具体的营销实施内容包括网站平台的构建、商业模式的确定、营销模式的选择、在线客户的维系方法等。网络营销实施控制的核心是目标管理，主要有 4 个步骤：目标设定（公司想达到什么目标）、绩效测量（营销中正在发生什么问题）、绩效分析（这些问题产生的原因是什么）、修改行动（下一步该怎么办）。

测量企业营销效率和效果的工具很多，主要有平衡计分卡、营销仪表盘、顾客业绩记分卡、利益相关者业绩记分卡等。

（1）平衡计分卡

该方法要求管理者和员工考虑长远目标、实现长远目标的成功要素，以及在客户、内部管理、学习和创新、财务几个领域的绩效考核指标，将战略与考核指标联系在一起，设计企业的考核指标体系，如表 10-4 所示。

表 10-4　平衡计分卡的 4 个视角

客户视角		内部管理视角		学习和创新视角		财务视角	
目标	指标	目标	指标	目标	指标	目标	指标

客户视角是指从企业传递的客户价值来进行衡量，指标包括市场份额、客户满意度等。体现市场份额的指标主要在交易上，如每月固定的访问者数量、中止的在线销售次数、正确下单订购的比例、回复客户询问的时间、按时完成订单的比例。客户满意度主要体现在客户一年内的回访率、访问频率、浏览网站的持续时间、转换率、提供个人资料的客户比率、所有浏览网站的客户中留下电子邮件地址的比率。

从内部管理视角评价企业如何通过内部管理来满足客户的期望值，指标包括用户友好界面的性能、强大的软件结构、有效的配送系统。主要体现在网站：上传一个网页的时间、网站的更新速度和可度量性；供应链效率：存货水平、存货周转率、订单确认时间、按订单生产产品的比例；辅助渠道：在线销售收入占总收入的比例。

学习和创新视角，也被称为成长视角，指的是企业不但关注企业产品和服务的优化，而且关注产品的创新。衡量指标不仅包括新产品的数量、新产品在销售中所占的比例、新产品的开拓、客户关系管理和供应链管理的改进程度等；还包括从构思到启动的平均时间、赶上竞争对手网站水平所需的时间、竞争对手赶上本网站水平所需的时间、网站调整后重新启动所需的时间。

财务视角是指各项财务指标完成情况。各项财务指标包括投资回报率、市场资金流动速度、经营收入、费用支出、销售量、市场份额增长率、订单平均价值、净利润与销售额之比等。

（2）营销仪表盘

营销仪表盘是一种商业智能软件提供的管理工具。该工具采用结构化方法将多种方式获得的公司内部和外部的营销绩效度量指标数据进行汇总，将营销数据以图表方式显示在罗盘上的营销标度上，直观展示公司营销运营状况，是公司营销决策管理的重要辅助工具。营销标度是企业用来对营销绩效度量、比较和解释的一组度量标准。主要产品是 SAP 公司 Business Objects 商业智能软件提供的营销仪表盘，它能够跟踪和分析公司营销业务执行情况，如销售预测、分销渠道效率、品牌资产动态变化、人力资源发展情况等，帮助企业改善营销决策水平，优化企业的营销绩效。国内一些软件公司，如金蝶公司和用友公司也在其 ERP 产品中增加了营销仪表盘这样的表现工具。

（3）顾客业绩记分卡

顾客业绩记分卡记录了以顾客作为衡量标准时的公司表现，包括新顾客所占百分比、平均顾客数量、目标市场上知道或能想起该品牌的顾客所占百分比。

（4）利益相关者业绩记分卡

它是跟踪与公司业绩有利害关系的人员的满意程度的工具，跟踪的人员包括员工、供应商、银行、网络中介、认证中心和股东等。企业只有先对每种衡量指标设定平均值，才能判定其现时状况并给出决策。

观测和分析营销指标并判定其营销效果的 4 种路径，如图 10-1 所示。

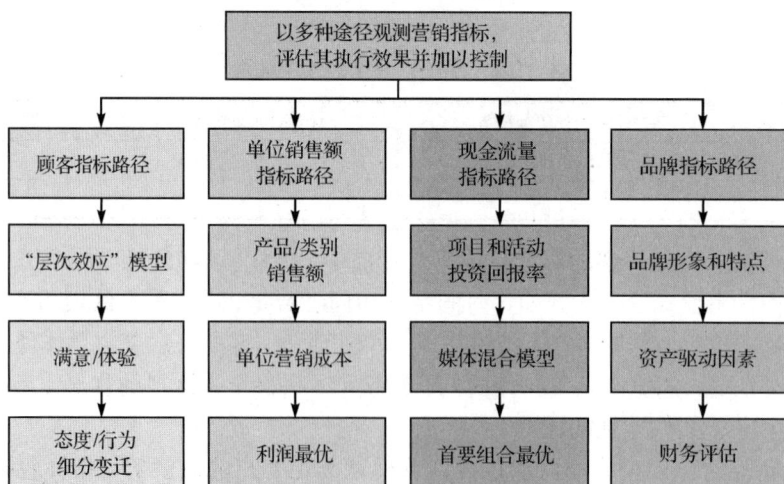

图 10-1　测量公司营销绩效的 4 种路径

① 顾客指标路径。该路径目标是将潜在顾客转变为现实顾客。营销从顾客对产品或服务

有意识，到产生偏好、试用，再到重复购买。许多企业都通过"层次效应"模型去跟踪某个潜在的大市场是如何演变为具体的有利可图的市场的。

② 单位销售额指标路径。该路径反映营销人员关于销售单位产品或服务的知识——产品线或地区的销售额是多少，作为效率标尺的单位销售额的营销成本，利润在何处，如何因产品线或分销渠道特点被优化。

③ 现金流量指标路径。该路径聚焦在营销支出中是如何实现短期营销回报的。通过对营销项目和计划方案的实施，运用媒体混合模型，可知其投资回报率模型测量的是某一投资预期会产生的直接影响或利润的净现值，以此确定营销组合最优方案。

④ 品牌指标路径。该路径追踪影响公司营销的长远变化。通过对品牌资产的测量，从现有客户和潜在客户的角度来评估公司的品牌在情感上的健康度及在品牌和财务上的健康度。

10.2 网络营销绩效评价

网络营销绩效评价是一个系统管理问题。在此管理过程中，不同的人站在不同的角度会选择不同的评价指标。在这里，我们阅读了大量的参考文献，融合主流评价和意见，给出了一般的基本评价指标体系和一般的评价方法。

10.2.1 网络营销绩效评价的目的及意义

网络营销战略的实施经历分析、规划、实施和评价 4 个阶段。评价是其战略实施中的最后的收尾工作。网络营销的绩效评价根据企业特定的要求和统一的评价标准，建立评价营销绩效指标体系，并采用一定的数理方法，对营销绩效指标进行定性和定量的分析。其目的是帮助企业寻找营销管理中的差距，分析企业的营销行为、效率和效能等方面存在的问题和原因，从而优化整合企业的营销资源，更好地优化营销实施方案，实现其营销目标。

网络营销绩效评价的指标源于多个方面，都是企业能够观测到的财务、销售等多方面属性数据。尽管评价网络营销的绩效缺乏统一的评价体系和标准，不同的企业采用的评价方法也不尽相同，但是其实施评价的目的和意义基本是一致的。

1. 网络营销绩效评价的目的

① 方便企业各个部门根据量化的指标制订相应的行动计划。

② 将绩效考核的指标告知所有员工，让他们了解企业对员工的要求，使员工的考核与绩效考核指标挂钩，激励员工为完成企业网络营销目标而努力。

③ 检查营销实施状况与理想标准之间的差距，随时纠偏，以取得满意的绩效。

④ 提高公司及其营销网站的品牌知名度和价值，提升品牌及其产品的竞争力。

⑤ 找出企业在营销方案执行中的问题，为制定下一阶段营销实施方案提供改进意见。

2. 网络营销绩效评价的意义

① 有利于提高企业的管理水平。网络营销活动是企业经营活动中的重要组成部分，它既是企业系统的输出端，又是其创新经营的发动机。企业围绕网络营销的实施评价其绩效，目的是找到营销差距，有效整合资源，再造企业组织和流程，提高企业的整体管理水平。

② 有利于优化企业的营销方案。网络营销是企业营销战略的重要组成部分，直接影响企

业整个营销管理工作的实践。在评价营销绩效的过程中，需要收集企业各方面的运营数据，通过对这些数据进行分析，能够发现营销资源利用的差距，有利于企业改善其营销工作，调整其营销策略和资源，更好地优化企业营销方案。

③ 有利于企业营销管理绩效的提高。所有管理活动都要有分析、计划、执行、检查和反馈，网络营销的评价和反馈，能够使企业总结营销管理经验，找出管理问题改进工作，指导现在和未来的营销管理工作。通过网络营销评价，企业能够知道其营销战略与策略是否得当，是否能为企业带来应有的影响和效益。

④ 有利于企业创建品牌，提高知名度。网络营销的目的是创建品牌，树立企业形象，提高企业知名度。因此，通过对网络营销绩效的评价，企业能够了解其带来的效果，更好地树立企业品牌形象并提高知名度。

⑤ 有利于提高企业服务水平。网络营销绩效评价数据很大一部分来自消费者的反馈信息。根据消费者反映的网络营销绩效的评价数据，企业可以更直接地了解消费者的需求，从而最大限度地满足消费者，以提高企业的服务水平。

10.2.2 网络营销绩效评价指标体系

网络营销绩效考核指标是用来评价企业网络营销运营是否有效。如果企业希望在线销售实现的经营总额占到 5%，就应该不断地核算多种渠道获得的收益，判断能否完成预定的目标。有了这样的目标，企业才能适时调整，保证实现目标。

网络营销活动和营销过程有其独特的规律性，因此，对网络营销绩效的评价缺乏公认的营销绩效评价标准和完善的网络营销绩效评价指标体系。

所以，在讨论网络营销绩效评价指标时，只能综述其最新的研究成果，给出较为科学、可实施的评价标准。建立营销绩效指标评价体系的原则如下。

① 目的性原则。建立评价指标体系的目的就是要能客观、准确地反映营销的综合效果，为企业提供可用的决策信息。不同的目的决定了所提供信息的可用性，因此，在建立指标体系时必须从企业的实际目标出发，遵循目的性原则。

② 科学性原则。对网络营销绩效的评价，要本着科学的态度，保证待评价对象所具有的特性与所收集的材料之间存在必然的因果关系，或者存在内在的直接联系，使指标体系能够客观准确地反映真实的实际情况。通过指标体系的核算和综合评价，真正找出与竞争对手的差距，成为自我诊断、自我完善的有力工具。

③ 系统性原则。所建立的指标体系应能够完整地、多角度多层次地反映企业网络营销的各个方面，做到不遗不漏，不但要有进行纵向比较的指标，而且要有进行横向比较的指标。

④ 独立性原则。网络营销评价指标体系中各指标要具有较高的区分度，容易识别并独立存在，每个指标都应独立地反映系统的某一方面或不同层次的特征。

⑤ 实用性原则。尽管很多指标都不足以反映网络营销的某方面的特点，而有些理想化的指标从理论上能够准确地反映网络营销的特点，但是这些理想化的指标所依赖的基础信息，在当前条件下无从收集。在这种情况下，要选取可操作的、接近客观真实的指标。指标的设计要有明确含义，指标的核算应以现有的统计数据为基础，且指标的设计要有重点，从而使指标体系在实际应用中易于操作，切实可行。同时，由于影响网络营销评价的因素很多，在建立指标体系时不可能将所有的因素都包括进去，所以尽量选择对网络营销影响比较重要的因素作为评价指标。

⑥ 定性与定量相结合原则。在建立网络营销评价指标时，要积极采用定量指标。能定量化的指标绝不采取定性指标，但这并不意味着否定定性指标的作用，只是尽量采用定量指标，以便更加准确、直观地考核网络营销效果。

在明确营销绩效指标评价原则以后，接着是构建营销绩效评价指标体系。由于建立一个完整的网络营销绩效评价体系是一件很困难的事情，即使在理论上可行，在实际操作中也可能会变得非常复杂，或评价成本过高，因此在实际应用中，为了简单起见，往往只对能够反映网络营销绩效的某些方面进行评价。

网络营销绩效评价指标体系包括 3 方面内容，分别是网站效果、网络营销效率和网络营销效益。

1. 网站效果指标

由于企业网站是开展网络营销活动的最基本、最重要的综合性工具之一，因此对网络营销的一个重要评价方面就是对网站效果进行评价。尽管不同的企业具有不同设计功能、风格和视觉效果的网站，但是对网站本身效果的评价有一些通用的评价指标，这些指标主要包括网站设计、网站性能、网站推广和网站流量等方面，反映了网站对企业网络营销系统的支撑功能效果，它们又包含了 17 个三级指标。其实，评价网站效果可供衡量的指标很多，网络营销绩效评价指标体系如表 10-5 所示。

表 10-5 网络营销绩效评价指标体系

一级指标	二级指标	三级指标
网站效果	网站设计	域名选择
		检索功能
		更新频率
	网站性能	安全可靠性
		交互能力
		主页下载速度
		链接有效性
	网站推广	登记搜索引擎的数量和排名
		注册用户数量
		被其他网站链接的数量
		网站的社会知名度
		网站的用户忠诚度
	网站流量	独立访问者数量
		页面浏览数
		每个访问者的页面浏览数
		用户平均访问网站停留时间
		用户在每个页面的平均时间
网络营销效率	销售效率	信息利用率
		市场扩大速度
		访问者中有消费倾向的比例
		顾客数量增长率
		获得单位市场份额的费用

一 级 指 标	二 级 指 标	三 级 指 标
网络营销 效率	配送效率	库存平均水平
		交货准时性
		每单位销售额的运输成本
	广告效果	网络广告刺激 购买比率
		网络广告刺激 引起的访问数
		网络广告前后 对产品的态度
网络营销 效益	竞争效果	顾客渗透率
		顾客选择性
		价格竞争力
		品牌知晓度
		顾客满意度
	服务效果	响应速度
		顾客抱怨率
		可靠性
	公众效果	社会经济影响力
		社区影响力
		消费者影响力
		竞争者仿效率
	财务绩效	销售增长率
	财务绩效	资产负债率
		存货周转率
		净资产受益率
		总资产周转率

（1）网站设计指标

① 域名选择。域名与企业名称、商标及其主营业务的关联性越强，越简洁易记，域名选择就越成功。

② 检索功能。网站的内容结构设计是否成功，表现在能否使浏览者准确快速地找到要找的信息。

③ 更新频率。网站内容和页面设计要不断更新，以提高网站提供的信息资源质量，同时提高网民对网站的信任度，最好注明最后一次更新的时间。

（2）网站性能指标

① 安全可靠性。网站不得携带病毒和有害程序，运行安全可靠。

② 交互能力。从论坛、留言板、邮件列表及 FAQ 等能够促进网站和用户交流的内容的建设情况来测评。

③ 主页下载速度。网站自动侦测用户访问网站时的网络宽带，自适应调整用户下载主页的内容，以提高下载速度。

④ 链接有效性。链接有效性涵盖内容链接有效性和用户链接有效性。内容链接有效性是指错误的和无效的页面链接次数越少越好，用户链接有效性是指网站是否提供详尽的便于用户联系的链接方式，包括在主页和其他链接的地方提供公司的地址、邮编、联系人姓名，以及电子邮件、电话、传真等，以方便用户随时建立联系。

（3）网站推广指标

① 登记搜索引擎的数量和排名。虽然搜索引擎对网站流量的作用在日益减小，但仍不能否定在搜索引擎登记的重要性。搜索引擎对于新增加的访问者，仍然有着不可替代的作用。

② 注册用户数量。该数据是体现网站价值的重要指标，在一定程度上反映了网站内容给用户提供信息的价值，反映了网络营销的成果，注册用户意味着潜在顾客的数量。

③ 被其他网站链接的数量。网站被其他网站链接的数量越多，对网站搜索结果排名越有利，而且访问者还可以直接从链接的网页进入你的网站。实践证明，在其他网站做链接，对网站推广起重要作用。

④ 网站的社会知名度。网站的知名度越高，表明网站推广的效果越好，它在某种程度上反映了网站的地位和它对企业的影响力。

⑤ 网站的用户忠诚度。在一定的时间段内相同的用户访问某网站的次数，这个指标反映了网站对用户的吸引力。用户忠诚度越高，网站经营得越成功。

（4）网站流量指标

① 独立访问者数量：在一定时期内访问网站的人数，每个固定的访问者只代表一个唯一的用户。

② 页面浏览数：在一定时期内所有访问者浏览的页面数量。如果一个访问者浏览同一个页面 3 次，那么网页浏览次数就计 3 次。

③ 每个访问者的页面浏览数：这是一个平均数，即在一定时期内全部页面浏览数与所有访问者相除的结果。

④ 用户平均访问网站停留时间：所有用户在网站的停留时间与所有的访问用户数相除的结果。访问者停留时间的长短，反映了网站内容对访问者的吸引力大小。

⑤ 用户在每个网页的平均时间：访问者在网站停留总时间与网站页面总数之比。这个指标的水平说明了网站的内容对访问者的有效性。

2. 网络营销效率指标

网络营销效率指标反映企业网络营销系统中人、财、物的利用效率，主要包括销售效率、配送效率、广告效果 3 个方面的指标，它们又包含了 11 个三级指标，如表 10-5 所示。其中，信息利用率是指企业利用的网上信息数与经过加工的信息数之比；市场扩大速度指的是本期市场占有率与前期市场占有率之比。

3. 网络营销效益指标

网络营销效益类指标分别从竞争效果、服务效果、公众效果和财务绩效 4 个方面反映了企业网络营销系统运营过程中所产生的竞争力、服务水平、公众影响力和经济效益。这些指标又包含了 17 个三级指标，如表 10-5 所示。其中顾客渗透率是指通过企业门户网站购买商品的顾客占所有访问者的比例，反映企业在目标市场上占有的顾客数量；顾客选择性反映企业网上顾客的购买量相对于其他企业网上顾客的购买量百分比；价格竞争力反映企业网上产品的价格相对于竞争性企业的同类产品或可替代产品的价格优势；品牌知晓度表示企业品牌在市场上的知晓程度，可以用调查法得到；社会经济影响力反映企业的网络营销活动对于整个社会经济及相关产业的推动作用；社区影响力是指企业的网络营销活动对大众的消费理念、商业知识、思想意识、消费行为等所产生的影响；竞争者仿效率是指同类企业对企业所采取的网络营销手段的仿效率等。

10.2.3 网络营销绩效评价工具和方法

不同的企业或同一企业在不同的时期，评价网络营销绩效的动机和目的都不相同，采用的评价方法也各不相同。因此，在选择网络营销评价方法时，应理解企业综合评价对象和评价任务的要求，按照现有提供的资料状况，科学合理地选择评价方法和工具。

在选择网络营销绩效评价方法时，通常遵循以下筛选原则。

① 选择评价者比较熟悉的评价方法。

② 所选择的方法必须有坚实的理论基础，能为人们所信服。

③ 所选择的方法必须简洁明了，尽量降低算法的复杂性。

④ 所选择的方法必须能够正确地反映评价对象和评价目的。

按照网络营销绩效评价与所使用的数据特征关系，可将网络营销绩效评价方法分为基于数据的评价、基于模型的评价、基于专家知识的评价，以及基于数据、模型、专家知识的评价。依据评价方法采用的理论，可知综合评价网络营销绩效的方法大体有以下 4 类。

① 专家评价方法，如专家打分综合法。

② 运筹学与其他数学方法，如层次分析法、数据包络分析法、模糊综合评价法。

③ 新型评价方法，如人工神经网络评价法、灰色综合评价法、证据推理评价。

④ 混合方法，多种方法混合使用，如层次分析法+模糊综合评价、模糊神经网络评价。

常用的集中综合评价方法是层次分析法、模糊综合评价法、数据包络分析法、人工神经网络评价法、灰色综合评价法。

在评价过程中，还有横向对比法，通过与具有相同商业模式的网络营销企业进行比较，来评价企业的相对价值；纵向对比法，通过对比其他具有相同商业模式的网络营销企业在某一成长阶段的评价标准来对本企业进行价值评价。此外，还有专家评价法、用户评价法、专家评价与用户评价结合法、定量分析法、定性描述法等。无论哪一种评价方法都会存在一定的片面性或缺陷，它们只能在某种程度上接近评价的真实。

网络营销绩效评价工作还处于起步阶段，但是国外已经有专业的网络营销评价网站和评价系统软件工具提供对网络营销绩效的评价。

（1）Consumer Reports Online

Consumer Reports Online 由消费者联盟发布和管理。自 1936 年起，消费者联盟的使命一直是向公众发布产品检测报告，保护消费者权益。消费者联盟是一个独立的、非营利性的测试和信息组织，这有助于在公众心目中树立公正形象。其主要刊物《消费者报告》杂志约有 460 万名订户，还有数百万消费者通过其网站了解相关产品信息。

消费者联盟对产品的检验和对网站的评价方法如下。

对于传统行业，待检测的产品全部来自市场，监测人员像普通消费者一样从货架上购买，然后由 100 多位专家进行检验。

对网站的评价与对传统行业的评价方法类似，采用观察法，即对被评价网站的主要方面进行评价，包括网站流量、销售额、网站政策（安全性、个人隐私、配送、退货、客户服务）、使用方便性（设计、导航、订单及取消订单、广告）和网站内容（深度、产品信息、个性化），然后根据各项指标的综合结果对网站进行排名。

Consumer Reports Online 主要对 9 类网站进行评比，包括服饰、器具、汽车、书籍和音乐、目录、电子、玩具、园艺、家庭装饰。

（2）BizRate

BizRate 号称是第一电子商务门户网站。公司成立于 1996 年，有 3600 多家在线商店参与收集顾客每次购买后的直接反馈信息，所有资料全部来自在线调查，由此得出的评价结果被认为是顾客满意度的标准。

BizRate 从数以百万计的网上购物顾客那里不断收集直接反馈信息，从而掌握哪些商店好，好在什么地方及每天的服务如何变化等信息，可以根据顾客的特殊需求找出比较适合的网站。而且，如果注册为会员，从 BizRate 列表开始进入所链接的商店，还可以获得特殊服务，包括最高达 25%的折扣。参与评价的电子商务网站同样可以获得有益的价值：根据需要免费使用顾客的意见，免费出现在 BizRate 的列表中，每月一期免费的详细网站市场研究，免费使用BizRate 顾客鉴定奖章做营销宣传，免费热点电子商务研究。因此，BizRate 在网站评价领域大获成功。

BizRate 对 13 大类的网站进行评比，每类网站又可以分为几十个小类，通过对刚刚完成网上购物的顾客的调研来评比各个网站的表现，调研内容如下。

订购的便利性，下订单的过程是否方便、快速；商品信息的数量、质量及其相关性；可选择的产品价格相对于同类网上商店的价格水平；网站导航及外观，网站下载的速度、版面和图片质量、是否有错误链接；准时送货，预期收货日期与实际收货日期的对比；产品表现，描述的产品与实际收到产品的质量、包装等方面是否相符；顾客支持的水平和质量，处理顾客投诉的速度，解决问题的状况；个人信息政策，个人信息的保护和承诺；产品运输和操作，包装和运输是否合适。

（3）PitchBook

PitchBook 是一家网站评价公司，其特色是为网站的买卖双方提供服务，让双方以销售的观点互相比较，主要针对 B2B 和拍卖市场。PitchBook 的评价同时也面向各种形式和规模的消费品零售商。

（4）第三方互联网评价工具

① 百度搜索引擎。生活中，人们对于信息的获取主要还是依靠搜索引擎，因此搜索引擎的用户规模仍将持续增长。基于此，各大企业结合企业实际也开展了搜索引擎营销传播活动。百度作为国内最大的搜索引擎营销工具之一，有着自身的评价指标体系，例如，百度搜索风云榜以数亿网民的每日搜索行为作为数据基础，建立权威全面的各类关键词排行榜，为网民筛选出热度高的事件。百度搜索中的评价指标如表 10-6 所示。

另外，百度推出了实时热点榜单，按照关键词检索量的变化率自动生成，具体排名规则如下。第一，关键词在最近 24 小时内的检索量，相对于前 24 小时检索量的变化率；第二，在"7日关注""热门搜索""世说新词""网页游戏""网页游戏平台""旅游""团购""奢侈品""美食""化妆品""宠物" 11 个榜单，以及"娱乐""事件""人物""小说" 4 个一级榜单类别中，搜索指数来源于网友在前一天内通过百度网页搜索对该关键词的检索次数，按检索量排名，准确权威地呈现广大网民的搜索欲望；第三，在"网游""网游运营"3C 商城""奶粉""家电" 5 个榜单，以及"汽车""科技""金融" 3 个一级榜单类别中，搜索指数源于百度指数专业版（在榜单右下角均有标注），按不同厂商品类的检索量汇总后排名。

表 10-6　百度搜索中的评价指标

指　标	含　义
关键词	用户搜索所用关键词，点击后可以在新窗口中打开该关键词搜索结果页
搜索指数	以品牌或产品的一类关键词作为研究对象，计算得出该类关键词在百度上的搜索频次加权后得到的数据
排名	该关键词搜索量在该分类中的当天排名
关注度	也称搜索份额，表示某一信息的检索量在同类信息中所占的比例
变化率	最近 24 小时检索量与前一日同期检索量相比的变化率

② Google 分析工具。Google Analytics 是谷歌公司为网站提供数据统计服务的工具。它可以记录数据，主要包括网站的流量从哪里来（流量来源渠道）、用户来到网站后做了什么事（页面访问和页面内的行为事件）、用户在网站上停留了多长时间。也可以对目标网站进行访问，进行数据统计和分析，将收集到的数据以报表的形式直观展示出来，方便阅读和统计分析，从而让开发者改善用户体验，提高网站投资回报率，增加转换。

Google Analytics 可轻松地与其他 Google 资源，如 Adwords、Search Console、Double Click 及 Firebase 整合。虽然 Google Analytics 免费版有一些限制，但是功能强大，足以满足中小型企业的需求。

对于基本报告，Google Analytics 开箱即用。可以在添加资源（网站或应用）后的几小时内访问分析数据，以及相关跟踪代码。在默认情况下，可以访问很多重要指标，如跳出率、流量的地理细分、流量来源、使用设备、行为流、效果最佳的网页和内容等，这些数据足以突出网站的运营情况。

2016 年，谷歌推出整合了数据分析、视觉化工具、网页 A/B 测试及标记管理的企业级服务事件，被称为 Google Analytics 360 Suite，它让数字营销变得更加简单。Google Analytics 360 Suite 很强大，因为它包含了原来的 Google Analytics Premium 和 Adometry，现分别称为 Analytics 360 和 Attribution 360，还将作为开发者工具的 Tag MAnager 360 收入其中，如表 10-7 所示。

表 10-7　Google Analytics 360 Suite 包含的 6 款工具

名　称	功　能
Analytics 360	用于检测流量，分析消费者对于不同渠道、产品的 touch-points（接触点），整合谷歌广告工具，进行更有效的营销策划
Tag Manager 360	为开发者设计的标记管理工具，便于管理和追踪带外挂代码，简化工作流程，加快网站速度，获取更精准的数据
Optimize 360	之前用来进行多个版本的网页 A/B 测试，调整后为不同的客户提供个性化体验
Attribution 360	帮助广告商分析不同渠道、设备或者系统平台上的分发状况，更有效地进行广告资源的分配

名　称	功　能
Audience 360	分析消费者对于不同渠道、产品的 touch-points，整合谷歌广告工具，进行更有效的营销策划
Data Studio 360	企业级数据分析和可视化工具

③ 微博/微信绩效分析。微博作为一种新兴的移动网络营销传播方式，已在各行业得到普遍认可。微信（WeChat）是腾讯公司于 2011 年 1 月 21 日推出的一个为智能终端提供即时通信服务的免费应用程序，其自身功能在不断完善，用户群体也在暴增。微信公众平台是企业开展营销传播活动的有效平台之一。微博、微信的营销传播比较如表 10-8 所示。

表 10-8　微博、微信的营销传播比较

方　面	微　博	微　信
媒体属性	自媒体和大众媒体	自媒体和用户管理
传播特点	一对多	一对一
曝光度	容易淹没	容易曝光
传播方式	扩散式开放性	圈子式交流
用户关系	弱关系	强关系和弱关系结合
所用工具	展示工具	联络工具
广告沟通	偏传统展示形式	更偏向于对话

微博营销衡量标准。一般来说，将微博上的企业分为 3 类，网站媒体类、品牌企业类和电商类，这 3 类企业关注与考核的指标各有不同的侧重点。网站媒体类企业是指资讯媒体类网站和传统媒体类企业。这类企业微博的效果指标主要有网站流量、曝光量、订阅量。运营通用指标主要包括微博转发数、粉丝数、博文阅读数。品牌企业类企业是指大型的传统企业，不以销售为导向，更多的是进行品牌传播和客户服务，它们的效果指标包括品牌声量（品牌提及数）、正负面情感指数、互动回复数、微博响应时间等，运营中通常关注粉丝数、转发数、互动评论、搜索结果数。电商类企业是指主要依托网络销售产品和服务的企业，其要求比较实际，更希望微博承担流量引导的功能，最好可以直接带来销售和客户。所以其效果指标很明显，主要有订单销售、流量。运营中更多地关注粉丝数、微博数、转发量、粉丝活跃度等。

微信公众平台营销衡量标准。图文阅读分析主要包含 7 个指标，分别是图文页阅读人数、图文页阅读次数、原文页阅读人数、原文页阅读次数、分享转发人数、分享转发次数、微信收藏人数。整个指标的数据都源于 5 个渠道，分别是会话、好友转发、朋友圈、腾讯微博、历史消息。

文章标题会影响读者的打开量，文章内容质量会决定转发量。好的文章内容不仅会吸引粉丝的长期关注并且成为铁粉，也会因为粉丝的推荐、转发增加更多的粉丝，同时，也会扩大营销范围。可见质量超高的内容，对文章阅读量的影响力极其重要。这也是为什么很多文章的阅读量远高于粉丝数的原因。

微信公众平台主要衡量指标如下。

- 粉丝数，粉丝数是衡量微信公众平台是否受欢迎的第一指标，这将直接决定传播的效果。粉丝数越多，阅读量会越高，被转发的概率也越大，无形中的受众人群就会越广。

粉丝数（累计关注人数）=原有关注人数+净加关注人数

式中，净加关注人数=新关注人数–取消关注人数。

- 流失率。微信公众平台的取消关注就是粉丝数的减少，这种掉粉情况就是流失率。微信公众平台不能主动添加好友，也不能控制掉粉这一现象。营销理论认为吸引一个新客户的成本是留住一个老客户的 15 倍。精准客户流失一个都是很大的损失，所以考评微信公众平台运营的重要指标是流失率，不能因为好友数增长大于流失而忽略对流失好友的关注。
- 传播率。理论上微信传播的到达率为 100%，但是，要实现传播效果的放大，需要打破闭环，不能只局限于微信公众平台本身。但是微信的传播率并不像微博那样拥有大面积的潜在用户，所以要通过各种方式来扩大传播率。例如，卷入活动事件，从热门话题入手，通过分析热门话题找到与微信公众平台的联系，会让读者更有兴趣打开并阅读。当然最有效的还是社交传播，这样更容易吸引到铁粉，但比较难实现。
- 转化率。获取更多的在线关注只是微信公众平台营销的第一步，终极目标是将线上的流量转化为线下的消费。每次好友到客户的转化，以及好友转化的比例，都是最终考评营销效果的关键。这是营销的终极目的，所以必须关注。
- 好评率、分享率、反馈率等。这几个指标是粉丝对内容的质量感受最直接的反馈，也可以作为参照，针对微信公众平台实际营销行业、内容、目标，选择适合的 KPI 指标，用以评价营销行为是否有效。

10.3 案例：东方钢铁网络营销绩效评价

东方钢铁电子商务有限公司（以下简称东方钢铁）于 2000 年 8 月创建于张江高科技园，注册资金为 0.8 亿元，是一家从事钢铁行业的 B2B 电子商务公司。同年 10 月份，成立并发布了交易市场平台"东方钢铁在线（BSTEEL）"，面向包括钢厂、贸易商、服务商及钢材用户在内的钢铁企业提供全面的商务信息支持及交易服务。而东方钢铁解决方案的成功应用受到了整个钢铁供应链企业的关注，因此，BSTEEL 在当时被列为上海市电子商务示范平台，也成为国内钢铁业中比较有影响力的专业 B2B 电子商务公司。

当时，大多数国内钢铁公司拥有自己的网站，但很多网站不能利用网络信息渠道建立起相应的客户群，也不能追踪市场报价和进行产品搜索，无法向客户提供及时准确的供求信息和产品信息，自然也不具备在线订货和在线支付功能。BSTEEL 则进行了个性化革新，结合企业个性化业务需求推出方案，形成不同的方案体系。它不仅通过网上招标的方式来进行物资采购，还上线了用户信息服务系统来进行销售和服务，大大节省了时间。

BSTEEL 的主要功能为物资采购管理、钢材交易、物资交易和信息中心。其中，钢材交易为国内各大钢厂产品提供网上交易市场，支持钢厂和各大型贸易商开设网上专卖店；物资交易则是基于国内钢厂生成的采购目录，采用招投标及询问报价方式实施企业的物资采购，支持钢厂构建采购专营厅；信息中心则每日滚动发送全球钢铁行业信息，提供国内外 40 多个市场、近 50 个品种的钢材行情和述评，以及国内各钢铁企业价格和相关政策，钢材、原料等产品的海关进出口数据，可以检索百余家钢厂的详细资料。

BSTEEL 的绩效评价指标体系属于公司管理控制系统的一部分。有效的绩效评价指标体系主要由评价对象、评价目标、评价指标、评价标准和评价方法组成。评价指标分为基本效益和效率评价指标、物流成本指标、客户服务水平。销售成本利润率、净资产收益率、总资产周转率是用来评价基本效益和效率指标的；物流成本指标则考虑了物流活动成本、信息流通成本和物流管理成本 3 部分；从物流角度来看，客户服务水平既决定了公司能否留住现有客户及吸引新客户的能力，也会直接影响公司所占市场份额和物流总成本，并最终影响其赢利能力。识别客户服务水平比较基本的 3 方面是可得性、作业绩效和可靠性。

① 可得性。可得性是指企业所具有的对客户需求的供应能力，它是通过各种方式来实现的，最普通的做法是按预期的客户订货进行存货储备，于是仓库的库容、选址，库存策略便成了基本的设计任务之一。

② 作业绩效。作业绩效可以通过速度、一致性、灵活性、故障与回复等方面来衡量。

③ 可靠性。物流质量与物流服务的可靠性密切相关，能否提供准确信息是衡量客户服务水平的一个重要方面。客户比较讨厌意外事件，如果他们能够事先得到信息，就能够对缺货或延迟配送等意外情况做出调整。

根据 BSTEEL 的企业定位和提供的服务功能，评价指标体系由系统效益、系统效率、服务质量 3 方面内容组成。其中，反映系统效益的指标有 3 个，反映系统效率的指标有 7 个，反映系统服务质量的指标有 5 个。绩效评价指标体系如图 10-2 所示。此外，可以通过建立数学模型、给出指标权重赋值算法对 BSTEEL 进行绩效评价。

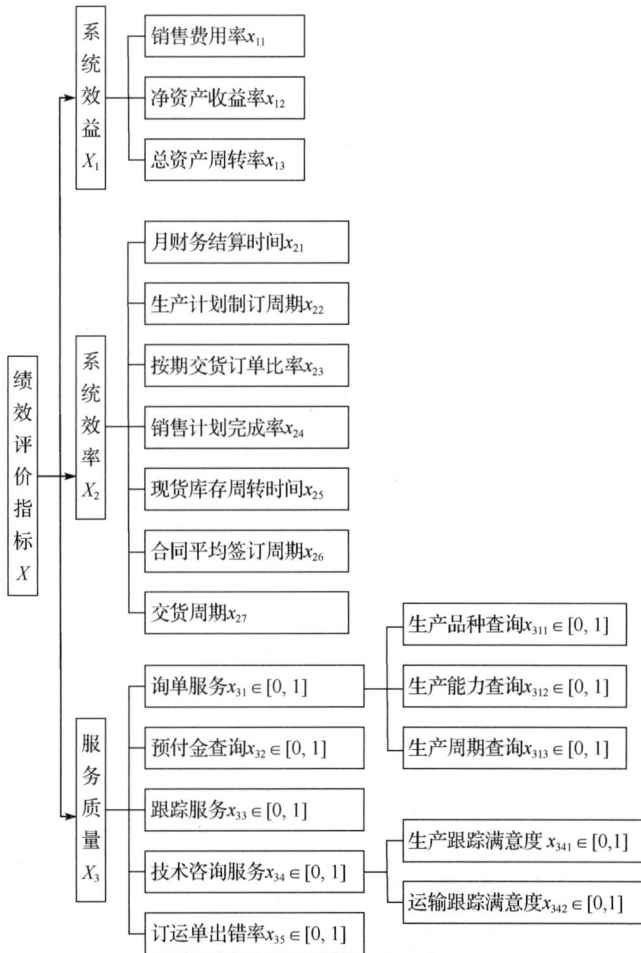

绩效评价指标 X

- 系统效益 X_1
  - 销售费用率 x_{11}
  - 净资产收益率 x_{12}
  - 总资产周转率 x_{13}
- 系统效率 X_2
  - 月财务结算时间 x_{21}
  - 生产计划制订周期 x_{22}
  - 按期交货订单比率 x_{23}
  - 销售计划完成率 x_{24}
  - 现货库存周转时间 x_{25}
  - 合同平均签订周期 x_{26}
  - 交货周期 x_{27}
- 服务质量 X_3
  - 询单服务 $x_{31} \in [0,1]$
    - 生产品种查询 $x_{311} \in [0,1]$
    - 生产能力查询 $x_{312} \in [0,1]$
    - 生产周期查询 $x_{313} \in [0,1]$
  - 预付金查询 $x_{32} \in [0,1]$
  - 跟踪服务 $x_{33} \in [0,1]$
  - 技术咨询服务 $x_{34} \in [0,1]$
    - 生产跟踪满意度 $x_{341} \in [0,1]$
    - 运输跟踪满意度 $x_{342} \in [0,1]$
  - 订运单出错率 $x_{35} \in [0,1]$

图 10-2　绩效评价指标体系

习题 10

1. 网络营销的管理对象包括哪些内容？如何评价网络营销的管理对象在网络营销中发挥的作用？

2. 针对网络营销战略的实施，企业收集、分析营销数据主要依赖于哪两个系统？各个系统都具有什么功能？需要完成哪些具体任务？

3. 评价企业网络营销效果的主要依据是什么？评判标准应该考虑哪些具体项目？

4. 企业在网络营销战略实施中，监测和管理网络营销各个环节数据的主要步骤有哪些？

5. 何谓营销管理效率？应该如何考察和评判企业网络营销管理取得的效率？

6. 企业审计整个网络营销过程，接受审计的项目有哪些？具体内容是什么？

7. 选择网络营销控制路径有 4 种，请问具体路径内容及其采用的控制方法是什么？

8. 网络营销绩效评价概念，网络营销绩效评价的目的、意义是什么？

9. 简述网络营销绩效评价目的、原则、评价指标体系，以及网站效果评价的各项具体指标。

10. 对于企业来说，网络营销绩效评价的目的和意义是什么？

11. 评价微博和微信营销的优点和缺点？

参 考 文 献

[1] 何建民. 网络营销. 2 版. 合肥：合肥工业大学出版社，2008.

[2] 黄敏学. 网络营销. 2 版. 武汉：武汉大学出版社，2020.

[3] 魏兆连，杨文红. 网络营销. 3 版. 北京：机械工业出版社，2021.

[4] 戴鑫. 新媒体营销：网络营销新视角. 北京：机械工业出版社，2017.

[5] 刘业政，何建民，姜元春，等. 电子商务概论. 4 版. 北京：高等教育出版社，2020.

[6] 何晓兵. 网络营销——基础、策略与工具. 2 版. 北京：人民邮电出版社，2022.

[7] 弗罗斯特，福克斯，斯特劳斯. 网络营销. 8 版. 北京：中国人民大学出版社，2021.

[8] 科特勒，凯勒，卢泰宏. 营销管理. 13 版·中国版. 卢泰宏，高辉，译. 北京：中国人民大学出版社，2009.

[9] 斯特劳斯，安萨瑞，弗罗斯特. 网络营销：构建网络经济中的竞争优势. 4 版. 时启亮，金玲慧，译. 北京：中国人民大学出版社，2007.

[10] 查菲，查德威克，迈耶，等. 网络营销战略、实施与实践. 马连福，译. 北京：机械工业出版社，2008.

[11] 特班，金. 电子商务——管理视角. 4 版. 严建援，等译. 北京：机械工业出版社，2007.

[12] 唐兴通.引爆社群：移动互联网时代的新 4C 法则. 北京：机械工业出版社，2015.

[13] 张志千，肖杰，高昊，等. 互联网营销. 北京：知识产权出版社，2016.

[14] 赵占波.移动互联营销从 4P 时代到 4D 时代. 北京：机械工业出版社，2015.

[15] 科特勒，阿姆斯特朗，郭国庆. 市场营销原理. 14 版·全球版. 北京：清华大学出版社，2013.

[16] 王耀球，万晓. 网络营销. 北京：清华大学出版社，2006.

[17] 刘小平. 网络市场调查能取代传统市场调查吗. 北京：商场现代化，2006，9：218-219.

[18] 中国互联网络信息中心. 第 52 次中国互联网络发展状况统计报告.（2023-8-28）[2023-8-28].

[19] 伯恩斯，布什. 营销调研：网络调研的应用. 北京：中国人民大学出版社，2007.

[20] FISHBEIN M，AJZEN I. Belief，attitude，intention and behavior：an introduction to theory and research. Philosophy and Rhetoric，1977，10（2）：130-132.

[21] DAVIS F D. A technology acceptance model for empirical testing newend-user information systems：theory and results. MIT，1986.

[22] DAVIS F D. Perceived usefulness，perceived ease of use and user acceptance of information technology. MIS Quarterly，1989，13（3）：319-339.

[23] VENKATESH V，DAVIS F D. A theoretical extension of the technology acceptance model：four longitudinal field studies. Management Science，2000，46（2）：186-204.

[24] HENDERSON R，DIVETT M J. Perceived usefulness，ease of use and electronic supermarket use. International Journal of Human-Computer Studies，2003，59：383-395.

[25] CHEN L D，TAN J. Technology adaptation in e-commerce：key determinants of virtual stores acceptance. European Management Journal，2004，22（1）：74-86.

[26] SHIH H P. An empirical study on predicting user acceptance of e-shopping on the web. Information and Management，2004，41：351-368.

[27] EIGHMEY J. Profiling user responses to commercial web sites. Journal of Advertising Research，1997，5（6）：59-67.

[28] EIGHMEY J，MCCORD L. Adding value in the information age：uses and gratifications of sites on the world wide web. Journal of Business Research，1998，（41）：187-194.

[29] ROSE G M，STAUB D W. The effect of download time on consumer attitude toward the e-service retailer. E-service Journal，2001，1（1）：55-76.

[30] ROSE G M，LEES J，MEUTER M L. A refined view of download time impacts on e-consumer attitude and patronage intentions toward e-retailers. The International Journal of Media Management，2001，3（11）：105-111.

[31] KORGAOKAR P K，WOLIN L D. A multivariate analysis of web usage. Journal of Advertising Research，1999，3（4）：53-68.

[32] O'CASS A，FENECH T. Web retailing adoption：exploring the nature of internet users'web retailing behavior. Journal of Retailing and Consumer Service，2003，10（2）：81-94.

[33] GEFEN D，KARAHANNA E，STRAUB D W. Trust and tam in online shopping：An integrated model. MIS Quarterly，2003，27（1）：51-90.

[34] VENKATESH V，MORRIS M G，DAVIS F D，et al. User acceptance of information technology：toward a unified view. MIS Quarterly，2003，27（3）：425-478.

[35] CAO J，MOKHTARIAN P L. The intended and actual adoption of online purchasing：a brief review of recent literature. 2005 [2023-01-25].

[36] CHAN G，CHEUNG C，KWANG T，et al. Online consumer behavior：a review and agenda for future research. 16th Bled E-commerce Conference，2003.

[37] BHATTACHERJEE A. Acceptance of e-commerce services：the case of electronic brokerages. IEEE Transactions on Systems，Man，and Cybernetics—Part A：Systems And Humans，2000，30（4）：411-420.

[38] 谢宏赐. 以社会认知理论探讨网络搜寻策略. 高雄：台湾中山大学，1999.

[39] SAADÉ R.G，KIRA D. The emotional state of technology acceptance. Issues in Informing Science and Information Technology，2006，2：2-11.

[40] GARDNER C，AMOROSO. D L. Development of an instrument to measure the acceptance of internet technology by consumers. Hawaii International Conference on System Sciences，2004.

[41] CHEUNG C M K，CHAN G W W，LIMAYEM M. A critical review of online consumer behavior：empirical research. Journal of Electronic Commerce in Organizations，2005，3（4）：1-19.

[42] VIJAYASARATHY L R. Product characteristics and internet shopping intentions internet research: electronic networking and policy. Internet Research, 2002, 12 (5): 411-426.

[43] CHO J. Likelihood to abort an online transaction: Influences from cognitive evaluations, attitudes, and behavioral variables. Information and Management, 2004, 41: 827-838.

[44] VERHOEF P C, LANGERAK F. Possible determinants of consumers'adoption of electronic grocery shopping in the netherlands. Journal of Retailing and Consumer Services, 2001, 8: 275-285.

[45] GEORGE J F. The theory of planned behavior and internet purchasing. Internet Research, 2004, 14 (3): 198.

[46] HANSEN T, JENSEN J M, SOLGAARD H S. Predicting online grocery buying intention: A comparison of the theory of reasoned action and the theory of planned behavior. International Journal of Information Management, 2004, 24: 539-550.

[47] CHOI J, GEISTFELD L V. A cross-cultural investigation of consumer e-shopping adoption. Journal of Economic Psychology, 2004, 25 (6): 821-838.

[48] LIMAYEM M, KHALIFA M, FRINI A. What makes consumers buy from internet? a longitudinal study of online shopping. IEEE Transactions on Systems, Man and Cybernetics-Part A: Systems and Humans, 2000, 30 (4): 421-432.

[49] SHIM S, EASTLICK M A, LOTZ S L, et al. An online prepurchase intentions model: the role of intention to search. Journal of Retailing and Consumer Services, 2001, 77: 397-416.

[50] VENKATESH V, DAVIS F D. A theoretical extension of the technology acceptance model: four longitudinal field studies. Management Science, 2000, 46 (2): 186-204.

[51] HEIJDEN H V D, VERHAGEN T, CREEMERS M. Predicting online purchase behavior: replications and tests of competing models. Hawaii International Conference on System Sciences, 2001.

[52] AHN T, RYU S, HAN I. The impact of the online and offline features on the user acceptance of internet shopping malls. Electronic Commerce Research and Applications, 2004, 3 (4): 405-420.

[53] O'CASS A, FENECH T. Web retailing adoption: exploring the nature of internet users web retailing behavior. Journal of Retailing and Consumer Services, 2003, 10: 81-94.

[54] GEFEN D. E-commerce: The role of familiarity and trust. Omega, 2000, 28: 725-737.

[55] LIU C, MARCHEWKA J T, LU J, et al. Beyond concern: a privacy-trust-behavioral intention model of electronic commerce. Information and Management, 2004, 42: 127-142.

[56] HENDERSON R, DIVETT M J. Perceived usefulness, ease of use and electronic supermarket use. International Journal of Human-Computer Studies, 2003, 59: 383-395.

[57] SHANG R A, CHEN Y C, SHEN L. Extrinsic versus intrinsic motivations for consumers to shop on-line. Information and Management, 2005, 42 (3): 401-413.

[58] LEE D, PARK J, AHN J. On the explanation of factors affecting e-commerce adoption. International Conference on Information Systems, 2001.

[59] CHILDERS T L，CARR C L，PECK J，et al. Hedonic and utilitarian motivations for online retail shopping behavior. Journal of Retailing and Consumer Services，2001，77：511-535.

[60] KOUFARIS M. Applying the technology acceptance model and flow theory to online consumer behavior. Information Systems Research，2002，13（2）：205-223.

[61] CHEN L D，GILLENSON M L，SHERRELL D Ll. Enticing online consumers：an extended technology acceptance perspective. Information and Management，2002，39：705-719.

[62] CHEN L D，TAN J. Technology adaptation in e-commerce：key determinants of virtual stores acceptance. European Management Journal，2004，22（1）：74-86.

[63] SANDER S. Why consumer characteristics have an impact on attitude. International Conference on Services Systems and Services Management，2005.

[64] SAADÉ R G，KIRA D. The emotional state of technology acceptance. Issues in Informing Science and Information Technology，2006，3：529-538.

[65] CHAU P，AU G K H，TAM K Y. Impact of information presentation modes on online shopping：an empirical evaluation of a broadband interactive shopping service. Journal of Organisational Computing and Electronic Commerce，2000，10（1）：1-22.

[66] INGWERSEN P. Cognitive perspectives of information retrieval interaction：elements of a cognitive IR theory. Journal of Documentation，1996，52（1）：3-50.

[67] KENNEDY L，COLE C，CARTER S. Connecting online search strategies and in formation needs：a user-centered focus-labeling approach. RQ. Chicago，1997，36（4）：562-568.

[68] SPINK A，WILSON T D，FORD N，et al. Information seeking and mediated searching. part 1. theoretical framework and research design. Journal of the American Society for Information Science and Technology，2002，53（9）：695-703.

[69] MACMULLIN S E，TAYLOR R S. Problem dimensions and information traits. The Information Society，1986，3（1）：91-111.

[70] CHI E H，PIROLLI P，CHEN K，et al. Using information scent to model user information needs and actions and the web. Proceedings of the SIGCHI Conference on Human Factors in Computing Systems，2001.

[71] L I N，ZHANG P. Consumer online shopping attitudes and behavior：an assessment of research. Eighth Americas Conference on Information Systems，2002.

[72] 郑琳. 基于 4Rs 营销理论的招商证券经纪业务营销创新研究. 厦门：厦门大学，2014.

[73] 庞晓华. 运动社区营销对体育品牌影响力的影响研究. 上海：上海财经大学，2021.

[74] 陈思. 试论传播效果评估工具与方法的演进——从 AIDMA 到 SIPS 的效果评估发展阶段. 中国报业，2013，3X：44-45.

[75] 王晶，庄新田，黄小原. 东方钢铁电子商务有限公司在线网络营销绩效评价的系统设计. 东北大学学报，2003，24（4）：397-400.

[76] 庄新田，黄小原，王晶. 传统产业实施电子商务营销的思考——东方钢铁电子商务有限公司网络营销绩效评价.管理世界，2003，8：127-135.

[77] CHEN X Y，HUANG Q，DAVISON R M，et al. What drives trust transfer? The moderating

roles of seller-specific and general institutional mechanisms. International Journal of Electronic Commerce，2015，20（2）：261-289.

[78] BOB T. How to use social media to improve customer service and cut costs. Customer Think Corp. （2010）［2022-11-13］.

[79] ALVAREZ G. Hype Cycle for E-Commerce，Gartner.（2013-7-31）［2022-12-03］.

[80] 余玉刚，程丽红，郭晓龙. 基于微信公众平台的真心企业客户关系管理之路. 中国管理案例共享中心.（2018-03）[2023-03-02].

[81] 余玉刚，许靖梅，王杜娟，等. 一株向日葵的向阳之旅：真心食品的转型升级之路. 中国管理案例共享中心.（2018-10）[2023-07-14].

反侵权盗版声明

　　电子工业出版社依法对本作品享有专有出版权。任何未经权利人书面许可，复制、销售或通过信息网络传播本作品的行为；歪曲、篡改、剽窃本作品的行为，均违反《中华人民共和国著作权法》，其行为人应承担相应的民事责任和行政责任，构成犯罪的，将被依法追究刑事责任。

　　为了维护市场秩序，保护权利人的合法权益，我社将依法查处和打击侵权盗版的单位和个人。欢迎社会各界人士积极举报侵权盗版行为，本社将奖励举报有功人员，并保证举报人的信息不被泄露。

举报电话：（010）88254396；（010）88258888

传　　真：（010）88254397

E-mail：　dbqq@phei.com.cn

通信地址：北京市万寿路 173 信箱
　　　　　电子工业出版社总编办公室

邮　　编：100036